U0133348

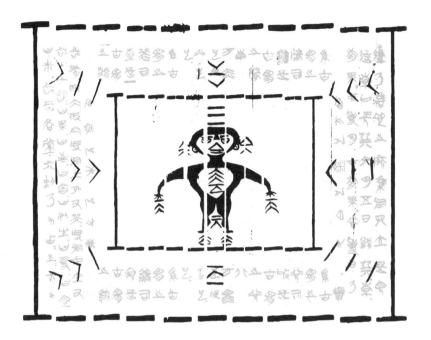

Edward Louis Shaughnessy

The Origin and
Early Development
of the *Zhou Changes*

《周易》的起源及早期演变

[美] 夏含夷——著　蒋文——译

上海古籍出版社

本書出版得到"古文字與中華文明傳承發展工程"協同攻關創新平臺
復旦大學出土文獻與古文字研究中心的資助

自 序

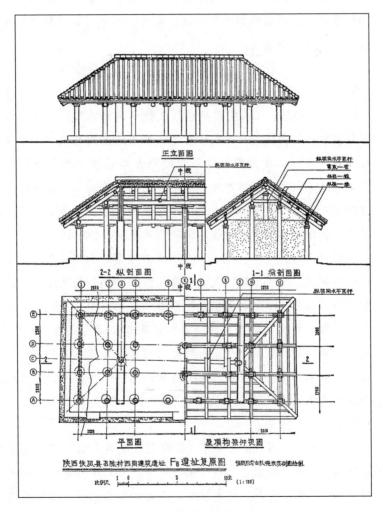

圖 0.1 陜西扶風召陳西周建築遺址[1]

---

[1] 傅熹年：《陜西扶風召陳西周建築遺址初探——周原西周建築遺址研究之二》，《文物》1981 年第 3 期，第 35 頁。

　　上圖是用考古方法復原的一座位於召陳的西周廟宇，完成它至少需要經過四個步驟：首先，剝開歷史的層層泥土，鎖定廟宇的基址所在；第二步，勘定廟宇臺基的周界，從而弄清其建築規模和大致輪廓；第三步，通過夯土上的柱洞了解廟宇墙體的具體構造及廟頂支撐結構的大略情況；最後，參考有關材料，加上些許的想象，描繪廟頂。

　　接下來，我打算進行一項類似的復原，去復原另一座西周的"廟宇"。同樣分四步：一、穿透一重重層累的歷史；二、確定"臺基"的輪廓；三、在"臺基"上找尋到標志點，弄清這座宏偉的建築是如何建造起來的；最後，利用適度的想象力來完成這幅圖景。不過，我的復原結果肯定不會如召陳之廟那般栩栩如生。這是因爲我關心的這座"廟宇"雖然也是由周人建造的，同樣紮根於西周那片堅實的土地，但它不是用木料和茅草，而是用思想和圖像構建的。我所説的這座"廟宇"，就是《周易》。

　　將《周易》比於"廟宇"並非天方夜譚。人們曾在召陳之廟裏馨香禱祝，千百年來，代代中國人也從未停止在《周易》的殿堂中頂禮膜拜。召陳之廟在日曬雨淋中剝蝕坍圮，《周易》之殿也在漫長的時光中消磨湮滅。猶如世事變幻不可止息，《周易》也在不斷變易之中。起初，人們對《周易》經文奉若神明，以至催生了專門人士向人們解釋其中奧秘；到了後代，人們却可以毫不猶豫地根據當時的需求去修改粉飾《周易》。時至今日，《周易》之演變仍未停止。

　　無論好壞，當代歷史學信從的無疑是不可知論。學術象牙塔裏的我們對崇拜僅限於人類學式的關注。我們關心的是崇拜所處的背景——它是何時、何地發生的？是如何發生的？當時究竟發生了什麼？是何人發起的？以及爲何會産生崇拜？就《周易》崇拜正式成型以後的歷史階段而言，我們是幸運的，因爲有豐富的材料可以回答上述這些問題。但遺憾的是，這一階段最多也只能

上溯到距今兩千年左右，而那時距離周人最初建造《周易》之廟
也已過去了很久很久。現在，有賴考古學家、古文字學家和研究
上古史的歷史學家的努力，即便是針對《周易》形成的那個時
代，要提出這些問題也變得愈發可能。事實上，是必須提出這些
問題的時候了。雄偉如召陳之廟者，也不過一座空虛的軀殼，只
有通過《周易》這樣的文化遺產，方能一窺周人的精神世界。[1]

　　以上這段文字引自三十多年前我博士論文的開頭，我們將由此
進入本書的探討。行文中那繁複的隱喻、華麗的文藻，未免流露出
年輕意氣，請祈讀者諒解，只是希望讀者能從字裏行間中感受到我
在博論中試圖傳達的感情。但願我現在的文風更加沉穩，同時也希望
自己並沒有失去當年對《周易》的那份熱情，沒有喪失那份不可或缺
的想象力。

　　在美國學界，修訂博士論文作爲自己的第一本專著出版已然成爲
慣例。1986 年春，我博士畢業尚不滿三年，時任加利福尼亞大學出版
社（University of California Press）社長的 Jim Clarke 先生聯繫到我，詢
問是否考慮在他們社出版博士論文。我當時自然深感榮幸，但同時也
頗爲躊躇。後來我回覆 Clarke 先生說，自己正全心投入在另一項研
究，即西周銅器銘文的研究中，計劃藉此對西周的大歷史背景有更好
的把握。[2] 我答應他，一旦達成計劃就會再回到博士論文修訂以及
《周易》的研究中。

　　1993—1994 學年，我首次在芝加哥大學休學術年假，本打算趁此
兌現承諾。然而就在那期間，出土已二十載的馬王堆帛書本《周易》
終於公布了，百齡壇書社（Ballantine Books）的 Owen Locke 先生邀
請我將之翻譯成英文並出版，這又是一份莫大的榮幸。能做自己感

---

[1] Edward Shaughnessy【夏含夷】，"The Composition of the *Zhouyi*"【《周易》之編纂】
　　（Ph.D. diss.：Stanford University, 1983），pp.vii-ix.

[2] 這項研究的成果已如約出版，見 *Sources of Western Zhou History: Inscribed Bronze Vessels*
　　【西周史料：有銘銅器】Berkeley：University of California Press, 1991。

興趣的事情，又能謀得稻糧，何樂而不爲。這部英譯出版了，[1] 之後若干年間，又有三批與《周易》有關的出土文獻相繼公布，我又分別針對這些材料進行了初步研究，成果均已發表在學術刊物上。[2] 2007—2008 學年的學術年假，我以爲終於可以利用起來修訂博士論文，然而，因爲一些已經記不清的原因（可能與我上任芝大東亞系系主任有關），我轉而決定將那三批後來公布的出土材料翻譯成英文，再分別配上那幾篇已有的單篇論文，整合後作爲一本專著出版。[3]

　　我漸漸開始覺得我的博士論文可能要永遠束之高閣了。然而機緣巧合，就在我撰寫那部出土之《易》的書時，中國政府啓動了一個大型項目，名爲"2011 計劃"，其中一項就是利用新近考古發現重審中國傳統經典。這項子計劃聚集了十一所高校和科研機構的學者，領銜的是兩位文史領域最傑出的學者——清華大學的李學勤教授和復旦大學的裘錫圭教授。2014 年，裘先生邀請我爲 2011 計劃撰寫一本有關《周易》的書。可以想見我聽到時有多麼驚訝，没想到這樣一項由中國政府出資、旨在重審中國經典的重大科研項目，居然會邀請一位外國學者來爲"群經之首"的《周易》著書。受寵若驚的我自然無法拒絕裘先生的一番美意。

---

[1] 此書亦已如約出版，見 *I Ching*, *The Classic of Changes: The First English Translation of the Newly Discovered Second-Century B.C. Mawangdui Texts*【《易經》：新出公元前二世紀馬王堆帛書本的首部英譯】New York：Ballantine Press, 1997。

[2] "The Wangjiatai *Gui Cang*：An Alternative to *Yi jing* Divination,"【王家臺簡《歸藏》：《易經》之外的另一種占卜】in Alfredo Cadonna and Ester Bianchi, eds., *Facets of Tibetan Religious Tradition and Contacts with Neighbouring Cultural Areas*【西藏宗教傳統的方方面面及與周邊文化地區的聯繫】(Firenze：Leo S. Olschki, 2002), pp. 95 - 126; "The Fuyang *Zhou Yi* and the Making of a Divination Manual,"【阜陽簡《周易》及占卜手册的製作】*Asia Major*, 3rd ser. 14.1 (2001［實際出版於 2003］), pp.7 - 18; "A First Reading of the Shanghai Museum *Zhou Yi* Manuscript,"【上博簡《周易》初讀】*Early China* 30 (2005), pp.1 - 24.

[3] Edward Shaughnessy【夏含夷】, *Unearthing the* Changes：*Recently Discovered Manuscripts of and Relating to the* Yi Jing【出土之《易》：新發現《易經》寫本及相關文獻】. New York：Columbia University Press, 2014.

　　雖然接受了裘先生的邀請，但同時我也提出了三個條件。第一，作爲我博士論文的終結版，我將按照自己的想法來寫這本書。第二，我無法立刻就開始動筆，因爲當時我尚在撰寫的另一本性質全然不同的書，已占據了大部分的時間和精力。那本書的内容是綜述西方漢學在中國出土文獻研究領域的貢獻，創作契機同樣來自中國友人的鼓勵。我想先完成它，[1] 再來潛心寫作這本關於《周易》的書。這兩個條件裘先生都毫不猶豫地答應了。第三個條件更讓人爲難一些——這本書我堅持要用英文來寫。裘先生之所以一開始就想到我，無疑是考慮到我很多時候都使用中文進行學術寫作，但是有兩點原因促使我不太願意用中文來寫這本書。首先，那本西方漢學的書就是用中文撰寫的，最後寫了 650 多頁，那次經驗使我意識到自己的中文水平尚不足以駕馭如此大體量的學術寫作。更重要的原因是，彼時我已結識了蔣文。蔣文是一位出色的年輕學者，當時尚在復旦讀博，畢業後到芝加哥大學做了博士後，現在又回到復旦工作。她曾翻譯過我的幾篇論文，不僅能充分領會我原文想表達的意思，還能將之轉化爲曉暢優美的中文。我遂向裘先生提議，希望用英文寫成初稿，再由蔣文譯成中文。他們二位都欣然同意了。同時，復旦大學出土文獻與古文字研究中心慨允將本書納入出版資助計劃，在此謹致謝意。

　　自應允撰寫本書之日起，我便意識到，自己和讀者將可能面臨三重困境。首先，我已在《周易》經傳這個領域筆耕四十載，較之當年寫作博士論文時雖不至於全無長進，但也難免陷入老生常談的窘境，就算在總體框架上可以跳脱出來，在諸多細節方面也不免有所重複。只能寄望熟悉我既往研究的老讀者能够諒解，同時，也希望新讀者能有所收穫。第二，如上所言，按照一開始的計劃，本書面向的是中國讀者，後來才決定出中、英文兩個版本。不同讀者群擁有截然不同的

───────────

[1] 此書已於 2017 年夏完成，並於 2018 年春出版，夏含夷：《西觀漢記——西方漢學出土文獻研究概要》，上海：上海古籍出版社，2018 年。

知識背景，閱讀預期也大相徑庭。哪怕是就概論部分而言也是如此，中國讀者大多期待對相關材料的廣泛梳理，而西方讀者則更注重於分析。雙方的需求我都會努力滿足，當然結果恐怕不一定能盡如人意。第三，我還意識到，試圖建立一種《周易》研究的普遍範式有多麼危險。《周易》研究的大方之家李學勤先生曾説：

> 我常常覺得，研究《周易》是很"危險"的。《周易》文義古奥簡質，又玄妙深邃，可以這樣解釋，也不難那樣推論。如果是借《易》的詞語表説自己的思想，姑置不論，想要尋出《易》的本義，實在太難。十分容易出現的結果是，在想象力的基礎上，建造一座七寶樓臺，由於檐宇崇峻，結構繁複，設計者本人也産生出自天然之感了。[1]

我既將《周易》比於召陳之廟，對李先生的這番告誡之言自然無法置若罔聞。我没有妄想去建造什麼"七寶樓臺"，但也清醒地意識到，不少結論確實是建立在個人想象力的基礎上。我唯一可以用來爲自己辯護的工具，恐怕就只有這本書本身了。哪怕只是對《周易》某些方面的解釋能讓一些讀者覺得不無裨益，我四十載的努力耕耘就没有付之東流。我也可以預見，會有讀者認爲我對某些東西的理解是錯誤的，或是不滿我對一些問題置之弗論。希望他們能從我的謬失中獲得啟發，去找尋到自己的答案。若天假以年，我非常期待在未來的四十年讀到他們的研究成果。

---

[1] 見李學勤爲邢文《帛書周易研究》一書所作之序（北京：人民出版社，1997 年，第 2 頁）。

目　録

圖表目錄

導　言

　　自漢朝建立以降，甚至是周代覆滅以來，恐怕没有哪一個時代的人如同今日之我們一般幸運，能够擁有如此豐富和多樣的材料來研究《周易》的起源及早期演變。這些材料中，有一部分（包括一些最重要的材料）是前賢們都能見到的，但還有很多是最近幾十年新發掘出土的。正因爲某些新材料的問世，我們才有可能就《周易》的文本，特別是其文本的早期背景，提出前所未有的新問題。當然，究竟有多少材料、有什麼樣的材料已消失於歷史的長河之中，我們無從得知。我們只能去揣測，在《周易》文本那關鍵的、最初的幾百年，可能曾經存在過什麼樣的材料。因此，即便今天的我們可以懷揣着前所未有的自信去討論《周易》的起源和早期演變，但也不得不承認關於這一問題的研究成果（包括本書將提到的很多觀點）很多只是推測，它們隨時可能會被中國大地上新的出土發現所推翻。有些讀者或許會因爲這種不確定性而感到不安，但就我個人而言，獲得新知總是令人心潮澎湃，即使它最後被證明是錯誤的。

　　不管怎樣，未來必定會出現新材料，但這不能成爲當下學術研究裏足不前的理由，也不妨礙我們利用目前已知的材料去構建假説、去等待未來新材料的檢驗。趁着尚有能力的時候給博士論文一個完滿的交代是我個人的當務之急，當然，即便抛開這一點不談，現在也是一個適當的時機，就《周易》起源和早期演變這一問題進行一次全面的檢討。當本書出版並到達讀者手中的時候，距離湖南馬王堆三號墓帛

書的出土已過去了半個世紀之久。馬王堆帛書顛覆了我們對早期中國
思想和文獻的認識，[1] 三號墓出土了一部完整的《周易》（雖然編
次與今本有異），此外還有多種《易》傳，有些見於傳世《易傳》，
有些則是兩千多年來首次面世。因爲各種原因，這批材料發表的進
度頗爲緩慢，發掘後大概過了二十年才完整地公布給學界，而且是
以簡本的形式（非正式整理本）。即便如此，哪怕僅僅得知這批帛書
的存在，也足以重新激發人們對《周易》文本早期歷史的興趣。[2]
在等待馬王堆帛書發表的那段時間，對《周易》早期歷史特別是早期
中國占卜有興趣的學者，可以把他們的注意力暫時轉到 20 世紀 70 到
80 年代發現的其他重要材料上。這些材料類型豐富多樣，包括：1975
年，湖北睡虎地 11 號墓出土秦簡《日書》（時代爲前 217 年），表明
在當時占卜已滲入日常，而且《日書》的用語類似於《周易》中的

---

[1] 馬王堆帛書相關研究甚夥，參湖南省博物館、復旦大學出土文獻與古文字研究中心
編纂，裘錫圭主編：《長沙馬王堆漢墓簡帛集成》（全 7 册），北京：中華書局，2014
年。西方對馬王堆帛書的研究綜述參 Edward Shaughnessy【夏含夷】, *Chinese Annals in
the Western Observatory: An Outline of Western Studies of Chinese Unearthed Documents*【西觀
漢記：西方漢學出土文獻研究概要】（Berlin：De Gruyter, 2019），pp.289‐311。中文
版見夏含夷：《西觀漢記——西方漢學出土文獻研究概要》，第 351—372 頁。

[2] 首先公布的是馬王堆帛書《周易》經文部分的簡體釋文，見馬王堆漢墓帛書整理小
組：《馬王堆帛書〈六十四卦〉釋文》，《文物》1984 年第 3 期，第 1—8、97—98 頁。
易傳部分的公布晚了近十年，公布的形式更加隨性，見陳松長：《帛書〈繫辭〉釋
文》，《道家文化研究》第 3 輯，1993 年，第 416—423 頁；陳松長：《馬王堆帛書〈繆
和〉、〈昭力〉釋文》，《道家文化研究》第 6 輯，1995 年，第 367—380 頁；陳松長、
廖名春：《帛書〈二三子問〉、〈易之義〉、〈要〉釋文》，《道家文化研究》第 3 輯，
1993 年，第 424—435 頁。又過了大概十五年，馬王堆帛書《周易》的原整理者張政
烺先生所作的整理本終於面世，見張政烺：《馬王堆帛書〈周易〉經傳校讀》，北京：
中華書局，2008。數年後又有了新的整理本，見湖南省博物館、復旦大學出土文獻
與古文字研究中心編纂，裘錫圭主編：《長沙馬王堆漢墓簡帛集成》，北京：中華書
局，2014 年，第 3 册第 3—162 頁。張政烺先生的一些遺作論文亦已結集出版，見張
政烺著、李零等整理：《張政烺論易叢稿》，北京：中華書局，2010 年。西文譯本及
研究見 Dominique Hertzer【何明莉】, *Das Mawangdui-Yijing: Text und Deutung*【馬王堆
《易經》：文本與闡釋】（München：Eugen Diederichs Verlag, 1996）；Edward Shaughnessy
【夏含夷】, *I Ching, The Classic of Changes: The First English Translation of the Newly
Discovered Second-Century B.C. Mawangdui Texts*【《易經》：新出公元前二世紀馬王堆帛
書本的首部英譯】（New York：Ballantine Press, 1997）。

占卜套語；[1] 1977 年，陝西岐山縣周原出土西周早期甲骨（時代約爲公元前 11 世紀），不僅證明龜甲占卜的行爲並沒有隨着商朝的覆滅而終止，更重要的是，它表明早期蓍占的結果是用一組六個數字來表達的，使我們對早期蓍占的認識獲得了突破性進展；[2] 1977 年，安徽阜陽雙古堆西漢汝陰侯夏侯竈墓（前 165 年）也出土了《周易》，阜陽簡《周易》的特別之處在於卦爻辭後面還附有卜問具體事項的卜辭；[3] 1987 年，湖北包山二號戰國楚墓（前 316 年）出土了一大批卜筮簡，其中既有龜卜也有蓍占，墓主名邵𨔶，當時官居楚國左尹，這些簡記錄的就是他生前進行的卜筮活動。[4] 以上這些材料的類型各不相同，除提供大量考古信息和歷史背景外，還從不同角度豐富了我們對《周易》早期演變的認識。

　　20 世紀 90 年代初，就在馬王堆帛書的完整釋文千呼萬喚始出來

---

[1] 睡虎地秦墓竹簡整理小組編：《睡虎地秦墓竹簡》，北京：文物出版社，1990 年。繼睡虎地之後，又陸續有二十多座戰國秦漢墓葬中發現了日書。關於日書的綜合研究見 Donald Harper【夏德安】and Marc Kalinowski【馬克】, eds., *Books of Fates and Popular Culture in Early China: The Daybook Manuscripts of the Warring States*, *Qin*, *and Han*【早期中國的命運之書與大衆文化：戰國秦漢《日書》寫本】(Leiden：Brill, 2017)。

[2] 完整材料及高清圖版見曹瑋：《周原甲骨文》，北京：世界圖書出版公司，2002 年。最早關注到這種"八卦數字符號"的是張政烺先生，見張政烺：《試釋周初青銅器銘文中的易卦》，《考古學報》1980 年第 4 期，第 403—415 頁。英譯本見 Chang Cheng-Lang, "An Interpretation of the Divinatory Inscriptions on Early Zhou Bronzes," translated by Jeffrey R. Ching, Scott Davis【戴思客】, Susan Weld【羅鳳鳴】, Robin Yates【葉山】, Horst Wolfram Huber, *Early China* 6 (1981), pp.80-96。

[3] 最初發表的簡報見文物局古文獻研究室、安徽省阜陽地區博物館：《阜陽漢簡簡介》，《文物》1983 年第 2 期，第 21—23 頁。截至目前，完整公布阜陽簡的正式報告仍未問世。阜陽簡《周易》的材料已大體發表，見韓自強：《阜陽漢簡〈周易〉研究》，上海：上海古籍出版社，2004 年。英譯及研究見 Edward Shaughnessy【夏含夷】, *Unearthing the Changes: Recently Discovered Manuscripts of and Relating to the Yi Jing*【出土之《易》：新發現《易經》寫本及相關文獻】(New York：Columbia University Press, 2014), pp.189-279。

[4] 湖北省荆沙鐵路考古隊編：《包山楚簡》，北京：文物出版社，1991 年。有關包山楚墓及包山簡的西文專著見 Constance Cook【柯鶴立】, *Death in Ancient China: The Tale of One Man's Journey*【古代中國的死亡：陰間旅行記】(Leiden：Brill, 2006) 以及 Lai Guolong【來國龍】, *Excavating the Afterlife: The Archaeology of Early Chinese Religion*【幽冥之旅：早期中國宗教考古】(Seattle：University of Washington Press, 2015)。

之際，又出土了其他幾種材料。1993 年 3 月，湖北王家臺的農民在挖魚塘的時候暴露了 16 座墓葬，時代爲公元前 3 世紀左右，其中 15 號墓出土了 800 多支竹簡，有幾種不同的文獻，包括兩種抄本的 “易占” 簡，公認就是號稱殷易、至漢就已亡佚的《歸藏》。[1] 那一年秋天，同樣是在湖北，另一座墓葬經盜墓賊之手重見於世，墓中掘出了 1000 多支簡，内容豐富，它們先是被運到香港，後被上海博物館購回。經過上博和學界人士齊心努力的整理，這批竹簡自 2001 年開始陸續發表。最先發表的那部分中就包含了《周易》。[2] 儘管這個簡本已非完璧，保存下來的内容大概只占原有體量的三分之一，但也足夠讓我們窺測原本的面貌。上博簡《周易》還表明，公元前 4 世紀末的時候《周易》的形態和大部分文本已基本穩定。上博簡中還有其他一些和戰國時期的占卜有關的材料，其中包括近來發表的《卜書》，内容是解釋幾種不同龜卜的結果及其卜辭。[3]

　　時至今日，中國的盜墓活動依然猖獗，已有數所大陸高校從香港的古玩市場購得整批竹簡，這些回流的簡尚在陸續整理和出版，其中清華大學和北京大學藏簡中與筮占有關的部分已經公布。清華簡中有

[1] 這批材料從未正式公布，有關情況參王明欽：《王家臺秦墓竹簡概述》，收入艾蘭、邢文編：《新出簡帛研究：新出簡帛國際學術研討會文集》，北京：文物出版社，2004 年，第 26—49 頁。英譯及研究見 Edward Shaughnessy 【夏含夷】，*Unearthing the Changes: Recently Discovered Manuscripts of and Relating to the Yi Jing* 【出土之《易》：新發現《易經》寫本及相關文獻】（New York：Columbia University Press, 2014），pp.141 - 187。

[2] 馬承源主編：《上海博物館藏戰國楚竹書（三）》，上海：上海古籍出版社，2003 年，第 11—70 頁（圖版），第 131—260 頁（釋文考釋，本篇整理者爲濮茅左）。英譯及研究見 Edward Shaughnessy 【夏含夷】，*Unearthing the Changes: Recently Discovered Manuscripts of and Relating to the Yi Jing* 【出土之《易》：新發現《易經》寫本及相關文獻】（New York：Columbia University Press, 2014），pp.37 - 139。

[3] 馬承源主編：《上海博物館藏戰國楚竹書（九）》，上海：上海古籍出版社，2012 年，第 127—138 頁（圖版）、第 289—302 頁（釋文考釋，本篇整理者爲李零）。英譯及研究見 Marco Caboara 【柏恪義】，“A Recently Published Shanghai Museum Manuscript on Divination,”【近出上博簡卜書】in Michael Lackner 【朗宓榭】, ed., *Coping with the Future: Theories and Practices of Divination in East Asia* 【應對未來：東亞占卜的理論與實踐】（Leiden：Brill, 2018），pp.23 - 46。

一篇整理者命名爲《筮法》的文獻，[1] 該篇保存狀況良好，詳細描述一種用蓍占卜法。儘管和《周易》中的筮占系統有所區別，清華簡《筮法》大大加深了我們對戰國中期（公元前 4 世紀）時筮占操作的了解，以及當時人是如何理解八卦的。此外，與筮占有關的還有最近發表的北大簡《荆決》，記錄了一種全然不同的西漢時期的筮法。《荆決》的占卜結果雖然也是以三爻成卦的形式呈現，但並不是習見於《周易》系統的那種卦，《周易》系統的爻都是或連續或斷開的橫綫，而《荆決》中每一爻由一至四根平行綫組成，上爻和下爻橫畫，中爻豎畫（如：▍、▤）。《荆決》共有 16 種卦象，每卦繫之以辭，用兆象起興，並附對"祟"的描述。

2011 年，也就是清華簡、北大簡開始陸續發表的時候，盜墓賊們又在江西南昌挖坟掘墓。那年 3 月底，一伙盜墓分子將一座大型漢墓洗劫一空後，開始把魔爪伸向了旁邊的另一座大墓，幸好當地政府及時接到報案，該墓方得以保全，據説當時盜洞離主棺只差 5 釐米。事後證明，這可能是繼 20 世紀 70 年代發現馬王堆漢墓以來最重要的一項考古發現。整個墓園共有 9 座墓，伴有隨葬坑，其中包括一座車馬坑，而隨葬車馬到漢代的時候已經成爲了皇帝和高級貴族的特權。考古發掘自2011 年開始，持續了五年，至 2016 年收尾。那座險遭毒手的大墓正是主墓，經確認墓主人就是大名鼎鼎的漢廢帝劉賀（前 92—前 59 年）。史載劉賀於公元前 74 年繼位，在位僅僅 27 天即被人以行事乖戾爲由廢黜（彈劾的罪狀共羅織了 1127 條）。他的名字未被列入官方的漢帝世系表，後代皆稱之爲"海昏侯"，海昏是他被廢後所居的邊陲封地。

海昏侯墓出土了近 20000 件文物，數量衆多且門類豐富，可以預

---

[1] 清華大學出土文獻研究與保護中心編、李學勤主編：《清華大學藏戰國竹簡（肆）》，上海：中西書局，2013 年，第 2—9 頁（原大圖版）、第 21—52 頁（放大圖版）、第 75—123 頁（釋文注釋）。英譯及研究見 Constance Cook【柯鶴立】and Zhao Lu【趙璐】，*Stalk Divination: A Newly Discovered Alternative to the* I Ching【筮法：新出土的另一種《易經》】（New York：Oxford University Press, 2017）。

見未來一段時間，必將吸引無數研究者的目光。據報導，海昏侯墓還出土了 5000 多支竹簡，其中包括《論語》殘篇，一下子就吸引了人們的眼球，這批簡對了解早期文獻的文本流變可能有重要意義。2017年 10 月 14 日，在江西南昌舉行的中國秦漢史研究會年會上，海昏侯墓考古領隊楊軍做了發言，稱墓中所出竹簡裏有《易占》。[1] 楊軍的介紹非常簡短，只說簡本的六十四卦卦序和傳世本相似，但其他很多方面和此前所見有較大差別。

　　北京大學的李零教授提供了一份完整的釋文，從中可看出楊軍的描述雖然簡短，但却是準確的。[2] 這篇竹書頗爲程式化，全篇共 64 支簡，每簡一卦。各簡簡首都有卦畫，樣子和今本《周易》非常接近（即陽爻作━、陰爻作--），可拆成上下兩卦。八個基本卦及其卦名如下：

　　　建　　《《　　晨　　巽　　罔　　麗　　根　　説

卦畫後面是卦名，它們中的大多數確實與今本《周易》差不多，哪怕不一樣，讀音也是接近的。接着是對卦名的定義或描述。然後是"彖"，易學中"彖"（一般翻譯成 judgment）指卦辭。下面一句是用"餃"（讀爲交）連接的兩個方位，然後是某個天干地支，再是卦的序號，分爲上經和下經；卦號與今本同，甚至將前三十卦歸爲上經、後三十四卦歸爲下經。最後是某種動物（共出現了三十種動物），説某月（用某季節的第一、二、三個月來指稱）該動物是吉的，另一個月是凶的。爲直觀地展示這一文本結構，下面舉幾卦爲例：

　　　屯建。建者，建也。彖：北方一餃（交）北方一，辛壬癸丑，上經一，中冬觚龍吉，夏凶。

　　　屯《《。《《者，《《也。彖：西方三餃（交）西方三，丁庚乙

[1] 此次會議的網絡報導，見《海昏侯墓發現"新版"〈易經〉》，http://www.ccnovel.com/bolan/2017 - 10 - 16/113003.html，2017 年 10 月 15 日。

[2] 李零：《海昏侯漢簡〈易占〉考釋》，未刊稿，2020 年 6 月 19 日。

癸丑未，上經二，季冬牛吉，六月凶。

　　☰☲　麗下建上，同人。人同，天下一心也。彖：西方九餃（交）南方十一，戊寅，上經十三，中秋鷄吉，春凶。

　　☲☰　建下麗上，大有。大有者，大有天下者也。彖：西方十五餃（交）西方十六，庚寅，上經十四，季秋豕吉，春凶。

　　正如李零所指出的，海昏侯簡《易占》肯定利用了漢代易學的種種闡釋技巧，但它無疑與今本《周易》有別。本書是關於《周易》的起源及早期演變，海昏侯簡《易占》將不納入本書的討論範圍，不再作進一步的考察。

　　在第一章中，我將介紹傳世本《周易》以及過去五十年間出土的三種《周易》抄本。[1] 接下來的第二至五章，我將站在各個角度對占卜進行考察。衆所周知，《周易》最初是一部占卜手册，並且我個人認爲，只有在占卜的背景下才能理解《周易》文本的起源和早期演變。第二章將考察占卜的概念基礎，而第三、四、五章將研究幾種不同類型的占卜，包括龜卜（第三章）和《周易》之外的蓍筮（第四章），最後談《周易》所用的蓍筮（第五章）。在關於占卜的這四章中，我將重點關注周代的材料。周享國八百載，《周易》就是在這期間產生的，不過我也會間或參考時代稍早或稍晚的材料。第六章，也就是本書上卷的最後一章，我將考察具有占卜意味的詩歌，主要見於《詩經》，也見於其他一些周代文獻。我相信這類詩對理解《周易》之象有重要參考價值。本書上卷介紹的這些材料將作爲論述的基礎，在整本書中將反復涉及，特別是在直接考察《周易》文本時。

　　本書的下卷將從歷史背景轉向《周易》文本本身。我將用三章的篇幅分別考察文本的三個組成部分——卦（第七章）、卦辭（第八章）、爻辭（第九章）。之後的兩章將用來考察文本的微觀和宏觀結構，先考

---

[1] 如前文所示，此前我已有論著介紹這三種出土抄本，本章所述也主要基於這些舊作，熟悉相關內容的讀者可直接跳至第二章。

察某一卦的文本如何組織、成對的兩卦如何組織，再來考察六十四卦作爲一個整體是如何組織的。最後，我將用一章來討論《易經》之《傳》（即所謂的“十翼”）。正如本書的標題所表明的那樣，“《周易》的起源及早期演變”不僅關注經文本身，即傳世本《易經》的卦、卦辭、爻辭，也包括這些内容是如何一步步編纂的，以及它們最初的意義是什麼。《易傳》包括《彖傳》《象傳》《文言傳》《繫辭傳》《説卦傳》《序卦傳》《雜卦傳》，它們在《周易》解經傳統的發展過程中扮演了重要角色，不過我信從朱熹（1130—1200 年）的説法，視《易傳》和《周易》本經爲不同時代的産物，[1] 這或許就要另寫一本書來談了。

《周易》譯本

茹特（Richard Rutt, 1925—2011 年）於 1995 年完成了一部《易經》翻譯的著作，搜羅並介紹了 26 種已有的英譯本（此外還包括一些選譯本及拉丁語、法語、德語、荷蘭語譯本），最早的是麥格基（Thomas McClatchie, 1814—1885 年）的譯本，最晚的則出版於 1995 年當年。[2]

---

[１] 朱熹《朱子語類》卷六十七有云：“孔子之易，非文王之易；文王之易，非伏羲之易。”（〔宋〕黎靖德編，王星賢點校：《朱子語類》，北京：中華書局，1986 年，第1648 頁）需特別指出的是，朱熹同樣堅持在占卜的背景中理解《周易》，這在《朱子語類》卷六十六前半部分中體現得尤爲明顯。需要點出的是，這裏我嘗試對傳世本文本的兩個層次做出區分：我將卦爻辭稱作“《周易》”（特別是在討論卦爻辭的最初創作及使用時），而將包括了“十翼”在内的全部文本稱作“《易經》”（特別是需要將之視作“經”時）。這種區分實乃刻意爲之，意在提示讀者存在這兩種不同的概念。

[２] Richard Rutt【茹特】, *The Book of Changes (Zhouyi): A Bronze Age Document Translated with Introduction and Notes*【《周易》：一部青銅時代文獻的翻譯、介紹及注釋】(Richmond: Curzon Press, 1996), pp. 60 – 82. 麥格基譯本見 Thomas McClatchie, *The Confucian Yih King, or, The Classic of Change*【孔子之《易經》】(Shanghai 1876; rpt. Taipei: Cheng-wen, 1973)，茹特提到的譯本中最晚的是 Martin Palmer【彭馬田】, Jay Ramsey and Zhao Xiaomin, *I Ching: The Shamanic Oracle of Change*【《易經》：關於“易”的薩滿神諭】(London: Thorsons, 1995)，更多英譯本見後文注釋。此外還有兩種重要的譯本，分別是法譯本 Cyrille Javary【夏漢生】and Pierre Faure, *Yi jing: Le livre des changements*【《易經》：變易之書】(Paris: Albin Michel, 2002)，德譯本 Dennis Schilling【謝林德】, *Yijing: Das Buch der Wandlungen*【《易經》：變易之書】(Frankfurt am Main: Verlag der Weltreligionen, 2009)。

理所當然的，茹特將重點放在了理雅各（James Legge，1815—1897
年）和衛禮賢（Richard Wilhelm，1873—1930 年）兩人的譯本上。前一
種爲英譯，出版於 1882 年；後一種爲德譯，出版於 1924 年，後由貝
恩斯（Cary Baynes，1883—1977 年）轉譯爲英文，於 1950 年出版。
理雅各譯本和衛−貝譯本在英語世界都具有深遠的影響力。[１] 茹特自
己的譯作於 1996 年出版。此書傾注了其一生的心血，導言部分的語
氣却甚爲謙遜，這種低調掩蓋了他在翻譯背後所付出的巨大努力，不
僅如此，他還對其他學者的譯本毫不吝嗇溢美之詞。自茹特譯本出版
以來，新的譯本如雨後春筍層出不窮，僅最近六年内，我個人目力所
及就有七種。[２] 我自忖不似茹特主教那般謙恭仁厚【譯者按：茹特
曾做過主教】，對後來的這些譯本就不予置評了。

[１] James Legge【理雅各】, *The Yi King: The Sacred Books of China*, *Translated by James Legge*, *The Texts of Confucianism*, *Part II*【《易經》：中國經典・儒學典籍第二部】, in Max Müller, ed., *The Sacred Books of the East*, Vol. 16（2ⁿᵈ ed. Oxford：Clarenden Press, 1899）. Cyrille Javary【夏漢生】and Richard Wilhelm【衛禮賢】, *I Ging: Das Buch der Wandlungen*【《易經》：變易之書】（1924, Reprint, Düsseldorf：Diederichs, 1960）. Richard Wilhelm【衛禮賢】, Cary Baynes【貝恩斯】trans., *The I Ching; or, Book of Changes: The Richard Wilhelm Translation Rendered Into English*【《易經》：衛禮賢譯本英譯】（New York：Pantheon Books, 1950）。茹特列舉的 26 種譯本中，有 23 種的面世時間晚於 1950 年出版的衛−貝譯本。正如茹特指出的，它們中的大部分，要麽只是理雅各維多利亞時代譯本的現代版改裝，要麽只是對理雅各譯本和衛−貝譯本的簡單模仿。

[２] 以時間先後爲序，分別是：John Minford【閔福德】, I Ching: *The Essential Translation of the Ancient Chinese Oracle and Book of Wisdom*【《易經》：古代中國預言與智慧之書的基本翻譯】（New York：Viking, 2014）; Stephen Field【田笠】, *The Duke of Zhou Changes: A Study and Annotated Translation of the Zhouyi*【周公之易：《周易》的研究與譯注】（Wiesbaden：Harraossowitz Verlag, 2015）; David Hinton, I Ching: *The Book of Change, A New Translation*【《易經》新譯】（New York：Farrar, Straus and Giroux, 2017）; Geoffrey Redmond, *The I Ching（Book of Changes): A Critical Translation of the Ancient Text*【上古文獻《易經》的批判性翻譯】（London：Bloomsbury Academic, 2017）; Paul Fendos, *The Book of Changes: A Modern Adaptation and Interpretation*【《易經》：現代改適與闡釋】（Wilmington：Vernon Press, 2018）; Rudolf Ritsema and Shantena Augusto Sabbadini, *The Original I Ching or The Book of Changes: The Eranos I Ching Project*【《易經》原始：愛諾斯《易經》項目】（London：Watkins Publishing, 2018）, 按此譯本似乎只是在 Rudolf Ritsema 個人已出版譯本的基礎上做了修訂。此外還有 Joseph Adler, *The Original Meaning of the Yijing: Commentary on the Scripture of Change*【《周易本義》：對《周易》經文的注解】（New York：Columbia University Press, 2020）。

　　我在此前出版的兩部著作中也做了一些翻譯工作，分別是 1997 年百齡壇書社出版的 *I Ching, The Classic of Changes: The First English Translation of the Newly Discovered Second-Century B.C. Mawangdui Texts*（《易經》：新出公元前二世紀馬王堆帛書本的首部英譯）以及 2014 年哥倫比亞大學出版社出版的 *Unearthing the Changes：Recently Discovered Manuscripts of and Relating to the Yi Jing*（出土之《易》：新發現《易經》寫本及相關文獻），後者包含了兩部分節譯。這兩部書共翻譯了三種出土《周易》抄本，前一部翻譯了馬王堆帛書本《易經》，後一部翻譯了上博簡本和阜陽簡本《周易》。

　　關於《周易》的詮釋，最後我尚有一言。我是將之放置於其形成的時代背景中去理解的（約前 800 至前 500 年）。毫無疑問，隨着時代環境的改變，不同的讀者對文本的理解也自然而然會發生變化。我不禁想到《呂氏春秋》中的一則故事，有個楚國人乘船涉江，佩戴的劍從船上掉落江中，他立刻拿出小刀來，在船舷上劍掉下去的地方刻了一道記號，他打算當船停靠對岸的時候，從刻記號的地方跳下水，以爲自己還能找到那把劍，但船已經行進了（更不用説江水也在流動），劍當然不可能找回來。這個故事就是成語“刻舟求劍”的由來，比喻不知用發展的眼光處理問題。從周朝到現代，三千年間，漢語以及人們的知識觀念一直處於變化之中，用中國任一歷史時期的語言和思想去尋求《周易》正解，都無異於在時間的長河之上刻舟求劍，如果要用外語去翻譯闡釋，就更是難上加難了。就《周易》的翻譯而言，若想提供一種適用於任何時代任何個體的解釋，成功概率之低堪比楚人撈劍，倘勉力爲之，恐亦徒勞。

　　縱如此，吾往矣。

第一章　《周易》的傳世本及早期寫本

　　要了解《周易》的起源和早期演變，傳世本《周易》無疑是最直接的一手材料。我們在爲新材料歡呼雀躍的同時，也不應忘却初心。在中國的傳統典籍中，《周易》多多少少有些特殊（或許擴大到世界範圍也是如此）。《周易》同時使用圖形符號和語言，極易爲讀者（更確切地説是"使用者"）所理解，進行非綫性的文本閱讀。閱讀《周易》的時候，讀者當然可以選擇依照傳統的方式，自第 1 卦"乾☰"始，順次直至第 64 卦"未濟☲"。[1] 但即便如此，"未濟"這一卦名本身就清楚地表明這不是結束，而是另一個循環的開始，提醒讀者《周易》終而復始、無始無終的特性。使用者（而非單純的"讀者"）在面對《周易》文本時，則被鼓勵采用一種參與度更高的使用方式，即先查閱文本的某一部分，然後再隨機跳到另一部分，使用者的意圖被摻入文本，隨着情況的變化，每次查閱都會産生不同的讀法。讀者或使用者的每一次閱讀，其實就實現了對文本

---

[1]《易傳》舊傳爲孔子所作，其中有一篇叫《序卦》，用萬物演化的道理去講解六十四卦次序。每一卦皆爲前卦之果、後卦之因，承前啓後。拉開序幕的乾、坤二卦分別法象"天""地"："有天地，然後萬物生焉。盈天地之間者唯萬物，故受之以屯。屯者，盈也。屯者物之始生也。物生必蒙，故受之以蒙。蒙者，蒙也，物之穉也……有過物者必濟，故受之以既濟。物不可窮也，故受之以未濟，終焉。"（〔清〕阮元校刻：《十三經注疏·周易正義》，北京：中華書局，2009 年，第 200—201 頁）本書第十一章中，我們將看到不同文獻中六十四卦的排列順序也不一樣，哪怕是同屬《易傳》的《雜卦》，采用的卦序也與《序卦》有別。毫無疑問，不同卦序背後蘊含着不同的易學思想。

的一次重組。

　　在宏觀結構上，《周易》文本呈現出一種有意識的不穩定狀態，這種不穩定也同樣反映在微觀層面上，或者更確切地說，文本微觀結構的不穩定表現爲多義性。文本在後世流傳過程中，不同的讀者以不同的方式對《周易》的字詞進行詮釋，沒有哪一種讀解必然優於其他讀解。近幾十年來，隨着各種早期抄本的出土，人們日漸清晰地認識到，周朝延續的數百年間，《周易》文本仍然在不斷發生變化，不同抄手筆下會出現異文。大部分情況下，這些異文由不同的類符構件組成，即通常所謂的漢字部首。在這種情況下，我們只能設想一些《周易》早期寫本中的字是不包含任何類符的，我們稱之爲原始漢字，由於上下文語境模糊，這就導致經常出現多種可能的解釋；因此，後來文本在被不同抄手抄寫的時候，同一個詞就可能出現各種不同的寫法，可能體現了不同的解經傳統。

　　或許正是這種不穩定性或釋義的不確定性，導致人們認爲《周易》深微玄妙，甚至神鬼莫測。劍橋大學第二任漢學教授翟理斯（Herbert Giles，1845—1935 年）曾説：“《周易》語言詰屈聱牙，没人能真正理解個中含義。中國文人學士坦然承認這一點，却依然秉信智慧的指引就蘊含在那字裏行間，只要有足够的智慧就能參透其中奧義。”[1]另一位在中國古代思想文化史方面頗具權威的西方學者顧立雅（Herrlee Creel，1905—1994 年），在其職業生涯的起步階段也曾寫下這樣一段話：

　　　　此書（《周易》）的語言極爲簡約，甚至到了晦澀的地步，以致各種各樣的闡釋層出不窮，仿佛它蘊含了什麼密語暗符。這不禁讓人納悶，此書寫成之時周人是不是還不會用漢語進行清晰

[1] Herbert Giles【翟理斯】，*History of Chinese Literature*【中國文學史】（London：William Heinemann，1901），p. 23；轉引自 Richard Rutt【茹特】，*The Book of Changes (Zhouyi): A Bronze Age Document Translated with Introduction and Notes*【《周易》：一部青銅時代文獻的翻譯、介紹及注釋】（Richmond：Curzon Press，1996），p.48。

　　的書面表達。[1]

《周易》當然允許形形色色的詮釋，從某種程度來説，正是這種開放性造就了它的獨一無二。但是，只要清楚其歷史背景，《周易》其實是可以讀懂的，這點大概也不難理解。

第一節　傳世本《周易》的結構

　　讀者大多知道《周易》文本的核心部分是圍繞六十四卦（或卦畫）進行組織的，每一卦由六根爻組成，爻或作一長橫（—）或作兩短橫（--）。一般認爲六十四卦係由八卦疊加演化而成，八卦的每一卦有三根爻，爻亦作一長橫或兩短橫。不管是由六爻還是三爻組成，中文皆可稱爲“卦”，西方則分別用“hexagrams”和“trigrams”來指稱【譯者按：傳統易學術語體系中，三爻卦（八卦之卦、trigrams）和六爻卦（六十四卦之卦、hexagrams）若混言皆可稱“卦”；若析言之，則稱三爻卦爲“經卦”或“單卦”，稱六爻卦爲“別卦”或“重卦”。以下將視具體情況，依中文表達習慣翻譯“trigrams”和“hexagrams”】。[2]六十四別卦每一卦都有卦名及七段簡短的文辭，包括一段卦辭和六段爻辭，卦辭是對一卦的總説明，爻辭則分別講解卦中的六根爻。[3]卦辭一般較套路化，通常先對卦名略加增益，再針對具體行爲作一兩

---

[1] Herrlee Creel【顧立雅】，*The Birth of China: A Survey of the Formative Period of Chinese Civilization*【中國之誕生：中國文明形成時期概覽】（London：Jonathan Cape，1936），p.268.

[2] 西方用“hexagrams”和“trigrams”分別指六爻卦和三爻卦的習慣似可追溯到劉應（Claude de Visdelou，1656—1737），其著《易經概説》（*Notice du livre chinois nommé Y-king ou livre canonique des changements*，1728）首創了法文新詞 trigramme 和 hexagramme。關於劉應的著作，參 Richard Rutt【茹特】，*The Book of Changes（Zhouyi）: A Bronze Age Document Translated with Introduction and Notes*【《周易》：一部青銅時代文獻的翻譯、介紹及注釋】（Richmond：Curzon Press，1996），pp.62 - 64。

[3] 六十四卦中，爲首的《乾》䷀、《坤》䷁兩卦情況較特殊，它們純由一長橫或兩短橫的爻組成，乾卦六爻純陽，坤卦六爻純陰，於上爻爻辭之後另附有一條“用”爻。

句戒辭。略舉“咸䷞”卦（31）卦辭爲例：

　　　咸䷞ 亨。利貞。取女吉。[1]

關於卦辭格式的分析，詳見本書第七章。

　　別卦之六爻自下而上排列，各爻爻辭之前有爻題，標明該爻的爻位和爻性：位於最下面的爻爲“初”，最上的爲“上”，中間四爻自下而上分別標爲“二”“三”“四”“五”；若爻爲一長橫，則爲陽（在中國的傳統世界觀中，陰、陽是萬物的基本屬性），陽爻爲“九”；若爲兩短橫，則爲陰，陰爻爲“六”。將爻位和爻性結合起來就形成了“初六”“九三”“上六”這樣的爻題。爻辭則通常圍繞“象”構建，描述自然或人世的某些可能是預兆的事物或行爲。大概就是這些“象”使顧立雅先生產生了那種神秘之感。“象”確實難以捉摸，但我認爲如果結合同時期詩歌（特別是《詩經》中的一些詩）所反映的情況，至少有一部分象的象徵意義是可以被理解的，這一點下面會有論證。象之後通常繫有占斷之辭“吉”“凶”“吝”“無悔”等。有讀者可能會對象的道德意蘊感興趣，這方面一向最受關注、討論最多。

　　《周易》經文不足五千言，共4933字，若不計爻題的772字，這個數字就會降至4161（如果把卦畫都算作字的話，則有4997字）。共使用了878個單字，其中絕大部分單字只出現了一至兩次。記錄一些常見虛詞和貞卜占斷術語的單字自然是出現頻率最高的，出現100次以上的有：“无”（159次）、“吉”（147次）、“有”（120次）、“利”（119次）、“貞”（111次）、“其”（110次）、“咎”（100次）。[2] 每

---

[1] 此處及本書所引傳世本《周易》文本皆據〔清〕阮元校刻：《十三經注疏·周易正義》，第1—6卷，第21—151頁。《咸》卦部分見第4卷（第95—96頁）。《十三經注疏本》只有傳統句讀，引文中出現的現代標點爲本書所加。

[2] 數據取自 Richard Kunst【孔士特】，“The Original *Yijing*: A Text, Phonetic Transcription, Translation, and Index, with Sample Glosses”【《易經》原始：文本、注音、翻譯、索引及例釋】(Ph.D. diss.: University of California, Berkeley, 1985), pp.441–449: Appendix B “Frequency Count of Graphs in the Text: A Type-Token Analysis.”【附錄2：文本單字評論統計：類型標記分析】

一別卦的文辭長短不一，少至 50 字（如第 58 卦《兑》䷹），多至
107 字（如第 47 卦《困》䷮）。由於每卦的爻辭各有變化，難以選擇
某一卦來作爲代表。在此以字數最少和最多的兩卦爲例，取諸兩端，
或可大致展示爻辭的面貌。

> 兑 ䷹ 亨。利貞。
> 初九：和兑。吉。
> 九二：孚兑。吉。悔亡。
> 六三：來兑。凶。
> 九四：商兑未寧。介疾有喜。
> 九五：孚于剥。有厲。
> 上六：引兑。

> 困 ䷮ 亨。貞大人吉。无咎。有言不信。
> 初六：臀困于株木。入于幽谷。三歲不覿。
> 九二：困于酒食。朱紱方來。利用享祀。征凶。无咎。
> 六三：困于石。據于蒺藜。入于其宮。不見其妻。凶。
> 九四：來徐徐。困于金車。吝。有終。
> 九五：劓刖。困于赤紱。乃徐有説。利用祭祀。
> 上六：困于葛藟。于臲卼。曰動悔。有悔。征吉。

大概只有剛愎自用之人才會堅稱自己通曉上面兩卦爻辭的含義。
哪怕只是一個簡單的“兑”：也已讓人頗費思量。它不僅是別卦
《兑》卦的卦名，還是經卦《兑》卦的卦名，上引《兑》卦的六條
爻辭中有五條出現了“兑”。“兑”是“説”（説話）、“説”（説
服）、“悦”“脱”“蜕”“挩”“敓”等的詞根，它的書寫形體象人
仰天張口，有物自口中出。在《易經》傳統中，“兑”一般和“言
語”“喜悦”聯繫，爲大多數注疏家和翻譯者所接受，當然是一種合
理的闡釋。爲了盡量貼近詞根“兑”表義上的模糊豐富，我將之翻譯

爲"expressing（發抒）"（儘管這確實不足以表達卦名原本意義上所含有的喜悦度）。另一方面，參考同詞族中其他一些詞的意思，我懷疑"兑"並不是純粹的絶對意義上的"喜悦"（joy），其義似更近於"relief（舒瀉、舒暢）"。

《兑》卦爻辭其餘的部分比較簡單，儘管大概也不比"兑"清楚多少。六爻之中，有五條爻辭的爻象建立在"兑"上，從初九的"和兑"直至上六的"引兑"。好幾條爻辭於象之後附有占斷，包括初九及九二之"吉"、九二之"悔亡"、六三之"凶"、九五之"有屬"。這些文辭雖然簡單，却包含了爻辭最不可或缺的信息。

雖然那份神秘感並没有消除，但《困》卦爻辭要略直白一些。讀者看到初六爻辭的時候，難免會感到疑惑，不知道"臀"要怎麽"困"於"株林"。我雖然也只能對其涵義作些猜測，[1] 但此條爻辭本身是古代中國"繇"的佳例（繇先給出象，再以一組有韻的對句將象和人間世的某個結果相聯繫）：

　　　　初六：臀困于株木。入于幽谷。三歲不覿。

六三爻辭亦可以視爲繇，此例甚至更容易讓人聯想到《詩經》的"興"。

　　　　六三：困于石。據于蒺藜。入于其宫。不見其妻。凶。

詩及早期文獻中經常出現"蒺藜"，多預示着道德的淪失，所以"妻"不見於"宫"大概並不奇怪。"據于蒺藜"和"不見其妻"不僅押韻，在意義上也存在聯繫。對於熟悉《周易》象徵體系的人來説，荆棘會立刻唤起不好的意象，所以占辭作"凶"毫不意外。

本書並不打算完整地注釋翻譯整部《周易》，而是旨在指出某些特徵，表明文本是如何創作的以及早期使用者是如何理解的。

_____

[1]《困》九二、六三爻辭言及異族入侵（"朱紱方來"）、家中找不到妻子（"入于其宫，不見其妻"）。"臀"從"殿"，概念上也無疑與宫殿之"殿"有關，"臀"或許表現的是某種外人侵入内廷的恐慌。

第二節 《周易》的時代問題

關於《周易》的時代問題，傳統已有一貫共識。《易傳》之一的《繫辭傳》有兩處提及《周易》作於周文王（前 1099—前 1050 年在位）之時，不過兩處均是以反問的形式，第一處還表達得相當隱晦：

> 易之興也，其於中古乎！作易者，其有憂患乎！
>
> 易之興也，其當殷之末世，周之盛德邪，當文王與紂之事邪？[1]

繼《繫辭》之後，偉大的史學家司馬遷（前 145—約前 86 年）對《周易》的時代問題給予了正面回答，不過他還是小心地加了一個"蓋"字：

> 西伯蓋即位五十年。其囚羑里，蓋益《易》之八卦爲六十四卦。[2]

兩百年後，中國最早的文獻目録《漢書·藝文志》全面概述了《易經》的創作過程，重申《繫辭》及司馬遷的觀點，即文王與《周易》的創作有關：

> 《易》曰："宓戲氏仰觀象於天，俯觀法於地，觀鳥獸之文，與地之宜，近取諸身，遠取諸物，於是始作八卦，以通神明之德，以類萬物之情。"至於殷、周之際，紂在上位，逆天暴物，文王以諸侯順命而行道，天人之占可得而效，於是重《易》六爻，作上下篇。孔氏爲之《彖》《象》《繫辭》《文言》《序卦》之屬十篇。故曰《易》道深矣，人更三聖，世歷三古。[3]

---

[1]〔清〕阮元校刻：《十三經注疏·周易正義》，第 186、188 頁。

[2]〔漢〕司馬遷：《史記》，北京：中華書局，1982 年第 2 版，第 119 頁。

[3]〔漢〕班固撰：《漢書》，北京：中華書局，1962 年，第 1704 頁。

馬融（79—166 年）對此説又略作調整，認爲文王僅作卦辭，爻辭則歸於其子周公。這無疑是考慮到卦爻辭的文本面貌存在顯著差異，同時也是因爲周公崇拜開始在東漢的學者間瀰漫。假如没有古史辨運動掀起的那股疑古辨僞的風潮，哪怕是到了 20 世紀，《周易》作於文王之世的説法大概依然是不可動摇的。古史辨運動的領袖顧頡剛（1893—1980 年）否定了聖人文王和《周易》的關係，但即便如此，他依然將《周易》的創作時代定在西周初年。[1]

高亨（1900—1986 年）素被譽爲當代一流的易學家，這個名字在本書中將反復出現。他關於《周易》的作者和時代有一番别緻的闡述，現具引如下：

> 《周易》古經是因古人迷信而産生的一部筮書。筮就是算卦。古代算卦，一般是巫史的職務。巫史們在給人算卦的時候，根據某卦某爻的象數來斷定吉凶，當然有些與事實偶然巧合的地方，這就是他們的經驗。他們把一些經驗記在某卦某爻的下面，逐漸積累，成爲零星的片段的筮書，到了西周初年才有人加以補充與編訂，《周易》古經至此才告完成。所以實際説來，《周易》古經不是一個時期寫定，更不是出於一人之手。我們從它的内容和形式觀察，它的完成當在西周初年。司馬遷（《史記·太史公自序》）、班固（《漢書·藝文志》）都説"文王作卦爻辭"，馬融、陸績等（《周易正義》引）説"文王做卦辭，周公作爻辭"，這在先秦古書中没有明證，難於置信。今人有的説是東周作品，更不可從。[2]

---

[1] 顧頡剛説："它（《周易》）的著作時代當在西周的初葉。"見顧頡剛：《周易卦爻辭中的故事》，《燕京學報》1929 年第 6 期；收入顧頡剛編：《古史辨》第 3 册，北平：樸社，1931 年（上海：上海古籍出版社，1982 年影印），第 1—44 頁，第 43 頁。

[2] 高亨：《周易古經今注（重訂本）》，北京：中華書局，1984 年，第 6—7 頁"舊序（摘録）"。最後一句中的"今人"，暗指 20 世紀中國學界的巨擘郭沫若（1892—1978 年），郭沫若認爲《周易》的纂成晚至戰國。

在今日之中國，關於《周易》的時代主要有兩種觀點：一種是將創作之功歸於聖人（或僅是文王，或是文王與周公）；另一種是信從高亨，否定聖人作《易》，但堅持文本著成於西周初年。以上兩種看法皆存在問題。

20 世紀中葉，疑古運動掀起的熱浪逐漸消褪，"走出疑古"的勢力尚在孕育之中，後者很大程度上塑造了當代中國的《周易》研究。彼時，有幾位出色的中國學者仍堅持使用語言學證據來研究《周易》文本的時代。1932 年，陸侃如（1903—1978 年）在《中國文學史簡編》中率先指出，《周易》卦爻辭的句法與《詩經》的《雅》《風》部分有相似之處，他認爲《周易》無疑託始於西周，但寫定於春秋（公元前 8—前 6 世紀）。[１]

在甲骨、金文、漢簡各領域都有精深造詣的學者陳夢家（1911—1966 年），亦就《周易》的時代問題發表了精闢見解。他在爲郭沫若（1892—1978 年）《周易的構成時代》一書所作的"書後"中指出，[２]《周易》所使用的一些詞彙見於西周銅器銘文但不見於商代甲骨，如"享祀""金""朱紱""王母""折首""婚媾"。鑒於這些用語是在西周時期漸次出現的，他主張《周易》的時代不太可能早至西周初年，籠統地定於西周似較妥當。

陸侃如和陳夢家分別利用了《詩經》和西周銅器銘文的材料，頗具啓發意義，但他們的成果卻鮮爲《周易》研究者所知，影響有限。

---

[１] 陸侃如：《中國文學史簡編》，上海：開明書店，1932 年，第 13—14 頁。值得注意的是，幾乎在陸侃如發表這一觀點的同時，前蘇聯漢學家 Iulian K. Shchutskii（1897—約 1935 年）在其關於《周易》的博士論文中也提出了類似的意見。他運用語言考證的方法（他稱之爲"高本漢考證法［Karlgrenian analysis］"）來分析《周易》文本，通過考察系詞"則"的使用情況，他得出結論："《詩經》和《周易》的語言代表了同一種語言在發展過程中的兩個連續階段"，《周易》創作於公元前 8 至前 7 世紀間，代表的是更晚的那個階段。

[２] 陳夢家：《郭沫若〈周易的構成時代〉書後》，收入郭沫若《周易的構成時代》，上海：商務印書館，1940 年，第 57—78 頁。郭沫若這本書篇幅不長，卻在中國學界激起了波瀾，因爲他在書中提出《周易》作於孔子時代之後，約公元前 5 世紀時。

後來，"新易學"運動的發起者之一李鏡池（1902—1975 年）在論作中也得出了類似的結論。1931 年，李鏡池在《古史辨》的《周易》專號上發表了《周易筮辭考》，並因此聲名鵲起，[1] 這篇文章中他依然接受傳統的觀點，認爲《周易》創作於周初。抗日戰爭結束後，他於 1947 年又發表了一篇有分量的續作，即《周易筮辭續考》，將《周易》文本的年代改定於西周晚期。[2] 他和陸侃如一樣從《詩經》入手，認爲《詩經》諸詩是漸進産生的，其中《周頌》是周初作品，約作於武王至昭王的百餘年間，最晚的是《國風》，李鏡池定於公元前 8—前 7 世紀。同時，他也同陳夢家一樣考察了銅器銘文，不過他没有考察單個詞彙，而是關注用韻的演進。通過比較，他認爲《周易》也使用了大量韻語，但相較於《國風》作品的用韻而言没有那麼成熟。李鏡池的這篇文章是中國《周易》研究的經典之作。遺憾的是，就在此文發表的同一年，高亨出版了專著《周易古經今注》，這部書的影響力遠超於李鏡池在學術刊物上發表的單篇論文。

　　我 1983 年寫就的博士論文曾嘗試對《周易》的時代問題進行全面研究。和陸侃如、李鏡池的做法相同，我將《周易》和《詩經》的文本進行了比較；我也像陳夢家那樣使用了不少來自金文（特別是西周金文）的語言學證據。關於詩化趨勢，我指出《周易》的用韻"不管是刻意還是巧合，386 條爻辭中 118 條有韻，所占比例達 30%，近三分之一"，如果把行内韻（intra-line rhymes）的情況也計算進去的話，韻文比例就會高達 46%。[3] 我還指出有 142 條爻辭出現了至少一句四字句，而四字句正是《詩經》最典型的句式。我因此贊成李鏡池的觀點，通過比較《周易》和《詩經》，可知《周易》的創作年

---

[1] 李鏡池：《周易筮辭考》，收入顧頡剛編《古史辨》第 3 册，第 187—251 頁。

[2] 李鏡池：《周易筮辭續考》，《嶺南學報》第 8 卷第 1 期，1947 年，第 1—66 頁。後收入李鏡池：《周易探源》，北京：中華書局，1978 年，第 72—150 頁，收入時加了"補記"。

[3] Edward Shaughnessy【夏含夷】，"The Composition of the *Zhouyi*"【《周易》之編纂】(Ph.D. diss.：Stanford University, 1983)，p.36.

代晚於《周頌》（約前 1050—前 950 年），但肯定早於《國風》（約公元前 8—前 7 世紀）。此外，我還使用了一些我所謂的"語文學的證據"，將《周易》爻辭的某些特定詞彙同西周銅器銘文中可斷代的用例進行比對。我的做法大體接近陳夢家，但是更關注金文中那些可以一定程度上確定屬於某個時期的用語。我指出下引卦爻辭中的一些語詞，亦習見於公元前 9 世紀中期以後至西周中晚期之交的銅器銘文（相關詞句加下劃線）：

師䷆（7）　　六五：田有禽。利執言。无咎。長子帥師。弟子輿尸。貞凶。

離䷝（30）　　上九：王用出征，有嘉折首，獲匪其醜。无咎。

夬䷪（43）　　揚于王庭。孚號。有厲。告自邑。不利即戎。利有攸往。

萃䷬（45）　　亨。王假有廟。利見大人。亨，利貞。用大牲吉。利有攸往。

渙䷺（59）　　亨。王假有廟。利涉大川。利貞。

我特別指出前兩例"是頗爲典型的宣王時期的用語"。[1] 宣王（前 827/825—前 782 年在位）是西周倒數第二位天子，他的統治橫跨了兩個世紀，治下大部分時間氣象興盛，上舉諸例中後三例所反映出的朝廷繁榮之景正與之相合，而顯然與西周末年（宣王晚期至公元前 771 年西周覆滅）的衰敗不符。

除了語言學角度的比勘外，我還考察了西周中晚期的歷史背景，試圖尋繹《周易》產生的思想脈絡。西周中期後半段（約公元前 9 世紀上半葉）國運式微，最終國人暴動，厲王（前 857/853—前 842/828 年在位）流亡，由共伯和代爲執政。厲王死於流亡之地，共伯和

---

[1] Edward Shaughnessy【夏含夷】，"The Composition of the *Zhouyi*"【《周易》之編纂】（Ph.D. diss.：Stanford University，1983），p.42.

迎立宣王。宣王在位長達四十六年，是西周晚期最重要的一位王。
繼位之後一度出現中興局面，他屢命王師出征，成功征服了盤踞南
方和東方、長期與周王朝爲敵的部族。之後又揮師西方，面對來自
"獫狁"的威脅（"獫狁"顯然是外族之名的漢譯）。由虢季子白盤
（作於宣王十二年即前 816 年）銘文可知，最初幾次對獫狁的戰役
多以勝利告終，獫狁雖一度侵入到王朝腹心鎬京附近，但周師成功
將之擊退。不過到了宣王統治末年，周勢再度轉衰，對外戰爭也屢
屢遭敗。

　　借用希伯來聖經研究中的觀點——"書寫的萎縮與整體層面上的
信心危機有關",[1] 我當時認爲，公元前 842 年厲王流亡給周王室造
成了心理打擊，宣王時期獫狁的屢屢侵擾又雪上加霜，導致王廷的書
史失去了信念，不知自己是否能踐履職責，保留住各種書面和口頭的
文獻。《繫辭傳》有如下一段涉及《周易》纂成時間的文字，我認爲
可能正是當時政治形勢的反映：

　　　　易之興也，其於中古乎！作易者，其有憂患乎！[2]

　　此段歷來認爲説的是文王，《繫辭傳》還有另一個地方明確提到
了"文王"，文王的時代要比宣王早兩個半世紀。但是，"憂患"的
情形與宣王時代也頗相當。此外，陸侃如、陳夢家、李鏡池和我所考
察那些的語言學證據都表明，《周易》寫成的時間不太可能早於公元
前 800 年左右。因此，我在博士論文中得出了這樣的結論："《周易》
的用韻情況及所用語辭皆表明，它是西周較晚階段的作品，綜合當
時的歷史背景來看，《周易》應纂成於宣王初年，最可能爲公元前

---

[1] 引自 Eduard Nielsen, *Oral Tradition: A Modern Problem in Old Testament Introduction*【口頭
傳統：一個舊約的現代問題導論】（Chicago：Alec R. Allenson, 1954），p.33, 他亦借鑒
自 Ivan Engnell, *Gamla Testamentet: En traditioshistorisk inledning*【舊約：傳統歷史介紹】
（Stockholm：Svenska Kyrkans Diakonistyrelses Bokförlag, 1945），p. 42, 以及 Henrik
Samuel Nyberg, *Studien zum Hoseabuche*【何西阿書研究】（Uppsala：Almqvist & Wiksell,
1935）。

[2]〔清〕阮元校刻：《十三經注疏·周易正義》，第 186 頁。

820—前 800 年之間。"[1]

　　兩年之後，孔士特（Richard Kunst）也提交了他的博士論文《〈易經〉原始：文本、注音、翻譯、索引及例釋》（"The Original *Yijing*：A Text，Phonetic Transcription，Translation，and Index，with Sample Glosses"），這篇論文"致力於一種嚴苛而不浪漫的語言學意義上的《周易》研究，關注語音和句法中那些瑣碎但重要的基本細節"。[2]他貫徹這一理念，用大量篇幅進行語法描寫（第 95—149 頁），他觀察到的一些語法現象對研究《周易》的時代有重要意義。比如，他指出《周易》全書共出現 78 處"之"，有 30 處爲修飾標記，"之"的這種用法不見於商代甲骨文，在西周銅器銘文中也頗罕見。[3]類似的還有"厥"，西周時最常使用的第三人稱領屬代詞是"厥"，但《周

[1] Edward Shaughnessy【夏含夷】，"The Composition of the *Zhouyi*"【《周易》之編纂】（Ph.D. diss.：Stanford University，1983），p.49。後來證明，拙文的這個結論對之後的西方《周易》研究產生巨大影響，甚至超出了本應有的程度。比如，孔士特（Richard Kunst）和茹特（Richard Rutt）這兩位優秀的《周易》譯者曾分別説："文本中最古老的那一層（即'經'）出現於公元前 1000 年以後的幾個世紀……經過幾個世紀逐漸累積而形成，並沒有確定的作者（或作者們）。最多也只能説存在一位編者，他在公元前 800 年西周王朝的末世餘暉中寫下了文本並對之做了大量潤色。"見 Richard Kunst【孔士特】，"The Original *Yijing*：A Text，Phonetic Transcription，Translation，and Index，with Sample Glosses"【《易經》原始：文本、注音、翻譯、索引及例釋】（Ph.D. diss.：University of California，Berkeley，1985），pp.2，4。"權衡種種迹象來看，我們所看到的《周易》來自於西周晚期（可能爲公元前 825 至 800 年之間）這一結論是不無道理的，不過從一些材料所反映出的口傳歷史來看，這個時間還要再上推三到五個世紀甚至更多。除非發現新的材料，否則任何試圖確定編者姓名的努力都注定是徒勞無功的。應按照占卜者對材料進行收集和比對，想理解《周易》，我們只需要知道這些。"見 Richard Rutt【茹特】，*The Book of Changes*（*Zhouyi*）：*A Bronze Age Document Translated with Introduction and Notes*【《周易》：一部青銅時代文獻的翻譯、介紹及注釋】（Richmond：Curzon Press，1996），p.33。孔士特和茹特都相當審慎，不過公元前 800 年這個斷代需要更多的確證。如下文所述，在我現在看來，那些語言學證據只能大致指向這個時間段，而文本最後的編定時間（如果能夠侈談的話）很可能發生在一到兩個世紀之後。

[2] Richard Kunst【孔士特】，"The Original *Yijing*：A Text，Phonetic Transcription，Translation，and Index，with Sample Glosses"【《易經》原始：文本、注音、翻譯、索引及例釋】（Ph.D. diss.：University of California，Berkeley，1985），p. v.

[3] 同上注，p.105。

易》中"厥"僅兩見，而"其"則出現了110次之多。[1] 西周銅器
銘文中"其"用例極多，但通常作情態助動詞，表達某種意願或將來
時；而《周易》中"其"則多作第三人稱領屬代詞，這種功能的
"其"在東周早期以前相當少見。再如，孔士特還注意到"攸"和
"所"這兩個"動詞前的賓語替代物"存在區別。"攸"見於《詩
經·大雅》諸篇，代表一種更古的用法，在時代較晚的《國風》中
"攸"則被"所"取代。《周易》中"攸"有32例而"所"只有5
例，如果僅憑單純的計數可能會得出《周易》時代偏早的結論。但
是，32例"攸"中有21例見於套語"有攸往"，另有10例見於套語
"无攸利"，唯一的非套語用例是《家人》（37）六二的"无攸遂"
【譯者按：即"攸"其實只能算3例】。那麼，從語法角度來看那5例
"所"，似反映了一種較晚時候才會發生的變化。[2] 這些語法方面的
考察對判定《周易》時代當然無法起到決定性的作用，但是，至少從
某些痕迹來看，《周易》的時代似應稍晚於西周之覆滅。

　　陸侃如、陳夢家、李鏡池、笔者及孔士特之後，關於《周易》時
代問題的新論作並不是很多，倒是發現了兩批可能對研究此問題有所
幫助的實物。首先是2001年陝西長安縣黃良鄉西仁村獲得的兩件西
周晚期的陶拍，上有一些數字符號，應爲數字卦。其中編號爲CHX
采集：1的陶拍上縱刻筮數兩行，編號CHX采集：2的陶拍上則有四
組筮數，既有縱刻也有橫刻。[3]

　　圖1.2刻文右邊一行自上至下爲"⋏一⋏一⋏一"，可釋作
"六一六一六一"；左行自上至下爲"一⋏一⋏一⋏"，釋文作"一
六一六一六"（請注意，圖1.1刻文的上下左右與圖1.2相反，由圖1.2

---

[1] Richard Kunst【孔士特】，"The Original *Yijing*：A Text, Phonetic Transcription, Translation,
　　and Index, with Sample Glosses"【《易經》原始：文本、注音、翻譯、索引及例釋】
　　（Ph.D. diss.：University of California, Berkeley, 1985），p.114。

[2] 同上注，pp.115－116。

[3] 曹瑋：《陶拍上的數字卦研究》，《文物》2002年第11期，第65—71頁。

圖 1.1　CHX 采集：1 陶拍

圖 1.2　CHX 采集：1 刻文

“∧”即“六”的方向可知圖 1.1 需顛倒過來看）。中國學界通常的做法是根據張政烺（1912—2005 年）早年提出的意見，將奇數轉換爲陽爻、偶數轉換爲陰爻。[1] 那麼，將 1 號陶拍上的數字轉換成卦畫就得到了☲和☵，分别爲《周易》的第 63 卦《既濟》和第 64 卦《未濟》兩卦。陶拍的公布者曹瑋先生認爲，這兩個“數字卦”記錄的是爲製作陶拍而舉行的著占結果，且包含了“卦變”的證據（一卦的卦爻由陽變陰或由陰變陽而成新卦）。[2] 若此則需六爻全變，這在一般理解的《周易》著占操作中幾乎是無法實現的。更爲可能的一種解釋是，雖然這兩組數字無疑以“卦”的形式呈現，但作用只是裝飾。它們表現爲相鄰接續的兩卦，似乎説明在當時這兩卦已被視作一對。下文將看到，西仁村 2 號陶拍爲這種解釋提供了更多的證據。

　　2 號陶拍（編號 CHX 采集：2）上的數字符號閱讀起來就不像前一件那麼容易了，通過拓本和綫描圖方能看得清楚一些（圖 1.3—1.5）：

---

[1] 張政烺：《試釋周初青銅器銘文中的易卦》，《考古學報》1980 年第 4 期，第 403—415 頁。英譯本見 Chang Cheng-Lang, “An Interpretation of the Divinatory Inscriptions on Early Zhou Bronzes,” translated by Jeffrey R. Ching, Scott Davis【戴思客】, Susan Weld【羅鳳鳴】, Robin Yates【葉山】, Horst Wolfram Huber, *Early China* 6 (1981), pp.80 - 96。

[2] 曹瑋：《陶拍上的數字卦研究》，《文物》2002 年第 11 期，第 69—70 頁。事實上，曹瑋認爲這是“卦變”起源於西周的證據，比公認的最早提及“卦變”的文獻要早了一千多年。

圖 1.3　CHX 采集：2 陶拍

圖 1.4　CHX 采集：2 刻文拓本

圖 1.5　CHX 采集：2 刻文綫描圖

　　可以看到，環繞柄部一周刻有筮數，共四組、每組六個（最左邊那組有一個數字已被磨損）。拓本顯示兩組縱刻、兩組橫刻，且據 "∧" 的朝向可知橫刻的那兩組筮數方向相對。自右至左可釋讀爲：

八 八 六 八 一 八	䷆ 師（7）
八 一 六 六 六 六	䷇ 比（8）
一 一 六 一 一 一	䷈ 小畜（9）
一 一 一 六 一 ［一］	䷉ 履（10）

　　這四組筮數對應於《易經》傳統卦序的第七、八、九、十卦。正如李學勤所指出的，這種符號雖然有些可能是實占的記録，但一組筮

占恰好按這樣的次序産生出了"變卦"，幾乎是無法想象的。[1] 因此，這些陶拍上的數字卦似需另尋解釋，最可能的情形是，陶拍上的《既濟》至《未濟》、《師》至《履》爲某個完整卦序的局部，並且此卦序顯然與傳本《周易》卦序相同。

在陶拍柄上刻數字卦的原因還不甚清楚，[2] 陶拍的具體年代也不確定，曹瑋只説"這四件陶拍的下限不晚於西周晚期"。[3] 如果此斷代及上面對數字卦的解釋可信的話，那麼這兩件陶拍上的銘文就表明今傳本卦序在西周末業已存在。當然，這並不意味着《周易》的全部文本在那時皆已存在。

西仁村陶拍之後發表的一件文物可能與此問題有關。2011 年，北京大學董珊教授公布了一件來源不明的有銘戈，戈銘包含了兩組數字卦，皆可轉換成《鼎》（50），此外還有兩段文字，似與《鼎》卦的兩條爻辭相關。[4] 董珊對戈的鏽蝕情況做了仔細考察，認爲戈鏽是自然形成的，戈並非僞作；他還指出此戈形制與兩周之際（即公元前8 世紀左右）的戈相合。[5]

---

[1] 李學勤：《新發現西周筮數的研究》，《周易研究》2003 年第 5 期，第 3—7 頁。需補充的是，目前尚無證據表明當時存在"變卦"（見本書第五章）。

[2] Andrea Bréard【白安雅】and Constance Cook【柯鶴立】，"Cracking Bones and Numbers：Solving the Enigma of Numerical Sequences on Ancient Chinese Artifacts，"【卜骨與數字：破解中國古代文物上的數字序列之謎】Archive for History of Exact Sciences 2019（https://doi.org/10.1007/s00407-019-00245-9）. 她們認爲這種陶拍可能是"某種占卜陀螺"，指出 2015 年四川什邡出土了一件漢代陀螺骰子，上有六個點數。關於這一考古發現，見劉章澤：《四川什邡市箭台村遺址出土漢代"陀螺"骰子考》，《四川文物》2016 年第 2 期，第 66 頁圖一。

[3] 曹瑋：《陶拍上的數字卦研究》，《文物》2002 年第 11 期，第 65 頁。

[4] 董珊：《論新見鼎卦戈》，《出土文獻與古文字研究》第 4 輯，上海：上海古籍出版社，2011 年，第 68—88 頁。討論此戈的英文論文，見 Adam Schwartz【史亞當】，"Between Numbers and Images：The Many Meanings of Trigram Li 離 in the Early Yijing，"【象數之間：《離》卦在早期《易經》的多重意涵】，《饒宗頤國學院院刊》第 5 期，香港：中華書局（香港）有限公司，2018 年，第 68—72 頁。

[5] 董珊：《論新見鼎卦戈》，《出土文獻與古文字研究》第 4 輯，2011 年，第 70 頁。

圖 1.6　鼎卦戈正面照片[1]　　　　　　　　圖 1.7　鼎卦戈銘文照片[2]

　　戈銘照片已頗爲清楚，如果在拓本上看就更清晰了。銘文在戈内表面呈 U 形排布，兩個數字卦的朝向是相反的，爲方便閱讀，這裏提供銘文拓本及垂直翻轉拓本（圖 1.8）：

圖 1.8　鼎卦戈銘文拓本（左爲原圖，右爲垂直翻轉圖）

[1] 董珊：《論新見鼎卦戈》，《出土文獻與古文字研究》第 4 輯，2011 年，第 87 頁。

[2] 同上注，第 87 頁。

銘文可釋讀如下（在上面左圖中，自右上角起順時針閱讀）：

> 六一一一六一曰
>
> 鼎止（趾）真（顛）
>
> 鼎黃耳奠止（趾）
>
> 八五一一六五
>
> 拇（吝）

根據奇數對應陽爻、偶數對應陰爻的原則，這兩組數字都可以轉換成《周易》的《鼎》卦。需特別指出的是，這兩卦不僅所使用的數字不同，卦畫的象形程度也存在差異。如上圖所見，前一卦▨僅由"一"和"六"兩種數字組成（當時"六"一般寫作八形，但此處變成了更具裝飾意味的▨）。與之不同的是，後一卦除了"一"和"六"外，還用了"八"和"五"，這使得卦畫變得更加象形，作▨，整體頗似一件鼎，鼎的足、耳、鉉皆頗可想象。

更重要的是，第一個數字卦畫後由"曰"引入的文句分別描述了卦的兩部分，且與《周易》《鼎》卦初六、六五兩爻的爻辭密切相關：

戈銘	《周易》《鼎》卦
鼎止（趾）真（顛）	初六：鼎顛趾。利出否。得妾以其子。无咎。
鼎黃耳奠止（趾）	六五：鼎黃耳金鉉。利貞。

本書第九章將對《周易》爻辭的性質做更細緻的考察，我將證明：除去起標示作用的爻題（比如這裏的"初六""六五"）外，爻辭通常由象辭以及各種技術性占筮用語組成。如上表所見，戈銘與《周易》兩爻的象辭頗相似，不過董珊堅持認爲戈銘所見筮法並非《周易》，而屬於夏易《連山》或殷易《歸藏》，又或許是其他某種古老的筮法。目前似乎難以僅憑這一件器物就斷言《周易》的時代。即便此戈不僞，即便戈銘確與《周易》有關，也只能說明公元前8世紀

的時候《周易》的文本正在形成之中。

三十多年前，我曾在博士論文中主張《周易》的最終纂成當在公元前 800 年左右，如今則更爲審慎一些。若要就《周易》的時代問題給出一個初步結論，公元前 800 年這個時間點只能大致定爲文本形成的時代區間，文本的最終編定（如果可以討論的話）很可能比這個時間還要晚一到兩個世紀。要獲得更精確的年代，只能冀望今後的考古發現了。

第三節　《周易》的早期寫本

無論《周易》最初的編輯者是誰，無論他（或他們）生活在何時何地，能得到其手稿副本的希望甚爲渺茫。就春秋時代的材料來説，我們所能期待的至多也就是零星偶見的《周易》引文和占卜記録，更不用説西周了。不過，至今已出土了兩種戰國寫本《周易》，[1] 此外還發現了兩種漢代早期的寫本。隨着考古技術的日益進步，可以預見未來必將有愈來愈多的《周易》寫本出土。在本節中，我將介紹其中三種出土本。

上博簡《周易》

1994 年初，香港文物市場出現了一批引人關注的竹簡，顯然盜掘自中國中部某個古墓。[2] 初步鑑定之後，由上海博物館出面購回。上博組織了一衆學者整理這批簡，整理成果自 2001 年開始陸續發表。[3] 儘管没有考古學上的證據幫助判斷這批簡的確切年代，古文字學者根

---

[1] 其中一種公元 279 年出土於汲郡（即河南汲縣，今河南衛輝市）古冢中，早已亡佚。不過，當時的學者杜預説汲冢竹書《周易》與今本"正同"。

[2] 以下關於上博簡《周易》的討論改寫自 Edward Shaughnessy【夏含夷】, *Unearthing the Changes: Recently Discovered Manuscripts of and Relating to the Yi Jing*【出土之《易》：新發現《易經》寫本及相關文獻】(New York: Columbia University Press, 2014), pp.37－66。

[3] 馬承源主編：《上海博物館藏戰國楚竹書》（第 1—9 册），上海：上海古籍出版社，2001—2012 年。

據簡上的文字以及竹簡的物理特徵認爲上博簡的年代在公元前 300 年左右，上下誤差不超過幾十年。[1] 目前上博簡已整理出版了九大册，剩餘一些殘片，數量多少不得而知。

　　2003 年《上海博物館藏戰國楚竹書（三）》出版，其中包括《周易》。[2] 簡本有殘缺，留存下來的大致只相當於今本的三分之一。儘管如此，現存部分足以表明某一卦的文本是如何組織的，同時也爲遐想上博簡《周易》的總體面貌留下了空間。上博簡《周易》經綴合後共計 58 支簡（簡 32 可與香港中文大學所藏一段殘簡綴合[3]）。其中，42 支簡完整或基本完整，平均長度約爲 43.5 釐米（平均寬度 0.6 釐米，平均厚度 0.12 釐米）。竹簡原本由三道編繩編聯（竹肉上留有痕迹，但編繩現皆不存），契口在竹簡右側：上契口距竹簡頂端 1.2 釐米，中契口距簡頂端 22.2 釐米（距上編繩 21 釐米），下契口距竹簡底端 1.2 釐米（距中契口 20.5 釐米）。完整的簡上約寫有 42—44 個字，首字位於第一道編繩之下，緊貼編繩，末字則略高於最後一道編繩。每卦都另起一簡獨立書寫，内容包括：1. 卦畫（陽爻作“▬”，陰爻作“八”），六根爻分隔成兩組，每組三根；2. 卦名；3. 紅黑符號［上博《周易》的符號有紅塊（▇）、黑塊（▇）、紅框内置小黑塊（▣）、黑框内置小紅塊（▣）、紅塊上疊小黑框（▣）、黑框（▢）六種，這些符號和易卦相聯繫，前所未見］；[4] 4. 卦辭；5. 爻

---

［1］關於上博簡的收購和鑑定，參《馬承源先生談上博簡》，朱淵清、廖名春編：《上博館藏戰國楚竹書研究》，上海：上海書店，2002 年，第 1—8 頁。

［2］馬承源主編：《上海博物館藏戰國楚竹書（三）》，第 11—70 頁（圖版），第 131—215 頁（釋文）。

［3］關於此簡，參饒宗頤：《在開拓中的訓詁學：從楚簡〈易經〉談到新編〈經典釋文〉的建議》，《第一屆國際暨第三屆全國訓詁學學術研討會論文集》，臺灣高雄中山大學，1997 年，第 1—5 頁；曾憲通：《〈周易·睽〉卦辭及六三爻辭新詮》，《中國語言學報》第 9 輯，北京：商務印書館，1999 年，第 301—305 頁。

［4］此處從濮茅左將紅黑符號劃分爲六種。參馬承源主編：《上海博物館藏戰國楚竹書（三）》，第 134、251—260 頁。下文還會談到，濮茅左的最後兩種符號（即紅塊上疊小黑半框及黑半框）很少見，且出現這兩種符號的簡和出現別的簡字迹有别，因此這兩種符號或許不應和其他四種符號放在一起討論。

辭，自初六或初九始，之後依次爲六二、九三等等，至上六或上九結束；6. 卦名後的紅黑符號再次出現。尾符後留白。這 58 支簡抄寫了 34 卦的内容，共 1806 字，而傳世本《周易》有 64 卦、4933 字。上博簡《周易》的篇幅相當於傳世本的三分之一强（36%）。我推測簡本大約一共殘失了 84 支簡。

上博簡《周易》很明顯由至少兩位抄手抄寫，這是一個重要的特點。此點最早由房振三指出，他認爲，現存的 58 支簡中有 45 支簡書體風格一致、常用字寫法相同（簡 2—4，6—7，9—19，28—36，38—48，50—58），而另外 13 支簡則與前一類迥異（簡 1，5，20—27，37，49）。[1] 後面還會看到，這兩位抄手對首尾的紅黑符號顯然有不同的理解，從而影響了他們對文本的分析。

竹書《周易》當初無疑是完整的，儘管存在相當數量的異文，但大體的樣子應與我們今日所知基本相同。對上博簡《周易》的關注主要圍繞兩個問題。其一是卦序問題，自馬王堆出土與今本卦序大異的帛書《周易》以來，卦序問題就縈繞在學者心頭。竹簡運抵上博時已散亂，且卦與卦不連抄，所以只能依靠非直接的證據來弄清卦序。簡本卦序的復原不可避免地存在推測的成分，關於卦序的詳細討論參見本書第十一章。簡言之，有不少間接證據表明，上博簡《周易》的卦序即便不與今本全然相同，至少也頗爲相近。

出現在各卦首尾的紅黑符號是上博簡《周易》的另一大特點，有助於卦序復原，引起了學界的熱烈討論。如前所述，這些符號共分六種，在同一卦的首簡和末簡皆存的情況下，絕大部分時候首符和尾符相同，不過也存在三處例外，即首尾符號不一致。上博簡的整理者濮茅左專門在附録部分探討了這些符號的意義，認爲紅色象徵陽性而黑色象徵陰性。[2] 至於那些首尾符號相異的卦，他認爲這標志着正處

---

[1] 房振三：《竹書〈周易〉彩色符號初探》，《周易研究》2005 年第 4 期，第 22 頁。

[2] 馬承源主編：《上海博物館藏戰國楚竹書（三）》，第 251—260 頁。

於陰陽升降的過渡階段。儘管這一解釋頗爲巧妙，但由於首尾異符的
簡已被證實與首尾同符的簡並非同人所抄，[1] 似無必要再將它們放
在同一層面考量了。

　　上博簡異文反映出《周易》文本可能存在不同的解讀。我將在本
章之末對《井》卦（48）做詳細的考察，在此之前，先簡單討論一
下《豫》卦，並對上博簡的性質、上博簡對《周易》解讀的貢獻稍
作闡述。傳世本的卦名"豫"，一般理解成"豫樂"之類，上博簡却
寫作"余"（意爲"多餘"）。我認爲這是一個很好的例子，説明簡
本自有其獨到的、優於傳統理解的解釋。爲方便比照，下表給出了上
博簡《豫》卦，[2] 同時給出今本。上博簡中此卦文字連抄於第14、
15兩簡之上，中間無標點。爲清眉目以利比較，下表將分行列出卦辭
及各爻爻辭（亦不加標點）：

上博簡《余》卦䷏	傳世本《豫》卦䷏
䷏余 ■ 秒建侯行帀	䷏豫利建侯行師
初六鳴余凶	初六鳴豫凶
六二矜于石不冬日貞吉	六二介于石不終日貞吉
六晶可余愳遅又愳	六三盱豫悔遲有悔
九四猷余大又夏毋穎塱坎匰	九四由豫大有得勿疑朋盍簪
六五貞疾死不死	六五貞疾恒不死
上六槑余成又愈亡咎 ■	上六冥豫成有渝无咎

[1] 何澤恒：《論上博楚竹書〈周易〉的易學符號與卦序——濮著〈楚竹書《周易》研
　　究〉讀後》，鄭吉雄編：《周易經傳文獻新詮》，臺北：臺灣大學出版中心，2010年，
　　第9—32頁。朴慧莉（Haeree Park）關於不同書手有很好的討論，見 Haeree Park
　　【朴慧莉】，*The Writing System of Scribe Zhou: Evidence from Late Pre-imperial Chinese
　　Manuscripts and Inscriptions（5th–3rd centuries BCE）*【周史的書寫系統：中國前帝國晚期
　　抄本與銘文中的材料（公元前5至前3世紀）】（Berlin：De Gruyter, 2016），pp.78–
　　87。
[2] 出土文獻釋文參考原始圖版或較新研究成果有所修訂，與原著錄釋文或有不同，下
　　文同此，不再一一説明。

簡本與傳世本乍看之下大體相似，但細審後會發現不少相異之處。其中有的只是無關緊要的異文，如"礿—利""帀—師""冬—終""晶—三""悬—悔""退—遲""死—恒""槙—冥"，這些應該都只是同詞的不同寫法，無需深究。有些異文則表明文本可能存在不同於一般的解釋，在此我們考察兩組異文，看文字是如何影響了意義的理解。第一組異文是最顯而易見的卦名，上博簡作"余"（似應讀作"餘"，意爲"多餘"，馬王堆帛書本《周易》即作此種理解），而傳世本作"豫"（意爲"豫樂"），此卦名在爻辭中又出現了四次。今本之"豫"從"予"，和"余"一樣有"我"的意思，可以想見，抄手既可選用"余"，也可選用"予"。然後，當添加了偏旁之後，就產生了方向完全不同的意思——"多餘"和"豫樂"。簡文之"余"宜讀爲訓"多餘"之"餘"，廖名春已有很好的舉證，[1] 這樣理解後，"餘"可與今本卦序的前一卦《謙》（15）（"謙虛"）在概念上相對。當然，若從今本之"豫"解作"豫樂"，則與"謙"形成另一種反差。[2]

爻辭中也有一些有意思的異文，在此考察一處。六條爻辭中有四條結構相近，用兩個字來描述象，且後一字爲"余"或"豫"。其中，六三爻辭在傳世本和上博本中差異較大，今本作"盱豫"（張目歡樂）之處，簡本則作"可余"，字面意思大概是"可以多餘"之類，在《周易》其他版本中前一字還有其他異文：馬王堆帛書《周易》作"杅"（浴盆。請注意括號内所注的只是辭書義，並不一定是

---

[1] 廖名春：《上海博物館藏楚簡〈周易〉管窺》，《周易研究》2000 年第 3 期，第 21—31 頁；廖名春：《楚簡〈周易·豫〉卦再釋》，《出土文獻研究》第 6 輯，上海：上海古籍出版社，2004 年，第 24—33 頁。

[2] 應指出的是，九四爻辭之"余"似應另尋他解。上博簡本"余"上一字作"猷"，傳世本對應之字作"由"。《經典釋文》作"猶"，馬融（79—166 年）云："猶豫，疑也"，與簡本正合。"猷""猶"不過爲一詞之異寫。"猶豫"是一個聯綿詞，無法拆開分析，雖然一般寫作"猶豫"，但也有各種各樣的書寫形式。因此，簡本之"猷余"似應讀作訓爲"疑"的"猶豫"，在這裏"余"不當理解成"多餘"。

它在文中的意思）；《經典釋文》作"紆"（屈曲）、"汙"（污染）；阜陽簡《周易》作"歌"（歌唱）。這些異文絕大部分都从"于"得聲，只有上博簡的"可"和阜陽簡的"歌"是例外。"可"和"歌"之間存在有趣的聯繫，"歌"的古體就是从"可"得聲的"訶"。此外，廖名春指出馬王堆帛書《二三子問》有"此言鼓樂而不戒患也"，似對往"歌"（唱歌）這一方向理解有利（雖然《二三子問》本身用的是"盱"）。[1] 不難發現，"可"和"于"的古文字形體接近，容易導致意義理解上產生分歧。

根據語文學的某些原則，當早期抄本和傳世本之間出現牴牾時（如上博簡本《周易》和今本《周易》），鑑於抄本是現存的有較早來源的證據，宜優先考慮抄本的理解。不過，就《周易》而言，很多讀者，甚至可以說絕大部分的中國讀者，大概都會傾向於傳世本的解讀，畢竟兩千多年來一向都是這麼理解的。在本章的最後一部分，我們將考察上博簡《井》卦，提出一種新的解讀。文本的差異總會造成闡釋空間的存在，但並不意味着各種解讀（不管是基於異文還是出於理解上的差異）不分軒輊。在不同歷史背景中，最優的解讀並不一樣，理解《周易》就需要考慮歷史背景的變化。

阜陽簡《周易》

1977 年 7 月，考古人員對安徽阜陽雙古堆一、二號漢墓進行了發掘。[2] 後來發現其中較大墓的墓主是汝陰侯，據史書記載汝陰侯去世於公元前 165 年。墓中隨葬了大量竹書，堪稱一座地下圖書館，包括《蒼頡篇》《詩經》、醫藥書《萬物》、《年表》《大事記》《日書》，

---

[1] 廖名春：《楚簡〈周易·豫〉卦再釋》，《出土文獻研究》第 6 輯，2004 年，第 24—33 頁。

[2] 以下部分提煉自 Edward Shaughnessy【夏含夷】，*Unearthing the Changes: Recently Discovered Manuscripts of and Relating to the Yi Jing*【出土之《易》：新發現《易經》寫本及相關文獻】（New York：Columbia University Press, 2014），pp.189－211。

以及《周易》等。[1] 遺憾的是，阜陽簡的保存情況不佳。儘管早在 1983 年就已發表簡報，對大部分內容都做了細緻的描述，但直到 2000 年阜陽簡《周易》的釋文才終於完整公布。[2] 阜陽簡《周易》有一個非常重要的特點，即卦爻辭後附有一至多條卜事之辭。

　　整理者韓自强釋讀出 752 枚《周易》簡，計 3119 字。其中 1110 字屬於經文（相當於傳世本《周易》），包括 3 個卦畫以及超過 170 條的卦爻辭，分屬 52 個卦。[3] 其餘 2009 字則屬於卦爻辭之後的卜事之辭。[4] 卜辭涉及一些個體的事項，如生病（"病者"）、居住（"居家"）、婚姻（"取婦"或"家女"）、懷孕（"孕者"）和生產（"産子"）；也涉及一些行政方面的事項，如官員就職（"臨官"或"居官"）、罪囚（"罪人"）、入獄監禁（"繫囚"）、逃亡（"亡者"）、軍事征戰（"攻戰"或"戰鬭"）；還有一些日常話題，如着手做某事（"擧事"）或求某物（"有求"）、出行（"行"）、打獵捕魚（"田漁"）；此外，當然也有關於天氣的，如詢問天氣是否好（"星（晴）"）、是否會下雨（"雨"），雨是否會停（"齊"）；另外還有一些更爲偶見的事項。這些卜辭大概是阜陽簡最有意思的特色。

---

[1] 這一發現的最初報導見安徽省文物工作隊、阜陽地區博物館、阜陽縣文化局：《阜陽雙古堆西漢汝陰侯墓發掘簡報》，《文物》1978 年第 8 期，第 12—31 頁；關於墓中所出竹書，參文物局古文獻研究室、安徽省阜陽地區博物館：《阜陽漢簡簡介》，《文物》1983 年第 2 期，第 21—23 頁。關於阜陽簡中與占卜有關部分資料的綜述，見胡平生：《阜陽雙古堆漢簡數術書簡論》，《出土文獻研究》第 4 輯，北京：中華書局，1998 年，第 12—30 頁。

[2] 中國文物研究所古文獻研究室、安徽省阜陽市博物館：《阜陽漢簡〈周易〉釋文》，《道家文化研究》第 18 輯，北京：生活·讀書·新知三聯書店，2000 年，第 15—62 頁。之後又出版了專著，韓自强：《阜陽漢簡〈周易〉研究》，上海：上海古籍出版社，2004 年。

[3] 綴合編聯時，有些殘簡適合的位置可能不止一處（比如有的簡只殘剩爻辭末常見的占卜術語"吉""兇（凶）"），皆選擇最靠前的那處。有些殘片僅餘有爻題（如"初六""九二"）或卜事之辭，則隨意列於釋文之末。

[4] 在《阜陽漢簡〈周易〉研究》一書的第 63 頁，韓自强說卜事之辭有 2009 個字。但在同書第 74 頁這一統計數字變成了 2169，且這一數字在書中其他地方也有出現（第 87、95 頁）。通過簡單的四則運算就可知前一個數字應是正確的，但很顯然殘簡和字數的統計可能存在出入。

　　阜陽簡《周易》殘損嚴重，没有任何一卦的内容是完整的，甚至
連一支完簡都没有。[1] 根據我個人對竹簡殘片的分析，原簡長度約
爲 36 釐米，大致相當於漢代 1 尺 6 寸，[2] 有上中下三道編繩。每一
卦都另起一簡開始書寫，一卦内容在若干支簡上連續抄寫完畢後，最
末一簡的剩餘部分留白。最先書寫的是卦畫，陽爻作 "一"、陰爻作
"八" 形，卦畫寫在簡的最上端，略高於第一道編繩。略低於首道編
繩的位置寫卦名，接着是卦辭，然後接卜辭，卜問事項前一般加
"卜" 字。卜辭後用標點符號 "●" 間隔，再寫第一條爻辭。六根爻
的爻辭皆遵循同樣的格式。如前所述，上爻爻辭後面的卜辭寫完後，
竹簡留白，該支簡剩餘部分不再寫字。

　　阜陽《周易》簡中，有 11 枚簡屬於《同人》卦（13），包括了
卦辭和五條爻辭，可以大致反映出阜陽簡《周易》的内容結構。下面
將分別給出 11 枚簡上所書文字的釋文（"【 】" 内爲阜陽簡整理報告
給出的編號），卜辭部分加下劃綫：

　　　　同人于樊亨[簡53]

　　　　君子之貞[簡54]

　　　　●　六二同人于宗客<u>卜子産不孝吏</u>[簡55]

　　　　三伏戎于[簡56]

　　　　<u>興卜有罪者兇</u>[簡57]

　　　　<u>戰斷適强不得志卜病者不死乃瘁</u>　●　九四乘高唐弗克[簡58]

　　　　<u>有爲不成</u>　●　九五同[簡59]

---

[1] 韓自强只説最長的簡片（未具體説是哪一枚，據推測是簡 126）爲 15.5 釐米長、
　　5 釐米寬，上有 23 個字，見中國文物研究所古文獻研究室、安徽省阜陽市博物
　　館：《阜陽漢簡〈周易〉釋文》，《道家文化研究》第 18 輯，2000 年，第 16 頁；
　　亦見韓自强：《阜陽漢簡〈周易〉研究》，第 46 頁。事實上另有更長的簡，簡 58 長
　　19 釐米。

[2] 胡平生是阜陽簡的兩位整理者之一，他推測 "原簡可能長約 26 釐米"（胡平生：《阜
　　陽雙古堆漢簡數術書劄論》，《出土文獻研究》第 4 輯，1998 年，第 22 頁）。不過，
　　這一説法似乎過分囿於他自己此前對阜陽《詩經》簡的研究。

人先號[簡60]

後笑大師[簡61]

相徧卜毄凶[簡62]

九同人于鄗无卲卜居官法免[簡63]

簡53、54所書爲《同人》卦卦辭片段。由於初九爻辭完全殘去，此爻所繫的卜辭即使幸存於殘簡之中，也無法辨識。簡55的六二爻辭是一個很好的範例，可以展現出阜陽簡《周易》的内容安排。

　　● 六二同人于宗吝卜子産不孝吏

"●"符號將爻辭和上一條卜辭割開，"●"後是慣見的爻題（比如在這裏就是"六二"）。其後是爻辭，繇辭部分多套用"同人于某"的格式（在這裏是"同人于宗"），再接占斷之辭"吝"。[1] 爻辭之後是由"卜"引介的兩條卜辭，所卜的事項分别關乎"子"和"吏"；只有前一條卜辭是完整的，占斷説孩子會出生（"子産"）但將不孝順（"不孝"）。除六二爻外，《同人》卦其他五根爻的爻辭都或多或少保留下來一些。九三爻辭（簡56—58）後附了至少三條卜辭。[2] 它們揭示出那些占斷之辭是如何被添加進《周易》的，詳細分析見本書第九章。簡言之，阜陽簡的卜辭似常與爻辭的"繇"或"象"存在聯繫。阜陽簡不僅有助於我們了解漢初是如何使用《周易》的，對探索《周易》文本的形成亦有幫助，這是阜陽簡最重要的貢獻。

馬王堆帛書《周易》經傳

　　另一種漢代《周易》寫本出土自著名的湖南長沙馬王堆3號漢

---

[1] "吝"是《周易》常見的占辭之一。關於"吝"的討論見第九章。通常認爲《周易》中"吝"的凶險程度要弱於"凶"和"厲"。

[2] 第一條卜辭是簡57的"卜有罪者兇"，"卜"前面只有"興"一個字。今本《周易》中"興"僅見一次，見於《同人》卦九三爻。因此，這支簡現在的編排方案可能是正確的。這個"興"也有可能是另一條卜辭的最末之字（儘管這種可能性不高）。

墓，1973 年至 1974 年初發掘，比阜陽簡問世還要早五年。[1] 馬王堆
3 號墓出土的文獻有些寫在竹簡上，但大多書於帛卷，其中就包括一
部幾乎完整的《周易》以及一些早期傳文，這些易傳大多前所未見。
同墓所出的有些文獻很快得以發表，在學界引起了很大反響，其中包
括《老子》甲乙本。[2] 遺憾的是，馬王堆的原始整理者始終沒有發
表《周易》的正式報告，只在 1984 年出版了一份簡報，介紹了帛書
《周易》卦爻辭即經文部分的内容。1992 年公布了經文的圖版以及易
傳中最重要的《繫辭》，剩餘部分的完整釋文則於 1993 年和 1995 年
出版。[3] 每當帛書《周易》公布新的材料，都會掀起《周易》研究
的新一輪熱潮，這是由於馬王堆《周易》六十四卦卦序本與傳世本有
所不同，那幾種前所未見的傳文也爲研究易傳的發展提供了新視角。

　　傳世本《周易》六十四卦的卦序規律是“二二相偶，非覆即
變”，但並沒有明晰的邏輯。[4] 馬王堆帛書《周易》則以八個單卦
（三爻卦）爲綱進行系統地排列組合。一個基本卦衍生出一組八個六

---

[1] 下述對馬王堆《周易》的討論改寫自 Edward Shaughnessy【夏含夷】"A First Reading
of the Mawangdui *Yijing* Manuscript,"【馬王堆《周易》初讀】*Early China* 19（1994），
pp.47-73，以及 Edward Shaughnessy【夏含夷】，*I Ching*, *The Classic of Changes: The
First English Translation of the Newly Discovered Second-Century B.C. Mawangdui Texts*【《易
經》：新出公元前二世紀馬王堆帛書本的首部英譯》（New York：Ballantine Press，1997）。

[2] 國家文物局古文獻研究室：《馬王堆漢墓帛書（壹）》，北京：文物出版社，1980 年。

[3] 馬王堆漢墓帛書整理小組：《馬王堆帛書〈六十四卦〉釋文》，《文物》1984 年第 3 期，
第 18 頁；傅舉有、陳松長編：《馬王堆漢墓文物》，長沙：湖南出版社，1992 年，第
416—435 頁；陳松長：《帛書〈繫辭〉釋文》，《道家文化研究》第 3 輯，1993 年，第
416—423 頁；陳松長、廖名春：《帛書〈二三子問〉、〈易之義〉、〈要〉釋文》，《道家
文化研究》第 3 輯，第 424—435 頁；陳松長：《馬王堆帛書〈繆和〉、〈昭力〉釋文》，
《道家文化研究》第 6 輯，1995 年，第 367—380 頁。馬王堆帛書《周易》的全部照片
見原整理者張政烺（1912—2005 年）的遺著《馬王堆帛書〈周易〉經傳校讀》（中華
書局，2008 年 4 月），該書影印了張政烺所作釋文校注的未定手稿。馬王堆帛書《周
易》的譯本見：Dominique Hertzer【何明莉】，*Das Mawangdui-Yijing: Text und Deutung*
【馬王堆《易經》：文本與闡釋】（München：Eugen Diederichs Verlag，1996）；Edward
Shaughnessy【夏含夷】，*I Ching*, *The Classic of Changes: The First English Translation of
the Newly Discovered Second-Century B.C. Mawangdui Texts*【《易經》：新出公元前二世紀
馬王堆帛書本的首部英譯》（New York：Ballantine Press，1997）。

[4] 本書第七章將對這一排列特點作詳細討論。

爻卦，皆取該基本單卦爲上卦，同組之内上卦相同。這八個基本單卦順序如下（卦名依傳世本《周易》[1]）：

乾　艮　坎　震　坤　兑　離　巽

一組之中諸卦的下卦則先取與上卦相同之卦，再依序取另外七卦，順序爲：

乾　坤　艮　兑　坎　離　震　巽

如此便產生了一個與今本迥異的卦序（見本書第十一章，表 11.2）。帛書卦序甫一公布，帛書和傳世本卦序哪一個更原始、更古老，學界便展開了激烈的討論。[2] 尚没有出現一錘定音的證據來終結這一爭論，不過，人們似乎越來越傾向於認爲，馬王堆帛書《周易》反映的是漢代占卜者使用的卦序。[3]

　　馬王堆帛書《周易》經文部分首次公布後，又過了十年，帛書傳文部分的釋文方得以發表。其中只有《繫辭》見於今本，且内容存在差異。隨着帛書《繫辭》的公布，《周易》又成爲了學界關注的前沿，再度引發了激烈的爭鳴，這次是關於帛書《繫辭》究竟反映的是儒家思想還是道家思想。[4] 和其他傳世的經典傳說一樣，《繫辭》一

---

[1] 馬王堆帛書中這八卦的名稱與今本皆有別，不過大部分都可音近通假，依次作：鍵，根，贛，辰，川，奪，羅，筭。

[2] 關於馬王堆帛書《周易》卦序的分析及 1980 年代相關論著的綜述，見邢文：《帛書周易研究》，北京：人民出版社，1997 年，第 65—93 頁。亦參 Richard Smith【司馬富】，*Fathoming the Cosmos and Ordering the World: The* Yijing（I Ching *or Classic of Changes*）*and Its Evolution in China*【探尋宇宙與規範世界：《易經》及其在中國的演化】（Charlottesville：University of Virginia Press，2008），pp.62-77。

[3] 有關這一問題的討論，參廖名春：《帛書〈周易〉論集》，上海：上海古籍出版社，2008 年，第 13—14 頁；李尚信：《卦序與解卦理路》，成都：巴蜀書社，2008 年，第 103—123 頁。他們皆認爲傳世本的卦序較古。

[4] 這次爭論的梗概見 Edward Shaughnessy【夏含夷】，"A First Reading of the Mawangdui *Yijing* Manuscript,"【馬王堆《周易》初讀】*Early China* 19（1994），pp.47-73。本書第十二章將談及這次爭論的影響。

直以來都被認爲是孔子所作。馬王堆本和今本《繫辭》同樣都收録了很多明確歸於孔子的言語，不過，今傳本《繫辭》有一些章節不見於帛書本《繫辭》，而見於其他帛書易傳。有學者認爲這些章節恰好正是包蘊着濃厚儒家思想的章節，帛書的下葬年代比公元前 136 年漢武帝置五經博士要早大概三十年，這些章節應該是獨尊儒術之後被吸納進今本《繫辭》的。這一説法尚存在爭議，目前還没有任何確切的證據浮出水面，實際上也難以想象什麽樣的證據才可以解決這一問題。

傳世本《繫辭》有"大衍之數五十"章，素被視作研究《周易》揲蓍法最重要的材料，此章不見於馬王堆帛書本《繫辭》。帛書的整理者張政烺（1912—2005 年）由此認爲"大衍"章是後加的。[1] 本書第五章將詳細討論這一問題。

第四節　解讀《周易》的新路徑

早期出土文獻所見《周易》卦爻辭與今傳本大同小異，這使得學者（至少是中國學者）普遍相信，《周易》文本的基本定型不會晚於公元前 300 年，甚至可能還要更早一些。如前文所論，從各種語言學證據來看，《周易》卦爻辭的纂成年代大體在公元前 9 至前 8 世紀，比帛書抄寫最早的那批還要早四五百年。那麽，就《周易》的時代問題而言，出土寫本可以説没有多大幫助。不過，我認爲這些寫本倒是在解讀《周易》文本方面提供了重要的材料，這其中涉及異文，包括某些表面看來音近可通的異文。以下將對此進行討論，作爲本章之結。

上博簡《周易》首簡内容爲《蒙》卦（4）第三至六爻的爻辭。[2]

---

[1] 張政烺：《試釋周初青銅器銘文中的易卦》，《考古學報》1980 年第 4 期，第 403—415 頁。

[2] 以下内容基本截取自 Edward Shaughnessy【夏含夷】，*Unearthing the Changes: Recently Discovered Manuscripts of and Relating to the Yi Jing*【出土之《易》：新發現《易經》寫本及相關文獻】（New York：Columbia University Press，2014），pp.57–66。只做了小幅度改動。

比較簡本和今本，可以看到簡本文字與今本的 36 字逐一對應：

簡本　　六晶勿用取女見金夫不又躬亡卣称六四困尨吝六五
　　　　僮尨吉上九毃尨不称爲寇称御寇

今本　　六三勿用取女見金夫不有躬无攸利六四困蒙吝六五
　　　　童蒙吉上九擊蒙不利爲寇利禦寇

簡本的 36 字中，有 20 字和今本完全相同或本質上相同，其餘部分與今本形成 11 組異文：“晶—三”“又—有”“躬—躬”“亡—无”“卣—攸”“称—利（3 次）”“尨—蒙（3 次）”“僮—童”“毃—擊”“寇—寇（2 次）”“御—禦”。其中，“晶—三”“又—有”“躬—躬”“卣—攸”“称—利”“僮—童”“寇—寇”這幾組異文表示的都是同詞，只是書寫形式不同而已。“亡—无”是同義（傳統上認爲它們也同音），這種用詞上的交替或許反映了常用否定詞的變遷。“毃—擊”“御—禦”有可能也是一詞之異寫，今本所用之字較之簡本都另加了偏旁，起强化表意的作用（“擊”表打擊，“禦”表抵禦）。不過在這兩例中，簡本之字另作他解亦不無可能。比如“御”不加“示”旁也完全可以講得通，即表“駕御”之“御”。“毃”也有可能讀爲表“繫束”義的“繫”。不管采用哪種解釋，對理解全卦並沒有太大影響，傳世文獻中的《周易》早期異文也經常是這樣。最後只剩下“尨—蒙”，這組異文的情況或許和其他諸組不同。依照習慣來説，“尨”意爲多毛之犬，而“蒙”則表“女蘿（一種草）”“茂盛”“覆蓋”“戴”“蒙蔽”“遮蔽”“蒙昧”“糊涂”“幼”等。在《周易》中，“蒙”還是一個卦名，[1] 一般理解爲“幼”或“蒙昧”之類，也有不少經儒把這兩種意思結合起來（即“幼稚的愚昧”）。[2]

---

[1] 上博簡本中寫有卦畫和卦名的那隻簡缺失了，不過簡本卦名顯然應作“尨”，和爻辭一致。

[2] 比如，分析今傳本卦序的《序卦傳》解《屯》卦之名爲“物之始生也”，繼而又言“物生必蒙”。另，被奉爲官方經學正統的王弼（226—249 年）《周易注》解釋《蒙》卦卦辭時説“欲決所惑也”（〔清〕阮元校刻：《十三經注疏·周易正義》，（轉下頁）

那麽多毛犬之"龙"何以與"幼稚的愚昧"發生聯繫呢？

　　7世紀前期陸德明（556—627年）《經典釋文》説"龙"除了"莫江反"的標準讀音外，又音"蒙"。[1] 這説明在陸德明看來，"龙"和"蒙"都可以記録表"幼""蒙昧"義的｛蒙｝這個詞。"龙"和"蒙"的讀音無疑是足够接近的，所以"龙"才可假借爲"蒙"，[2] 就好比用"red"來記録"she/red/the book（她讀過那本書）"中的"read"一樣【譯者按：英語 read 現在時和過去時的拼寫一樣，但現在時讀/riːd/，過去時讀/red/。red 也讀/red/，和 read 過去時同音】。若此，則簡本雖與今本用字有異，但仍是同一詞。不過，如果跳出《周易》傳統解釋的窠臼，"龙"就不一定要看作"蒙"的假借字了，完全有可能"蒙"反而是"龙"之假借。實際上，大野裕司就是這麽認爲的。[3] 他指出，爻辭中的"困龙/蒙"和"擊龙/蒙"理解成"鎖住"和"擊打"長毛犬要更加合理。此外，六五爻爻辭中有"僮龙/蒙"，"僮（童）"可能是形容長毛犬像小孩一樣幼小、懵懂之類。《蒙》卦初六、九二兩爻簡本不存，考察傳世本這兩爻的爻辭，也會發現其中的"蒙"理解成"幼稚愚昧"頗爲勉强。兩條爻辭分别作：

（接上頁）第36頁）。這兩種意思的結合也體現在譯文中，卦名《蒙》衛禮賢德譯轉譯成英文後作"Youthful Folly"（幼稚的愚昧），見 Richard Wilhelm【衛禮賢】，Cary Baynes【貝恩斯】trans., *The I Ching; or, Book of Changes: The Richard Wilhelm Translation Rendered Into English*【《易經》：衛禮賢譯本英譯】（New York：Pantheon Books, 1950），p.20。

[1] 馬承源主編：《上海博物館藏戰國楚竹書（三）》，第137頁。

[2] 根據許思萊（Axel Schuessler）的古音構擬，"龙"上古音爲 mrôŋ、中古音爲 mån，而"蒙"的上古音和中古音分别爲 môŋ 和 muŋ。本書的上古音構擬均采自 Axel Schuessler【許思萊】，*Minimal Old Chinese and Later Han Chinese: A Companion to Grammata Serica Recensa*【最低限度的上古至漢代晚期漢語：《漢文典》指南】（Honolulu：University of Hawai'i Press, 2009）。

[3] 大野裕司：「『周易』蒙卦新解—上海博物館藏戰國楚竹書『周易』龙卦に見る犬の民俗」【《周易》蒙卦新解——上海博物館藏戰國楚竹書《周易》龙卦所見犬之民俗】，『中國哲學』第33號，2005年3月，第21—44頁。

初六：發蒙。利用刑人，用説桎梏。以往：吝。

九二：包蒙。吉納婦：吉。子克家。

初六爻之"發"，後代經儒皆理所當然地解釋成"啓發"（"發"本義爲"發射"，引申爲"啓發"），解"發蒙"爲"啓發蒙昧"，認爲此爻説的是當有刑法以利教育。[1] 這種理解與儒家思想頗合，但刑法云云是否能融入其餘各爻辭的語境中呢？九二爻之"包蒙"，《經典釋文》引鄭玄（127—200 年）作"彪蒙"，[2] "彪"的本義是"（虎的）斑紋"，這一早期異文似乎再度將"尨/蒙"的理解引向多毛犬。上博簡本《周易》缺失此爻，假若簡本作"彪尨"的話，我們是否可以將之解作"有斑紋的長毛犬"呢？

我並不是想説上博簡本"尨"和今本"蒙"的表意必然不同，但我同樣認爲，一味淡化和忽視異文，好像它們只是無意義的書寫差異，恐怕也是不可取的。[3] 同一個單字（或者退一步，同部首的字、同音字）有無可能存在多種讀法和理解呢？上博簡中還有另一處卦名與今本有異，通過此例，我們可以看到文字差異產生的漣漪是如何波及全卦的。第 48 卦卦名今本作"井"，簡本則作"汬"。此卦卦爻辭在上博簡本中完整保存了下來（簡 44—46），將之與今本對讀，就會發現簡本和今本存在頗多相似之處，但也有相當數量的異文，有些異文可能無關緊要，而有一些可能實際上非常重要。爲方便比較，將分

---

[1] 此意王弼《周易》注已點出，孔穎達（574—648 年）疏作了發揮（〔清〕阮元校刻：《十三經注疏·周易正義》，第 37 頁），後程頤（1033—1107 年）又有詳細的闡發（〔宋〕程頤撰，王孝魚點校：《周易程氏傳》，北京：中華書局，2011 年，第 28 頁）。亦參 Richard Wilhelm【衛禮賢】，Cary Baynes【貝恩斯】trans., *The I Ching; or, Book of Changes: The Richard Wilhelm Translation Rendered Into English*【《易經》：衛禮賢譯本英譯】（New York：Pantheon Books，1950），p.22. 衛禮賢注解此爻時開頭便説"Law is the beginning of education"（法爲教育之始）。

[2] 陸德明：《周易音義》，見〔清〕阮元校刻：《十三經注疏·周易正義》，第 208 頁。

[3] 只要不是認定某形體是"正字"、其他不是"正字"，上博簡比中國已知最早的字典【譯者按：即《説文解字》】要早好幾百年，因此"正字法"這一概念對上博簡的時代而言未免不合時宜。

別給出 44、45、46 三簡釋文，對應的今本《井》卦文本則分置於各簡之下。

上博《周易》簡 44	巹萊 ■改邑不改萊亡朼亡㚒遳㚒萊。气至亦毋癵萊贏丌缾凶初六萊晉不飤舊萊亡念九二萊浴㳇㹱佳㪿
今本	䷯井　改邑不改井无喪无得往來井井汔至亦未繘井贏其瓶凶初六井泥不食舊井无禽九二井谷射鮒瓮敝
上博《周易》簡 45	縷九晶萊林不飤爲我心寋可以汲王明並受丌福六四萊甓亡咎九五萊㽿寒泉飤上六萊林勿寞又孚元
今本	漏九三井渫不食爲我心惻可用汲王明并受其福六四井甃无咎九五井冽寒泉食上六井收勿幕有孚元
上博《周易》簡 46	吉■
今本	吉

很顯然，簡本和今本依舊是極爲相似的。[1] 今本包括卦名在內共有 58 字，簡本字數相同（兩處紅黑符號不計），可逐字一一對應今本。這裏還是以卦辭部分的異文爲例進行討論。其中，"亡—无"這組異文雖對語法研究有一定意義，但文獻學上的價值並不高。而"朼—喪""㚒—得""遳—往""㚒—來"應該都只是簡單的異體關係，"贏—

---

[1] 北京大學李零教授是上博簡《周易》的最初整理者，他所作的原始釋文幾乎忽視了簡本與今本之間所有的差異，每每簡單地釋成對應的傳世本之字。簡 44 中卦辭部分李零釋文作："改邑不改井，无亡无得，往來井井，汔至，亦毋癵井，贏缾，凶。"那個直接隸作"癵"的字（本書隸作"癵"），他仍然認爲"疑讀爲繘……今本作繘"。"繘"的意思是汲水用的繩索，或引申爲汲取。很顯然，"疑讀爲繘"是基於今本卦名作"井"、卦爻辭説的是水井這一前提。此外，李零還將簡本卦名之字"萊"直接依照今本釋成了"井"。李零：《讀上博楚簡〈周易〉》，《中國歷史文物》2006 年第 4 期，第 54—67 頁。

嬴”“缾—瓶”無疑也是如此。[1] “气—汔”的區别在今本加了偏旁，大概是爲了强化簡本想表達的意義。“毋—未”這組都是否定詞（即使存在細微的差異）。[2]

　　和前面討論的《蒙》卦（4）一樣，簡本中《井》卦（48）卦名也寫得與今本有别，且這一差别可能也表明卦爻辭存在另一種解讀。今本卦名作“井”，簡本則作“汬”，在象形字“井”下加了個“水”旁。由於井是穿土汲水之處，另加“水”旁與其所表之意完全相符。同時也與《彖傳》“巽乎水而上水，井”相合。《井》卦畫作䷯，下卦爲《巽》☴、巽爲風，上卦爲《坎》☵、坎爲水，《彖傳》的説解正基於此。[3] 今本卦爻辭中也有井作水井解的證據。比如，今本“井泥不食，舊井无禽”中，“井泥”解釋成井水污濁而不可飲用，十分自然。然而，“舊井无禽”之“井”則很難作解作水井。王念孫（1744—1832 年）、王引之（1766—1834 年）《經義述聞》對此句給出了如下解釋：

　　　　《易》爻凡言田有禽，田無禽，失前禽，皆指獸言之，此禽字不當有異。井當讀爲阱，阱字以井爲聲（《説文》阱，大陷也。從𥤊、井，井亦聲），故阱通作井，與井泥不食之井不同。井泥不食一義也，舊阱无禽又一義也，阱与井相似，故因井而類言之耳。[4]

王氏父子的解釋堪稱卓識，唯所引《説文》不全。《説文》“阱”字條除了如二王所言讀“井”爲“阱”外，還收録了“汬”，言“古文阱从水”。[5]

---

[1]“嬴”似不見於文獻，此字與今本之“嬴”的區別只在下半中間的意符從“羊”變成了“角”，突出了“羊”有角的特徵，似是正常的偏旁替換。至於“缾—瓶”，《説文解字》中“缾”才是標準形體，今本所用的“瓶”反而是異體，“缶”和“瓦”都與陶製器物有關，故作偏旁時可以換用。

[2]“毋”（古音 *mə）作否定詞一般表“不可”，“未”（古音 *məs）與“毋”音近，但表意有所差别，“未”通常表“尚未”。

[3]〔清〕阮元校刻：《十三經注疏·周易正義》，第 123 頁。

[4]〔清〕王引之：《經義述聞》，上海：上海書店，2012 年，第 47 頁。

[5]〔清〕段玉裁注：《説文解字注》，上海：上海古籍出版社，1981 年，第 216 頁。

現在我們看到上博簡《周易》中這一卦卦名寫作"萊"，問題在於簡本之"萊"究竟應統一讀爲"井"還是"阱"？抑或有時讀作"井"有時讀作"阱"？據二王的解釋來看，"舊井无禽"（上博簡本"舊萊亡含"）中"井／萊"讀爲捕獸陷阱之"阱"於文意甚洽。

"舊萊亡含"下一爻，即九二爻辭中的"萊"可能也同樣應讀爲"阱"。傳世本作"井谷射鮒"，全句難以字字落實地翻譯，但其意似與穿地汲水之"井"相合。[1] "鮒"是理解這句爻辭的關鍵。如果我們去查《漢語大詞典》之類的詞典，會發現"鮒"有兩種不同的意思，一是鯽魚，一是蝦蟆。[2] 號稱最古的《子夏易傳》，舊題孔子弟子子夏（生於前 507 年）所作，明確説"鮒"是"蝦蟆"。[3] 時代更晚的注家則普遍傾向於認爲"鮒"是"小鮮"。[4] 西晉文學家左思（約 250—305 年）已意識到"鮒"的釋義存在問題，其作《吳都賦》云：

> 雖復臨河而釣鯉，無異射鮒於井谷。[5]

很顯然，此句典出爻辭"井谷射鮒"，且"井谷射鮒"被描述成了

---

[1] 據我所見，諸家注疏雖對"井"的理解未有質疑，但同句其餘諸字的解釋存在諸多分歧。例如，陸德明解"射"謂"鄭王肅皆音亦云厭也"（〔清〕阮元校刻：《十三經注疏·周易正義·周易音義》，2009 年，第 215 頁），表"壓迫""没溺"義，王弼和孔穎達似亦作類似理解（〔清〕阮元校刻：《十三經注疏·周易正義》，第 123 頁）。後文我們還將看到，"鮒"也有不同解釋，或爲蝦蟆，或爲小魚（即沙丁魚 sardine）。

[2]《漢語大詞典》編纂處編：《漢語大詞典》，上海：漢語大詞典出版社，1994 年，第 12 卷，第 1215 頁。

[3]〔清〕阮元校刻：《十三經注疏·周易正義》，第 123 頁；《十三經注疏·周易正義·周易音義》，第 215 頁。

[4] 最早明確提出"鮒"爲"小鮮"的注家似是虞翻（164—233 年），見引於〔唐〕李鼎祚撰、王豐先點校：《周易集解》，北京：中華書局，2016 年，第 298 頁。更多證據見高亨：《周易古經今注（重訂本）》，第 299—300 頁。

[5]〔南朝梁〕蕭統：《文選》，上海：上海古籍出版社，1986 年，第 1 卷，第 228 頁；亦見 David Knechtges【康達維】，*Wen Xuan or Selections of Refined Literature*, Vol. 1: *Rhapsodies on Metropolises and Capitals*【《文選》英譯第一册：京都之賦】（Princeton：Princeton University Press，1982），p.417。康達維將"鮒"譯作"goldfish（金魚）"。

某種荒唐之事。上博簡本與今本有別，作"汬浴弑豜"。其中"豜"字此前未見，其義不明，上博簡整理者濮茅左只是簡單地說"字待考"。[1] 李零不同意濮茅左的謹慎，他認爲"丰是並母東部，鮒是並母侯部，乃通假字"。[2] 我没有什麽理由去懷疑"丰"（古音 *phoŋ）、"付"（*poh）讀音接近足可相通，但是，從"豕"之字多與豬或者類豬的動物有關，李說很難解釋該字爲何要從"豕"。"豜"從"豕"似乎表明，在上博簡抄手腦海中"汬"中之物是某種動物而非某種魚（除非説"豕"完全不起表意作用），這與"汬"非水井、乃捕獸之陷阱的理解若合符節。

　　《周易》這條爻辭的原意如何我無從知曉，也許作"井谷射丰"或"井谷射付"（即末字不加形旁）。我們不應該僅因爲上博簡本是目前已知最早的《周易》寫本，就斷言它必然反映了原意，或認爲它較之其他本子必定更接近原意。但也不應如李零一般，默認經漢代整理的今本就代表了某種"正確"的解讀。在我看來，就意思而言，"射一隻在陷阱中的野豬"絲毫不遜色於"射一條井底的沙丁魚"。既然上博簡的抄手（或是在他之前某個時候的某位抄手）將初六"舊汬亡念/舊井无禽"之"汬/井"讀作陷阱之"阱"，那麼他把緊接其後的九二"井谷射丰"理解成阱底之野豬是完全可以想見的。從另一個角度來說，今本《周易》"井谷射鮒"可能也反映了某種類似的受抄手個體主導的闡釋過程，抄手先是將"井/汬"理解成水井，既而理所應當地認爲井中之物應該是某種魚，便以"丰/付"爲聲又加"魚"作形旁。抄手的這一解讀或許是遵循了師法，但我覺得也有可能只是他個人的猜測。《周易》早期流傳過程中的種種異文和解讀，清楚地表明當時存在不同的甚至是大相徑庭的解經傳統。我認爲，解

---

[1] 馬承源主編：《上海博物館藏戰國楚竹書（三）》，2003 年，第 197 頁。

[2] 李零：《讀上博楚簡〈周易〉》，《中國歷史文物》2006 年第 4 期，第 63 頁。

讀上博簡《周易》之時不宜將今本的理解置於首要地位。[1]

六四爻辭"萊鸕亡咎"（今本作"井甃无咎"）亦爲同類之例，濮茅左認爲：

> "鸕"，從鼠，膚聲，讀爲"扶"。《説文·手部》："扶，左也。"《方言》："護也。"《釋名》："扶，傅也，傅近之也，將救護之也。""井鸕"得到了整修、保護。《象》曰"'井甃无咎'，脩井也。"[2]

李零的釋字和理解則與之全然不同：

> 貙，簡文從膚的字多是來母（或幫母）魚部字。濮注，釋文讀甃，注釋讀扶，不知到底怎樣理解。我懷疑，它是相當於渫，渫是心母月部字。[3]

上引之説基於李零的另外一個推測，即簡本九三的"萊杸"對應的是今本六四的"井甃"，而簡本六四的"萊鸕"（李零釋作"萊貙"）則對應今本九三的"井渫"。換言之，他認爲九三、六四兩爻的"象"在簡本和今本中恰好是顛倒的。此説並非完全没有可能，但是還需要更多的直接證據。

簡文之字究竟應該釋作從"鼠"還是從"豸"，我個人並不清楚。[4] 我也不確定"萊鸕"或者"萊貙"應該如何理解。但無論形旁是"鼠"還是"豸"，都與"萊"表捕獸之阱相合，又或許上博

---

[1] 同樣地，解讀出土抄本也不應該輕視傳世本的理解，千方百計只爲讀出新意。

[2] 馬承源主編：《上海博物館藏戰國楚竹書（三）》，第 198 頁。

[3] 李零：《讀上博楚簡〈周易〉》，《中國歷史文物》2006 年第 4 期，第 63 頁。

[4] 朴慧莉（Haeree Park）指出，楚文字中以"鼠"爲偏旁之字，在秦文字及傳世文獻中多從"豸"。見 Park Haeree【朴慧莉】. "The Shanghai Museum *Zhouyi* Manuscript and the Warring States Writing System"【上博簡《周易》及戰國書寫系統】（Ph.D. diss.；University of Washington，2009），p.239。上博簡《周易》中從"鼠"之字還有《縞》卦（今本第 40 卦《解》卦）九二的"瓠"（簡 37），對應的今本之字作"狐"，這表明"鼠"和"犬"作形旁時某種程度上也可互换。

《周易》的抄手對此爻另有一個全然不同的理解。我也不知道今本所據底本中此字作何，但很顯然今本之"甃"（以磚瓦等砌的井壁）深受"井/荓"表水井這一前提的影響。在這種情況下，我們或許可以使用考古學資料來了解今本產生的歷史背景。近幾十年間，有數千座古代水井被發掘，涵蓋各個朝代，清楚地展示出造井技術隨着歷史的推移而演進。我們注意到，春秋以前皆爲土井，陶甃井直到春秋戰國之交（即公元前5世紀）才開始出現。[1]　如果《周易》最初纂成於西周（前1045—前771年）或稍晚，這些材料就可證明今本之"井甃"的時代必然偏晚，應基於幾百年後的經師及書手對陶甃井的認知。[2]利用考古資料研究《周易》文本及其闡釋的演變頗爲有趣，不過，如果此爻所指並非水井，而依上博簡本理解成某種鼠屬之動物在陷阱之中，這些考古資料自然也就與此爻產生的物質文化背景無關了。

　　其餘爻辭中的詞語和象也容易產生不同的闡釋，無論對上博簡本還是對今本而言都是如此，這裏就不多展開了。[3]　至此，我只能初步得出如下結論：在這一卦的爻辭中，有些"井/荓"應該解作捕獸陷阱之"阱"，而有些則宜解作水井之"井"。卦爻辭中那些與"井/荓"有關聯的字也相應地受到"井/荓"讀解的影響：當"井/荓"讀爲"井"時，這些字往往會加注"水"旁或"魚"旁；而當"井/荓"讀爲"阱"時，則多加上某種獸旁。從以上對《周易》"井/荓"的討論中，可以得出什麼樣的解經原則呢？我認爲，《周易》的基本哲學思想在於"變異"，《周易》文本中的用語似乎也是如此。同一

---

[1] 李發林：《戰國秦漢考古》，濟南：山東大學出版社，1991年，第9頁。感謝我的學生張立東指出此條材料。

[2] 有人或許會認爲這表明《周易》的最初纂成不早於戰國時代，在我看來這種看法混淆了"編纂"和"傳抄"兩種情況下出現的書寫變化。事實上，上博簡本《周易》已表明公元前4世紀時這條爻辭存在迥異於今本的理解。

[3] 關於六四爻辭各種解讀的詳細討論，見 Edward Shaughnessy【夏含夷】，*Unearthing the Changes: Recently Discovered Manuscripts of and Relating to the Yi Jing*【出土之《易》：新發現《易經》寫本及相關文獻】（New York：Columbia University Press, 2014），pp.64 - 65。

字在一卦的不同爻中往往可以讀作不同的詞，這些詞有同源關係，創作卦爻辭的筮者似乎頗爲欣賞這種一字多義的做法。孔士特在其 1985 年的博士論文中已指出《周易》文本存在多義性：

> 就《易》而言，某句中的某個特定的詞，或數次出現於相鄰諸句中的某特定詞，似乎常常從一開始意思就是模棱兩可的。或者更確切地説，正是詞固有的多義性賦予了該詞某種神秘的色彩，並使得該詞可以融入不同的語境之中，用以表達不止一種的含義。[1]

在《周易》編纂的時代（西周或春秋時期），有親屬關係的詞往往可以用同一個字來記録。我猜想古代的筮者已經充分認識到某字所表的詞是可變、可易的，故而在創作《周易》時設法利用了語言的這一特質。然而在後世《周易》的流傳過程中，各家（意即不同時代和地域的抄手）解經只是從待解釋之字可代表的諸多意義中選擇一種；更有甚者，會根據自身所處時代的書寫習慣，將某字徑改作他們所認爲的"正字"。

我絕不是想證明顧立雅（Herrlee Creel，1905—1994 年）所説的"這不禁讓人納悶，此書寫成之時周人是不是還不會用漢語進行清晰的書面表達"。我也無意於主張所有的解讀或翻譯因此都可以等量齊觀，本書導言部分曾引述了李學勤一番忠告——"十分容易出現的結果是，在想象力的基礎上，建造一座七寶樓臺"，我以此爲戒。《周易》原始文本既非不知所云，亦非原無達話。在很大程度上，它是其自身所處的文化和知識背景的産物。我們對這些背景了解得越全面深入，才能對《周易》創作者意欲藉由文本傳達的意思以及早期使用者如何理解《周易》把握得越準確。

---

[1] Richard Kunst【孔士特】，"The Original *Yijing*: A Text, Phonetic Transcription, Translation, and Indexes, with Sample Glosses"【《易經》原始：文本、注音、翻譯、索引及例釋】(Ph.D. diss.: University of California, Berkeley, 1985), p.58.

再回到本書序言那個召陳之廟的比喻，我提出要復原《周易》最初創作和使用時的面貌需經歷四步：

> 一、穿透一重重層累的歷史；二、確定"臺基"的輪廓；三、在"臺基"上找尋到標志點，弄清這座宏偉的建築是如何建造起來的；最後，利用適度的想象力來完成這幅圖景。

在接下來的二至六章中，我所做的就是試圖穿透歷史的層層累積並確定《周易》的輪廓；七至十一章則試圖在文本中找到標志點，以揭示《周易》是如何構建的。所有的這些步驟都需要想象力。通常而言，想象不是最可靠的學術方法，但是利用想象重建歷史在漢語自身的傳統中並非無迹可尋。《韓非子・解老》中有這樣一段話，説的是想象之"象"源自大象之"象"：

> 人希見生象也，而得死象之骨，案其圖以想其生也，故諸人之所以意想者皆謂之象也。[1]

要意想《周易》文本的原始面貌，我們所擁有的可遠不止"死象之骨"。對文本原意把握得越到位，越能充分地體會到《周易》是如何一步步發展，最終成爲群經之首的。

---

[1]〔清〕王先慎撰，鍾哲點校：《韓非子集解》，北京：中華書局，1998年，第148頁。

第二章　古代中國的占卜思想

　　占卜是古代中國宗教生活最顯著的特色之一。占卜的實施有多種形式，其中有些是普世的，比如夢占、災異占等；還有一些多多少少是中國特有的，比如衆所周知的商代甲骨，[1] 以及近年來戰國秦漢

---

[1] 吉德煒的書依然是目前西方最好的介紹商代甲骨占卜的著作，參 David Keightley【吉德煒】，*Sources of Shang History: The Oracle-Bone Inscriptions of Bronze Age China*【商代史料：中國青銅時代的甲骨刻辭】（Berkeley：University of California Press，1978）。在其基礎上，柯思廸將之拓展至更晚的歷史階段，見 Stephan Kory【柯思廸】，"Cracking to Divine: Pyro-Plastromancy as an Archetypal and Common Mantic and Religious Practice in Han and Medieval China"【由卜及占：中國漢代及中古時期典型而常見的預言及宗教活動——火卜】（Ph.D. diss.：Indiana University，2012）。日書指南參 Donald Harper【夏德安】and Marc Kalinowski【馬克】，eds.，*Books of Fates and Popular Culture in Early China: The Daybook Manuscripts of the Warring States，Qin，and Han*【早期中國的命運之書與大衆文化：戰國秦漢《日書》寫本】（Leiden：Brill，2017）。西方關於中國古代占卜的研究，可參考 Karine Chemla【林力娜】，Donald Harper【夏德安】，and Marc Kalinowski【馬克】，eds.，*Divination et rationalité en Chine ancienne*【古代中國的占卜與理性】（Paris：Presses universitaires de Vincennes，1999）；Marc Kalinowski【馬克】，"Diviners and Astrologers under the Eastern Zhou: Transmitted Texts and Recent Archaeological Discoveries,"【東周時期的占卜者和占星家：傳世文獻及新近考古發現】in John Lagerwey【勞格文】，and Marc Kalinowski【馬克】，eds.，*Early Chinese Religion，Part One: Shang through Han（1250 BC—220 AD）*【中國早期宗教——第一部分：商至漢（公元前 1250 年至公元 220 年）】（Leiden：Brill，2009），pp.341–396；Marc Kalinowski【馬克】，"Divination and Astrology: Received Texts and Excavated Manuscripts,"【占卜與占星：傳世及出土文獻】in Michael Nylan【戴梅可】and Michael Loewe【魯惟一】，eds.，*China's Early Empires: A Re-Appraisal*【中國的早期帝國：一種重估】（Cambridge：Cambridge University Press，2010），pp.339–366。針對專門占卜的研究（如夢占或星占），例如 Michael Lackner【朗宓榭】，*Der chinesische Traumwald: traditionelle Theorien des Traumes und seiner Deutung im Spiegel der Ming-zeitlichen Anthologie Meng-lin hsüan-chieh*【論中國夢林：傳統夢學及明代著作《夢林玄解》中的鏡象説】（Frankfurt：Lang，1985）。又如 Edward Schafer【薛愛華】，*Pacing the Void: T'ang Approaches to the Stars*【步虛：唐代奔赴星辰之路】（Berkeley：University of California Press，1977）。

墓中大量發現的日書文獻等。在形形色色的中國占卜形式中,《易經》亦即《周易》(本書傾向於使用後者)無疑是最廣爲人知的。歷來認爲《周易》起源於占卜實踐,事實上,也正得益於其卜筮之書的身份,《周易》才能在秦始皇焚書之時倖免於難。歷朝歷代的很多易學大家已經强調占卜是理解《周易》文本的起點。偉大的朱熹(1130—1200 年)在《朱子語類》開篇便言明"易本爲卜筮之書"。[1] 近人尚秉和(1870—1950 年)云:"《易》本用以卜筮,不嫻筮法九六之義即不知其何來。"[2] 因此,研究《周易》的起源及早期歷史,應首先對古代中國的占卜實踐進行深入考察,這一點頗爲重要。在本章中,我將探究古代中國占卜的哲學基礎,隨後的三章則將關注點轉向占卜機制,先是龜卜,接着是蓍筮,最後是易占。

第一節　占　卜　術　語

中國的這些占卜術,不管是習見的還是罕異的,大部分都源自一種共同的理念或世界觀。在詳細討論與解讀《周易》最相關的那幾種占卜術之前,我打算先考察其背後的占卜哲學。中西方皆普遍認爲占卜和算命差不多是等同的。[3] 漢語中有很多詞通常都被翻譯成了 "to

---

[1]〔宋〕黎靖德編,王星賢點校:《朱子語類》,第 1620 頁。

[2]尚秉和原著,劉光本撰:《周易古筮考通解》,太原:山西古籍出版社,1994 年,第 2 頁。

[3]西方學界關於中國歷代占卜的研究,參 Ngo Van Xuyet【吳文學】, *Divination Magie et Politique dans la Chine Ancienne*【後漢書·方術列傳】(Paris:Presses Universitaires de France, 1976); Marc Kalinowski【馬克】, *Cosmologie et divination dans la Chine ancienne: Le Compendium des cinq agents* (Wuxing dayi, VIe siècle)【中國古代的宇宙論與占卜:公元 6 世紀的《五行大義》】(Paris:Ecole française d'Extrême-Orient, 1991); Marc Kalinowski【馬克】, ed., *Divination et société dans la Chine médiévale: Étude des manuscrits de Dunhuang de la Bibliothèque nationale de France et de la British Library*【中古中國的占卜與社會:法國國家圖書館及大英圖書館藏敦煌寫卷研究】(Paris:Bibliothèque nationale de France, 2003); Michael Lackner【朗宓榭】, ed., *Coping with the Future: Theories and Practices of Divination in East Asia*【應對未來:東亞占卜的理論與實踐】(Leiden:Brill, 2018); Richard Smith【司馬富】, "An Overview of Chinese Fortune Telling in (轉下頁)

divine"，最常見的有"貞卜""貞問""占卜""卜筮""稽疑""算命"。它們大多係專門的術語，特指某特定種類的占卜，而非泛指所有占卜（大概只有"稽疑"和"算命"是例外，這兩個詞在早期是最不常使用的）。[1] 英語的"divination"來源於拉丁語的"*divinare*"，通常表"to forsee（預見）"之意。而"*divinare*"的詞根是"*divinus*"（英語的"divine"即來源於此），動詞"*divinus*"宜理解成"to be inspired by a god（被神啓發）"。漢語裏可以對譯"to divine"的詞中，最普遍的兩個是"卜"和"貞"。"卜"字起源於中國古代的龜卜，字形象龜甲或獸骨上燒灼産生的裂紋。[2] 雖然"卜"一開始僅適用於特指龜卜，但自戰國時代以降，或者至少從漢代開始，"卜"的使用範圍逐漸變廣，被用來泛指占卜。至於"貞"，由於牽涉到一些相關字詞，情況要更複雜一些。"貞"這個詞現在通常表"貞潔""忠貞"等意思，但中國現存最早的字書——許慎（58—148 年）的《説文解字》是這麼説解"貞"的：

> 貞，卜問也。從卜，貝以爲贄。一曰：鼎省聲。京房所説。[3]

"貞"是否表"卜問也"之意暫先置之不論。從"卜"從"貝"

（接上頁）Traditional Times,"【中國傳統算命術概論】in Sin-wai Chan【陳善偉】, ed., *The Routledge Encyclopedia of Traditional Chinese Culture*【勞特里奇中國傳統文化百科全書】（New York：Routledge, 2020），pp.299–322。關於世界各地占卜實踐的比較研究，可參 Jean-Paul Vernant, ed., *Divination et Rationalité*【占卜與理性】（Paris：Editions du Seuil, 1974）以及 Michael Loewe【魯惟一】and Carmen Blacker, eds., *Oracles and Divination*【神諭與占卜】（Boulder：Shambhala, 1981）。針對古代中國與希臘占卜的比較研究，參 Lisa Raphals【瑞麗】, *Divination and Prediction in Early China and Ancient Greece*【古中國和古希臘的占卜與預測】（Cambridge：Cambridge University Press, 2013）。

[1]　"卜"本來特指燒灼獸骨或龜甲使之産生裂紋的占卜，後被用來泛指各種方式的占卜。"筮"也是如此（"筮"原本專指用蓍草占卜），只是不如"卜"常用。

[2]　值得注意的是，"卜"在現代漢語中讀作 bu，但其上古漢語擬音爲 *pok，無疑象龜甲爆裂時的聲響。

[3]　〔清〕段玉裁：《説文解字注》，第 127 頁。正如《説文解字》"一曰"所言，"貞"字本寫作"鼎"，"鼎"爲聲符。

的"貞"這個字形顯然晚起,"貞"形是從較早的"鼑"形簡化而來的。"鼑"從"卜"從"鼎","鼎"作聲符("鼎"的擬音爲 *têŋʔ,"鼑/貞"的擬音爲 *treŋ)。一直到戰國時期,"鼎"旁才被形近的簡體"貝"所取代,造成的影響是"貞"的本義被掩蓋了。其實,除了"鼑"本從"鼎"得聲外,"鼎"字本身的形體也經歷了變化的過程。《説文解字》"鼎"下有云:

> 籀文以鼎爲貞字。[1]

事實上,在中國已知最早的書寫體系——商代甲骨文中,"鼎"和"貞"皆作𣂈、𢇛之形(前者象形程度更高,後者非寫實性更強,較便於契刻)。"鼎"字被假借用來記録"貞"這個詞。[2] 無論"鼎"和"貞"的本義如何(是否如《説文》所云,係"貞問也"),它們都同出一源,同源的一組詞還包括"定""訂""正""政""征"等。[3] 這些詞都與"正直""安放""安定""正確"一類意義有關,我懷疑它們的詞根是"丁","丁"初文作○、●,象"釘"頭。考慮到與之同源的這組詞,"貞"宜翻譯成"to affirm"或"to determine"(確定、決定)。雖有擬古之嫌,但在本書中我仍選用"to affirm"來翻譯"貞"。[4]

　　《説文解字》説"貞"是"卜問也",這與鄭衆(即鄭司農,公元83年卒,稍早於許慎)對《周禮》兩處"貞"的解釋相合:

---

[1]〔清〕段玉裁:《説文解字注》,第319頁。

[2] 到較晚的時候才在"鼎"上添加意符"卜",分化出來"鼑/貞"來。

[3] 關於這組同源詞的討論,參 Ken-ichi Takashima【高嶋謙一】, "Settling the Cauldron in the Right Place: A Study of *Ting* 𣂈 in the Bone Inscriptions,"【定鼎:甲骨文"鼎"之研究】in The Chinese Language Society of Hong Kong, ed., *Wang Li Memorial Volumes: English Volume*【王力紀念文集:英文卷】(Hong Kong: Joint Publishing, 1987), pp.405–21.

[4] 需承認的是,譯"貞"爲"to determine"亦不失爲一個好的選擇,特別是在翻譯後世的《周易》經注時,用其名詞形式"determination"頗爲恰切。

《周禮·天府》：季冬陳玉，以貞來歲之媺惡。[1]

《周禮·大卜》：凡國大貞，卜立君，卜大封，則眡高作龜。[2]

《天府》之"貞"鄭衆注僅云"貞，問也"，《大卜》之"貞"則解釋得較詳細，謂："貞，問也。國有大疑，問於蓍龜。"鄭衆之後，注遍群經的漢代大儒"後鄭"鄭玄（127—200 年）對《大卜》之"貞"給出了更詳細的解釋：

貞之爲問，問於正者，必先正之，乃從問焉。[3]

二鄭注文之間的差異看上去似乎很細微，但這恰恰反映出二者在占卜理念上存在重要差異。接下來，我們將對這種不同進行考察。

第二節　卜　以　決　疑

討論占卜的中文論著常引用《左傳》的一段話作爲開端，這段話說占卜的目的是"決疑"：

楚屈瑕將盟貳、軫。鄖人軍於蒲騷，將與隨、絞、州、蓼伐楚師。莫敖患之。鬬廉曰："鄖人軍其郊，必不誡。且日虞四邑之至也。君次於郊郢，以禦四邑，我以銳師宵加於鄖。鄖有虞心而恃其城，莫有鬬志。若敗鄖師，四邑必離。"莫敖曰："盍請濟師於王？"對曰："師克在和，不在衆。商周之不敵，君之所聞也。成軍以出，又何濟焉？"莫敖曰："卜之？"對曰："卜以決疑；不疑何卜？"遂敗鄖師於蒲騷，卒盟而還。[4]

---

[1]〔清〕阮元校刻：《十三經注疏·周禮注疏》，第 1675 頁。

[2] 同上注，第 1735 頁。

[3] 同上注。

[4]《左傳》桓公十一年（前 701 年），見〔清〕阮元校刻：《十三經注疏·春秋左傳正義》，第 3811 頁。

《左傳》的這句"卜以決疑；不疑何卜"，一般認爲是在給占卜下定義，即占卜就是爲了"決疑"，然而這忽視了故事的整體背景。這段話記敘的是鬭廉、屈瑕兩位楚軍將領的一次爭執。鬭廉是楚中央朝廷派駐的貴族，對勝利充滿信心，主張立即發起攻擊。備戰經驗豐富的將領則更謹慎，莫敖（亦作"莫嚻"，楚軍事重臣）屈瑕正是如此。從屈瑕的角度出發，建議舉行占卜無疑是一種拖延時間的策略，以期楚師會增派援軍。鬭廉反對占卜的這番話，只是出於他個人要發起攻擊的決心，而與占卜本身的目的無關。這次占卜恐怕不僅僅是爲了"決疑"。

　　《左傳》另外還有一段似表明占卜適用於難以抉擇的二選一情況。《左傳》魯昭公（前 541—前 510 年在位）二十六年（即前 516 年）有云：

　　　　昔先王之命曰："王后無適，則擇立長，年鈞以德，德鈞以卜。"[1]

當我們將上引之句的背景考慮進去，就會發現對"卜以決疑"之説宜持保留態度。這番話出自王子朝（前 505 年卒）爭奪王位時的大段説辭之末。王子朝是周景王（前 544—前 520 年在位）最年長也是最受寵的兒子，但由於是庶出，未被立爲太子。王位的合法繼承人是朝同父異母的弟弟——嫡長子猛。朝參與了針對猛的種種陰謀，試圖取而代之，這些計劃均以流産告終。周景王駕崩後，猛被擁立爲周王，即周悼王（前 520 年在位）。然而這並没有打消王子朝奪位的念頭，他動員了一幫支持者襲擊悼王，將之趕出王城，悼王在強大晉國的護送下返回王城後，朝又再度發動攻擊殺死了悼王。晉國遂擁立悼王之同母弟王子匄繼位，是爲周敬王（前 519—前 477 年在位）。朝繼續攻擊敬王，爆發了一場歷時三年的内戰，最後朝戰敗，被迫逃奔到南方的楚國。由此可見，王子朝這段以占卜來選擇王儲的話並非

---

[1]〔清〕阮元校刻：《十三經注疏·春秋左傳正義》，第 4592 頁。

對先王法則的客觀描述。對於研究占卜的目的而言，幾乎沒有什麽說服力和價值。

　　我們發現，其他一些舊以爲可證卜以決疑的材料，也發生在某人對某事有疑的特定語境中。《尚書》有《洪範》篇，該篇號稱是一份呈予周武王的施政計劃，分爲九疇。第七爲"稽疑"（亦即占卜），依次羅列了七種占卜事項：雨、霽、蒙、驛、克、貞、悔。前五種爲龜卜，後兩種則爲蓍占，周王應聽從占多數的結果，即"三人占，則從二人之言"。在"大疑"的情況下，《洪範》也提供了更具體的建議：

　　　　　汝則有大疑，謀及乃心，謀及卿士，謀及庶人，謀及卜筮。[1]

接着《洪範》又列舉了"汝（周王）""卿士""庶民""卜""筮"諸方發生齟齬的五種情境。在決策時，似乎絕大多數情況下卜筮只是扮演輔助驗證的角色，而非起決定性的作用。只有最後一種情況是卜筮的結果與人的意願相左：

　　　　　龜筮共違于人，用静吉，用作凶。[2]

儘管中國學者在討論占卜的理論基礎時常引用《洪範》這一段，但除去提到"大疑"時"謀及卜筮"以及在解釋占卜結果時要遵循多數決疑原則之外，不管是關於占卜的實際操作，還是關於占卜的理論，從《洪範》這段並不能了解到太多信息。

　　另一些與占卜理論有關的文獻材料也提到只有在存在重大疑問的情況下才訴諸占卜。《潛夫論·卜列》云：

　　　　　聖人甚重卜筮，然不疑之事，亦不問也。[3]

這句話似乎清楚地表明了卜筮之事是爲了決疑，然而它後面還有一段

---

[1]〔清〕阮元校刻：《十三經注疏·尚書正義》，第405頁。

[2] 同上注。

[3]〔漢〕王符：《潛夫論》卷六，四部叢刊本。

話，引入另一種占卜的理論基礎，將占卜和祭祀聯繫在了一起。

> 甚敬祭祀：非禮之祈，亦不爲也。故曰："聖人不煩卜筮"，
> "敬鬼神而遠之"。夫鬼神與人殊氣異務；非有事故，何奈於我？
> 故孔子善楚昭之不祀河，而惡季氏之旅泰山。今俗人筴於卜筮，
> 而祭非其鬼，豈不惑哉！[1]

這裏批判的是"今（即東漢）俗人"對待占卜就像他們對待祭祀一
樣，幾乎是在賄賂"鬼神"。[2]《卜列》篇還有另外一段關於占卜的
記載，涉及更多史事：

> 天地開闢有神民，民神異業精氣通。行有招召，命有遭隨，
> 吉凶之期，天難諶斯。聖賢雖察不自專，故立卜筮以質神靈。孔
> 子稱"蓍之德圓而神，卦之德方以智"。又曰："君子將有行也，
> 問焉而已言，其受命而嚮。"[3] 是以禹之得皋陶，文王之取呂
> 尚，皆兆告其象，卜底其思，以成其吉。[4]

在漢代乃至更古的時候，卜筮和祭祀被視作與鬼神交流的方式，二者
相輔相成，上引之段的末句似乎揭示了這一現象的原因。"卜底（抵）
其思，以成其吉"體現了另外一種對占卜的理解。此處的"思"說明
占卜並非客觀式的詢問，而牽涉主觀意志的表達。占卜和祭祀之間的
這種聯繫，在其他論及占卜的文獻中亦有反映。

　　公元前 81 年，漢昭帝（前 87—前 74 年在位）的朝堂上曾發生過

---

[1]〔漢〕王符：《潛夫論》卷六，四部叢刊本。

[2] 這種對當時風俗的批判並非漢代方才出現。早在公元前 3 世紀中期，《呂氏春秋·盡
　　數》中已有類似批評，謂："今世上卜筮禱祀，故疾病愈來。"（〔秦〕呂不韋編，許
　　維遹集釋，梁運華整理：《呂氏春秋集釋》，北京：中華書局，2009 年，第 68 頁）

[3] 此句取自《周易》的《繫辭傳》，但有兩處值得注意的異文。一是"已言"（字面意
　　思是"已經説了"），今本《繫辭傳》作"以言"，"以言"（用語言）顯然於此處
　　文意更恰。二是"而嚮"（而後回應），今本《繫辭傳》作"如嚮"（像回聲），皆
　　不甚通順。我懷疑"而嚮""如嚮"之"嚮"皆可讀爲"饗"（享受），亦即卜筮祝
　　禱之辭的結束套語"尚饗"（望享受）之"饗"。

[4]〔漢〕王符：《潛夫論》卷六，四部叢刊本。

一場辯論，《鹽鐵論》即爲這次辯論的記錄。在談及占卜時，有云：

> 古者，德行求福，故祭祀而寬。仁義求吉，故卜筮而希。今
> 世俗寬於行而求於鬼，怠於禮而篤於祭。嫚親而貴勢，至妄而信
> 日，聽訑言而幸得，出實物而享虛福。[1]

馬王堆帛書《易》傳中有一篇題爲《要》，託孔子之名。上引《鹽鐵
論》之段的前半部分與《要》篇中的一些文句非常接近。《要》雖描
述了孔子親自舉行占卜，但同《鹽鐵論》一樣，也表達出對占卜持保
留態度：

> 君子德行焉求福，故祭祀而寡也。仁義焉求吉，故卜筮而
> 希也。[2]

可見占卜被視爲君王或君子道德訓練的一部分，下一小節中我們將看
到更多更豐富的證據支持這一解讀。

第三節　卜 以 言 志

要了解古代真實的占卜哲學，除了《周易》本身以外，中國經典
中與占卜有關的最重要的材料大概是《尚書·大禹謨》的一些內容。
《大禹謨》記敘了上古聖王舜意欲禪位於治水有功的大禹。一開始禹
推辭了，他舉薦了皋陶等其他大臣，說他們更適合接替舜。舜駁回了
禹的請辭，禹退而建議舜通過占卜來決定誰繼承帝位。舜再度駁回了
這一建議，堅稱其意已決。《大禹謨》僅見於古文《尚書》，通常懷
疑此篇係後世僞造，不過我們所討論的文句亦見引於《左傳》，所以
有可靠的文獻來源。《大禹謨》的這段文句如下：

---

[1]《鹽鐵論·散不足》，〔漢〕桓寬：《鹽鐵論》卷六，四部叢刊本。
[2] 陳松長、廖名春：《帛書〈二三子問〉、〈易之義〉、〈要〉釋文》，《道家文化研究》
　　第 3 輯，1993 年，第 435 頁。

禹曰："枚卜功臣，惟吉之從。"帝曰："禹！官占，惟先蔽
志，昆命于元龜。朕志先定，詢謀僉同，鬼神其依，龜筮協從，
卜不習吉。"[1]

《左傳》相關之段要略長一些，添加了一些內容，這部分內容既有助
於我們理解當時人對待占卜的態度，同時也彰顯出占卜過程中"志"
的重要性。這段內容見於《左傳》哀公十八年（前477年），說的是
楚國舉行的一次占卜：

巴人伐楚，圍鄾。初，右司馬子國之卜也，觀瞻曰："如
志。"故命之。及巴師至，將卜帥。王曰："寧如志，何卜焉？"
使帥師而行。請承，王曰："寢尹、工尹，勤先君者也。"三月，
楚公孫寧、吳由于、蔿固敗巴師於鄾。故封子國於析。君子曰：
"惠王知志。《夏書》曰：'官占，唯能蔽志，昆命於元龜。'[2]
其是之謂乎！《志》曰'聖人不煩卜筮'，惠王其有焉。"[3]

三十年前，在一次關於中國占卜本質的討論中，饒宗頤（1917—
2018年）援引了《尚書·大禹謨》的那段文字，他當時的結論至今
仍然值得注意：[4]

占卜者"惟先蔽志，昆命於元龜"。舉行占卜時"志"是一
項非常重要的先決條件。"朕志先定"，而後才能"龜筮協從"。
由此可見，古代王占卜時，決定並不完全取決於龜告，而是在自
身意志先確定後再命龜。換言之，人的權衡考量是第一位的。

---

[1]〔清〕阮元校刻：《十三經注疏·尚書正義》，第286—287頁。

[2]《大禹謨》之句與《左傳》此句的差別僅在於前者作"先"蔽志，後者作"能"蔽志。

[3]〔清〕阮元校刻：《十三經注疏·春秋左傳正義》，第4735頁。

[4] 以下這部分源自我爲 Lisa Raphals【瑞麗】著 Divination and Prediction in Early China and Ancient Greece【早期中國和古代希臘的占卜與預測】一書所撰書評的有關部分，見 Edward Shaughnessy【夏含夷】，"Review of Lisa Raphals, Divination and Prediction in Early China and Ancient Greece,"【評瑞麗著《古中國和古希臘的占卜與預測》】Journal of Chinese Studies 60（2015），pp.327–330。

“志”的重要性由此可見一斑。[1]

爲了論證這一觀點，饒宗頤引用了湖北江陵望山一號墓出土的一則占卜記録。這條記録以“又喜於志喜於事”結束，饒宗頤將之與“志”聯繫。饒文寫作之時，出土卜筮簡的數量尚相當有限。不過，早在1978年湖北江陵天星觀一號墓就出土了2240支竹簡，内容包括卜筮簡和遣策，部分卜筮簡上出現了“謐志”一語，此即《尚書·大禹謨》之“蔽志”。[2] 以下試舉一例：

> 陳邨習之以新保家。占之：恒貞，吉，小有外憂，有祟。以其故說之。舉禱社特牛，樂之。謐志，凶攻解于不辜、强死者。[3]

這段簡文反映了戰國時期占卜記録的標準格式，下文及後兩章中我們還會看到。簡文有所殘缺，雖没有提及占卜的事項，但有初占和二占的占辭。初占的結果大體上是吉的，但也有一些未禳除之咎，故而有了進一步的祭禱。“謐志”後緊接二占的禱告之辭，即：奉獻祭祀犧牲以解除初占所得之咎祟，從而禳除厄難（厄難必是此次占卜的起因）。“謐志”似是貞辭的組成部分，如此占卜方算圓滿施行。

戰國卜筮簡中最爲人們所熟知的當屬湖北包山簡，這批簡出土時保存狀況良好，材料發表也相當迅速。一如卜筮簡中常見的那樣，初占的占辭表明存在某些有待移除的麻煩。在下引之例中，這

[1] Jao Tsung-i【饒宗頤】，“Forum：Jao Tsung-i 饒宗頤，”【爭鳴：饒宗頤】*Early China* 14 (1989)，p.137. 稍晚有學者發表了類似的觀點，見周鳳五：《包山楚簡文字初考》，收入王叔岷先生八十壽慶論文集輯委員會編：《王叔岷先生八十壽慶論文集》，臺北：大安書局，1993年。

[2] “謐志”的輯録，見滕壬生：《楚系簡帛文字編》，武漢：湖北教育出版社，1995年，第188頁；亦見晏昌貴《天星觀“卜筮祭禱”簡釋文輯校（修訂稿）》，武漢大學簡帛網2005年11月2日。沈培提出“謐”讀爲“蔽”，並對這一用語進行了全面考察，參沈培：《從戰國簡看古人占卜的“蔽志”——兼論“移祟”説》，《古文字與古代史》第1輯，臺北：“中研院”歷史語言研究所，2007年，第401頁。

[3] 王明欽：《湖北江陵天星觀楚簡的初步研究》，北京大學碩士論文，1989年。轉引自沈培：《從戰國簡看古人占卜的“蔽志”——兼論“移祟”説》，《古文字與古代史》第1輯，2007年，第401頁，注32。

個麻煩就是"志事少遲得",[1] 這個"志"顯然指的是占卜之初所定下的"志"。

> 宋客盛公騁聘於楚之歲,荆夷之月乙未之日,石被裳以訓龜爲左尹𨚲貞:自荆夷之月以就荆夷之月,盡卒歲,躬身尚毋有咎。占之:恒貞吉,少外有憂,志事少遲得。以其故敚之。罷禱於邵王特牛,饋之;罷禱文坪夜君、郚公子春、司馬子音、蔡公子家,各特豢、酒食;罷禱於夫人特𤝒。志事速得,皆速賽之。占之:吉。享月夏柰有憙。[2]

本書第三、四章將分別考察龜卜和蓍占,我們將發現,更多的證據表明,占卜中的"命"(即向龜和蓍提出的占卜事項)通常以祝禱的形式出現,將"志"宣之於口以贏得神靈的佑助。

第四節　交通神靈

王充(27—100 年)《論衡》的《卜筮》篇提到,占卜時天地之神或許能够聽見世人的命令,遂與人交流並作出回應。王充借不具名的某人之口("或曰"),説了以下一段話:

> 人懷天地之氣。天地之氣,在形體之中,神明是矣。人將卜筮,告令蓍龜,則神以耳聞口言。若己思念,神明從胸腹之中聞知其旨。故鑽龜揲著,兆見數著。[3]

王充作爲著名的理性主義者,試圖反駁這種人的思想與蓍龜的回應之間存在某種神秘交流的觀點。但如果我的理解不誤的話,王充反駁結

---

[1] 當然還有一種可能,即這裏的"志"應看作形容詞,"志事"指已定志之事。但從望山簡中習見的"又喜於志喜於事"來看,此處的"志"和"事"應該分開處理。

[2] 湖北省荆沙鐵路考古隊:《包山楚簡》,北京:文物出版社,1991 年,第 32 頁,簡199—200。

[3] 〔漢〕王充著,黄暉撰:《論衡校釋》,北京:中華書局,1990 年,第 999—1000 頁。

束時所説的 "如神明爲兆數，不宜與思慮異"，其實在某種程度上承認了 "或曰" 之説。

> 夫人用神思慮，思慮不決，故問蓍龜。蓍龜兆數，與意相應，則是神可謂明告之矣。時或意以爲可，兆數不吉；或兆數則吉，意以爲凶。夫思慮者，己之神也；爲兆數者，亦己之神也。一身之神，在胸中爲思慮，在胸外爲兆數，猶人入户而坐，出門而行也。行坐不異意，出入不易情。如神明爲兆數，不宜與思慮異。[1]

可能正是這種占卜可以交通神靈的觀念促使《史記》專闢了一篇《龜策列傳》。《龜策列傳》中的表述更爲精煉：

> 兆應信誠於内，而時人明察見之於外，可不謂兩合者哉![2]

從某種意義上來説，占卜並不僅僅是對將來某些事件客觀式的探究，也不只是爲了決疑。上引之段表明：個體從事占卜活動時，不僅要事先確定他個人的意志，而且這種意志在道德層面上必須是正確的，只有這樣神靈才會給予回應。神靈之所以會回應，是因爲他們就在這個人的内心之中，神靈其實産生自個體，甚至可以説神靈與個體合而爲一。

將占卜理解成交通神靈，在《周易》相關的文獻中也有一些例子。傳孔子所作的《繫辭傳》中有一段即對此有所反映，下面我們將全文引用此段並略作分析。《繫辭傳》將解讀《周易》的正途大致分爲四種，最後一種是占卜，《繫辭傳》還就此作了進一步的論述（見下引之段加下劃綫部分，類似文句亦見於上引《潛夫論·卜列》），着重強調了占卜是靈驗的。要理解這段論述，需進行一些語法分析。或許分析之後文意還是模棱兩可，不過考慮到内容本身的性質，模棱

---

[1]〔漢〕王充著，黄暉撰：《論衡校釋》，北京：中華書局，1990 年，第 1000 頁。
[2]〔漢〕司馬遷：《史記》，第 3225 頁。

兩可也並不奇怪。

　　子曰："知變化之道者，其知神之所爲乎！"易有聖人之道四焉：以言者尚其辭，以動者尚其變，以制器者尚其象，以卜筮者尚其占。是以君子將有爲也，將有行也，問焉而以言，其受命也如響。无有遠近幽深，遂知來物。非天下之至精，其孰能與於此！參伍以變，錯綜其數，通其變，遂成天下之文；極其數，遂定天下之象。非天下之至變，其孰能與於此！易，无思也，无爲也，寂然不動，感而遂通天下之故。非天下之至神，其孰能與於此！夫易，聖人之所以極深而研幾也！唯深也，故能通天下之志；唯幾也，故能成天下之務；唯神也，故不疾而速，不行而至。子曰："易有聖人之道四焉"者，此之謂也。[1]

　　"易"是《周易》傳統的一個基礎概念，具有多重意蘊，可以分別換用各種其他的詞來表達，上引之段中的"變"就是其中之一。"變"的表意重點在於交替變換，或是在對立的兩極間轉換，如軟與硬、偶與奇，抑或是中國人所使用的陰與陽，這種兩極間的轉變往往指代人事的興與衰。用上引之段的話來説，能够察覺到這些變化如何發生、何時發生，占卜者就可以"知來物"。通常認爲這就是占卜的目的。

　　占卜者之所以"知來物"，是因爲其志已定，他知道什麼是自己希望發生的。但他不敢妄自實行，而是向龜或蓍報告自己的意願（《周易》即用蓍）。"君子將有爲也，將有行也，問焉而以言，其受命也如響"兼及占卜的兩個不同方面，即上文討論的"問"和"命"，以致文意模糊，不好理解。考慮到占卜的一般格式（本書第三、四章將對此進行考察），幾乎可以肯定，這裏的"問"並不是無目的地詢問將發生的某事，而是被注入了占卜者（也就是"君子"）

---

[1]〔清〕阮元校刻：《十三經注疏·周易正義》，第167—168頁。

自身的意志。這導致最後的"其受命也如響"成爲這句含混不清的話中最模棱兩可的部分。"其受命也如響"如何理解，取決於第三人稱代詞"其"所指代的先行詞。最容易想到的符合句法的先行詞，是全句最開頭的"君子"（事實上"君子"也是這句話中唯一的先行詞），如此則"其"就應該譯作"他的"，"他"指"君子"即占卜者。然而，"受命"的顯然只能是占卜的媒介（在這裏就是著）。那麼，代詞"其"應是指占卜的媒介，應被譯作"它的"。又或許這裏的"其"同時指代占卜者和占卜媒介，因此命令和對命令的回應才會像回聲（"如響"），涉及雙向性時用回聲作比喻很普遍。命令發出又返回，還是原來的命令，正如王充《論衡》所言，"猶人入户而坐，出門而行也。行坐不異意，出入不易情。如神明爲兆數，不宜與思慮"。[1]

　　雖然回聲是一個常見的比喻，但我認爲"其受命也如響"之"響"並不只是在説回聲。如果我理解無誤的話，這裏的"受"到的"命"不僅是"如響"，還與中國古代卜筮之辭常見的結束套語"尚饗"有關。"響"和"饗"皆從"鄉"。"鄉"本象兩人相向跪坐共食一簋（𗀀），故既可表"奉獻"，也可表"接受""享受"。本書第八章在討論"亨"的時候會提到，在中國較晚的傳統中，占卜往往以祝禱辭"尚饗"結束，所以占辭是"饗"（"享受"義的"亨"罕見於《周易》以外的文獻，但在《周易》中頻見，幾乎可以確定"亨"和"鄉/饗"記録的是一個詞）。因此，"響"可讀爲"饗"，指接受所祝禱的内容，而被接受的也正是占卜者所獻上的。古代中國的占卜，與其説是對將來事件的客觀式詢問，不如説是從占卜者的立場出發，聲明希望看到的事情，希望神靈能接受他們的祈禱並賜予福祉作爲回應。

---

[1]〔漢〕王充著，黄暉撰:《論衡校釋》，第1000頁。

第三章　龜卜

19 世紀末，刻有古老漢字的"龍骨"（其實是龜甲、牛骨的碎片）始現身於中國北方的文物市場，其來源很快被追溯至鄰近的河南安陽，即末代殷都所在。整個 20 世紀，有 20 多萬片甲骨在安陽小屯村附近出土。小屯村的考古發掘始自 20 世紀 20 年代末，幾乎一直在持續進行。考古發掘已確鑿無疑地證明那裏就是商代最後九位王的王都，從公元前 13 世紀晚期一直延續到了公元前 11 世紀中期（直至前1045 年，依本書所采用的年表）。這些所謂的"龍骨"，即現在一般説的"甲骨"刻辭，大部分是爲商王舉行占卜的記錄。甲骨文研究現已成爲古代中國文化史研究最成熟的分支領域。對於研究《周易》起源及早期演變的本書來説，甲骨文理所應當應占有重要的一席之地。前面幾章已數次提到，《周易》最初是卜筮之書，只不過《周易》所用的是不同於龜卜的占卜模式（即蓍筮）。[1]

不過這裏不打算直接就商代甲骨文進行考察，基於兩點原因：第一，商代甲骨文研究這一領域已發展得相當龐大，無法用簡單的幾句話做出公允的述評。[2] 第二，如第一章所指出的，《周易》産生於周

---

[1] 本書第四章將考察蓍筮，第五章則將關注早期易占的材料。

[2] 吉德煒對該領域有奠基之功，見 David Keightley【吉德煒】，*Sources of Shang History: The Oracle-Bone Inscriptions of Bronze Age China*【商代史料：中國青銅時代的甲骨刻辭】（Berkeley：University of California Press, 1978）。在其基礎上，柯思廸將之拓展至更晚的歷史階段，見 Stephan Kory【柯思廸】，"Cracking to Divine：Pyro-Plastromancy as an Archetypal and Common Mantic and Religious Practice in Han and Medieval China"（轉下頁）

初之後的某個時間（且恐怕大大晚於周初），故亦晚於商代。雖然
《周易》的占卜觀念與商代龜甲占卜有很多相通之處（包括一些重要
術語），但《周易》畢竟是周代文化的產物。幸運的是，從傳世文獻
及考古資料所見的豐富證據來看，有周一代八百載，龜卜一直在施
行，這些傳世及考古資料也正是理解《周易》早期歷史最直接相關的
證據。因此，在本章下面的分析中，除偶爾借鑒商代甲骨文研究外，
考察的範圍將限定於周代龜卜材料。

　　有人認爲龜卜是商代的特色，周代的時候龜卜就被某種和《周
易》有關聯的蓍占所取代。[1] 然而，有豐富的證據表明周代存在龜
卜，這些材料見於各類周代文獻，包括傳統經典（特別是《尚
書》），眾多戰國秦漢的哲學文獻，以及《左傳》《國語》《史記》等
史書。《莊子·秋水》記載了這樣一則詼諧的軼事，表明直至戰國晚
期龜卜依然扮演着重要角色：

　　　　莊子釣於濮水，楚王使大夫二人往先焉，曰：“願以境內累
　　矣！”莊子持竿不顧，曰：“吾聞楚有神龜，死已三千歲矣，王巾
　　笥而藏之廟堂之上。此龜者，寧其死爲留骨而貴乎，寧其生而曳
　　尾於塗中乎？”二大夫曰：“寧生而曳尾塗中。”莊子曰：“往矣！
　　吾將曳尾於塗中。”[2]

（接上頁）【由卜及占：中國漢代及中古時期典型而常見的預言及宗教活動——火卜】
（Ph.D. diss.：Indiana University, 2012）。我曾嘗試梳理過該領域的基本參考文獻，見
Edward Shaughnessy【夏含夷】，“Paleography,”【古文字學】at Oxford Bibliographies
Online：http://www. oxfordbibliographies. com. proxy. uchicago. edu/view/document/obo -
9780199920082/obo - 9780199920082 - 0043. xml？rskey = G1iRxM&result = 100（發布於
2013 年 9 月 30 日；訪問於 2018 年 6 月 16 日）相關部分。

[1] 此觀點曾一度流行，持此說者可略舉三例，如余永梁：《易卦爻辭的時代及其作者》，
　　　收入顧頡剛編：《古史辨》第 3 册，第 148 頁；李鏡池：《周易探源》，第 90 頁；鄭衍
　　　通：《周易探原》，新加坡：南洋大學，1972 年，第 19 頁。

[2] 〔清〕王先謙撰，沈嘯寰點校：《莊子集解》，北京：中華書局，1987 年，第 147—
　　　148 頁。

第一節　泛言龜卜的文獻

周代運用龜卜的記載始見於三禮，即《周禮》《禮記》《儀禮》。《周禮》（《周禮》之稱名始見於漢）中有"大卜"，係掌龜卜（"三兆"）、蓍筮（"三易"）、夢占（"三夢"）之官。《周禮》有大量內容涉及機構的占卜活動。就龜卜而言，在《周禮》所規劃的藍圖中，"大卜"以下共有大小官員計 78 人（這還不算掌龜的"龜人"54 人、掌灼龜之木的"菙氏"11 人，以及"占人"19 人）：

> 大卜，下大夫二人；卜師，上士四人；卜人，中士八人，下士十有六人，府二人，史二人，胥四人，徒四十人。[1]

《周禮·龜人》言"六龜"：天龜、地龜、東龜、西龜、南龜、北龜。《大卜》言"以邦事作龜之八命"：征、象、與、謀、果、至、雨、瘳；又言"三兆"：玉兆、瓦兆、原兆。《卜師》言卜師爲占卜準備龜甲，鑽龜著墨，察看龜甲以得到四種不同的兆，分別關係方國（"方兆"）、功事（"功兆"）、禮儀（"義兆"）、武事（"弓兆"），四兆之別，亦因它們位於龜甲的不同部位。卜師會將龜甲交予"命龜"之人，讓"命龜"之人也察看龜甲：

> 卜師掌開龜之四兆，一曰方兆，二曰功兆，三曰義兆，四曰弓兆。凡卜事，眠高，揚火以作龜，致其墨。凡卜，辨龜之上下左右陰陽，以授命龜者而詔相之。[2]

之後龜甲被付予"占人"，占人負責解讀兆的含義（如果是蓍筮的話，則是解讀卦），並記錄、保存占卜的結果：

> 占人掌占龜，以八筮占八頌，以八卦占筮之八故，以眠吉

---

[1]〔清〕阮元校刻：《十三經注疏·周禮注疏》，第 1627 頁。
[2] 同上注，第 1736 頁。

凶。凡卜筮，君占體，大夫占色，史占墨，卜人占坼。凡卜筮，既事，則繫幣以比其命。歲終，則計其占之中否。[1]

《禮記·玉藻》也提及占的過程有數人參與，視察兆的各個方面：

卜人定龜，史定墨，君定體。[2]

《儀禮·士喪禮》所述則更爲具體，在言及卜喪以定良日時，給出了具體的步驟。或許對於大多數今天的讀者而言，無需知道這麼多細節，但爲完整起見，仍具引如下：

卜日，既朝哭，皆復外位。卜人先奠龜于西塾上，南首，有席。楚焞置于燋，在龜東。族長涖卜，及宗人吉服立于門西，東面，南上。占者三人在其南，北上。卜人及執燋、席者在塾西。闔東扉，主婦立于其內。席于闑西閾外。宗人告事具。主人北面，免絰，左擁之。涖卜即位于門東，西面。卜人抱龜燋，先奠龜，西首，燋在北。宗人受卜人龜，示高。涖卜受視，反之。宗人還，少退，受命。命曰：“哀子某，來日某，卜葬其父某甫。考降，無有近悔。”許諾，不述命，還即席，西面坐，命龜，興；授卜人龜，負東扉。卜人坐，作龜，興。宗人受龜，示涖卜。涖卜受視，反之。宗人退，東面。乃旅占，卒，不釋龜，告于涖卜與主人：“占曰：‘某日從。’”授卜人龜。告于主婦，主婦哭。告于異爵者。使人告于衆賓。卜人徹龜。宗人告事畢。主人絰，入哭，如筮宅。賓出，拜送，若不從，卜宅如初儀。[3]

《士喪禮》這段描述得很詳細，但却沒有提供什麼有關卜兆如何形成的信息，特別是卜兆的樣子、如何解讀卜兆。《史記·龜策列傳》

---

[1]〔清〕阮元校刻：《十三經注疏·周禮注疏》，第1738頁。

[2]〔清〕阮元校刻：《十三經注疏·禮記正義》，第3195頁。值得注意的是，這裏描述卜人的行爲用的是動詞“定”，“定”顯然與“貞”有同源關係，甚至可能是同一個詞。

[3]〔清〕阮元校刻：《十三經注疏·儀禮注疏》，第2476—2477頁。

中可以找到一些相關信息。[1]《龜策列傳》篇幅相當長，開篇是一連串涉及龜卜蓍占的歷史小故事，接着籠統地描述了神龜和靈蓍。該篇的主體部分則一分爲二，前半段以對話的形式展開，這番對話發生在宋元王（即宋元公，前531—前517年在位）及其大臣衛平之間。宋元王繼位後不久夢見一隻神龜，神龜説自己是長江江神派去出使黄河的使者，現落入漁網之中，神龜請求元王釋放自己。衛平則認爲元王應留下此龜用以占卜，如此便能一切得償所願，包括提升政治實力。在這個故事裏，元王被衛平説服，殺掉了神龜，他在位期間一直用此龜占卜，一如衛平所言，成爲了那個時代最偉大的君主。《龜策列傳》主體的後半段形式類似於一份龜卜技術手册：首先描述如何爲占卜準備龜甲——先祓龜，再在龜甲背面鑽孔；接着灼燒鑽孔三次（每次先灼龜甲中部又灼龜首），占卜者以禱辭的形式宣告占卜事項；之後是一長串條目，内容是關於卜兆的形狀以及對各種占卜事項而言是吉是凶（詳見下）。這裏面的占辭相當籠統，通常這只有簡單的"吉"或"凶"，或稍作變化。下面這段話冠於占卜手册之前：

> 卜先以造灼鑽，鑽中已，又灼龜首，各三；又復灼所鑽中日正身，灼首日正足，各三。即以造三周龜，祝曰："假之玉靈夫子。夫子玉靈，荆灼而心，令而先知。而上行於天，下行於淵，諸靈數筊，莫如汝信。今日良日，行一良貞。某欲卜某，即得而喜，不得而悔。即得，發鄉我身長大，首足收人皆上偶。不得，發鄉我身挫折，中外不相應，首足滅去。"[2]

接着《龜策列傳》還引用了另一則較短的禱辭，來自《靈龜卜》：

[1] 英譯見 Edward Shaughnessy【夏含夷】，"Turtle-(shell) and Stalk (Diviners)，Memoir 68，"【龜策列傳】in William Nienhauser【倪豪士】et al.，tr.，*The Grand Scribe's Records*【史記】，*vol. XI: The Memoirs of Han China IV*（Bloomington：Indiana University Press，2020），pp. 219 - 260。

[2]《史記·龜策列傳》。〔漢〕司馬遷：《史記》，第3240頁。

靈龜卜祝曰：“假之靈龜，五巫五靈，不如神龜之靈，知人死，知人生。某身良貞，某欲求某物。即得也，頭見足發，内外相應；即不得也，頭仰足肣，[1] 内外自垂。可得占。”[2]

接下來，《龜策列傳》展示了各種形狀的卜兆的含義，涉及二十三種不同的占卜事項，包括：“病”、“祟”、“繫者”出、得“財物”、買賣“臣妾牛馬”、各種“盜”相關之事、“行”、“去官”及“居官”、“室家”、“疫”、軍事（“有兵無兵”）、“請謁於人”、“追亡人”、“漁獵”、各種天氣（“雨”“霽”）。這部分雖然很長，但對卜兆的解讀十分含混，這裏無法全部引用，僅舉“卜占卜病者”一條，可據之略見一斑：

卜占病者祝曰：“今某病困。死，首上開，内外交駭，身節折；不死，首仰足肣。”卜病者祟曰：“今病有祟無呈，無祟有呈。兆有中祟有内，外祟有外。”[3]

那些用來形容卜兆的術語，其含義並不清楚。卜兆的基本特徵爲“首”和“足”，慣用“仰”“開”“俯”“肣”來形容。這些顯然指的是龜腹甲上顯現的横向兆枝，兆枝最接近縱向兆幹的那部分是“首”，另一端則爲“足”。《龜策列傳》亦間或提及卜兆之“身”，言“正身”或“身節折”。此外，還屢屢言及卜兆的“内”和“外”，通常用“高”“下”形容，還經常提到内外是否“相應”。偶爾還會出現“有外”，較之其他術語而言其含義更爲晦澀。占卜之前可在龜甲上用墨筆繪出期望得到的卜兆的樣子，“有外”或許指的是殘存的墨迹（墨迹未被實際得到的卜兆所“食”）。最後，《龜策列傳》通篇

---

[1] 胡煦《卜法詳考》：“肣，謂兆足斂也。”（〔清〕胡煦著，程林點校：《卜法詳考》，中華書局，2008 年，第 1162 頁）上博簡《卜書》中“肣”這個詞【譯者按：原簡用“含”字】指的是卜兆的某個部分，或許是卜兆中段（“腹”）。“肣”在不同的地方用法差別似乎相當大。

[2] 〔漢〕司馬遷：《史記》，第 3240 頁。

[3] 同上注，第 3241 頁。

多見一種特定的卜兆，以"橫吉""橫吉安"稱之，似表明兆枝垂直
於兆幹即├（這種兆象亦見於《史記》其他篇[1]），占得該結果通常
被視作吉祥之兆：

> 命曰橫吉安。以占病，病甚者一日不死；不甚者卜日瘳，不
> 死。繫者重罪不出，輕罪環出；過一日不出，久毋傷也。求財物買
> 臣妾馬牛，一日環得；過一日不得。（不得）行者不行。來者環至；
> 過食時不至，不來。擊盜不行，行不遇；聞盜不來。徙官不徙。居官
> 家室皆吉。歲稼不孰。民疾疫無疾。歲中無兵。見人行，不行不喜。
> 請謁人不行不得。追亡人漁獵不得。行不遇盜。雨不雨。霽不霽。[2]

此外，近年還新公布了一種和龜卜有關的文獻，較《龜策列傳》更
爲難懂。新發表的上海博物館藏竹書中有一篇，整理者命名爲《卜書》。
和其他上博簡一樣，《卜書》於香港古玩市場購回，不知盜自何墓
（或許出自戰國楚地，可能在今荊州市附近）。《卜書》開篇是三位卜
人的卜辭，它們究竟是針對三個不同的卜兆，還是對同一卜兆的不同
描述，尚不清楚。這三位卜人的卜辭皆以對卜兆的形容爲始，不僅用
語和《龜策列傳》相類，也像《龜策列傳》一樣給卜兆命名；隨後
就不同的占卜事項給出占斷，或許是由私人占得的。《卜書》還有第
四個卜人的卜辭——"淵公"卜辭，共有兩簡。淵公卜辭所使用的術
語有別於其他三位卜人卜辭，而且淵公卜辭涉及的似是國家大事而非
私人事務。《卜書》篇幅頗短，一共只有 10 支簡，簡文有殘缺，不過
即便簡文完整，大概也沒有人敢說自己能讀懂全篇。釋文如下：[3]

---

[1] 這種兆象亦見於《史記·文帝本紀》。本書之後有兩章將會涉及。

[2]〔漢〕司馬遷：《史記》，第 3242—3243 頁。

[3] 馬承源主編：《上海博物館藏戰國楚竹書（九）》，第 127—138 頁（圖版）、第
289—302 頁（釋文）。關於《卜書》的英譯及西方學界的相關研究，可參 Marco
Caboara【柏恪義】，"A Recently Published Shanghai Museum Manuscript on Divination,"
【近出上博簡卜書】in Michael Lackner【朗宓榭】, ed., Coping with the Future: Theories
and Practices of Divination in East Asia【應對未來：東亞占卜的理論與實踐】(Leiden：
Brill, 2018), pp.23 - 46。

　　肥叔曰：狀（兆）卬（仰）首出止（趾），是胃（謂）闢（闢），卜人無咎，將去迏（去）其里，而它方安（焉）適■。

　　季曾曰：狀（兆）馗〈訇〉＝（勹首—俯首）内（納）止（趾），是胃（謂）[簡1]臽（陷），尻（處）宮無咎，有疾乃適■。

　　鄈（蔡）公曰：狀（兆）女（如）卬（仰）首出止（趾），而屯不困脣，是胃（謂）狪。卜炮龜，其又（有）各■；尻（處）[簡2]，不沾大汗，乃沾大浴■。

　　曰：狀（兆）少陷，是胃（謂）𩰋。少子吉，倀＝（長子）乃哭；甬（用）尻（處）宮□□□□□□□[簡3]瀆■。

　　胗高上，狀（兆）屯深，是胃（謂）开。婦人开以歙（飲）飤（食）■，倀（丈）夫深以伏匿■。

　　一占□□□□□□[簡4]□□□□□□□□□□□吉，邦必又（有）疾■。

　　凡三族又（有）此（疵），三末唯吉，女（如）白女（如）黃，貞邦□□□□□□□□□□□[簡5]夫■。

　　貞卜邦■：狀（兆）唯迟（起）句（鉤），毋白毋赤，毋卒以易，貞邦無咎，殹將又（有）設（役）。女（如）□□□□□□□□[簡6]飤（食）墨，亦無它色。

　　囦（淵）公占之曰：三族之敓（脫）■，周邦又（有）各，亦不𪏮（絕）■；三末飤（食）墨且表（孚），我周之孫＝（子孫）其[簡7]𨒫（遷）于百邦■，大貞邦亦兇■。

　　囦（淵）公占之曰：若卜貞邦，三族句（鉤）旨而惕；三末唯敗■，亡（無）大咎，又（有）[簡8]各於外。女（如）三末唯吉，三族是卒，亦亡（無）大咎，又（有）各於内■。女（如）三族□□□□□ □□□□[簡9]兇，狀（兆）不利邦貞■。[簡10]

　　《卜書》同《龜策列傳》一般有大量的占斷術語意味不明。不過，蔡公、淵公卜辭中出現的“食墨”（簡7）見於《尚書·洛誥》，

即"我乃卜澗水東、瀍水西,惟洛食。我又卜瀍水東,亦惟洛食"之
"食",孔穎達(574—648 年)《尚書正義》解釋道:灼龜得兆之前,
先在龜甲上畫出期望得到的卜兆形狀,如果實際卜得的卜兆恰與事先
畫好的卜兆形狀重合,以至墨畫被蓋掉,這就是"食墨"。據《尚書
正義》所述,"食墨"表明這是一次成功的占卜,而從上博簡《卜
書》來看,兩見的"食墨"至少有一處的占斷是凶。

第二節 具體的關於龜卜的記載

上節所討論的那些龜卜手册及對龜卜的程式化描述,還可繼續挖
掘;不過,鑑於本書的目的是了解占卜如何影響了《周易》的起源和
早期演變,最適合用以考察的材料莫過於傳世及出土文獻中各種實際
的占卜記錄。本節將介紹十八則與龜卜有關的記載,源自八九種不同
的文獻。爲了不影響讀者對這些材料的自行理解,我將只對它們的歷
史背景及上下語境略作介紹(不再重複本書第一章已給出的信息)。
考察完全部十八則材料之後,我將對這些材料進行分析,看它們是如
何與《周易》的解讀産生關聯的,分四個方面展開,即:命辭(通常
用"貞"來引入)、卜兆、繇辭、占辭。

3.1 周 原 甲 骨

1977 年,考古學家在陝西岐山鳳雛村的一處大型建築基址進行發
掘。該建築基址位於周原的中心區域,西廂房二號房間内發現一處窖
穴,窖穴内出土甲骨 17000 餘片,刻辭甲骨近 300 片。[1] 這些有刻
辭的甲骨雖大多殘碎,却反映了初代周王的活動,時代可能在公元前

---

[1] 該發現的原始報告見陝西周原考古隊:《陝西岐山鳳雛村發現周初甲骨文》,《文物》
1979 年第 10 期,第 38—43 頁。近年所出的《周原甲骨文》一書全面展示了鳳雛村
甲骨及周原範圍内的類似發現,見曹瑋:《周原甲骨文》,北京:世界圖書出版公司,
2002 年。

11 世紀。下面所舉的這片（編號 H11：1）是罕有的一片完整的占卜刻辭（圖 3.1），其歷史背景尚存在不同解釋，不過似與周王的一次祭祀有關，祭祀對象包括一位商代的先王。[1] 這條卜辭共 27 字，刻於一片小小的龜甲殘片之上，所幸文字完整無損。開頭的前辭部分表明此次占卜儀式的時間和地點，接着是占卜事項（此處即提出獻祭二女和六頭家養牲畜），最後是套路化的祈禱語。

圖 3.1　周原甲骨 H11：1

　　　　癸巳，彝文武帝乙宗，貞：王其卯祝成唐，鼏禦叉二女，其彝血牲三豚三；囟又（有）正。

3.2　齊家卜骨

　　時至今日，在 1977 年發現周原甲骨的那片區域附近，考古發掘工作仍在持續進行。2003 年，齊家村附近又出土了若干片卜骨，就位於首次發現周代甲骨的鳳雛宗廟（或宮殿）基址東面。[2] 這批卜骨的特別之處在於其中一片上刻了三條卜辭（圖 3.2），卜辭内容皆與某人的疾病有關，其名不具。和上面所舉的那條周原卜辭一樣，這三條卜辭亦以提出事項爲始，以祈禱作結，只不過前兩條是預備性的而第

---

[1] 關於此點的討論，見 Edward Shaughnessy【夏含夷】，"Western Zhou Oracle-Bone Inscriptions：Entering the Research Stage?"【西周甲骨：進入研究階段了嗎？】*Early China* 11（1985），pp.146‑163. 中譯本見夏含夷著，張淑一、蔣文、莫福權譯：《海外夷堅志——古史異觀二集》，上海：上海古籍出版社，2016 年，第 139—161 頁。

[2] 曹瑋：《周原新出西周甲骨文研究》，《考古與文物》2003 年第 4 期，第 43—49 頁。

圖 3.2　齊家村卜骨刻辭摹本

三條是決定性的。[1] 這三條卜辭還有一個重要的特點，那就是它們都包含了一組六個數字，所反映的是當時蓍占所得的結果。本書第四章討論的是蓍筮，將揭示這些數字的重要意義。

> 翌日甲寅，其 ，凶瘳。
>
> 八七五六八七
>
> 其禱，凶又（有）瘳。
>
> 八六七六八八
>
> 我既  禱，凶又（祐）。
>
> 八七六八六七

3.3　《尚書·金縢》

《尚書》，或稱《書經》，是中國最古老的傳世典籍之一。《尚書》中時代最古的一些篇目提到了龜甲占卜，全面綜述中國的龜卜時，宜將這些材料納入。其中最有名的一則材料見於今本《尚書·金縢》。

---

[1] 第三條卜辭中的"既"表明了這一點。這種兩步式的占卜過程或許對理解《周易》蓍占有重要意義，本書第五章將有所討論。

《金縢》講述了克商兩年後，武王（前 1049/1045—前 1043 年在位）身受疾病折磨，周朝開國功臣之一、武王之弟周公所舉行的一次占卜。幾乎可以肯定《金縢》並非當時的實錄，明顯更像是後來虛構的故事（事實上，就有人稱之爲中國第一篇短篇小説，[1] 這有一定合理性）。近年，清華大學收藏的戰國竹書中發現了一篇簡本《金縢》，與今本不同的是，清華簡本並沒有提及占卜。[2] 不管怎樣，今本《金縢》中關於占卜的記述所反映的肯定是周代對龜卜的理解，相較於傳世文獻中的其他同類記載而言是比較詳盡的。

據《金縢》所言，這次占卜係"二公"（或即輔政重臣太公望、召公奭）最先提議，後由周公在史的輔助下實施。周公還有一段額外的禱辭，祈禱自己成爲武王的替罪羊。卜三龜，三龜皆吉，占卜結束，周公得到結果，書於簡册之上，封存於金縢之櫃中，此即篇題"金縢"之由來。

> 既克商二年，王有疾，弗豫。二公曰："我其爲王穆卜。"周公曰："未可以戚我先王。"公乃自以爲功，爲三壇，同墠，爲壇于南方，北面，周公立焉。植壁秉珪，乃告太王、王季、文王。史乃册祝曰："惟爾元孫某，遘厲虐疾，若爾三王，是有丕子之責于天，以旦代某之身。予仁若考，能多材多藝，能事鬼神。乃元孫不若旦多材多藝，不能事鬼神。乃命于帝庭，敷佑四方，用能定爾子孫于下地，四方之民罔不祗畏。嗚呼！無墜天之降寶命，我先王亦永有依歸。今我即命于元龜，爾之許我，我其以壁

[1] 關於此點，參 Herrlee Creel【顧立雅】, *The Origins of Statecraft in China*, vol. 1: The Western Chou Empire【中國治國之道的起源·第一卷：西周】(Chicago: The University of Chicago Press, 1970), p.458。

[2] 這篇清華簡自題作"周武王有疾周公所自以代王之志"，詳見清華大學出土文獻研究與保護中心編、李學勤主編：《清華大學藏戰國竹簡（壹）》，上海：中西書局，2010 年，第 14—17（原大圖版）、75—86（放大圖版）、157—162 頁（釋文注釋）。這篇竹書大體與今本相近，也有周公的禱告，但值得注意的是，簡本沒有提到禱辭是占卜的一部分。

與珪，歸俟爾命；爾不許我，我乃屏璧與珪。”乃卜三龜，一習吉，啓籥見書，乃并是吉。公曰：“體，王其罔害！予小子新命于三王，惟永終是圖，茲悠俟，能念予一人。”公歸，乃納册于金縢之匱中，王翼日乃瘳。[1]

3.4　《尚書·大誥》

《金縢》的創作年代幾乎可以肯定不會太早，《尚書》的《大誥》篇則不然，我們有充分的理由相信該篇是最古的中國傳世文獻之一。《大誥》是一篇誥文，據説武王駕崩後，周王朝江山未穩就面臨三監之亂的危機。年少的成王（前 1042/1035—前 1006 年在位）召集周人，發表誥辭説“弗弔天降割于我家”，形容自己是“涉淵水”的“小子”，提到自己的祖父、周王朝的奠基人文王（前 1099—前 1050 年在位）曾用龜卜，並將“大寶龜”遺留給自己，現在要向“大寶龜”尋求幫助。誥辭的主體部分篇幅可觀、詰屈聱牙，很多地方嵌入了各種引語，之後記述了貞卜於龜，占卜得到的結果是吉，促使他決意東征討伐三監。《大誥》全篇難以通讀，所幸成王問卜於龜的那部分較易懂。

　　“……寧王遺我大寶龜，紹天明。即命，曰：‘有大艱于西土，西土人亦不静，越兹蠢。’殷小腆，誕敢紀其敘。天降威，知我國有疵，民不康，曰：‘予復反鄙我周邦今蠢’今翼日民獻有十夫予翼，以于敉寧、武圖功。我有大事休，朕卜并吉！肆予告我友邦君，越尹氏、庶士、御事，曰：‘予得吉卜，予惟以爾庶邦，于伐殷逋播臣。’

　　爾庶邦君、越庶士、御事罔不反曰：‘艱大，民不静。亦惟在王宫、邦君室，越予小子考翼，不可征；王害。不違卜？’肆予沖人永思艱，曰：嗚呼！允蠢，鰥寡哀哉！予造天役遺大，投

---

[1]〔清〕阮元校刻：《十三經注疏·尚書正義》，第 415—417 頁。

艱于朕身，越予沖人不卬自恤。義爾邦君，越爾多士、尹氏、御事，綏予曰：'無毖于恤，不可不成乃寧考圖功。'已！予惟小子，不敢替上帝命。天休于寧王，興我小邦周。寧王惟卜用，克綏受茲命。今天其相民，矧亦惟卜用。嗚呼！天明畏，弼我丕丕基！"

……

王曰："嗚呼！肆哉！爾庶邦君，越爾御事。爽邦由哲，亦惟十人，迪知上帝命。越天棐忱，爾時罔敢易法，矧今天降戾于周邦？惟大艱人，誕鄰胥伐于厥室，爾亦不知天命不易！予永念曰：天惟喪殷；若穡夫，予曷敢不終朕畝？天亦惟休于前寧人，予曷其極卜？敢弗于從？率寧人有指疆土？矧今卜并吉，肆朕誕以爾東征。天命不僭，卜陳惟若茲。"[1]

3.5 《尚書·洛誥》

《洛誥》是《尚書》"五誥"最末一篇。"五誥"記錄周初發生的大事，被認爲是《尚書》最精華的部分。《洛誥》的背景是周公攝政末年欲歸政成王，往東土營建新都，開篇爲周公告卜之辭。

周公拜手稽首曰："朕復[2]子明辟，王如弗敢及天基命定命，予乃胤保大相東土，其基作民明辟。予惟乙卯，朝至于洛師。我卜河朔黎水。我乃卜澗水東、瀍水西，惟洛食。我又卜瀍水東，亦惟洛食。伻來以圖、及獻卜。"

王拜手稽首曰："公，不敢不敬天之休，來相宅，其作周匹休。公既定宅，伻來，來視。予卜休恒吉。我二人共貞。公其以予萬億年敬天之休，拜手稽首誨言。"[3]

---

[1]〔清〕阮元校刻：《十三經注疏·尚書正義》，第420—424頁。

[2] 這裏的"復"可理解爲"返回"，也可理解爲"恢復"，即指周公歸政給其侄成王。

[3]〔清〕阮元校刻：《十三經注疏·尚書正義》，第454—455頁。

3.6 《左傳》莊公二十二年（前 672 年）

周代的歷史文獻中以《左傳》的内容最爲豐富。《左傳》是《春秋》之傳，《春秋》是一部編年體史書，記載了公元前 722 至公元前 481 年的魯國史事。表面上看《左傳》是《春秋》的注解，見載於《春秋》的史事，《左傳》大多有更爲具體的記敘，但其實《左傳》還詳細記述很多不見於《春秋》的事情。《左傳》中出現了許多與卜筮有關的記載，既有龜卜也有蓍筮。這些卜筮之例中的大多數即便獨立抽出也不難理解，只不過在此没有必要盡數一一羅列、考察（特別是考慮到蓍筮之例會放到下一章談）。下面以時代爲序，選擇七則《左傳》龜卜例略作展示，講述背景的文句只作最低限度的引用。這七則中有兩則亦同時涉及蓍筮，卜筮並用的含義將在下一章中討論。

第一則《左傳》龜卜例與田氏代齊的預言有關。陳厲公（前 706—前 700 年在位）之子陳完（諡敬仲，生於前 705 年）因殘酷的政治鬥爭而離開母國，流亡至齊，成爲春秋霸主齊桓公（前 685—前 643 年在位）的寵臣。懿氏（《史記》作“齊懿仲”）打算將自己的女兒嫁給敬仲，事先舉行龜卜，其妻占之曰吉，並預言陳氏（即田氏）將最終在齊國掌權。繇辭是八句四字的韻文，兩兩成對（需説明一下，陳氏是嬀姓，齊氏是姜姓）：

> 初，懿氏卜妻敬仲。其妻占之，曰：“吉。是謂：‘鳳皇于飛，和鳴鏘鏘。有嬀之後，將育于姜。五世其昌，並于正卿。八世之後，莫之與京。’”[1]

3.7 《左傳》僖公二十五年（前 635 年）

公元前 636 年，周襄王（前 652—前 619 年在位）被其弟王子帶（前

---

[1]〔清〕阮元校刻：《十三經注疏·春秋左傳正義》，第 3852 頁。

672—前635年）逐出王城。當時的春秋霸主晋文公（前636—前628年在位）搶在秦國前面迎接周襄王復位。在出師之前舉行龜卜，得"黄帝戰于阪泉"之兆，阪泉之戰是傳説中的上古戰争。晋文公似誤以爲"黄帝"指的是他自己（但事實上占辭説的是周襄王及其弟王子帶，預言襄王將戰勝王子帶），故又用蓍草進行筮占，所得結果幾乎一致（這一結果第五章還會討論到）。最終，晋文公出兵殺死了王子帶，並護送襄王返回王城。

> 使卜偃卜之，曰："吉。遇黄帝戰于阪泉之兆。"公曰："吾不堪也。"對曰："周禮未改，今之王，古之帝也。"公曰："筮之！"筮之，遇《大有》䷍之《睽》䷥，曰："吉。遇'公用享于天子'之卦也。戰克而王饗，吉孰大焉？且是卦也，天爲澤以當日，天子降心以逆公，不亦可乎？大有去睽而復，亦其所也。"[1]

3.8　《左傳》襄公十年（前563年）

衛卿孫文子考慮是否要反擊鄭國皇耳的入侵，爲此舉行龜卜，將卜兆呈現給衛定公夫人定姜解讀。定姜説此卜兆意味着反擊將成功，後來果然應驗。由於這則材料裏的"繇"與《周易》某些爻辭存在相似之處，後面幾章還會涉及。

> 孫文子卜追之，獻兆於定姜。姜氏問繇。曰："兆如山陵，有夫出征，而喪其雄。"姜氏曰："征者喪雄，禦寇之利也。大夫圖之！"衛人追之，孫蒯獲鄭皇耳于犬丘。[2]

3.9　《左傳》昭公五年（前537年）

公元前537年，吳楚交戰，楚軍屢戰屢勝，吳王餘眛（前543—前527年在位）派其弟蹶由出使楚營，表面上是犒師，實則爲刺探敵

---

[1]〔清〕阮元校刻：《十三經注疏·春秋左傳正義》，第3951—3952頁。

[2] 同上注，第4228頁。

情。楚國之君楚靈王（前 541—前 529 年在位）逮捕了蹶由並打算處死他。蹶由作了一番辯護，言辭中涉及占卜，終於説服靈王赦免了自己。後來他被帶回楚都作人質，十四年後方得以返回故國。

> 吴子使其弟蹶由犒師，楚人執之，將以釁鼓。王使問焉，曰：“女卜來吉乎？”對曰：“吉。寡君聞君將治兵於敝邑，卜之以守龜，曰：‘余亟使人犒師，請行以觀王怒之疾徐，而爲之備，尚克知之！’龜兆告吉，曰：‘克可知也。’君若驩焉，好逆使臣，滋敝邑休息，而忘其死，亡無日矣。今君奮焉，震電馮怒，虐執使臣，將以釁鼓，則吴知所備矣。敝邑雖羸，若早脩完，其可以息師。難易有備，可謂吉矣。且吴社稷是卜，豈爲一人？使臣獲釁軍鼓，而敝邑知備，以禦不虞，其爲吉，孰大焉？國之守龜，其何事不卜？一臧一否，其誰能常之？城濮之兆，其報在邲。今此行也，其庸有報志？”乃弗殺。[1]

3.10　《左傳》昭公十七年（前 525 年）

公元前 525 年，吴楚再度交戰，楚令尹陽匄（前 519 年卒）舉行龜卜，結果是不吉。司馬子魚認爲占卜是他的職責，遂二次占卜，這次果然是吉。

> 吴伐楚，陽匄爲令尹，卜戰，不吉。司馬子魚曰：“我得上流，何故不吉？且楚故，司馬令龜。我請改卜。”令曰：“魴也以其屬死之，楚師繼之，尚大克之！”吉。[2]

3.11　《左傳》哀公九年（前 486 年）

趙鞅（前 476 年卒）即趙簡子，是晋國趙氏的領袖，春秋最重要

---

[1]〔清〕阮元校刻：《十三經注疏·春秋左傳正義》，第 4436—4437 頁。

[2] 同上注，第 4527 頁。

的政治人物之一。公元前 493 年，趙鞅打敗晉國六卿中的范氏、中行氏，控制了晉國的政權。公元前 486 年秋，宋國攻打其鄰國鄭，趙鞅問龜是否要伐宋以援鄭。

三位史分別用三種不同的方式解讀了龜卜所得之兆，皆言不宜伐宋。陽虎遂以《周易》問筮，得《泰》卦䷊（11）六五，爻辭謂：

> 六五：帝乙歸妹以祉。元吉。

陽虎的占斷沒有直接引用爻辭，但是他化用了該爻辭以說明不宜伐宋。趙鞅沒有伐宋救鄭，於次年轉而伐齊。

> 晉趙鞅卜救鄭，遇水適火，占諸史趙、史墨、史龜。史龜曰："是謂沈陽，可以興兵，利以伐姜，不利子商。伐齊則可，敵宋不吉。"史墨曰："盈，水名也；子，水位也。名位敵，不可干也。炎帝爲火師，姜姓其後也。水勝火，伐姜則可。"史趙曰："是謂如川之滿，不可游也。鄭方有罪，不可救也。救鄭則不吉，不知其他。"陽虎以《周易》筮之，遇《泰》䷊之《需》䷄，曰："宋方吉，不可與也。微子啓，帝乙之元子也。宋、鄭，甥舅也。祉，祿也。若帝乙之元子歸妹而有吉祿，我安得吉焉？"乃止。[1]

3.12　《左傳》哀公十七年（前 478 年）

衛莊公蒯聵（前 480—前 478 年在位）的短暫統治充斥着宮廷陰謀，衛莊公的兒子們以及他的心腹渾良夫（同時也是他的姐夫）皆牽涉其中。公元前 478 年（亦即衛莊公之卒年）秋，衛莊公夢見渾良夫，想弄清夢的含義，遂舉行龜卜和蓍筮。龜卜所得之兆似乎預示着死神即將降臨在他以及渾良夫身上，後渾良夫果爲太子所殺。

> 衛侯夢于北宮，見人登昆吾之觀，被髮北面而譟曰："登此

---

[1]〔清〕阮元校刻：《十三經注疏·春秋左傳正義》，第 4702 頁。

昆吾之虛，緜緜生之瓜。余爲渾良夫，叫天無辜。"公親筮之，胥彌赦占之，曰："不害。"與之邑，寘之而逃，奔宋。衛侯貞卜，其繇曰："如魚竀尾，衡流而方羊。裔焉大國，滅之將亡。闔門塞竇，乃自後踰。"[1]

3.13 《國語·晋語》

《國語》記載春秋諸國的史事，堪稱《左傳》姐妹篇。晋國早期的那段歷史中有這樣一則人所熟知的故事。晋獻公（前676—前651年在位）在其執政之初是一位頗有作爲的君主，征伐驪戎時得驪姬（前651年卒），獻公寵愛驪姬，不僅使他個人蒙羞，還引發了一場綿延數代的驪姬之亂。根據《國語》的記載，晋獻公伐驪戎之前舉行了一次占卜，占斷隱晦不明，卜兆呈分叉之形，占辭形容爲"齒牙"，兆枝末端則"交捽"。

獻公卜伐驪戎，史蘇占之，曰："勝而不吉。"公曰："何謂也？"對曰："遇兆，挾以銜骨，[2] 齒牙爲猾，戎夏交捽。交捽，是交勝也，臣故云。且懼有口，儳民，國移心焉。"公曰："何口之有！口在寡人，寡人弗受，誰敢興之？"對曰："苟可以儳，其入也必甘受，逞而不知，胡可壅也？"公弗聽，遂伐驪戎，克之。獲驪姬以歸，有寵，立以爲夫人。公飲大夫酒，令司正實爵與史蘇，曰："飲而無肴。夫驪戎之役，女曰'勝而不吉'，故賞女以爵，罰女以無肴。克國得妃，其有吉孰大焉！"史蘇卒爵，再拜稽首曰："兆有之，臣不敢蔽。蔽兆之紀，失臣之官，有罪二焉，何以事君？大罰將及，不唯無肴。抑君亦樂其吉而備其凶，凶之無有，備之何害？若其有凶，備之爲瘳。臣之不信，國之福也，

---

[1]〔清〕阮元校刻：《十三經注疏·春秋左傳正義》，第4733頁。

[2]"銜"或可理解爲"bit"（馬嚼子，即馬籠頭的一部分），或可理解爲"to bite; to hold in the mouth"（咬；含在嘴裏）。

何敢憚罰！"[1]

3.14　《墨子・耕柱》

《墨子》中包含了一些邏輯論辯方面的材料，是中國邏輯學的最早嘗試。相傳《墨子》係墨翟（即一般所稱的"墨子"，約前468—376年）所作，他提出了尚儉節用、兼愛、非攻、非樂、非命等主張。此外，墨子反對一味崇古，另一方面他又堅持鬼神是存在的。《墨子・耕柱》中有一段墨子與巫馬子之間的對話，墨子談及他對鬼神的認識，其中說到龜卜曾預言了夏商周三代的迭興。《墨子》的文本在很多地方存在問題，這段文本也不例外，經過清代學者的校勘，已可大致卒讀，保存了與占卜有關的重要信息（本章下一節還將進行分析）：

> 巫馬子謂子墨子曰："鬼神孰與聖人明智？"子墨子曰："鬼神之明智於聖人，猶聰耳明目之與聾瞽也。昔者夏后開使蜚廉折金於山川，而陶鑄之於昆吾，是使翁難雉乙卜於白若之龜，曰：'鼎成三足而方，不炊而自烹，不舉而自臧，不遷而自行，以祭於昆吾之虛，上鄉！'。乙又言兆之由曰：'饗矣！逢逢白雲，一南一北，一西一東，九鼎既成，遷於三國。'夏后氏失之，殷人受之；殷人失之，周人受之。夏后殷周之相受也，數百歲矣。使聖人聚其良臣與其桀相而謀，豈能智數百歲之後哉？而鬼神智之。是故曰鬼神之明智於聖人也，猶聰耳明目之與聾瞽也。"[2]

3.15　包山簡197—198

1987年2月，湖北包山2號楚墓發現了一批重要的戰國卜筮簡，

---

[1]《國語・晉語一・獻公卜伐驪戎》。徐元誥撰，王樹民、沈長雲點校：《國語集解》，北京：中華書局，2002年，第249—250頁。

[2]《墨子・耕柱》。〔清〕孫詒讓撰，孫啓治點校：《墨子閒詁》，北京：中華書局，2001年，第422—426頁。孫詒讓以畢沅注本爲底本進行校勘；畢本則以明道藏本爲底本，參校了幾種明後期刻本及傳注、類書的引文。

距離楚國故都不遠。該墓一共出土 448 枚竹簡，有字竹簡 278 枚，從簡文來看墓主名召𣁃，官居左尹，下葬時間爲公元前 316 年。[1] 這批簡大部分是文書簡，内容是召𣁃曾經負責的案件記録，爲研究古代中國的法律史提供了寶貴信息。此外還有相當一部分簡是召𣁃生前舉行卜筮和祭禱的記録，共有 54 枚。卜筮大部分爲龜卜，另有五例爲蓍筮；蓍筮結果以卦畫的形式呈現，每個卦畫由兩個卦組成。第二章中已引到包山卜筮簡之例，此外第四章還將討論到用蓍筮的那部分。

無論是用龜卜還是蓍筮，記録的形式都基本相同——先是卜筮的日期、貞人之名、卜筮用具；接着是貞卜的事由即“命辭”，表達希望某事能達成的意願；其後，卜者占斷出結果，對兆象的解釋總是：雖然長期來看是吉的，但短期内可能依然存在憂患，需祭祀方可免除；這些祭品也被記録了下來，同時還附有禱辭，希望祭品能發揮作用；此外，還會由另一個人給出最終的占斷，而這個占斷永遠都是“吉”。

這裏舉的第一個例子是關於召𣁃事王的例行龜卜，釋讀尚有存疑之處：

> 宋客盛公𩰬聘於楚之歲，荆夷之月乙未之日，鹽吉以保家爲左尹𣁃貞：自荆夷之月以就荆夷之月，出入事王，盡卒歲，躬身尚毋有咎。占之：恒貞吉，少有憂[簡197]於躬身，且志事少遲得。以其故敓之。思攻解於人愚。占之：甚吉。期中有憙。[簡198][2]

3.16　包山簡 199—200

第二例和上舉第一例卜於同一日，不過第一例卜問召𣁃事王，第二例則是泛泛貞卜召𣁃的健康狀況。由簡文的記載來看，七年間召𣁃

---

[1] 關於這批竹簡，參湖北省荆沙鐵路考古隊編：《包山楚簡》。關於此墓概況及墓中埋葬死者的情況，參 Constance Cook【柯鶴立】，*Death in Ancient China: The Tale of One Man's Journey*【古代中國的死亡：陰間旅行記】（Leiden：Brill, 2006）。

[2] 湖北省荆沙鐵路考古隊編：《包山楚簡》，第 32 頁，簡 197—198。

的身體似每況愈下，以致最後一年的貞卜大部分已不再關心召坨的疾病，轉而貞卜他是否會死亡。這些貞健康的簡格式與貞王事簡是類似的：

> 宋客盛公黜聘於楚之歲，荊夷之月乙未之日，石被裳以訓蘆爲左尹坨貞：自荊夷之月以就荊夷之月，盡卒歲，躬身尚毋有咎。占之：恒貞吉，少外有憂，[簡199] 志事少遲得。以其故敓之。罷禱於邵王特牛，饋之；罷禱文坪夜君、郚公子春、司馬子音、蔡公子家，各特豢、酒食；罷禱於夫人特豬。志事速得，皆速賽之。占之：吉。享月夏柰有憙。[簡200][1]

3.17 包山簡 234—235

最後一條包山簡的例子還是貞卜召坨事王，但和前兩例並非卜於同一年。此例與大部分包山卜筮簡的結構有所不同。通常會先有一個"恒貞吉，少有憂"的初步占斷，接着先是各種解除憂患的方法，然後才是最終的占斷（永遠是吉的）。此例則是初步占斷就得出了一個絕對吉的結果（"吉，無咎，無祟"）。既然第一次便占到了吉，那就沒有必要除祟，所以這條占卜記錄也就到此結束了：

> 大司馬悼滑將楚邦之師徒以救郙之歲，荊夷之月己卯之日，郷吉以馭霝爲左尹坨貞：出入侍王，自荊夷之月以就集歲之荊夷之月，盡集歲，躬身尚毋有咎。郷吉[簡234] 占之：吉，無咎，無祟。[簡235][2]

3.18 《史記·孝文本紀》

最後要舉的這例，時代其實要略晚於本書設定的年代下限（即周代），但鑑於此例特爲重要，保留了一些後幾章會反復涉及的信息，

---

[1] 湖北省荊沙鐵路考古隊編：《包山楚簡》，第32頁，簡199—200。
[2] 同上注，第36頁，簡234—235。

故仍納入。《史記》記載了漢文帝劉恒（前 157 年卒）登基前舉行的一次占卜。劉恒係西漢開國之君劉邦（前 247—前 195 年，前 202—前 195 年在位）之子，劉邦駕崩後，西漢王室陷入了一場長達十五年的内亂中，劉氏皇族和劉邦皇后呂后（前 241—前 180 年）一族相爭。公元前 180 年呂后崩逝，呂氏外戚隨之覆滅，代王劉恒被迎立爲新王。親信們就劉恒是否應該入主長安舉棋不定，最終還是勸説劉恒接受。據《史記》記載，劉恒爲此舉行了一次龜卜，而這正是讓他下定決心的因素之一。《史記》的這段記述並不長，在本章第三節中我們還會再回到這段文字，分析其中的卜兆和繇辭。

> 代王報太后計之，猶與未定。卜之龜，卦兆得大橫。占曰：
> "大橫庚庚，余爲天王，夏啓以光。"代王曰："寡人固已爲王矣，
> 又何王？"卜人曰："所謂天王者乃天子。"[1]

第三節　分　析

上節所舉的龜卜記載可以從多角度進行考察，不過，出於"了解占卜和《周易》如何産生以及最初如何使用之間的關係"這一目的，在此我們只打算考察四點："命辭"，即提出所占卜的事情；"兆辭"，待解讀的兆象；"繇辭"，初步嘗試將貞卜某事所得之卜兆用語言描述出來；"占辭"，幾乎總是使用一組規定的套語。這裏討論的龜卜記載，雖然不是每一條都涵蓋了全部四項，但"命辭""兆辭""繇辭""占辭"出現頻率之高、涉及材料之豐富，使我確信它們能够反映周代龜甲占卜的實際操作情況。這些記載的年代橫跨整個周朝並一直延續到西漢初年，時間跨度達近千年之久，自然會體現出一定的變化和發展，但某種程度上它們也是一以貫之的，足以反映龜甲占卜的普遍

---

[1]《史記·孝文本紀》。〔漢〕司馬遷：《史記》，第 414 頁。

模式。第四章中我們將看到，龜卜的操作基本上和蓍占是一致的。

<h2 style="text-align:center">命　　辭</h2>

中國學界所謂的“命辭”，西方學界譯作“command”或“charge”，命辭即命龜之辭，宣布占卜的事項（尤其是期盼的結果）。命辭往往用“貞”來引入，“命”本身通常並不出現在實際的卜辭中（上舉龜卜例3.3、3.4、3.10爲例外，其中龜卜例3.10沒有用“命”而用了同義的“令”），不過《周禮》言及龜卜活動時使用了“命龜者”這一稱呼。今人研究占卜，圍繞命辭展開了一番激烈的爭論。本書第二章已經提到，傳統有“卜以決疑”的説法，那麼占卜便是一種詢問的行爲。因此，當20世紀初甲骨卜辭首次浮現於世的時候，學者們習慣性地將命辭理解成疑問句，作釋文時習慣在辭末加上問號。商代甲骨中有一類極爲常見的卜辭是卜旬卜辭，貞卜今後十天的吉凶，傳統釋文作：

> 貞：旬亡憂？

如果句末加問號、認爲占卜性質是決疑，則這類卜辭就是一個開放式的詢問，詢問未來一旬是否會有憂患，那麼可推測理應存在“旬有憂”這樣不用否定詞“亡”的形式。然而，卜旬卜辭遍布於商代甲骨卜辭各期，用例達數千之多（事實上到商晚期的時候甲骨卜辭幾乎全是卜旬的），却沒有見到一例命辭作肯定句的形式。

贊同卜辭命辭是疑問句的學者指出，武丁（約前1210—1190年在位）時期的卜辭常見甚至習見正反“對貞”，下面這種就是典型的對貞：

> 貞：我受年？
>
> 貞：我弗其受年？

正反問句是漢語疑問句的一種常規形式，好比今天我們時常會聽到的“好不好”，其實表示的是“好嗎？”按照這種理解，上舉的這例對貞就依然是一種不帶偏向的詢問，問是否會豐收。不過，饒宗頤（1917—

2018 年）在其 1959 年出版的《殷代貞卜人物通考》一書中提出，命辭不應理解成疑問句而應是陳述句，該書引用了幾千條命辭，釋文不在句末加問號，突破常規。[1] 1970 年代初，司禮義（Paul Serruys，1912—1999 年）和吉德煒（David Keightley，1932—2017 年）兩位西方學者作了進一步申論。[2] 司禮義的文章發表在頗具影響力的刊物《通報》上，後來證明該文確實影響甚廣。該文最重要的一點是討論了所謂的情態詞“其”。上引卜辭命辭“弗其受年”中的這類“其”，此前常被理解成表示可能的情態詞，近於“也許”或確信程度更弱一些的詞。司禮義指出，在一對正反對貞的卜辭裏，表情態的“其”往往只出現在其中一條中（或見於正貞或見於反貞），而用“其”的那條所說的總是占卜者不願意看到的事情。例如，上引卜辭中，“受年”（即獲得好收成）無疑是占卜者希望看到的，而與之相反的“弗受年”顯然是占卜者想要避免的結果，所以加上“其”予以表明。這看似只是對某單個助詞（中文通常稱之爲“虛詞”）的細碎解釋，事實上却顛覆了我們對古代中國占卜的理解。

　　司禮義和吉德煒皆指出命辭是陳述句而非疑問句，如“旬亡憂”不應譯作疑問句“Will the（next）ten-day week be without misfortune?”（未來的一旬將沒有憂患嗎?），而應譯爲陳述句“The（next）ten-day week will be without misfortune.”（未來的一旬將沒有憂患。）。由此，他們更進一步指出命辭無異於一種禱告，陳述占卜者所期待的結果。他們指出，那些使用對貞的原始占卜，無論是正貞還是反貞都不一定要用疑問的語氣。西方的小孩常用雛菊來占卜愛情，將雛菊花瓣片片摘下，同時喃喃默念“她愛我”“她不愛我”。“她愛我”“她不愛我”

［1］饒宗頤：《殷代貞卜人物通考》，香港：香港大學出版社，1959 年，第 70—71 頁。

［2］David Keightley【吉德煒】，“*Shih cheng* 釋貞：A New Hypothesis About the Nature of Shang Divination，”【釋貞：關於商代占卜性質的新假說】paper presented to the conference Asian Studies on the Pacific Coast，Monterey，California，17 June 1972；Paul Serruys【司禮義】，“The Language of the Shang Oracle Inscriptions，”【商代卜辭語言研究】*T'oung Pao* 60.1－3（1974），pp.21－23。

並不是開放式地詢問“她”是否喜歡“我”，而是試圖通過這番操作所產生的魔力來確定“她愛我”（又或許有些小男孩想確定“她不愛我”）。那些商代占卜者也是如此，他們希望用占卜的魔力來確定會有好的年成。這樣理解商代占卜，爲弄清中國後代的占卜乃至很多後代的宗教活動打下了堅實的基礎。

不過，司禮義和吉德煒關注的主要是商代甲骨刻辭，對於時代較晚的占卜材料及占卜活動則只是蜻蜓點水。命辭爲陳述句這一觀點的再度推進，恐怕就要數我 1983 年完成的博士論文了，該文試圖將之應用到早期易占的理解上。[1] 司禮義、吉德煒討論的是商代卜辭，二文撰成後僅過了數年，考古學家就發掘出了數量可觀的西周甲骨卜辭。第二節中的筮例 3.1 即爲一例西周卜辭，該卜辭的命辭部分以“貞”引入，釋文如下：

> 貞：王其卯祝成唐，䄲禦及二女，彝血牲三豚三；囟又（有）正。

命辭最末的“囟又（有）正”是理解這條命辭乃至所有周代甲骨命辭的關鍵所在。我在博士論文中指出，幾乎所有完整的周原卜辭最末都會固定出現“囟又（有）正”一類用語，如下所列：

用語	著録
囟亡咎	H11：28，H11：35，H11：96，H31：3
囟亡𡆥	H11：20
囟正	H11：82，H11：84，H11：114，H11：130
囟又（有）正	H11：1
囟尚（當）	H11：2
囟克事	H11：21
囟克往密	H11：136

---

[1] Edward Shaughnessy【夏含夷】，“The Composition of the *Zhouyi*”【《周易》之編纂】（Ph.D. diss.：Stanford University，1983），pp.57－59，pp.78－81.

囟成	H31：5
囟不妥王	H11：174
囟不大追	H11：47
囟御于永終	齊家村
囟御于永命	齊家村

類似之例亦見於第二節龜卜例 3.2 所引卜辭，出土時間稍晚，這幾條命辭作：

翌日甲寅，其𤘈，囟瘳。

其禱，囟又（有）瘳。

我既𤘈禱，囟又（祐）。

"囟"後所接的總是觀念上正面的事情（儘管有些在句法形式上是否定的），很容易看出"囟……"是祝辭式尾語，祝禱命辭中提議之事得以實現，頗類似商卜旬卜辭的"旬亡憂"。與商代甲骨命辭不同的是，周原甲骨中這些祝辭式尾語總是用"囟"（寫作𤔔形）來引入。早期研究周原甲骨的論作將該字讀爲"惠""迺""斯"這些無實義的虛詞，我認爲"囟"是"思"的古字，卜辭中表"願"之意，可譯作"may"。

　　這一看法旋即爲學界泰斗李學勤所接受（至少是原則上接受），經他引用，此説在中國學界獲得了相當程度的關注。[1] 我自己也用中文就此問題撰寫了長文，[2] 在這裏就不打算重複了。可以這麼説，

[1] 李學勤：《續論西周甲骨》，《中國語文研究》第 7 輯，香港中文大學中國文化研究所吳多泰中國語文研究中心，1985 年，第 1—8 頁；亦見《人文雜誌》1986 年第 1 期，第 68—72 頁。

[2] 我博士論文相關部分的中文版最初宣讀於 1983 年加州大學伯克利分校的一次學術會議，但因種種原因，文章至 1989 年方正式發表，見夏含夷：《試論周原卜辭囟字——兼論周代貞卜之性質》，《古文字研究》第 17 輯，北京：中華書局，1989 年，第 304—308 頁。後又增補大量文獻，對此問題作了更全面的論述，見夏含夷：《再論周原卜辭囟字與周代卜筮性質諸問題》，《2007 年中國簡帛學國際論壇論文集》，臺北：臺灣大學中國文學系，2011 年，第 17—48 頁。近年就此問題新撰一文，運用了不同的材料，見夏含夷：《〈詩〉之祝誦：三論"思"字的副詞作用》，《清華簡研究》第 2 輯，上海：中西書局，2015 年，第 52—62 頁。

距我首次提出此觀點已過去三十多年，這些年間湧現了相當多的新材料證明我是正確的，儘管仍有很多中國學者堅持反對。[1] 毫無疑問，所有的🔺實際上都是"思"的古字。該字亦見於包山卜筮記錄，同樣用來引入祝禱套語，有時寫作🔺，有時寫作"思"。

包山卜筮簡中的一些材料表明"尚"這個詞也可以用來引介祝禱套語。第二節龜卜例 3.15、3.16、3.17 命辭最末的祝辭即用"尚"來引入：

自荊夷之月以就荊夷之月，出入事王，盡卒歲，躬身尚毋有咎。（例 3.15）

自荊夷之月以就荊夷之月，盡卒歲，躬身尚毋有咎。（例 3.16）

出入侍王，自荊夷之月以就集歲之荊夷之月，盡集歲，躬身尚毋有咎。（例 3.17）

"尚"的這一用法亦見於龜卜例 3.9 和 3.10 的《左傳》占卜記載，《墨子》龜卜例（例 3.14）中也出現了這個詞，只不過用字有所不同。

余亟使人犒師，請行以觀王怒之疾徐，而爲之備，尚克知之！（例 3.9）

魴也以其屬死之，楚師繼之，尚大克之！（例 3.10）

鼎成三足而方，不炊而自烹，不舉而自臧，不遷而自行，以祭於昆吾之虛，上鄉！[2]（例 3.14）

事實上，下一章中我們還將看到"尚"這個詞同樣是蓍筮命辭常使用的術語。上古漢語中"尚"可表示很多意思，但在占卜這一

---

[1] 反對我觀點的論作中，影響最大的是陳斯鵬《論周原甲骨和楚系簡帛中的"囟"與"思"——兼論卜辭命辭的性質》，《第四屆國際中國古文字學研討會論文集》，香港：香港中文大學中國語言及文學系，2003 年，第 393—413 頁；又載《文史》2006 年第 1 輯，第 5—20 頁。陳斯鵬主張"囟"或"思"當讀爲"使"，之後很多釋文及出土文獻研究論作皆取此説。我只能説，這一釋讀不僅缺乏古文字學上的支持，概念上也是行不通的，采信此説的論作總是會誤解相關文句的意思。

[2]"上鄉"如字讀於文意不通。早在 18 世紀，畢沅就已指出"上鄉"可能當讀爲"尚饗"，孫詒讓接受其説，見〔清〕孫詒讓撰，孫啓治點校：《墨子閒詁》，第 425 頁。

語境中，注疏皆以"庶幾"解之，不過"尚"的語氣要比"庶幾"更弱一些（"庶幾"相當於英語的"to wish"，"尚"則相當於"would that"）。因此，終有周一代，龜卜命辭本質上都是通過龜甲這種媒介向神靈禱告（值得再次強調的是，這些卜辭向來被稱作"命"辭，"命"的本質無疑是祈使命令）。這也佐證了第二章對古代中國占卜思想的理解，即占卜舉行之前人們便已定下心志，占卜的目的在於爭取神靈的幫助來實現人們自己的意圖。

兆　　辭

商代用以占卜的龜甲牛骨上卜兆成千上萬，絕大部分的形態與

圖3.3　《甲骨文合集》1107[1]

"卜"字本身如出一轍：一條長的縱向的兆幹上叉出一條兆枝，兆枝或爲水平向，或向上、向下斜出（"卜"字兆枝即爲斜向下）。卜兆的形態取決於占卜前如何整治甲骨。先在龜甲的内面挖出橢圓形的凹槽（"鑿"），再在橢圓形凹槽的某一側鑽出一個圓形窪洞（"鑽"）。之後用火柱燒灼鑽鑿，甲正面就會産生兆幹和兆枝，如左圖所示（圖3.3）。

與商代甲骨卜兆的千篇一律不同，對西周甲骨卜兆形態的描述五花八門。上博簡《卜書》就列舉了多種多樣的卜兆形態，以下只節引

---

[1] 郭沫若主編，中國社會科學院歷史研究所編纂：《甲骨文合集》，北京：中華書局，1978—1982年，第1卷第306頁。

簡文記録卜兆名稱和形容兆象的部分：

> 兆仰首出止，是謂闢。
>
> 兆俯首納止，是謂陷。
>
> 兆如仰首出止，而屯不困膚，是謂狋。
>
> 兆少陷，是謂𤞤。
>
> 肦高上，兆屯深，是謂开。
>
> 凡三族有疵，三末唯吉，如白如黄。
>
> 兆唯起鉤，毋白毋赤，毋卒以易。
>
> 三族之脱，三末食墨且孚。
>
> 族鉤旨而惕；三末唯敗。
>
> 如三末唯吉，三族是卒。

簡文這些描述兆象的用語，有些貌似可解，比如"首"指兆枝最接近兆幹的那部分，"止"則指兆枝遠離兆幹的那部分（還有其他一些不同的看法）；而有些語詞的含義則尚無定論，如"三族"和"三末"。[1] 本章第一節已指出也有可能前面三四條簡文描述的是同一種兆象。在不同占卜者眼中，同一卜兆的形狀可能會有所差異甚至大相徑庭，這並非不可想象的事。我認爲，目前最穩妥的處理大概是暫不管這些兆象到底是什麼形狀以及當時人如何理解。

　　至於傳世文獻中那些描寫卜兆的文句，其中有一部分傳統注釋給出了解釋。傳統注解或許和《卜書》一樣存在矛盾或不可信之處，但至少是較古的訓詁。前文所引的十八則龜卜例中，有五則包含了對所得卜兆形態的描寫，下面只引用這部分文句：

> 我乃卜澗水東、瀍水西，惟洛食。我又卜瀍水東，亦惟洛

---

[1] 程少軒認爲兆枝將兆幹一分爲二，"三族"指三條卜兆裂紋的匯聚處（即兆幹與兆枝的交匯處），而"三末"則指三條卜兆裂紋的末端。參程少軒：《小議上博九〈卜書〉的"三族"和"三末"》，首發於復旦大學出土文獻與古文字研究中心網站，2013 年 1 月 16 日。後收録進《中國文字》新 39 期，臺北：藝文印書館，2013 年，第 107—116 頁。

食。（例 3.5）

遇黄帝戰于阪泉之兆。（例 3.7）

兆如山陵。（例 3.8）

遇兆，挾以銜骨，齒牙爲猾，戎夏交捽。（例 3.13）

卦兆得大横……大横庚庚……（例 3.18）

例 3.5 出自《尚書·洛誥》。據《尚書正義》，《洛誥》之“食”源自占卜的實際操作。占卜之前，先用墨在龜甲上畫出期待中卜兆的形狀，占卜舉行之後，如果實際得到的卜兆形狀與先前畫的吻合、覆蓋了墨畫，就叫“食墨”。這一操作見於後代注疏文獻，描述詳盡，但此前却不見於與商代甲骨實占有關的文獻，直到上博簡《卜書》中出現了“食墨”，這表明我們對這一占卜操作知之甚少，儘管有成千上萬的實物可供研究。

例 3.7 出自《左傳》僖公二十五年，説的是周襄王流亡，晋文公舉行龜卜，貞卜是否要勤王。文公所得之兆名爲“黄帝戰于阪泉”，阪泉之戰是一場上古傳説時代的著名戰争。這或許表明當時存在某種圖編，就好像《史記·龜策列傳》原來可能是附圖的，描繪兆文，或許兆文還有命名。當然，也可能就是占卜者動用自己積累的占卜經驗，附會於兆文，在腦海中想象出來的。具體到此例而言，占卜的起因是襄王與其弟王子帶的奪位之争，而傳説中的阪泉之戰發生在炎黄二帝這對兄弟之間，産生聯想是很自然的；更何況阪泉之戰以正統的黄帝驅逐了他反叛的兄弟而告終，此兆所預示的結果正符合占卜者的期望，即王子帶被逐，襄王得返王城。

例 3.18 還記載了一種名爲“大横”的兆文。“大横”無疑近似於《史記·龜策列傳》之“横吉安”。根據《史記》舊注的解釋，此兆兆如其名，即縱向兆幹上横向延伸出一根長的兆枝（大概如“卜”之類，但横畫要更長一些）。《龜策列傳》中，這種兆文的占斷結果通常都是吉祥的。

卜求當行不行。行，首足開；不行，足肣首仰，若橫吉安，安不行。[1]

漢語中"橫"這個詞可表多種含義，有正面的有負面的。例 3.18 這段文句所載的是爲劉恒而舉行的占卜，在這一語境中，"橫"無疑被占卜者理解成吉祥之語，很可能預示了劉邦開國而其子劉恒繼之（他的名字恒，不能與"橫"混爲一談），劉氏一脈國祚綿延。這段描寫不僅記錄了卜兆的形狀，還記錄下了龜甲兆文裂開時所發出的聲音——"庚庚"。在《史記》這裏，"庚"字似乎無意，不過有注家指出"庚"和"更"同音，而"更"有"承襲"義，如子可"更"父。[2]不管兆文裂開的聲音實際上是否像"庚庚"，[3]占卜者顯然認爲此聲音和兆象一樣，預示了劉恒應該稱帝。

例 3.8 和例 3.13 還記載了兩種卜兆，其形態就更爲具象一些。例 3.8 明確説"兆如山陵"。不難想象，此兆大概作∧或∧之形。古漢語中"山陵"亦可表示多重意蘊。誠然，山陵位於最接近天的地方，因而也是最接近天神的地方，但同時也是危險之處。要理解這裏的這層含義，需要注意的是，如何描述占卜所得的"繇"要看占卜者的即興發揮（如對"大橫庚庚"的描述即是如此）。後面我們將看到，描寫完卜兆之後往往還會繼之以兩句韻文，將所得的徵兆與占卜的事項聯繫起來，這裏先按下不表。就例 3.8 而言，我懷疑占卜之人希望自己的母國反擊，因此必然會解讀説"山陵"預示着危險襲來。

最後來看例 3.13，該例對兆文形態的描寫是諸例之中最爲具體

---

[1]〔漢〕司馬遷：《史記》，第 3241 頁。

[2]《史記集解》引張晏（約公元 3 世紀）説已大致表達了這個意思，而《史記索隱》引荀悦（148—209 年）云明確持此觀點。〔漢〕司馬遷：《史記》，第 415 頁。

[3] 衆所周知，占卜的｜卜｜詞是用象形字"卜"來記錄的。上古漢語中這個詞的發音大概是 *puk 之類，本來就是擬聲的，象兆文裂開之聲。這樣的聲音擬成 puk 似較合理（英文中常拼成 pok），難以想象兆文裂開時會發出 geng 的聲音。當然，以上討論或許有些離題了。如果占卜者説他聽到的是 geng 那他聽到的就是 geng，把這個聲音理解成漢語中的哪個詞是他的自由。

的。這次占卜源於中國古代史上一段著名的（或許説"臭名昭著"更
合適）艷史，發生在晋獻公和驪姬之間。獻公在位長達二十六年，統
治之初氣象興盛。公元前 672 年，獻公攻打驪戎，擄得驪姬並甚是寵
愛，事後證明這最終給晋國帶來了災難性的後果。公元前 665 年，驪姬
産下一子，名爲奚齊，驪姬希望奚齊能成爲太子，説服獻公把他最重要
的幾個兒子申生、重耳、夷吾發配到邊遠之地。九年後即公元前 656
年，發生了中國歷史上著名的"驪姬之亂"，最後太子申生自殺，重耳
和夷吾流亡。公元前 651 年獻公駕崩後，晋國權臣里克（前 650 年卒）
殺死了奚齊，擁立夷吾即位，即晋惠公（前 650—前 637 年在位）。

　　獻公在征伐驪戎之前舉行了占卜，基於卜兆所作的繇辭由三個
四字句組成："挾以銜骨，齒牙爲猾，戎夏交捽"。第一句無疑是形
容兆文，後兩句則似乎是在進一步描述兆文的同時將之與占卜事項相
聯繫。《國語》韋昭（204—271 年）注云"齒牙"謂"兆端左右釁
坼"。[1] 韋注還認爲這裏之所以提齒牙，是用齒牙穿過嘴來象徵危害
已經造成。這恐怕是另外一個話題了，後面再作討論。在這裏我們只
需要知道，在占卜者的形容中，兆文是分叉的、鋸齒狀的，類似於
⺊，卜兆的不同部分分別象徵與所占卜之事相關的雙方。

繇　辭

　　無論龜卜還是蓍筮，"繇"都是占卜結果中與《周易》最直接相
關的部分。事實上，《周易》卦爻之"爻"原本即作"繇"。"爻"和
"繇"古音相同，兩字記錄的是一個詞。繇辭無疑也是占卜結果中最
具普遍意義的部分，因爲繇辭常見的格式讓人聯想到《詩經》中的作
品。繇辭雖然有多種形式，但最典型的還是三句四字韻文，頭一句描
寫兆文本身，後兩句將兆象和占卜事項聯繫起來，這種聯繫有時候是
委婉、隱晦的。這類繇辭基本只見於傳世文獻，出土文獻中僅有一

---

[1] 徐元誥撰，王樹民、沈長雲點校：《國語集解》，第 249 頁。

例，見於新蔡葛陵卜筮簡，詳見第四章。上文考察的龜卜例中，有五例或明言“繇”或從形式上可判定爲“繇”。

> 鳳皇于飛，和鳴鏘鏘。
> 有嬀之後，將育于姜。
> 五世其昌，並于正卿。
> 八世之後，莫之與京。（例 3.6）

> 姜氏問繇。曰：
> 兆如山陵，有夫出征，而喪其雄。（例 3.8）

> 其繇曰：
> 如魚竀尾，衡流而方羊。
> 裔焉大國，滅之將亡。
> 闔門塞竇，乃自後踰。（例 3.12）

> 乙又言兆之由曰：饗矣！
> 逢逢白雲，一南一北，一西一東。
> 九鼎既成，遷於三國。（例 3.14）

> 占曰：
> 大橫庚庚，余爲天王，夏啓以光。（例 3.18）

我認爲，例 3.8 和 3.18 這兩例的繇是繇辭範本，本書其他諸章（尤其是討論《周易》爻辭的第九章）中還會強調這一點。上一小節討論卜兆的時候我已對“兆如山陵”和“大橫庚庚”兩句作了分析，這裏就不再重複了。

現在回頭來看，這兩例繇辭的後兩句（我稱之爲“應答對句”即 rejoinder couplet）還是比較容易理解的。但同時也不難看出，其措辭仍存在一定程度上的模糊性，從而會造成解讀上的障礙。據文獻記載，這些話是在某一既定行動之前宣讀的，如果是這樣的話就給理解帶來更多困難。繇辭應由占卜者宣布，依據的是命龜之辭（即"命辭"）以及卜兆的形狀（或許還有聲音）。例 3.8 的背景是鄭國入侵衛國，衛國猶豫是否反擊。我們通過《左傳》記載獲知的只是二手信息。《左傳》云衛卿孫文子"獻兆於定姜。姜氏問繇"，在我看來，這似乎表明孫文子並不相信舉行占卜之人宣布的初步結果。讀了這條繇辭後我們便會明白孫文子爲何不滿意卜者給出的結果。

　　　兆如山陵，有夫出征，而喪其雄。

"有夫出征，而喪其雄"的理解存在歧義，究竟指的是入侵的鄭軍"喪其雄"，還是指衛軍反擊失敗後"喪其雄"（如孫文子戰死）？在占卜者的立場來看，這種模棱兩可或係有意爲之，假如反擊失敗也有藉口合理地推卸責任。但當孫文子請定姜解讀卜兆時，定姜消解了這種歧義，云："征者喪雄，禦寇之利也。""禦寇之利"是《周易》中習見的術語"利禦寇"之變體，如《漸》卦（53）九三爻爻辭中即有一例（本書第九章將對"利禦寇"作更詳細的討論）：

　　　九三：鴻漸于陸，夫征不復，婦孕不育。凶。利禦寇。

不難看出，這條爻辭主體部分的格式與例 3.8 和 3.18 兩則龜卜記載中的繇辭一致：先用一個四字句描述徵兆（在這裏是自然界中的徵兆而非龜甲上的兆象），繼而用一組有韻的四字對句將此徵兆與人間的某一事件相聯繫（在這裏顯然就是軍事征戰了，只不過也附帶關注了後方的婦女）。這條爻辭顯然是負面的，所以占斷自然是"凶"。例 3.8 中"禦寇之利也"是定姜的解讀，並不屬於一開始卜者所作的繇辭。這似説明《周易》爻辭中可能也有一些內容的時代要晚於原初的繇辭，是後來才加入的，今天見到的文本經歷了層累的過程。例 3.8 這條材料明確指明了這一點。

　　例 3.18 的繇辭要更容易理解一些，對於漢文帝劉恒來説應該也是如此。此次占卜的事項是劉恒是否會即位稱帝，可以推測用以命龜的命辭大概作"余爲皇帝；尚饗"之類。卜者基於兆的形狀和聲音（"大橫庚庚"）而作出的繇辭"余爲天王，夏啓以光"似乎沒有什麼歧義。"夏啓"即傳說中夏朝開創者大禹的兒子，啓確立了王位世襲制。繇辭顯然意在暗示劉恒也應如啓一般繼承其父的皇位。不管是出於真情還是假意，一向沉默寡言的劉恒提出反對，説自己已經是"王"了（劉恒被封爲代王），所以這個繇並不適用於他。這種情況下，由卜者出面向他解釋"天王"並非一般的王。最終，劉恒答應即位，統治長達二十四年（公元前 180—前 157 年），作爲中國歷史上最偉大的皇帝之一被載入史册。

占　　辭

本章所舉諸龜卜例只有少數出現了"命辭""卜兆"或者"繇辭"，然而，除兩例西周甲骨例外，絕大多數都包含有明確的"占辭"。這些占辭大多相當簡單，只是一個簡單的"吉"，或略加變化，作"恒吉""不吉""甚吉"。這些占辭和《周易》中見到的占辭"吉"[1]"凶"[2] 是類似的，不過《周易》還使用了其他一些占辭，如"吝""厲"，以及出現頻率更高的"无咎"（近於例 3.3《尚書·金縢》之"罔害"）。[3] 以下是本章所舉諸龜卜例中的占辭：

---

[1] 包括"元吉"（13 次）、"大吉"（5 次）、"引吉"（1 次）在內，"吉"在《周易》中共出現 147 次。

[2] "凶"在《周易》中共出現 58 次，未見"凶"前加修飾語之例。

[3] "吝"在《周易》中共出現 20 次，"厲"出現 27 次，"无咎"出現 93 次（此外還有 2 例"无大咎"）。我的博士論文將《周易》術語分成兩組："吉""凶""吝""厲"爲一組，我稱之爲"占辭"；另一組有"无咎"，還包括"无不利""无攸利""悔""悔亡"，我稱這組爲"驗辭"。我指出，第一組（即"吉""凶""吝""厲"）通常出現在"貞"後面，另一組則絕少如此（"无不利""无攸利"和"悔"從不出現在"貞"後；"悔亡"共見 18 例，只有 1 例出現在"貞"後；"无咎"共見 93 例，亦只有 1 例例外）。我仍然相信，這種差異很可能反映了這兩組術語在功能上存在某種差異，見 Edward Shaughnessy【夏含夷】，"The Composition of the *Zhouyi*"【《周易》之編纂】（Ph.D. diss.：Stanford University，1983），pp.152–158。不過，例 3.17 包山簡之例中"無咎"和"吉"並見且前面明確用了"占"，似對這樣的分組形成挑戰。

體，王其罔害！（例 3.3）

予得吉卜。……矧今卜并吉。（例 3.4）

予卜休恒吉。（例 3.5）

其妻占之，曰："吉。……"（例 3.6）

使卜偃卜之，曰："吉。……"（例 3.7）

姜氏曰："征者喪雄，禦寇之利也。大夫圖之！"（例 3.8）

龜兆告吉，曰："克可知也。"（例 3.9）

陽匄爲令尹，卜戰，不吉。……令曰：……吉。（例 3.10）

史蘇占之，曰："勝而不吉。"（例 3.13）

乙又言兆之由曰："饗矣！……"（例 3.14）

占之：恒貞吉，少有憂於躬身，且志事少遲得。……占之：甚吉。期中有憙。（例 3.15）

占之：恒貞吉，少外有憂，志事少遲得。……占之：吉。享月夏栾有憙。（例 3.16）

郮吉占之：吉，無咎，無祟。（例 3.17）

上文已指出例 3.3 "罔害" 與《周易》之 "无咎" 類似，此外包山卜筮簡亦見 "無咎"（例 3.17）。"无咎/無咎" 字面直譯爲 "no trouble"（没有麻煩），但這種譯法可能會造成一些誤解。甲骨卜辭中已有一些可視作 "无咎" 前身的語詞，[1] 此外，例 3.17 中 "無咎" 後接 "無祟"，二者存在關聯。這説明 "无咎" 之 "咎" 所指的似乎不是一般意義上的麻煩，而是某種來自鬼神的禍害。

下面再來看例 3.8，這是一例非典型的占辭。從技術層面來説，"征者喪雄，禦寇之利也" 似乎並非占辭，而更像是在進一步解釋原有占辭的意思。不過，這裏值得注意的是 "禦寇之利" 係《周易》

---

[1] 詳細討論見 Richard Kunst【孔士特】，"The Original *Yijing*: A Text, Phonetic Transcription, Translation, and Index, with Sample Glosses"【《易經》原始：文本、注音、翻譯、索引及例釋】（Ph.D. diss.: University of California, Berkeley, 1985），pp.163–168。

中兩見的術語“利禦寇”之變體：

蒙䷃（4）上九：擊蒙。不利爲寇，利禦寇。

漸䷴（53）九三：鴻漸于陸，夫征不復，婦孕不育。凶。利禦寇。

“利禦寇”這類表達是《周易》中常見的元素，這類文句以“利”開頭，倡導或反對某些行爲，“利”在《周易》卦爻辭中共 119 見。明白這一規律對理解高頻語詞“利貞”以及理解《周易》占卜的性質有一定意義，本書第五及第八章將作討論。在這裏只需指出“利……”這類文句（尤其是《周易》爻辭中的“利……”）和例 3.8“征者喪雄，禦寇之利也”一樣，也應理解爲對占辭含義的進一步解釋。

接下來看例 3.14，這例中占辭簡單到只有一個詞——“饗”（其後的“也”只不過起加强語氣的作用），需要特別注意。“饗”即前文提到的“尚饗”之“饗”，“尚饗”是占卜祭祀結束時常見的祈禱之語。例 3.14 這段很好地表明了應當如何理解“饗”：這是卜者宣布占卜時所表達的意願已被神靈“接納”和“享受”，從而亦被視作占卜的回應。類似的“饗”用作占辭的例子亦見於《尚書·顧命》，該篇記述了周康王（前 1005/1003—前 978 年在位）登基典禮的場景：

太保、太史、太宗皆麻冕彤裳。太保承介圭，上宗奉同、瑁，由阼階隮。太史秉書，由賓階隮，御王册命。曰：“皇后憑玉几，道揚末命，命汝嗣訓，臨君周邦；率循大卞，燮和天下，用荅揚文武之光訓。”王再拜，興。荅曰：“眇眇予末小子，其能而亂四方，以敬忌天威。”乃受同、瑁，王三宿，三祭，三咤。上宗曰：“饗”。[1]

“饗”宣自“上宗”之口，表明祭祀已經圓滿完成。此“饗”亦即例 3.14《墨子》之“饗”。本書第八章將會證明“饗”和《周易》卦辭

---

[1]〔清〕阮元校刻：《十三經注疏·尚書正義》，第 511—512 頁。

中屢見的"亨"記錄的是同一個詞。卦辭用"亨"表"饗"是理解《周易》占卜性質的一把鑰匙。

最後，還需討論例 3.15 和 3.16 中的占辭。值得注意的是，這兩例中占辭均有前後兩段。我們先來考察例 3.15：

> 占之：恒貞吉，少有憂於躬身，且志事少遲得。……占之：甚吉。期中有憙。（例 3.15）

一開始的占斷總體是吉的，至少長期而言是吉的（"恒貞"），但是這總體的"吉"中也夾雜着一些會導致"志事""少遲德"的問題。因此，卜者被責成采取進一步行動，有祠有禳，從而達到安撫神靈的目的。這樣做了之後，再是進一步的祝禱和進一步的占斷，這次就是"甚吉。期中有憙"。早年李零研究包山簡的時候已經指出，包山卜筮簡基本都包含前後兩部分占辭，[1] 這或許也是一般的占卜的特徵，即首先確定一個較寬泛的答案，然後再繼續確定一個更爲精確的答案。

例 3.2 所舉的西周甲骨卜辭中似存在這種兩步式占卜的前身。例 3.2 的三條卜辭屬於同一片卜骨殘片，占卜内容是某人的疾病。卜辭中𤔲字的釋法尚不是十分確定，似乎是提出了使此人治愈的兩種方法——祭祀（𤔲）和祝禱（"禱"字原形作𥛾）。第三條卜辭用了"既"這個詞，明確表明這次占卜發生在前兩次之後。因此，在施行了前兩次占卜提出的兩種治療手段後，最後一次占卜的意圖就不僅是達成"瘳"了，還希望"又（祐）"。

> 翌日甲寅，其𤔲，囟瘳。
> 其禱，囟又（有）瘳。
> 我既𤔲禱，囟又（祐）。

---

[1] 例 3.17 不符合這一模式。該例中占辭只有簡單的"吉，無咎，無祟"。因爲沒有什麽揮之不去的咎祟或不確定，也就無需安撫神靈了。

　　我將在第五章提出，類似的兩步式占卜法可能也在《周易》卦爻辭中留存了某些痕迹：第一步，得到六十四卦中的一卦及其卦辭；第二步，進一步明確用該卦六爻中的哪一爻來進行最後的占斷。我在該章中提到，《周易》占卜原本分兩步進行這一設想只有一些零星的證據支持，其中有的還是間接證據。不過，西周和戰國時期的考古材料已表明龜卜通常包含兩個步驟，《周易》占卜可能也是類似的情況，我們應認真審視這種可能性。

第四章　蓍筮

　　中國古代占卜的第二大類是蓍筮。蓍筮往往和《周易》聯繫在一起，但這種占卜形式所涵蓋的範圍其實要廣得多。蓍筮（milfoil divination，有時也譯作 achillomancy）是利用蓍這種植物（*Achillea sibirica* 或 *Achillea mongolica*）的莖稈通過演算得到一個數字，它的作用就好像是扔骰子或抽籤，類似於那種希伯來聖經所記載的抓鬮。

　　蓍草（yarrow 或 *Achillea millefollum*，其另一常用英文名是 milfoil，字面意思是"千葉"），是一種常見的開花草本，與洋甘菊（chamomile）、菊花（chrysanthemum）、龍蒿（tarragon）等有關。因其具有收斂和緩解疼痛的功效，世界各地都有將之入藥的傳統（yarrow 的拉丁名 *Achillea* 源於 Achilles，即《伊利亞特》中英雄阿喀琉斯之名，阿喀琉斯帶着這種草藥上戰場，用來給傷口止血）。茹特（Richard Rutt）指出，在英國，蓍草有用於占卜的傳統，置於枕下以助發夢。[1] 在中國，這種植物向來被用於抽籤式占卜。長而直的莖稈被切成一束，可用一手執握。茹特在韓國時對此有過體驗，他說"蓍草束富有彈性，便於操作"。[2] 孔士特（Richard Kunst）則指出，這種植物的中文名"蓍"與"示""旨""指""稽""算"等或有讀音上的聯繫，或有

---

[1] Richard Rutt【茹特】, *The Book of Changes（Zhouyi）: A Bronze Age Document Translated with Introduction and Notes*【《周易》: 一部青銅時代文獻的翻譯、介紹及注釋】（Richmond: Curzon Press, 1996），p.151.

[2] 同上注，p.152。

字形上的聯繫。[1]

　　與中國古代著筮相關的材料歷來幾乎只有《周易》，這種情況到了 20 世紀 70 年代末開始有所改變，當時首次出土了大量記錄楚國卜筮的竹簡。之後四十年間，此類卜筮記錄不斷出土，卜筮簡已廣爲人知。近年又有其他文獻浮現於世，有的是某種著筮之法的綜述，有的則是完整的著筮之書。第一種是清華簡的一篇，整理者命名爲《筮法》，時代約爲公元前 300 年。第二種是北大簡的一篇，自題作《荊決》，時代爲西漢。由於這兩篇文獻最近才剛剛公布，在西方尚不太爲人所知，這裏需作比較深入的介紹。

　　除上述兩種文獻外，1993 年湖北王家臺還出土了一批屬於其他占卜系統的竹簡，出土墓葬的時代爲公元前 3 世紀中期。這批簡的内容被認爲就是人們所熟知的殷易《歸藏》。傳本《歸藏》的可靠性長久以來備受質疑，王家臺簡可以證明《歸藏》即便不像傳統説法所宣稱的那樣古，也毫無疑問是一部古老的文獻。《歸藏》與《周易》《連山》一起並稱"三易"，似乎也有必要對它作一些介紹，但考慮到我在新近出版的一部著作中已對《歸藏》（尤其是簡本《歸藏》）有過詳細的概述，這裏的介紹將只關注《歸藏》如何幫助我們了解著筮的形式和功能。

第一節　《筮　法》

　　2008 年清華大學購入一批戰國竹簡，之後陸續公布。2013 年 12 月《清華大學藏戰國竹簡（肆）》出版，其中有《筮法》。[2]　《筮

---

[1]　Richard Kunst【孔士特】，"The Original *Yijing*：A Text, Phonetic Transcription, Translation, and Index, with Sample Glosses"【《易經》原始：文本、注音、翻譯、索引及例釋】（Ph.D. diss.：University of California, Berkeley, 1985），p.5.

[2]　清華大學出土文獻研究與保護中心編、李學勤主編：《清華大學藏戰國竹簡（肆）》，上海：中西書局，2013 年，第 2—9 頁（原大圖版）、第 21—52 頁（放大圖版）、第 75—123 頁（釋文注釋）。英文翻譯及研究見 Constance Cook【柯鶴立】and Zhao Lu【趙璐】，*Stalk Divination: A Newly Discovered Alternative to the* I Ching【筮法：（轉下頁）

法》共 63 支簡，是清華簡中保存狀況最好的一篇竹書，入藏清華時
還大致保持着原來成卷的狀態，只有外層有幾支簡游離散落。單簡長
35 釐米，每簡底部有次序編號。這些簡原本緊密編聯在一起，形成一
個平坦的表面，如此一來文字便可分欄書寫，此外還插有圖表，橫跨
諸簡（全篇復原照片見圖 4.1，各節內容分布見圖 4.2）。竹簡上除了
有上、中、下三道編繩外，反面還有兩條絲帶的殘迹，約 4 釐米寬，
分別粘貼在卷册的上半段和下半段，顯然是爲了加固卷册，使之展開
時竹簡不至散亂，保持完好的狀態。整理者對開卷整理的情況有過簡
要説明，他們説有 52 支簡仍然是連在一起成卷的，基本保持了原本

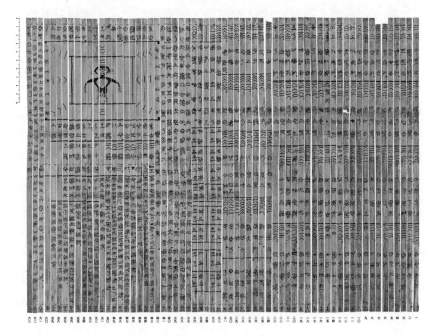

圖 4.1　《筮法》全篇復原照片[1]

（接上頁）新出土的另一種《易經》】（New York：Oxford University Press, 2017）。清
華四除了《筮法》外還有兩篇篇幅稍短的竹書，即《別卦》和《算表》，這三篇竹
書的篇題都是整理者根據內容所加。

[1] 清華大學出土文獻研究與保護中心編、李學勤主編：《清華大學藏戰國竹簡（肆）》，
第 76 頁。

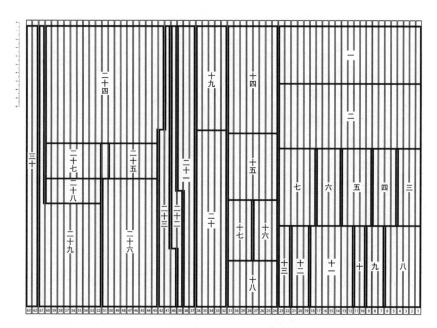

圖 4.2 《筮法》區域劃分圖[1]

的簡序,歷經歲月,只有少量竹簡散亂。不過,由於所有的簡下端都書有序號,要復原這篇竹書的簡序並不困難。竹簡運達清華時已處於飽水狀態,整理者從未將它們移出過水槽。分離出來的單簡被置於玻璃容器中,用蒸餾水浸泡,現在這些簡仍放在裏面。

如圖 4.2 所示,《筮法》全篇分爲三十節。各節本無小標題,係整理者所加,擬題或根據各節内容,或根據第三十節的内容。第三十節整理者稱之爲"十七命",此節中枚舉了十七類占筮事項,在簡文中都有對應的專節(即下面的第 1—17 節)。這三十節的内容如下:

第 1 節:死生

第 2 節:得

─────────
[1] 清華大學出土文獻研究與保護中心編、李學勤主編:《清華大學藏戰國竹簡(肆)》,
    第 77 頁。

第 3 節：享

第 4 節：攴

第 5 節：至

第 6 節：娶妻

第 7 節：雦

第 8 節：見

第 9 節：咎

第 10 節：瘳

第 11 節：雨旱

第 12 節：男女

第 13 節：行

第 14 節：貞丈夫女子

第 15 節：小得

第 16 節：戰

第 17 節：成

第 18 節：志事

第 19 節：志事、軍旅

第 20 節：四位表

第 21 節：四季吉凶

第 22 節：乾坤運轉

第 23 節：果

第 24 節：卦位圖、人身圖

第 25 節：天干與卦

第 26 節：祟

第 27 節：地支與卦

第 28 節：地支與爻

第 29 節：爻象

第 30 節：十七命

各小節長短不一，複雜程度各異。

　　第1至17節皆圍繞占筮結果來安排，這些占筮結果乍看上去是成對的六爻卦，每個六爻卦分別由兩個三爻卦組成，上下卦之間有明顯的空隙。不過，由於簡文只見八個三爻卦之名，很顯然這些占筮結果其實應該看成四個單獨的三爻卦。每一條占筮結果都附有一段筮辭，下文將作詳細討論。

　　《筮法》最爲重要的一點在於它無可辯駁地證明了卦畫是用數字書寫的。最常用來表示爻的數字是━和ㄥ。包括李學勤在內的一些學者曾認爲其他戰國竹書中所出現的類似的卦畫是早期的陽爻和陰爻，即傳世系統中的━和--，但是在《筮法》中還出現了數字"四"（寫作▽）、"五"（メ）、"八"（八）、"九"（キ）。━和ㄥ如何解讀仍然存在一些問題，ㄥ很顯然應表數字"六"，但━所表爲何就不那麼清楚了。這個問題看似簡單，似乎━所表的就是"一"，這不僅符合漢字中數字1的常規寫法，而且銅器和竹簡所見八卦數字符號中━通常表示的也是數字"一"。然而，清華簡整理團隊的成員馬楠率先提出，《筮法》中━代表的其實是數字"七"，她的意見後來爲《筮法》的整理者李學勤所吸納。[1] 此說雖與直覺相左，但有相當多的證據支持。馬楠給出了三條來自《筮法》內部的證據。

　　第一條證據來自第16節"戰"（簡24—27），有卦例作：

六	六	メ	メ
六	六	六	六
勝	凡	勝	凡
內	是	外	是

---

[1] 馬楠：《清華簡〈筮法〉二題》，《深圳大學學報》2014年第1期，第64—65頁。李學勤采納其說，見清華大學出土文獻研究與保護中心編、李學勤主編：《清華大學藏戰國竹簡（肆）》，第102頁。

外　　　　　　　　　　　内
簡 27　　　簡 26　　　簡 25　　　簡 24

可以看到，自下而上、自右向左讀，第一條卦例（簡 24—25）中出現數字依次是：

〒　八　一　　　　八　✕　▽

而在第二條卦例（簡 26—27）中，這些數字的順序正相反：

▽　✕　八　　　　一　八　〒

顯然〒表"九"、八表"八"、✕表"五"、▽表"四"，上文也已提到八表"六"，既然如此，這些數字似乎應當是連續排列的，即在第一條卦例中爲"九-八-七　六-五-四"，在第二條卦例中爲"四-五-六　七-八-九"，那麼一表示的就必然是數字"七"。

第二條證據來自第 28 節"地支與爻"（簡 52—57），簡文將十二地支與數字卦畫相配，具體如下：

巳　　　辰　　　卯　　　寅　　　丑　　　子
亥　　　戌　　　酉　　　申　　　未　　　午
▽　　　✕　　　八　　　一　　　八　　　〒
簡 57　　簡 56　　簡 55　　簡 54　　簡 53　　簡 52

同樣可以看出這些數字應是降序排列的，即"九-八-七-六-五-四"，那麼一必表數字"七"。

第三條證據來自第 2 節"得"，簡 15 簡文之意難解，但其中提到數字"十三"似頗重要：

亦　　　⟰　　　⟱
得
其　　　⟱　　　⟰
失
十　　　入　　　作
三　　　於　　　於
　　　　陰　　　陽

簡 15　　簡 14　　簡 13

馬楠認爲簡文最末的“十三”就是數字 13，6 和 7、9 和 4、8 和 5 之和皆等於 13。這種加法算術我自能理解，但坦白説我既不明白這段簡文最後一句究竟是什麽意思，也不明白馬楠的解釋邏輯何在。

雖然最後一條的舉證力度有所不足，但是還有其他理由讓人相信《筮法》中 一 所表的必定不是“一”，那就是《筮法》中確定的“一”字皆寫作“弌”：

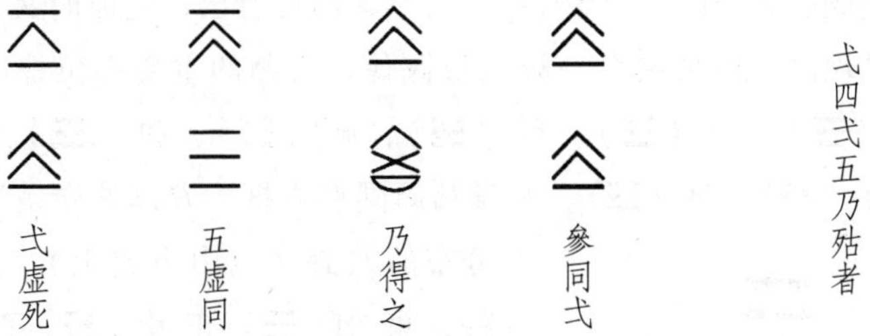

第 1 節　簡 3—4　　第 15 節　簡 28—29　　第 26 節　簡 47

因此，我們有理由相信馬楠提出的且爲李學勤所采納的這個觀點是成立的，即《筮法》中 一 表數字“七”。

上文提到《筮法》中也出現了數字“四”（寫作 ▽）、“五”（╳）、“八”（∕∖）和“九”（⺄）。下文會討論到，《筮法》中有些地方的爻是用這幾個數字來表示的，這些數字似有特殊的意義，但它們是如何產生的簡文完全沒有説明。關於這個問題，我們唯一知道的就是《繫辭傳》大衍揲蓍法所得之數沒有“四”或“五”。本章後半分析卦象結果時，我將通過一個例子來看揲蓍結果是如何獲得的。

《筮法》八卦卦名近於《歸藏》：

☰　　倝（乾）
☷　　臾（坤）
☶　　艮
☱　　兑

☵　　　袋（勞—坎）

☲　　　羅（離）

☳　　　曑（震）

☴　　　巽

　　不過需指出的是，《筮法》只有到了後半部分才提到八卦卦名，是系統排列的。

　　不少讀者應該會發現整理者編號爲 24 的那一節内容最有意思，即"卦位圖、人身圖"（圖 4.3）。由標題即可看出，此節簡文是以圖的形式呈現的，中央繪有一幅人形圖像，人體的重要部位標示有八卦：首（☰）、口（☱）、耳（☲）、胸（☵）、腹（☲）、私處（☴）、手（☳）、足（☳）。人身圖周圍有方框，方框外緣是按八方分布的八卦（以南方爲上）：正東—☲、東南—☴、正南—☵、西南—☷、正西—☱、西北—☰、正北—☲、東北—☶，此八卦方位多同於《周易》系統的後天八卦（見於《説卦傳》等）。[2] 再往外還有一重方框，方框外圍上方有文字"南方也，火也"，下方有"北方也，水也"，左側有"東方也，木也，青色"（字的頭朝右寫），右側有"西方也，金也，白色"（字的頭朝左寫）。位於該方框外圍四隅的簡文以一問一答的形式描

圖 4.3　清華簡"卦位圖、
　　　　　人身圖"[1]

---

[1] 清華大學出土文獻研究與保護中心編、李學勤主編：《清華大學藏戰國竹簡（肆）》，第 113 頁。

[2] 唯一的不同是☵、☲（即《周易》系統之《坎》《離》）分別位於正南和正北，而《説卦傳》中《坎》位於正北、《離》位於正南，兩卦方位互易。《筮法》中還有其他迹象表明這兩卦所配者與通行的《周易》系統有别。

述了四個基本卦的得名之由，如："奚故謂之《震》？司雷，是故謂之《震》。"類似地，《兌》司"收"、《坎》司"樹"，《離》司"藏"。

上圖中，有五卦所配的身體部位與《説卦傳》所載者完全一致，其餘三卦或配於鄰近之部位，或所配部位係該卦的次要之象：

> 乾爲首，坤爲腹，震爲足，巽爲股，坎爲耳，離爲目，艮爲手，兌爲口。（《説卦傳》）[1]

人身圖中這些與身體部位相配的卦有一個有趣的特點，那就是有些卦畫似乎是象形的，或至少有一定象形意味。最明顯的一例是對應"口"的《兌》☱，作 ⌓，下面的兩根實綫爻似乎表現的是雙唇，最上那根虛綫爻（在《筮法》中寫作"∧"形）表鼻子。同樣象形意味濃厚的還有對應雙手的《艮》☶，作 ⌅，人身圖中的卦畫模仿手形，最下兩爻酷肖手指。此外，人形圖像的最下方那兩短橫象人腿下之足，而對應雙"足"的《震》☳最下面的實綫爻模仿的正是此短橫。最後，象徵"私處"的《巽》，其卦畫似乎也是象形的。《説卦傳》將《巽》與兩"股"聯繫，而《筮法》人身圖中此卦只出現了一次，位於兩股之間。無論是在《周易》系統中還是在《筮法》中，《巽》都被認爲是女性（長女）。考慮到這一點，《巽》卦最下面的那條陰爻（依舊寫作"∧"形）似乎就是描摹了張開的陰户。

如《巽》卦這樣，八卦皆被賦予了性別屬性，這顯然有助於解讀《筮法》前半部分的許多卦例。《乾》☰和《坤》☷當然分別對應男和女，其餘諸卦的性別劃分與傳統説法也是相合的，即：《震》《坎》《艮》爲男，而《巽》《離》《兌》爲女（依次是《震》長男、《坎》

---

[1]《筮法》人身圖中《坤》☷配於胸，《説卦傳》則云"坤爲腹"，不過這或許只是一個如何指稱的問題——有證據表明"腹"可兼指胸和腹。至於《巽》☴，《説卦傳》配於股，而人身圖中此卦似與私處相配，下文還會談到。最後，此處所引的這段《説卦傳》配《離》☲於目，但《説卦傳》還有一段將此卦配於腹。

中男、《艮》少男、《巽》長女、《離》中女、《兌》少女)。首例見於《筮法》的第 2 節"得"(簡 7—8):

右邊一卦爲下《震》☳("七-六-六")上《坎》☵("六-七-六"),左邊一卦則爲下《巽》☴("六-七-九")上《震》☳("七-六-六")。《巽》爲女,而《震》《坎》皆爲男,又由於《震》出現了兩次,便有了"參(三)男"。八卦的這種男女之別亦見於第 6、7、8、12 節,此外第 1、2、9 節中提到的"妻"和"夫"或亦與之有關。

《筮法》八卦與"昭""穆"相配,似亦與《乾》《坤》猶男女造生萬物有關。昭穆指周代宗廟中的左右,左爲昭,右爲穆,諸位祖先按輩份依次左右交替排列,即:如某人之父是右穆,則其祖父就是左昭,以此上推,世代相遞;按照同樣的邏輯,此人在宗廟之中將被認定爲昭,而其子女則爲穆。《筮法》第 8、9 節都提到了昭穆:

穆上毀亡咎　　日妻夫昭　　凡咎見述

簡9　　　簡8　　　簡7

這兩例中，下卦都是《乾》《坤》，故而比上卦要高一輩，第一例中的上卦分別是《艮》☶和《離》☲，第二例中是《巽》☴和《離》☲。因此，這裏的“昭”“穆”似指垂直排列的上下卦。

第 1 節中八卦被配以“吉”“兇”，如以下兩例：

兇待死　　參吉同

簡6　　　簡5

吉待死　　參兇同

簡8　　　簡7

第一例中的這對包含兩個《坎》☵卦以及一個《震》☳、一個《兌》☱，可推知《坎》必然是"吉"；類似地，第二例中有兩個《兌》，故《兌》必定是"兇"；那麼一排除便可知第一例中的《震》亦爲"吉"。第二例占辭的"參兌同吉"包含了兩個《兌》（兇）、一個《震》（吉）、一個《離》☲，同樣由排除法可知《離》爲"兇"。第1節後面還有一條筮例，可用同樣的方法確定《巽》☴爲"兇"。鑒於《坎》和《震》皆爲"男"，而《兌》《離》《巽》皆爲"女"，因此"吉"和"兇"似與卦的性別屬性有關聯。這類簡文中雖未出現對應"少男"的《艮》☶，但可推知《艮》爲"吉"。

八卦還有"左""右"之別。正如李學勤所言，八卦配"左右"似源自第24節"卦位圖"中的卦位排列，如左圖所示（圖4.4）。

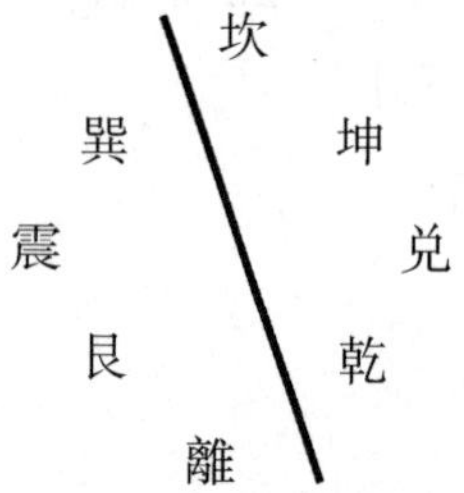

如斜綫所示，《坎》《坤》《兌》《乾》爲"右"，而《巽》《震》《艮》《離》爲"左"，這似乎有助於理解《筮法》其他地方的簡文。第5節稱《離》《震》《兌》《坎》爲"正"，即分別表正南、正北、正西、正東，上面這種卦位安排似可用來解釋此點。

坎
巽　　坤
震　　　　兌
艮　　乾
離

圖4.4　清華簡《筮法》
"卦位圖"[1]

卦位圖還將方位與"五行"聯繫，至少其中有四方可以聯繫：

東方也，木色，青色。（簡60）

南方也，火也，赤色也。（簡49—52）

西方也，金色，白色。（簡42）

北方也，水也，黑色也。（簡49—53）

第11節中，簡文涉及了卦與五行相配：

---

[1] 清華大學出土文獻研究與保護中心編、李學勤主編：《清華大學藏戰國竹簡（肆）》，第82頁。

簡 18　　簡 17　　簡 16

李學勤又解釋説：兩個上卦是《兑》☱和《巽》☴，分別對應正西和東南，而兩個下卦是《艮》☶和《坎》☵，分別對應東北和正南；《兑》在"西"，故而屬"金"；類似地，《坎》在"南"，故屬"火"；《巽》在東南，與"東"有關，故屬"木"；《艮》在東北，可與"北"聯繫，故屬"水"。如此這般雖然似乎可以講通簡文，但顯然是一時權宜，並且如此一來《坎》的卦象就與易學傳統説法相悖，與《坎》關聯的一直是"水"而不是"火"。

　　《筮法》第二部分還有一些與八卦相配的屬性，與易學傳統説法相合，故相對容易理解。第 21 節將《乾》《坤》所生之六子卦配於一年之四季並述其吉凶，分別爲"大吉""小吉""大凶""小凶"，四季吉凶如下表所示（依然用通用卦名）（表 4.1）：

	春	夏	秋	冬
大吉	震巽	坎	兑	艮離
小吉	坎	震巽	艮離	兑
大凶	艮離	兑	坎	震巽
小凶	兑	艮離	震巽	坎

表 4.1　清華簡《筮法》八卦與四季吉凶

　　第 25 節將八卦與天干相配，第 27 節則將六子卦與地支相配，如下表所示（用通用卦名）（表 4.2）：

卦畫	☰	☷	☶	☱	☵	☲	☳	☴
卦名	乾	坤	艮	兌	坎	離	震	巽
天干	甲壬	乙癸	丙	丁	戊	己	庚	辛
地支			辰戌	巳亥	寅申	卯酉	子午	丑未

表 4.2　清華簡《筮法》八卦與天干地支

　　第 28 節將十二地支依次配於簡文使用的六個數字爻，各爻配兩個地支，如下（表 4.3）：

九	子（地支 1）	午（地支 7）
八	丑（地支 2）	未（地支 8）
七	寅（地支 3）	申（地支 9）
六	卯（地支 4）	酉（地支 10）
五	辰（地支 5）	戌（地支 11）
四	巳（地支 6）	亥（地支 12）

表 4.3　清華簡《筮法》十二地支與數字爻

誠如整理者所言，[1] 這似乎證明了將奇數與陽爻（—）、偶數與陰爻（--）聯繫起來的做法是正確的。1980 年，張政烺（1912—2005

---

[1] 清華大學出土文獻研究與保護中心編、李學勤主編：《清華大學藏戰國竹簡（肆）》，第 119 頁。

年）在一篇論文揭示出了"八卦數字符號",[1] 自此數字卦的概念被
廣爲接受。

　　第 29 節"爻象"列舉了"八""五""九""四"幾個數字爻的
爻象，以"八"爲例：

　　　　凡肴（爻）象，八爲風，爲水，爲言，爲非（飛）鳥，爲瘇
　　　　（腫）脤，爲魚，爲權（罐）侗（筩），才（在）上爲飢（醪），
　　　　下爲汰（汱）。【簡52—53】

這些象與《説卦傳》所列之卦象類似。[2]

　　第 26 節要難懂一些，但是此節對理解《周易》及其他傳世文獻
中的占辭或有重大意義。此節標題爲"祟"，羅列了與八卦關聯的祟
惡。《勞（坎）》和《羅（離）》兩條較有代表性：

　　　　勞（坎）祟：風、長殤。五，伏劍者。九，戉（牡）祟（虞）。
　　　　四，縊者。弋（一）四弋（一）五，乃殆（辜）者。[3]【簡47】

　　　　羅（離）祟：熱、溺者。四，縊者。一四一五，長女殤。二
　　　　五夾四，殆（辜）者。【簡48】

　　《筮法》的最後一小節列舉了十七個占筮的命辭種類，最末之句
似乎説的是一開始如何獲得這些占筮結果，以及一般而言如何占斷。
遺憾的是，這句話過於簡練，以至於不太容易理解。

─────────────

[1] 張政烺：《試釋周初青銅器銘文中的易卦》，《考古學報》1980 年第 4 期，第 403—
　　415 頁。英譯本：Chang Cheng-Lang, "An Interpretation of the Divinatory Inscriptions on
　　Early Zhou Bronzes," translated by Jeffrey R. Ching, Scott Davis【戴思客】，Susan Weld
　　【羅鳳鳴】，Robin Yates【葉山】，Horst Wolfram Huber, Early China 6 (1981), pp.80 -
　　96。

[2] Adam Schwartz【史亞當】，"Between Numbers and Images：The Many Meanings of Trigram
　　Gen 艮 in the early Yijing,"【象數之間：《艮》卦在早期《易經》的多重意涵】Études
　　Asiatiques/Asiatische Studien 72.4 (2018)，pp.1133 - 1193，該文有力地論證了這些象源
　　於記錄數字的漢字字形。

[3] 關於如何理解這些祟，史亞當使我受益良多。

凡是，各當其卦，乃力占=之=（占之，占之）必力，卦乃

不忒。[簡63]

整理者認爲“力”應讀爲“扐”，意爲“分類”，重複“扐”這個動

作似乎意味着二次分類。不過或許還有其他可能的解釋，難下斷言。

　　《筮法》有待研究的地方還有很多，幸運的是竹簡完好地保持着

原本的狀態，編聯没有任何疑問，而且釋字方面的問題也相對較少。

下面我將從《筮法》前三小節中舉幾條筮例爲例進行説明（爲方便展

示，將先給出簡文中卦畫的原貌，再將之轉換成數字，卦畫從下至上

讀，對應的數字從左往右）。

　　第 1 節：死生

六-六-六 七-六-六　　筮死妻,[簡15]

七-六-七 六-七-七　　者，相見[簡16]

在上，乃曰死。[簡17]

六-六-六 六-六-七　　筮疾者，[簡18]

六-六-七 七-七-七　　弋卦兀[簡19]

之，乃曰將死。[簡20]

七-六-六 六-七-六　　筮死夫，[簡21]

七-七-六 七-六-七　　者，相見[簡22]

在上，乃曰死。[簡23]

這些卦例的邏輯並非一目了然，而下面這組卦例就比較容易理解：

第 2 節：得

☳ ☳

☵ ☳

七－六－六　六－七－六　　參男同【簡7】

六－七－九　七－六－六　　女，乃得。【簡8】

☳ ☷

☰ ☱

七－六－七　六－六－六　　參女同【簡9】

七－七－七　七－七－六　　男，乃得。【簡10】

　　如前所述，無論是在傳統的《周易》經解中還是在《筮法》中，八卦都有涇渭分明的性別屬性。第一對卦畫中，《震》☳（右下和左上）和《坎》☵（右上）合計爲三"男"，而《巽》☴（左下）爲"女"。第二對卦畫中，《離》☲（右下）、《坤》☷（右上）和《兌》☱（左上）皆爲"女"，而《乾》☰（左下）當然是"男"。

第 3 節：享

☷ ☷

☵ ☷

六－六－六　六－六－六　　凡享，月朝【簡1】

六－七－七　六－六－六　　屯（純）牝，乃鄉（饗）。【簡2】

☰ ☰

☷ ☰

七－七－七　七－七－七　　月夕屯（純）戊（牡），【簡3】

六－六－七　七－七－七　　乃亦鄉（饗）。【簡4】

　　在第一則卦例中，占筮得到的四個三爻卦裏面有三個都是《坤》☷（右下、右上、左上），《坤》爲純陰卦、"女"卦；而第二則卦例中得到了三個《乾》☰，《乾》爲純陽卦、"男"卦。那三個三爻卦無疑決定了祭品的雌雄，第一例中是純雌性的［"屯（純）牝"］，而第二例中是純雄性的［"屯（純）戊（牡）"］。兩則卦例中與其餘三卦有別的左下之卦或許反映的是占斷的時間，一爲"朝"、一爲"夕"。月亮是陰性的，那麼第一例左下《巽》☴卦最下面的陰爻或許表現的就是上旬之月，也就是在晚上；而第二例中的左下之卦或許表現的是下旬之月。[1]

第二節　《荆　決》

2009 年，北京大學接受了一批捐贈的漢代竹簡，這批簡共 3346 支，包含了 17 種文獻。北大簡盜掘自某個無名之墓，由於考古信息的缺失，無法確定竹簡周圍的情況。不過，北京大學的古文字學家們將這批簡的年代定爲西漢中期，約在公元前 100 年左右，肯定不會晚於公元前 1 世紀的頭幾十年。這批簡涉及中國傳統文獻的各個門類，涉及詩賦、諸子、數術方技等等。北大簡預計分七卷出版，目前已出版五卷。

第五卷於 2014 年出版，[2] 其中有一篇文獻題作《荆決》。篇題書於第二簡簡背，該篇整理者李零將"荆決"解作"楚地筮占的要訣"。不過，"荆"似乎更有可能理解成其常用義"荆條"，那麼"荆決"就是"荆條的決斷"。[3] 這篇文獻展示了一種此前未見的中國古代的筮占，[4] 全篇共 33 支簡（其中有 6 支係綴合而成），估計應有 2

---

[1] 此說似由李學勤提出，見清華大學出土文獻研究與保護中心編、李學勤主編：《清華大學藏戰國竹簡（肆）》，第 85 頁。當然，即便是李先生提出的，此說也並非確定無疑。

[2] 北京大學出土文獻研究所編：《北京大學藏西漢竹書（伍）》，上海：上海古籍出版社，2014 年。

[3] 王寧：《讀北大漢簡伍〈荆決〉札記》，首發於復旦大學出土文獻與古文字研究中心網站，2015 年 11 月 30 日。

[4] 《筮法》的整理者李零指出中古的敦煌寫卷中有《周公卜法》，與《荆決》相近，也是一種以四爲數，十六卦爲占的筮法，唯一的不同在於《周公卜法》所用算籌爲 34 枚，而《荆決》所用者爲 30 枚。關於《周公卜法》，見 Marc Kalinowski【馬克】（轉下頁）

支簡缺佚。《荊決》有部分內容亦見於北大簡《日書》，不過《日書》尚未刊布。有綫索表明，雖然幾乎可以肯定《荊決》是與北大簡其他篇同時抄寫的，但其文本的形成應當至少要早上一個世紀。《荊決》開篇就使用了"盈"，不避漢惠帝劉盈之諱，劉盈在位時間爲公元前195 至前188 年，漢代開國滿十年後就開始諱盈字。

　　《荊決》開篇是一段類似於引言的文字，首先宣稱荊決具有獨特的效力，然後對這種筮法進行了解釋。取算籌（大概是荊木條）三十根，任意分爲三份，再將每份四分，最後得出餘數 1、2、3 或 4。第一份的餘數即筮占結果的上爻，作一、二、三或四橫畫；第二份的餘數爲中爻，不過寫成豎畫；第三份的餘數爲下爻，也是寫成橫畫。這種筮法理論上可以產生六十四種不同的結果（ = 4³），但事實上《荊決》似乎只取了其中十六種。前一半以八天干命名（甲、乙、丙、丁、戊、己、壬、癸），後一半以八地支命名（子、丑、寅、卯、辰、巳、午、未）。需要指出的一點是，《荊決》諸卦畫中的橫豎畫累積不是六畫就是十畫。[1] 這十六種卦象以如下方式書寫：

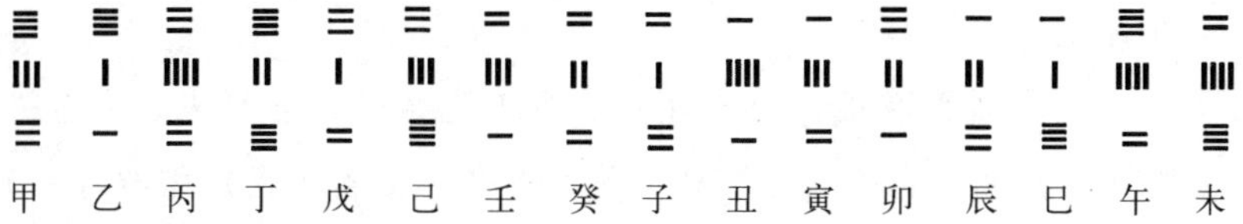

圖4.5　北大簡《荊決》十六種卦象示意圖

　　卦名和卦畫後是詳略程度不一的有韻口訣。大部分都是四字句，開頭多是珍禽異獸或某種大氣現象的運動，偶爾有一些與人事有關

　　（接上頁） ed., *Divination et société dans la Chine médiévale: Étude des manuscrits de Dunhuang de la Bibliothèque nationale de France et de la British Library*【中古中國的占卜與社會：法國國家圖書館及大英圖書館藏敦煌寫卷研究】（Paris：Bibliothèque nationale de France，2003），pp.316－317，p.367 Pl. 28.

[1] 第一個卦畫作☰（自上往下即"三-四-四"），積劃爲十一劃，與此規律不合。李零認爲此卦畫當作☰（"四-三-三"），見北京大學出土文獻研究所編：《北京大學藏西漢竹書（伍）》，第 172 頁注 [二]。

的預言，其中常提到"美人"的到來，大多含有一個標準的占斷，或爲"吉"或爲"凶"，最後列出祟。《荆決》篇幅不長，可全文引用如下。

　　鐫龜吉筮，不如荆決。若陰若陽，若短若長。所卜毋方，所占毋良，必察以明。卅算以卜其事，[簡1]若吉若凶，唯算所從。左手持書，右手操算，必東面。用卅算，分以爲三分，其上分衡，中[簡2]分從，下分衡。四四而除之，不盈者勿除。[簡3]

　　己〈甲〉☰[1]窮奇[2]欲登于天，浮雲如人。氣已行之，乘雲冥冥，行禺（遇）大神。其高如城，大息如壘，[簡4]中道而驚。泰父爲祟，欲來義（我）生。凶。[簡5]

　　乙☲蠪（龍）處于澤，欲登于天。吉日嘉時，登高曲望，相須〈焉〉以色。今日何日，吉樂無極。津[簡6]橋氣行，願欲中音〈意〉。吉。外爲祟。[簡7]

　　丙☱有鳥將來，文身翠翼。今夕何日〈夕〉。[3]吉樂獨極。澤（釋）怒亡憂，適中我意。有人將[簡8]來，嘉喜毋亟。吉。祟百兩。[簡9]

　　丁☷善哉善哉，百事順成。得天之時，弗召自來。［翩翩］蜚（飛）鳥，止陽［之］枝。美人將來，與議（我）相智（知）。中心[簡10]愛之，不智（知）其疵。吉。[簡11]

　　戊☶冥冥之海（晦），吾獨得其光。雷電大陰，［吾］蜀

---

[1]《荆決》的整理者指出此卦名在簡文中作"己"，與下面的第六卦重複，故必然有誤；他認爲應當作"甲"，即十天干之首。其説當可信。

[2]整理者將"窮奇"理解成兩個詞，認爲意思是"奇數之極"。王寧《讀北大漢簡伍〈荆決〉札記》指出：《左傳》《淮南子》等早期文獻中的"窮奇"皆爲神獸之名，《山海經》對窮奇形貌有兩處描寫，《西山經》言"其狀如牛，蝟毛"，《海内北經》則言"狀如虎，有翼"（復旦大學出土文獻與古文字研究中心網站，2015年11月30日）。考慮到簡文言此獸"欲登于天"，這裏的窮奇似乎應該是《海内北經》中描述的那種樣子，有點像希臘神話裏的神獸格里芬（Griffin）。

[3]整理者釋文以"日"爲"夕"之誤，"何夕"對"今夕"，此從之。北京大學出土文獻研究所編：《北京大學藏西漢竹書（伍）》，第173頁注［二三］。

（獨）得陽。有人將至，貴如公王。樹木未產[簡12]，其葉繢繢（青青）。凶事盡除，吉事順成。吉[簡13]

　　己 ䷏ 泰官甚敬，身獨禺（遇）惡。且恐且懼，身毋定處。中心不樂，相追道路。請謁不[簡14]得，獨留戠（繫）舍。［先］來其祟，後乃毋故。凶[簡15]

　　壬 ䷞ 凡（鳳）鳥不處，羊羊（洋洋）四國。我欲見之，多害不得。疾蚩（飛）哀鳴，憂心墨墨（默默）。勞身毋功，其事不[簡16]得。凶。祟外死不葬。[1]　[簡17]

　　癸 ䷠ 玄鳥朝蚩（飛），羊羊（洋洋）翠羽。與人皆（偕）行，其身蜀（獨）處。請謁云若，有欲弗許。今日何日，吉人[簡18]將來。日［夜望之］，責來會期。吉，祟王父母。［小吉］。[簡19]

　　子 ䷓ 善哉首，如登高臺。布有美人，弗召自來。齊其翠羽，或與旌旗。非以爲首，如登[簡20]高丘，安而毋軓。今日何日，遠人將來。吉。祟在司命。[簡21]

　　丑 ䷖ 沛沛羽蓋乎，吾誰與持之？道路曲望，美人不來。沮（氣）大有小，如羊與牛。所來不得，[簡22]或爲之患。雖欲行作，有閉於關。祟陽。[簡23]

　　寅 ䷘ 山有玄木，其葉卑離。勞心將死，人莫之智。欲與美會，其後必離。有隱者，雲[簡24]古滿滿。晨鳴不會，直爲人笑。祟行、竈、百兩。凶[簡25]

　　［卯 ䷫ 介介者雲，蔽天白日。美人不來，曰心疾。翩翩飛鳥，閒關浮雲。吾召不來，或爲是］根（恨）。以車馳之，壹反壹頃。欲會美人，其事不成。凶，祟行、竈。[簡26]

　　辰 ䷟ 玄蠪（龍）在淵，雲持才天。嘉賓將來，以我［爲］視〈親〉。往來如矢，人莫之止。今夕何如，如得父[簡27]母，盈

---

[1]　“祟外死不葬”是指死在外面且未被埋葬之鬼所作之祟。感謝史亞當提供建議（私人通訊，2020 年 7 月 1 日）。

意中欲，其後不誨。吉，崇社。[簡28]

　　巳 ䷀ 海有琅干。南山有時（植）。[1] 時命將合，不期而相得。同心不去，結志不離。有人將來，直[簡29] 其隑（遄）盈。今日何日，百事皆成。吉，崇泰父母。[簡30]

　　午 ䷀ 玄鳥朝食，南山之陽。奮羽將蜚，路毋關粱（梁）。前如凶，後乃吉光。有人將至，甚好[簡31] ［以良。笑言夷色，美人夕極。吉。］

　　未 ䷀ 繹哉心乎，何憂而不已？唯欲行作，關粱（梁）之止。偏偏蜚鵠，不飲不食。疾蜚哀鳴，所[簡32] 來不得。爰爰者雲，作陰作陽。效人祠祀，百鬼莫嘗。凶，崇巫、立、社。[簡33][2]

　　沒有哪種單一模式可以統攝這全部十六卦及其產生的象和占辭。不過，或許可以以《壬》爲例略作分析。由上引釋文可以看出，此卦書於兩支竹簡之上，即簡 16—17，簡 17 未寫滿。卦名和卦畫之後是四組押韻的四字句：

　　　　鳳鳥不處，洋洋四國。（*guo/* *kwək*）
　　　　我欲見之，多害不得。（*de/* *tək*）
　　　　疾飛哀鳴，憂心默默。（*mo/* *mək*）
　　　　勞身毋功，其事不得。（*de/* *tək*）

第一、第三組對句皆描寫自然之景，而第二、第四組對句將此景與筮者的個人情況聯繫了起來。這類似於《詩經》之"興"，興同時也是中國古代各種占卜中象的特性，此點我在本書第三章中已有論述，後面諸章還會屢次提到（尤其是第九章《爻辭》）。四組對句之後是占辭，只有一句簡短的"凶"，然後附言"崇外死不葬"。

---

[1] 整理者指出北大簡《日書》中對應之句作"南山有直"，"時""直"並當讀爲"植"，見北京大學出土文獻研究所編：《北京大學藏西漢竹書（伍）》，第 177 頁注［三五］。

[2] 同上注所引書，第 171—177 頁。

第三節 《歸　藏》

　　據《周禮·春官·大卜》所云，古有"三《易》"，"一曰《連山》，二曰《歸藏》，三曰《周易》"。[1] 桓譚（約前43—前28年）《新論》説"《連山》八萬言，《歸藏》四千三百言""《連山》藏於蘭臺，《歸藏》藏於太卜"，[2] 這是唯一有關《連山》和《歸藏》具體情況的文獻記載。劉向（前79—前8年）、劉歆（前48—前23年）編撰的《七略》是漢代的官修圖書目録，其中却没有著録《連山》和《歸藏》。魏徵（580—643年）編撰的官修目録《隋書·經籍志》著録了《歸藏》，言"《中經》有之"。[3] 《中經》是荀勗（289年卒）編撰的大型西晋宫廷藏書目録，於公元3世紀70年代完成，至3世紀80年代又作增補。公元279年，汲郡（即河南汲縣，今河南衛輝市）一座古墓中盜掘出土了一批竹簡。《中經》所收《歸藏》就來自汲冢，這點現在已逐漸成爲共識。[4] 汲冢竹書中有一種叫《易繇

---

[1] 〔清〕阮元校刻：《十三經注疏·周禮注疏》，第 1733 頁。以下關於《歸藏》的介紹濃縮自 Edward Shaughnessy【夏含夷】，*Unearthing the Changes: Recently Discovered Manuscripts of and Relating to the* Yi Jing【出土之《易》：新發現《易經》寫本及相關文獻】（New York：Columbia University Press，2014），pp.141–169。

[2] 這部分《新論》於北宋末年散佚，但這幾段文句保存在了李昉所編的《太平御覽》中（北京：中華書局，1960年，第 2737 頁）。

[3] 〔唐〕魏徵、令狐德棻：《隋書》，北京：中華書局，1973年，第 913 頁。在《隋書》之前，《歸藏》已著録於阮孝緒（479—536年）的《七録》，《七録》言"《歸藏》雜卜筮之書雜事"（見馬國翰《玉函山房輯佚書·歸藏一卷》序，此序對《歸藏》的文獻歷史做了很好的總結）。

[4] 郭沫若早在王家臺簡發現之間就已提出此説，見郭沫若：《青銅時代》，北京：科學出版社，1957年，第 2 頁。關於王家臺簡與《歸藏》有關的説法，見王明欽：《〈歸藏〉與夏啓的傳説——兼論臺與祭壇的關係及釣臺的地望》，《華學》第 3 輯，北京：紫禁城出版社，1998年，第 212—226 頁；王寧：《秦墓〈易占〉與〈歸藏〉之關係》，《考古與文物》2000年第 1 期，第 49—50、55 頁；朱淵清：《王家臺〈歸藏〉與〈穆天子傳〉》，《周易研究》2002年第 6 期，第 9—13 頁；任俊華、梁敢雄：《〈歸藏〉、〈乾坤〉源流考——兼論秦簡〈歸藏〉兩種摘抄本的由來與命名》，《周易研究》2002年第 6 期，第 14—23 頁。

陰陽卦》，據説"與《周易》略同，繇辭則異"，[1] 時代較早的記載
説"古書有易卦，似《連山》《歸藏》"。[2] 自公元 3 世紀汲冢書發
現至公元 10 世紀末，《歸藏》被很多文獻引用，[3] 但差不多就在這
時開始出現質疑之聲，比如歐陽修（1007—1072 年）謂："漢初雖有
《歸藏》，已非古經，今書三篇，莫可究矣。"[4] 後來到了清代，有學
者嘗試根據中古的引文輯佚《歸藏》，[5] 不過大多數學者在涉及傳本
《歸藏》的真僞問題時，仍然認爲是僞造的。[6]

　　1993 年，湖北王家臺的農民在挖魚塘的時候暴露了一批墓葬，
《歸藏》再度進入人們的視野。這批墓葬共有 16 座，M15 規模較小
（墓口 2.9 米×1.8 米，墓底僅 2.3 米×1.2 米），墓中有單棺一具，棺內
有木式盤、一竹筒算籌、一些骰子、戈柲等，最重要的是出土了一批
有字的竹簡。[7] 王家臺易占簡有甲乙兩種抄本，後被認定是《歸
藏》。這些簡保存狀況不佳，但由殘簡可知其上文字與中古文獻所引
《歸藏》幾乎一模一樣。王家臺簡使得包括我在內的學者們能够對

---

[1]《晋書·束皙傳》。〔唐〕房玄齡等：《晋書》，北京：中華書局，1974 年，第 1432 頁。
[2] 出自王隱《晋書·束皙傳》，此篇唐時尚存，是房玄齡《晋書》的重要文獻來源，但之
　　後就亡佚了。王隱《晋書·束皙傳》的這段文字見引於歐陽詢編《藝文類聚》卷四十。
[3] 如《太平御覽》就有至少十九處明確引用《歸藏》。
[4]〔宋〕歐陽修著，李逸安點校：《歐陽修全集》，北京：中華書局，2001 年，第 1880 頁。
[5] 19 世紀上半葉至少有三種《歸藏》輯本，分別是：嚴可均《全上古三代秦漢三國六
　　朝文》輯本、洪頤煊《經典集林》輯本、馬國翰《玉函山房輯佚書》輯本。《歸藏》
　　輯本文句和王家臺簡的對比，見近藤浩之：《王家臺秦墓竹簡『歸藏』の研究》【王
　　家臺秦墓竹簡《歸藏》之研究】，郭店楚簡研究会編《楚地出土資料と中國古代文
　　化》，東京：汲古書院，2002 年，第 311—345 頁。
[6] 比如，〔清〕孫詒讓撰，王文錦、陳玉霞點校：《周禮正義》，北京：中華書局，2013
　　年，第 1930 頁；余永梁：《易卦爻辭的時代及其作者》，收入顧頡剛編：《古史辨》
　　第 3 册，第 167 頁；容肇祖：《占卜的源流》，收入顧頡剛編：《古史辨》第 3 册，第
　　276—277 頁。
[7] 發掘簡報見荆州地區博物館：《江陵王家臺 15 號秦墓》，《文物》1995 年第 1 期，第
　　37—43 頁。王明欽：《王家臺秦墓竹簡概述》，收入艾蘭、邢文編：《新出簡帛研究：
　　新出簡帛國際學術研討會文集》，第 26—49 頁。王文並非正式的報告，没有完整公
　　布王家臺 M15 及王家臺簡的情况，而且這樣的報告可能永遠都無法問世了，我們只
　　能根據目前已披露的信息進行研究。

《歸藏》進行一些新的研究，王家臺簡也證明了《歸藏》確實是《周易》之外的另一種重要的著筮傳統。

我近年出版的一部專著已涵蓋了王家臺簡《歸藏》，並且該書完整地翻譯了所有已公布的殘片，這裏似乎就沒有必要再重複了。[1] 從本書的目的而言，對《歸藏》的文本作簡要的描述即可。人們長久以來的認知是，《歸藏》只有"卦辭"而没有爻辭，雖然其卦辭的性質及功能應與《周易》卦辭有嚴格的區別。由王家臺簡可知，《歸藏》卦辭先是有一個卦畫，陰爻作ヘ，陽爻作一。然後是卦名，卦名有時與《周易》中的卦名相類，有時則不同（《歸藏》與各出土本《周易》卦名對比見第七章表7.2）。卦畫和卦名之後就是卦辭的正文，很多時候將古史或神話的某些重大事件作爲占筮舉行的背景，還說是某個人物占斷的，此人往往是古代傳説中的人物。占辭或作"吉"，或作"不吉"，後者更多見。占辭之後會有一段有韻的繇辭，與《周易》的爻辭多少有些類似。

《歸藏》現有三條大致完整的卦辭。其中一條是王家臺簡《歸藏》唯一保存完整的卦辭，另兩條則是根據殘簡及中古文獻所引《歸藏》文句復原的。王家臺簡《歸藏》唯一基本保存完整的卦辭是《鼎》䷱卦辭。[2] 王家臺簡中，"✓"這個符號似與戰國秦漢簡中常見的表示一段文字結束的符號"乙"類似，在王家臺簡《歸藏》中表示卦辭結束，因此通過這個符號我們可以知道《鼎》卦的這段卦辭

---

[1] Edward Shaughnessy【夏含夷】，*Unearthing the Changes: Recently Discovered Manuscripts of and Relating to the* Yi Jing【出土之《易》：新發現《易經》寫本及相關文獻】（New York：Columbia University Press, 2014），pp.141–188.

[2] 王家臺簡簡214。負責王家臺發掘工作的考古學家王明欽將此卦名釋作"襗"，我在《出土之〈易〉》一書中采用其説（第153、177頁）。雖無緣親睹原簡，但後來我確信此卦名應被釋作"鼎"。"襗"字一般讀爲"貞"，但有充分的證據表明早期文字材料中"鼏"和"鼎"（通常用來記錄｛鼎｝這個詞）這兩個字往往可以換用。因此，我現在認爲《歸藏》此卦的卦名和《周易》系統中的卦名是一樣的。還需指出的是，王明欽的釋文是簡體，我們這裏引這條卦辭只得用簡體字，因爲原簡的照片或摹本從未公布。

是完整的。

　　▤ 鼎曰：昔者宋君卜封□而攴（枚）占巫蒼＝（蒼。蒼）占
之曰：吉。鼎之苞＝（苞苞），鼎之𣏗＝（𣏗𣏗），初有吝，后果
述（遂）。✔

　　另外兩條卦辭在王家臺簡中只有部分留存，但是可以通過中古文
獻中的《歸藏》引文補全。《師》▤卦辭就是根據三片王家臺殘簡和
兩條中古文獻所引《歸藏》文句復原的。[1]

　　▤ 師曰：昔者穆天子卜出師（西征）而枚占于禺强，禺强占
之曰：不吉。龍降于天，而道里修遠，飛而沖天，蒼蒼其羽。

另一條根據王家臺殘簡及中古文獻所引《歸藏》文句復原的卦辭是
《歸妹》▤卦辭：[2]

　　▤ 歸妹曰：昔者姮娥窃毋死之藥于西王母以奔月，將往，枚
筮之于有黃，有黃占之曰：吉。翩翩歸妹，獨將西行。逢天晦芒，
毋恐毋驚。後且大昌。

　　正如我將在本章"分析"部分所指出的，繇辭是這些卦辭最爲特
別的方面。上所列三條卦辭在占斷後都有一段簡短的韻文。《鼎》卦
的那段繇辭不太容易理解，但其他兩卦繇辭相對直接明了。

---

[1] 王家臺簡簡 439 及兩片沒有編號的殘簡，參之以《太平御覽》卷八五引《歸藏》及
《莊子·大宗師》陸德明《釋文》引《歸藏》。關於這條卦辭是如何復原的，見
Edward Shaughnessy【夏含夷】，*Unearthing the Changes: Recently Discovered Manuscripts
of and Relating to the Yi Jing*【出土之《易》：新發現《易經》寫本及相關文獻】（New
York：Columbia University Press，2014），pp.153 – 154。

[2] 此復原基於王家臺簡簡 307、201。《文選》謝莊《月賦》李善注引《歸藏》"昔常
娥以不死之藥奔月"，《文選》王僧達《祭顏光禄文》李善注引《歸藏》"昔常娥以
西王母不死之藥服之，遂奔月，爲月精"。《後漢書·天文志上》劉昭注引《靈憲》
有云："羿請無死之藥於西王母，姮娥竊之以奔月。將往，枚筮之於有黃，有黃占之
曰：'吉。翩翩歸妹，獨將西行，逢天晦芒，毋驚毋恐，後其大昌。'姮娥遂託身于
月，是爲蟾蜍。"（〔南朝宋〕范曄：《後漢書》，第 3216 頁）干寶《搜神記》中嫦娥
奔月記載文句幾乎全同（〔晉〕干寶撰，李劍國輯校：《新輯搜神記》，北京：中華書
局，2007 年，第 675 頁）。

《鼎》䷱：鼎之芒芒，

　　　　　鼎之秩秩，

　　　　　初有咎，

　　　　　后果述。

《師》䷆：龍降于天（*tian/*ᵗhîn），

　　　　　而道里修遠（*yuan/*wanʔ），

　　　　　飛而冲天（*tian/*ᵗhîn），

　　　　　蒼蒼其羽（*yu/*waʔ）。

《歸妹》䷵：翩翩归妹（*mei/*məs），

　　　　　　独將西行（*xing/*grâŋ），

　　　　　　逢天晦芒（*mang/*maŋ），

　　　　　　毋恐毋驚（*jing/*raŋ）。[1]

這些與上一小節中《荊決》的繇辭相類，並且也與《周易》爻辭相類，本書第九章還將論及。

第四節　具　體　筮　例

上文介紹了清華簡《筮法》、北大簡《荊決》以及《歸藏》中關於著筮的各種概述，古代文獻中也記載了許多具體的筮例。這些筮例有的見於傳世文獻，有的見於出土文獻，橫跨了整個周代。下面將介紹的這十九則筮例在我看來都是比較具有代表性的，尤其是與《周易》發展的歷史背景有關。這些筮例將基本按時間順序來介紹，首先簡要介紹出處文獻，然後引用筮例原文。介紹完全部十九則筮例後，

[1] 這段之後還有一句"後且大昌"，也押韻（"昌"擬音*ᵗhaŋ）。"後且大昌"可能是繇辭的一部分，也可能是一種事後的占斷。

再對它們進行具體的分析，還是同本書第三章一樣分四個方面展開，即"命辭"（在這裏是命著）、"兆辭""繇辭""占辭"。

4.1　周原甲骨

第三章曾考察周原甲骨刻辭中兩條與龜卜有關的記載，這些刻辭還有另外一個特別之處，直接關係到易占的起源。有幾片周原甲骨刻辭中出現了六個一組的數字，現在學者們幾乎一致認爲這是人們熟悉的《周易》六爻卦畫的早期形式。繼張政烺（1912—2005 年）首次識別出數字卦以來，[1] 又發現了許多例數字卦，出現在各種不同的載體上。張政烺按照傳統易學中"偶陰奇陽"的原則，將奇數轉換成陽爻、將偶數轉換爲陰爻。例如，在編號爲 H11：85 的甲骨上，可以看到這樣的刻辭：

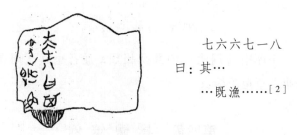

七六六七一八

曰：其…

…既漁……[2]

圖 4.6　周原甲骨刻辭 H11：85 摹本[3]

---

[1] 張政烺：《試釋周初青銅器銘文中的易卦》，《考古學報》1980 年第 4 期，第 403—415 頁。英譯本：Chang Cheng-Lang, "An Interpretation of the Divinatory Inscriptions on Early Zhou Bronzes," translated by Jeffrey R. Ching, Scott Davis【戴思客】, Susan Weld【羅鳳鳴】, Robin Yates【葉山】, Horst Wolfram Huber, *Early China* 6（1981）, pp.80 - 96。近年學者們又從不同角度對數字卦進行了研究，論述較全面的有蔡運章：《商周筮數易卦釋例》，《考古學報》2004 年第 2 期，第 131—156 頁；李宗焜：《數字卦與陰陽爻》，《中研院歷史語言研究所集刊》77 本 2 分，2006 年，第 279—318 頁；賈連翔：《出土數字卦材料整理與研究》，清華大學博士學位論文，2014 年。

[2] 請注意，因爲在這裏數字符號是刻辭的一部分，而刻辭是豎着刻寫的，所以這裏數字卦的釋寫是自上到下的，而不像本書其他有些地方那樣是自下到上釋寫的。

[3] 徐錫臺：《周原甲骨文綜述》，西安：三秦出版社，1987 年，第 60 頁。

根據張説，"七"和"一"應轉換爲陽爻，而"六"和"八"應轉換爲陰爻，遂得到卦畫䷑，即《周易》之《蠱》。遺憾的是，包括此例在内，所有有數字符號的周原甲骨皆有殘，幾乎提供不了什麽語境以理解其在卜筮中所扮演的角色。比如，有人把 H11∶85 的兩行刻辭連讀，認爲第二行的"既漁"類似於爻辭，然而，且不論傳本《周易》中並没有類似的爻辭，我們甚至都不清楚這是不是屬於同一條卜辭，也不知道所缺之字究竟爲何。[1]

4.2 齊家甲骨

1977 年發現周原甲骨的那片區域附近，考古發掘工作至今仍在持續進行。2003 年，齊家村附近又出土了若干片卜骨，就在首次發現周代甲骨的鳳雛宗廟（或宮殿）基址東面。[2] 這批卜骨的特别之處在於其中一片上刻了三條卜辭，卜辭内容皆與某人的疾病有關，其名不具。和 4.1 所舉的那條周原卜辭一樣，這幾條卜辭亦以提出事項爲始，

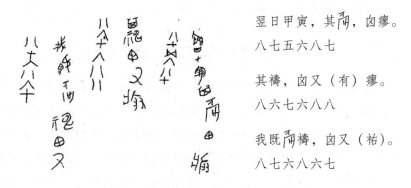

翌日甲寅，其兩，凶瘳。
八七五六八七

其禱，凶又（有）瘳。
八六七六八八

我既兩禱，凶又（祐）。
八七六八六七

圖 4.7　齊家甲骨刻辭摹本[3]

---

[1] 如，徐中舒：《數占法與〈周易〉的八卦》，《古文字研究》第 10 輯，1983 年，第 383 頁。徐中舒還將"既"之上那個無法釋出之字徑釋爲"文"，認爲就是《周易》中常見的占卜術語"吝"。

[2] 曹瑋：《周原新出西周甲骨文研究》，《考古與文物》2003 年第 4 期，第 43—49 頁。

[3] 曹瑋：《周原新出西周甲骨文研究》，《考古與文物》2003 年第 4 期，第 43 頁。

以祈禱作結，只不過前兩條是初步的，而第三條更富決定性。[1] 這三條卜辭還有一個重要的特點，那就是它們都包含了一組六個數字，所反映的應是當時蓍占所得的結果。

4.3 《左傳》僖公四年（前 656 年）

本書第三章中，我們考察了《國語·晋語》裏有關晋獻公（前678—前651年在位）的龜卜記載，晋獻公是晋國之君，他欲立驪姬（前651年卒）爲夫人，驪姬係其征伐驪戎時所獲。《左傳》也記載了此次龜卜，結果爲"不吉"，獻公没有采用，下令再舉行一次蓍筮，卜者宣讀了繇辭，他顯然覺得這是不祥之兆，然而獻公還是立了驪姬爲夫人，給晋國帶來了災難性的後果。

> 初，晋獻公欲以驪姬爲夫人，卜之，不吉；筮之，吉。公曰："從筮。"卜人曰："筮短龜長，不如從長。且其繇曰：'專之渝，攘公之羭。一薰一蕕，十年尚猶有臭。'必不可。"弗聽，立之。生奚齊，其娣生卓子。[2]

4.4 《左傳》閔公二年（前 660 年）

魯閔公（前661—前660年在位）遇刺之後，季成子（前644年卒，即下引之段中的"成季"，亦常被稱爲"公子友"）成了魯國最具權勢之人。下面這段簡短的文字回顧了他出生時發生之事，説當時龜卜和蓍筮都預言他的家族季孫氏必將崛起於魯國。他死之後，季孫氏對魯國的掌控又延續了兩代人。此例中的筮可能是用《周易》來占筮，但是並未明言，且占斷之辭也不見於《周易》，因此這裏還是當作其他類型的蓍筮之例處理。其中"同復于父，敬如君所"既可能是

---

[1] 第三條卜辭中的"既"表明了這一點。這種兩步式的占卜過程或許對理解《周易》蓍占有重要意義。

[2]〔清〕阮元校刻：《十三經注疏·春秋左傳正義》，第 3892—3893 頁。

繇，也可能筮者自己對繇的闡釋。若是前一種情況，那麼這句話不見於《周易》，似應來自其他卜筮傳統；若是後一種情況，則可以將之置於《周易》傳統之中去理解。[1]

　　成季之將生也，桓公使卜楚丘之父卜之，曰："男也。其名曰友，在公之右，間于兩社，爲公室輔。季氏亡，則魯不昌。"又筮之，遇《大有》䷍之《乾》䷀，曰："同復于父，敬如君所。"及生，有文在其手曰"友"，遂以命之。[2]

4.5 《左傳》僖公十五年（前 645 年）

晉獻公薨逝後，其子夷吾繼位，史稱晉惠公（前 650—前 637 年在位）。獻公時晉國發生動盪，夷吾曾得到秦國庇護。繼位不久，晉國即遭受了嚴重的旱災，惠公向秦穆公（前 659—前 621 年在位）求援，秦穆公同意提供救濟。然而到了次年秦國遭遇飢荒，晉國却拒絕援助。秦穆公大爲光火，決定攻晉，讓卜者徒父舉行蓍筮。徒父宣布蓍筮結果爲"吉"，並補充了更具體的占斷，預言公侯之車將被毀壞。在穆公的追問下，徒父解釋說這肯定是指晉公被俘。徒父還給出了所筮得的卦象（《蠱》䷑）及繇，並作詳細解釋。後來秦國真的取得了壓倒性的勝利，並俘虜了晉惠公。

　　卜徒父筮之，吉："涉河，侯車敗。"詰之，對曰："乃大吉也。三敗，必獲晉君。其卦遇《蠱》䷑，曰：'千乘三去，三去之餘，獲其雄狐。'夫狐蠱，必其君也。蠱之貞，風也；其悔，山也。歲云秋矣，我落其實，而取其材，所以克也。實落材亡，

---

[1] 杜預注將之視作《周易》占筮之例，認爲"同復于父，敬如君所"是筮者作出的解讀。杜注解釋說《大有》䷍的上卦《離》☲變爲《乾》☰，遂得到《乾》䷀，《乾》代表父，《離》代表子（即公子友）。唐《五經正義》對占筮結果的解釋雖然差不多，但却認爲這不是《周易》占筮之例。

[2] 〔清〕阮元校刻：《十三經注疏·春秋左傳正義》，第 3879 頁。

不敗何待?"[1]

4.6 《左傳》成公十六年（前575年）

公元前575年，晋厲公（前574年卒）率領北方齊、魯、衛諸國伐鄭，楚共王（前590—前560年在位）出兵救鄭，兩軍戰於鄢陵。在戰爭一觸即發之時，晋大夫都勸誡厲公不要先發動進攻，唯有貢皇一人例外，他建議進攻，認爲會取得成功。晋厲公請人占筮，筮得《復》䷗卦，繇辭預言進攻會成功。厲公接受了這一占斷，發動了進攻。《左傳》在對戰事作初步描寫後，提到晋將吕錡（即魏錡）的一個夢，然後又簡要記述戰場上發生的事情，即吕錡用箭射中楚共王的眼睛，後楚共王讓自己的武士射殺了吕錡。

> 公筮之，史曰："吉。其卦遇《復》䷗，曰：'南國蹙，射其元王，中厥目。'國蹙、王傷，不敗何待?"公從之。……吕錡夢射月，中之，退入於泥。占之，曰："姬姓，日也；異姓，月也，必楚王也。射而中之，退入於泥，亦必死矣。"及戰，射共王中目。王召養由基，與之兩矢，使射吕錡，中項，伏弢。以一矢復命。[2]

4.7 《國語·周語下·單襄公論晋周將得晋國》

本小節這段的蓍筮記録是以單襄公（活躍於前601—前574年）的口吻記述的。公子周是晋襄公（前627—前621年在位）的曾孫，他在晋厲公（前580—前574年在位）死後被晋國的貴族們擁立爲國君，即晋悼公（公元前573—前558年在位），整個故事比較複雜，此次蓍筮就是這個故事的一部分。公子周因有令德而受到稱揚，但此前若干年他一直流落在外，有意避開晋國國内的繼承權之爭。這一選擇非同

---

[1]〔清〕阮元校刻：《十三經注疏·春秋左傳正義》，第3919頁。

[2] 同上注，第4164—4165頁。

尋常，通過三十年前的那次著筮，可以明白他做出如此選擇的原因。要理解這條筮例，需先了解那半個多世紀先後在位的六位晉君的世系：

襄公（前 627—前 621 年在位）—靈公（前 620—前 607 年在位）—成公（前 606—前 600 年在位）—景公（前 599—前 581 年在位）—厲公（前 580—前 574 年在位）—悼公（前 573—前 558 年在位）

晉靈公（前 620—前 607 年在位）去世後，襄公之弟黑臀被立爲晉公，即晉成公（前 606—前 600 年在位），他也曾流亡國外。成公即位時舉行了一次著筮，得到兩個卦象以及一條看起來非常晦澀的繇辭"配而不終，君三出焉"。成公之後又有兩位晉公繼任，最後國君之位終於傳到了公子周即晉悼公的手上，印證了繇辭"君三出焉"。

成公之歸也，吾聞晉之筮之也，遇《乾》䷀之《否》䷋，曰："配而不終，君三出焉。"一既往矣，後之不知，其次必此。且吾聞成公之生也，其母夢神規其臀以墨，曰："使有晉國，三而畀驩之孫。"故名之曰"黑臀"，於今再矣。襄公曰驩，此其孫也。而令德孝恭，非此其誰？且其夢曰："必驩之孫，實有晉國。"其卦曰："必三取君於周。"其德又可以君國，三襲焉。吾聞之《大誓》，故曰："朕夢協朕卜，襲于休祥，戎商必克。"以三襲也，晉仍無道而鮮冑，其將失之矣。必早善晉子，其當之也。[1]

4.8　《國語·晉語四·重耳親筮得晉國》

下面這條是《國語·晉語》中關於重耳占筮的記載。晉獻公時諸子爭位，諸公子中最爲出色的重耳出奔，在中國北方流亡了十九年，最後終於得返晉國，繼承君位，他就是中國歷史上爲偉大的霸主之一晉文公（前 636—前 628 年在位）。

---

[1] 徐元誥撰，王樹民、沈長雲點校：《國語集解》，第 90—91 頁。標點略有改動。

　　重耳一開始似乎是用了《周易》之外的某種系統來占筮的，筮得兩卦，一言"貞"（字面意思是"定"，但在這裏顯然取的是其他的意思），一言"悔"（字面意思是"後悔"，但和"貞"一樣，在這裏取了別的意思），又言"皆八"。多位筮史都宣告結果是"不吉"，只有一位與衆不同，認爲如用《周易》來解讀所筮得的結果就會得出一個截然不同的占斷。本章在第五節的"分析"部分將考察"貞"和"悔"兩詞所可能蘊含的意義以及"皆八"是什麼意思，第五章則將從易占的角度再度考察這則記載。

　　　　公子親筮之，曰："尚有晋國。"得貞《屯》䷂、悔《豫》䷏，皆八也。筮史占之，皆曰："不吉。閉而不通，爻無爲也。"司空季子曰："吉。是在《周易》，皆利建侯。不有晋國，以輔王室，安能建侯？我命筮曰'尚有晋國'，筮告我曰'利建侯'，得國之務也，吉孰大焉！《震》，車也。《坎》，水也。《坤》，土也。《屯》，厚也。《豫》，樂也。車班外内，順以訓之，泉原以資之，土厚而樂其實。不有晋國，何以當之？《震》，雷也，車也。《坎》，勞也，水也，衆也。主雷與車，而尚水與衆。車有震，武也。衆而順，文也。文武具，厚之至也。故曰《屯》。其繇曰：'元，亨，利貞，勿用，有攸往，利建侯。'主震雷，長也，故曰元。衆而順，嘉也，故曰亨。内月震雷，故曰利貞。車上水下，必伯。小事不濟，壅也。故曰'勿用，有攸往'。一夫之行也，衆順而有武威，故曰'利建侯'。《坤》，母也。《震》，長男也。母老子强，故曰《豫》。其繇曰：'利建侯行師。'居樂出威之謂也。是二者，得國之卦也。"[1]

4.9 《國語·晋語四·秦伯納重耳於晋》

接下來的這段蓍筮記載則發生於重耳歸晋之時。重耳十九年流亡生

---

[1] 徐元誥撰，王樹民、沈長雲點校：《國語集解》，第340—342頁。

涯的最後一站是秦國，多年來秦晉兩國時而交好、時而交惡。晋惠公
（前650—前637年在位）夷吾治國十三載（也可以説是誤國十三載），
隨着他的去世，秦穆公（前659—前621年在位）打算助重耳歸晉繼位。

與大多數《左傳》《國語》所載筮例不同的是，這次著筮的結果
只有一個卦，即《泰》䷊卦，筮得的是《泰》之八。繇辭作"天地
配亨，小往大來"，或許指向《周易》，但與他處不同的是，這裏並没
有明言。《周易》《泰》䷊卦卦辭是：

> 泰䷊：小往大來。吉。亨。

"小往大來"顯然與這裏的繇辭相合。"天"和"地"或許指組成
《泰》的《乾》☰和《坤》☷。

> 董因逆公於河，公問焉，曰："吾其濟乎?"對曰："歲在大
> 梁，將集天行。元年始授，實沈之星也。實沈之虚，晉人是居，
> 所以興也。今君當之，無不濟矣。君之行也，歲在大火。大火，
> 閼伯之星也，是謂大辰。辰以成善，后稷是相，唐叔以封。《瞽
> 史記》曰：'嗣續其祖，如穀之滋。'必有晉國。臣筮之，得
> 《泰》䷊之八。曰：'是謂天地配亨，小往大來。'今及之矣，何
> 不濟之有? 且以辰出，而以參入，皆晉祥也，而天之大紀也。濟
> 且秉成，必伯諸侯。子孫賴之，君無懼矣。"[1]

4.10　新蔡葛陵簡（第一則）

1994年7月，位於河南新蔡西北25公里的葛陵村發掘了一座大
墓，墓中出土了1500多支竹簡。[2] 這座墓的墓主是平夜君成（約卒

---

[1] 徐元誥撰，王樹民、沈長雲點校：《國語集解》，第343—345頁。

[2] 發掘簡報見河南省文物考古研究所、河南省駐馬店市文化局、新蔡縣文物保護管理
所：《河南新蔡平夜君成墓的發掘》，《文物》2002年第8期，第4—19頁。正式的發
掘報告見河南省文物考古研究所：《新蔡葛陵楚墓》，鄭州：大象出版社，2003年。
葛陵簡較爲精審的釋文可參武漢大學簡帛研究中心、河南省文物考古研究所：《楚地
出土戰國簡册合集（二）》，北京：文物出版社，2013年。

於前398年），竹簡的内容有很多都是與墓主有關的卜筮，時代可以追溯到公元前4世紀初，是目前已知的最早的卜筮簡，[1] 只可惜殘斷較爲嚴重。

以下幾段簡文似乎都來自同一次卜筮行爲，是關於平夜君成的一次楚郢都之行，也許是爲了去回應一些針對他的謠言或指控。[2] 和上章所引包山簡的格式一樣，簡文的開頭是日期，以大事記年，以楚月名紀月；然後是命筮之辭，内容關於平夜君的楚都之行；接着是占斷，照舊是吉的（簡文表述爲"無咎"），不過還有一些未解決的憂患（簡文稱爲"祟"）；再接下來是對卦象的解釋，而且明確提到"繇"，不見於其他目前已發現的卜筮簡。這些繇辭是殘的，意思有些並不能確定，但它們的形式與《周易》爻辭多多少少有些相似，這點本章第五節將作討論。

下面就是一些殘簡的簡文：

齊客陳異至（致）福於王之戠（歲），獻馬之月，乙丑之日，□□【簡甲三217】

☑□□和筭（筮）爲君貞：居郢，儇（還）反（返）至於東陵，尚毋又（有）咎。占曰：觚（兆）亡咎。又（有）祱（祟）【簡乙四100、零532、678】

☑□▤▤是（寞）篿（剌）切（壯—創）而（爾）囗，亦不爲大訽，勿卹，亡（無）咎。☑【簡零115、22】

☑其繇（繇）曰：昏末兑，大言謕＝（斷斷），小言惙＝（綴綴），若組若結，冬（終）以胃（謂？）☑【簡甲三31】[3]

---

[1] 關於新蔡葛陵簡的全面研究，參宋華强：《新蔡葛陵楚簡初探》，武漢：武漢大學出版社，2010年。

[2] 宋華强：《新蔡葛陵楚簡初探》，第61、165—85頁。

[3] 考慮到這應是蓍筮，釋讀從宋華强《新蔡葛陵楚簡初探》（第61頁），而不從武漢大學簡帛研究中心、河南省文物考古研究所《楚地出土戰國簡册合集（二）》（第10—11頁）。

4.11　新蔡葛陵簡（第二則）

下面這則新蔡葛陵卜筮記錄是由殘簡拼綴而成的（甲三 198、199－2＋甲三 112），記錄了三個獨立的占筮，關涉同一個主題（即平夜君一些難以辨識的疾病）。第一個占筮的結果是一句標準的占辭"恒貞吉"，但又有所保留，説"少遲出"。接下來的占筮是關於"遲出"的，祈求不要有"祟"，占斷是"無恒祟"。最後的第三個占筮是關於"無恒祟"的，遺憾的是簡文殘碎。前兩個占筮的結果是用兩組六個數字來表示的，説明肯定是著筮，第三個占筮記錄結果的地方竹簡殘掉了。

　　　　☐念（閔），虞（且）瘥（疥）不出，以又（有）痦（瘧?）。尚速出，毋爲忞（憂）。嘉占之曰：丕（恒）貞吉，少 [簡甲三198、199-2]
達（遲）出。▨。或爲君貞：以丌（其）達（遲）出之古（故），尚毋又（有）※（祟）。嘉占之曰：無丕（恒）※（祟）。▨。或爲君貞：以丌（其）無丕（恒）※（祟）之古（故）☐ [簡甲三112] [1]

4.12　天　星　觀　簡

湖北江陵天星觀 1 號墓發掘於 1978 年，墓中出土的整簡有 70 餘支，内容包括遣策和占筮記錄，時代約爲公元前 340 年。[2] 占筮是

---

[1] 宋華强：《新蔡葛陵楚簡初探》，第 395 頁。

[2] 天星觀簡只有零星公布，並不完整。發掘報告及竹簡的兩張照片見湖北省荆州地區博物館：《江陵天星觀 1 號楚墓》，《考古學報》1982 年第 1 期，第 71—116 頁。考古領隊自己對天星觀卜筮簡的研究見王明欽：《湖北江陵天星觀楚簡的初步研究》，北京大學碩士學位論文，1989 年。已發表的專論天星觀簡卜筮的研究，見晏昌貴：《天星觀"卜筮祭禱"簡釋文輯校》，載丁四新主編：《楚地簡帛思想研究》（二），武漢：湖北教育出版社，2005 年，第 265—298 頁（修訂稿見武漢大學簡帛網，2005 年 11 月 2 日發布）；朱曉雪：《天星觀卜筮祭禱簡文整理》，武漢大學簡帛網，2018 年 2 月 2 日發布。

爲墓主人邸陽君番勝舉行的，他是當時楚國的高級官員。天星觀簡占筮的内容可分爲三類：一類是貞問番勝侍王，一類是貞問他的健康狀態，還有一類是貞問遷居新室。有一則屬第三類的占筮記録其結果是兩個卦畫，在楚卜筮簡中係首見。

> 左帀（師）虘（虐）甹（聘）於楚之戠（歲），顕（夏）栾（夕）之月己丑之日，郿（應）奮㠯（以）大央（英）爲邸昜（陽）君𦭝（勝）貞：既訧凥（處）亓（其）新室，尚宜安（焉）長凥（處）之。【簡15—01】[1]

4.13 包山簡 228—229

1987 年，考古工作者在湖北荆門附近的包山發掘了一片戰國墓地，其中有一座保存特别完整的大墓。墓中出土了有字竹簡 278 枚，内容包括法律文書、遣策以及卜筮祭禱。墓主是楚都的一位高級官員左尹召𠓜，卒於公元前 316 年。這批簡保存狀況良好，出版速度也非常快，是戰國卜筮簡中知名度最高的，相關研究成果也最豐富。[2]包山卜筮記録中有一些是與蓍筮有關的，内容既涉及召𠓜侍王，也涉及最終導致他死亡的疾病，在此舉三條爲例。

> 大司馬悼（悼）𩨨（滑）遅（將）楚邦之帀（師）徒㠯（以）救郙（巴）之戠（歲），𠛱（荆）𡰥（夷）𣅀（之月）己卯𣅀（之日），墜（陳）乙㠯（以）共命爲左尹𠓜貞：出内（入）𨑣（寺-事）王，自𠛱（荆）𡰥（夷）之月㠯（以）𦣞（就）集戠（歲）之𠛱（荆）𡰥（夷）𣅀（之月），𦘦（盡）集戠（歲），

[1] 朱曉雪：《天星觀卜筮祭禱簡文整理》，武漢大學簡帛網，2018 年 2 月 2 日發布。

[2] 湖北省荆沙鐵路考古隊：《包山楚簡》，1991 年。英文研究論著見 Constance Cook【柯鶴立】，*Death in Ancient China: The Tale of One Man's Journey*【古代中國的死亡：陰間旅行記】(Leiden：Brill, 2006)；Lai Guolong【來國龍】，*Excavating the Afterlife: The Archaeology of Early Chinese Religion*【幽冥之旅：早期中國宗教考古】(Seattle：University of Washington Press, 2015)。

穿（竀-躬）身尚毋又（有）咎。[簡228] 〓〓 占之，惢（恒）貞吉，少又（有）㥑（戚）於宫室。呂（以）亓（其）古（故）敚（說）之。䈮（舉）禱宫行一白犬，酉（酒）飤（食），凶攻敘（除）於宫室。五生占之曰：吉。[簡229] [1]

4.14　包山簡 209—211

東周之客䣌（鄅-許）䞨至（致）祳（祚-胙）於葳郢之戠（歲），頣（夏）㞷（夷）之月乙丑之日，五生呂（以）丞惪（德）爲左尹㐌貞：出内（入）峕（寺-事）王，自頣（夏）㞷（夷）之月呂（以）䛒（就）篡（集）戠（歲）之頣（夏）㞷（夷）之月，聿（盡）篡（集）戠（歲），[簡209] 竀（躬）身尚母（毋）又（有）咎。占之，丞（恒）貞吉，少又（有）㥑（戚）於竀（躬）身與宫室，虗（且）外又（有）不訓（順）。〓〓 呂（以）亓（其）古（故）敚（說）之，䈮（舉）禱䲜（蝕）祧（太）一全㹬（豢）；䈮（舉）禱社，一全豬（豝）；䈮（舉）禱宫術（行），一白犬，酉（酒）飤（食）。遝（移）䣓（應）會之祝（說），賽禱東陵[簡210] 連囂（敖）狅（冡）豕，酉（酒）飤（食），蒿之。凶攻解於㻶（盟）氊（詛），虗（且）敘

---

[1] 此段圖版見湖北省荆沙鐵路考古隊：《包山楚簡》，第 179 頁。詳細研究和翻譯包山卜筮簡的英文論作見 Donald Harper【夏德安】，"Warring States Natural Philosophy and Occult Thought,"【戰國時代的自然哲學與神秘思想】in Michael Loewe【魯惟一】and Edward Shaughnessy【夏含夷】，eds., *The Cambridge History of Ancient China: From the Origins of Civilization to 221 BCE*【劍橋中國上古史：從文明起源到公元前 221 年】(New York：Cambridge University Press，1999)，pp.852－856（尤見第 855 頁）；Marc Kalinowski【馬克】，"Diviners and Astrologers under the Eastern Zhou：Transmitted Texts and Recent Archaeological Discoveries,"【東周時期的占卜者和占星家：傳世文獻及新近考古發現】in John Lagerwey【勞格文】and Marc Kalinowski【馬克】，eds., *Early Chinese Religion—Part One: Shang through Han（1250 BC—220 AD）*【中國早期宗教——第一部分：商至漢（公元前 1250 年至公元 220 年】(Leiden：Brill，2009)，pp.381－384。

（除）於官室。五生占之曰：吉。三献（歲）無咎，牰（將）又
（有）大惪（喜），邦智（知）之。[簡211][1]

4.15　包山簡 239—241

大司馬恕（悼）髑（滑）遟（將）楚邦之帀（師）徒呂
（以）救鄙（巴）之献（歲），訐（荊）尿（夷）育（之月）己
卯音（之日），墜（陳）乙呂（以）共命爲左尹𣐙貞：既腹心疾，
呂（以）赴（上）悬（氣），不甘飤（食），尚速瘥（瘥），毋
又（有）柰（祟）。䷎占之，恕（恒）貞吉，疾[簡239]弁（變），
又（有）癗（瘝-續），递（遟）瘥（瘥）。呂（以）亓（其）
古（故）縈（説）之。墨（舉）禱五山各一牂；墨（舉）禱卲
（昭）王戠（特）牛，饋之；墨（舉）禱文坪（平）昷（夏-與）
君子良、郚公子萅（春）、司馬子音、郗（蔡）公子豪（家），
各戠（特）狋（豢），[簡240]饋之。囟（思）攻解於虞（詛）與兵
死。夆（輿-舉）薀（盬）吉之縈（説），亯（享）祭篙之高丘、
下丘，各一全狋（豢）。墜（陳）乙占之曰：吉。[簡241][2]

4.16　《穆天子傳》

《穆天子傳》於公元 279 年出土於汲郡（即河南汲縣，今河南衛
輝市）的一座古墓之中。墓中發現的其他文獻表明，這座墓的下葬年
代約爲公元前 299 年（或稍晚）。《穆天子傳》記載周穆王（前 956—
前 918 年在位）遊歷之事，是虛構的歷史；它既出於汲郡古墓，就説
明其書寫年代不可能晚於公元前 4 世紀末。

關於《穆天子傳》，這裏我們感興趣的是其中保留的一則完整

---

[1] 圖版見湖北省荊沙鐵路考古隊：《包山楚簡》，第 171—172 頁。
[2] 圖版出處同上注，第 183—184 頁。

的著筮記録，所筮得的結果是《訟》☰。占斷首先提到了此卦的
"繇"，和別處一樣，該繇包含了三句四字句。有意思的是，繇辭之
後是還有三句占辭，分別涉及軍事、祭祀和田獵，皆吉。最後，這
段文字還記載占斷之人逢公受賜了各種東西，他又把東西送給了
筮史。

> 丙辰，天子南遊于黄□室之丘，以觀夏侯啓之所居，乃□于
> 啓室。天子筮獵苹澤，其卦遇《訟》☰。逢公占之曰："《訟》
> 之繇：藪澤蒼蒼，其中□□。宜其正公，戎事則從。祭祀則憙，
> 畋獵則獲。"□飲逢公酒，賜之駿馬十六、絺紵三十篋。逢公再
> 拜稽首。賜筮史狐□。[1]

4.17 《儀禮·士冠禮》

本書第三章提到《儀禮》中有關於龜卜的描述，其實其中也有對
著筮的詳細描述。本筮例雖然沒有特定的占筮事項或占筮結果，但提
供了相當多的其他信息，下文筮例 4.18 和 4.19 則給出更多占筮祖先
祭祀的細節。

> 筮于廟門。主人玄冠，朝服，緇帶，素韠，即位于門東，西
> 面。有司如主人服，即位于西方，東面，北上。筮與席所卦者，
> 具饌于西塾。布席于門中，闃西閾外，西面。筮人執筴，抽上
> 韇，兼執之，進受命於主人。宰自右少退，贊命。筮人許諾，右
> 還，即席坐，西面；卦者在左。卒筮，書卦，執以示主人。主人
> 受、眡，反之。筮人還，東面；旅占，卒；進告吉。若不吉，則
> 筮遠日，如初儀。徹筮席。宗人告事畢。[2]

---

[1] 〔晋〕郭璞注，王貽樑、陳建敏校釋：《穆天子傳匯校集釋》，北京：中華書局，2019
年，第 252 頁。

[2] 〔清〕阮元校刻：《十三經注疏·儀禮注疏》，第 2038—2041 頁。

4.18　《儀禮·特牲饋食禮》

　　不諏日，及筮日。主人冠端玄，即位于門外，西面。子姓兄弟如主人之服，立于主人之南，西面，北上。有司群執事如兄弟服，東面，北上。席于門中，闑西閾外。筮人取筮于西塾，執之，東面受命于主人。宰自主人之左贊命，命曰："孝孫某，筮來日某，諏此某事，適其皇祖某子。尚饗！"筮者許諾，還即席，西面坐。卦者在左。卒筮，寫卦。筮者執以示主人。主人受視，反之。筮者還，東面。長占，卒，告于主人："占曰'吉'。"若不吉，則筮遠日，如初儀。宗人告事畢。[1]

4.19　《儀禮·少牢饋食禮》

　　日用丁、己，筮旬有一日。筮於廟門之外。主人朝服，西面于門東。史朝服，左執筮，右抽上韇，兼與筮執之，東面受命于主人。主人曰："孝孫某，來日丁亥，用薦歲事于皇祖伯某，以某妃配某氏。尚饗！"史曰："諾！"西面于門西，抽下韇，左執筮，右兼執韇以擊筮，遂述命，曰："假爾大筮有常。孝孫某，來日丁亥，用薦歲事于皇祖伯某，以某妃配某氏。尚饗！"乃釋韇，立筮。卦者在左坐，卦以木。卒筮，乃書卦于木，示主人，乃退占。吉，則史韇筮，史兼執筮與卦以告于主人："占曰'從'。"乃官戒，宗人命滌，宰命爲酒，乃退。若不吉，則及遠日，又筮日，如初。[2]

---

[1]　〔清〕阮元校刻：《十三經注疏·儀禮注疏》，第2554—2555頁。

[2]　同上注，第2592—2593頁。

第五節　分　　析

命　　辭

　　根據現有的證據來看，可以説命著之辭與命龜之辭是完全相同的：和龜卜一樣，幾乎所有著筮的命辭都以"貞"開頭；此外，西周甲骨上出現的數字卦似乎也可視作是著筮的材料，最後的禱祝語也以"凶（思）"開頭，如 2003 年齊家村發現的那例：

　　　　翌日甲寅，其𦥑，凶瘳。
　　　　八七五六八七

　　　　其禱，凶又（有）瘳。
　　　　八六七六八八

　　　　我既𦥑禱，凶又（祐）。
　　　　八七六八六七

　　數字符號似應與著筮有關，但目前還不清楚這裏的命辭究竟是命龜（畢竟這些刻辭是刻在卜骨上的）還是命著。幸而戰國時期的那些材料還比較確定，上一章已經考察了包山簡的幾則龜卜記録，如前所述，包山簡中也包含一些著筮的材料，占筮所得結果用數字符號表示，其命辭與那些用龜的命辭相同。下面兩段命辭皆來自包山簡，第一則用龜、第二則用著，可以看到它們幾乎完全相同（只有首句略有變化）：

　　　　用龜：鹽吉以保家爲左尹㐰貞：自荆夷之月以就荆夷之月，出入事王，盡卒歲，躳身尚毋有咎。[簡197]（例 3.15）

　　　　用著：陳乙以共命爲左尹㐰貞：出入侍王，自荆夷之月以就

集歲之荆夷之月，盡集歲，躬身尚毋有咎。[簡228]（例4.13）

類似的命辭在戰國卜筮簡中反復出現，有龜卜也有蓍筮。以下所舉之例分別來自新蔡葛陵簡、天星觀簡、包山簡：

新蔡葛陵簡：☑□□礽箅（筮）爲君貞：居郢，還（還）反（返）至於東陵，尚毋又（有）咎。占曰：𤕩（兆）亡（無）咎。又（有）祝（祟）[簡乙四100、零532、678]（例4.10）

天星觀簡：郞（應）奮呂（以）大央（英）爲邸𣂰（陽）君雽（勝）貞：既訛，尻（處）亓（其）新室，尚宜安（焉）長尻（處）之。[簡15—01]（例4.12）

包山簡：墜（陳）乙呂（以）共命爲左尹𥏻貞：既腹心疾，呂（以）圥（上）慇（氣），不甘飲（食），尚速瘥（瘥），毋又（有）柰（祟）。[簡239]（例4.15）

此類之例不勝枚舉。目前見到的所有戰國時代的筮例都是以"貞"爲始，以禱告之語作結，禱告語用"尚"引入。簡言之，龜卜和蓍筮都是向占筮媒介提出占筮事項並通過此媒介連接精神世界，並無實質不同；命辭都是在請求神靈幫助以達成所願。

結果：蓍筮方法

在中國，談論蓍筮的文獻幾乎都會從《繫辭傳》的"大衍"章開始講。此章描述了一種用50根蓍草進行占筮的方法。經過一通複雜的操作之後，筮者得到6、7、8、9四個數字中的某一個，即爲一爻，卦的每一爻都是這樣產生的。由於主要與易占有關，有關"大衍"章及大衍筮法的詳細討論將放到下一章。不過，凡是有關筮法的討論幾乎都與之有所牽涉。

在過去的四十年間，從西周的周原甲骨一直到戰國的楚卜筮簡，我們不斷看到以一組六個數字來表示實際占筮結果的例子。一開始的時候，這些數字被認爲可能是《周易》諸卦的早期形態，學者們簡單地將奇數轉換爲陽爻、將偶數轉換爲陰爻，從而得到相應的《周易》中的卦。近年新發現的兩種與蓍筮方法有關的出土文獻，即清華藏戰國簡《筮法》和北大藏漢簡《荆決》，促使學者們重新考慮之前的理解。上文已對這兩種文獻作了介紹，於此就不再重複討論了。不過，這些文獻引發了我們對蓍筮方法的徹底反思，這裏再回顧一下《筮法》和《荆決》爲我們了解占筮結果是如何得到的提供了哪些新材料。

　　近出北大簡《荆決》是僅有的完整地記述了蓍筮方法的文獻，簡文對筮法的表述簡明而清晰：

> 　　　卅筭以卜其事，[簡1]若吉若凶，唯筭所從。左手持書，右手操
> 　筭，必東面。用卅筭，分以爲三分，其上分衡，中[簡2]分從，下
> 　分衡。四四而除之，不盈者勿除。[簡3][1]

這樣便產生了一個三爻的結果，可稱之爲卦，但這種卦不同於《周易》系統的八卦。荆決卦之爻繪作一至四根平行綫，下爻和上爻的綫是橫着的，中爻的綫是豎着的，如下舉之例：

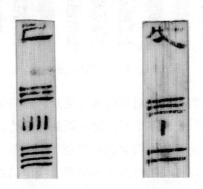

圖 4.8　北大簡《荆決》卦象圖 "己" "戊"

這種卦理論上雖然存在 64（$=4^3$）種可能的卦象，但簡文中實際只出現了 16 種。公元前 1 世紀末揚雄（前 53 年—18 年）所作的《太玄》

---

[1] 北京大學出土文獻研究所編：《北京大學藏西漢竹書（伍）》，第 171 頁。

（現在一般稱之爲《太玄經》）[1] 中有一種四爻卦，與荊決卦有些相似。太玄卦由四根爻組成，爻有 " ━ " " ╌ " " ⋯ " 三種形態，共可産生 81 （＝3⁴）種卦象，如下舉之例：

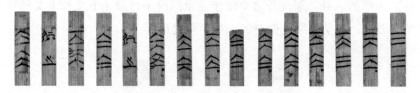

不過，《荊決》所反映的似乎是一個實際存在的蓍筮系統，而《太玄》是對《周易》有意識的模仿。《太玄》中的哲學論述引起了一些關注，但其中的筮法似乎在當時以及在後代都没有産生什麽影響。《荊決》也没有什麽持續的影響，這裏就不再多費筆墨了。

　　清華簡《筮法》的最大價值在於揭示戰國時期的蓍筮是如何進行的。《筮法》的卦表面上看與《周易》的卦相似，包括了 114 條卦例（這並不是説有 114 個不同的卦象）。《筮法》的卦總是以成對的形式呈現，如下例（從右往左讀，注意偶數簡右下角的點）：

圖 4.9　清華簡《筮法》卦畫[2]

　　開始的時候人們認爲一組是兩個六爻卦，經過研究發現宜將四個獨立的三爻卦視爲一組。本章開頭已經談到，關於如何解讀獨個的爻已有大量討論。最常見的表示爻的數字是 ━ 和 ∧。包括李學勤在内的一些學者曾認爲以往戰國竹書中所出現的類似的卦畫是早期的陽爻和陰爻，即傳世系統中的 ━ 和 ╌。以往竹書中較少出現的數字爻是

――――――――――

[1]《太玄經》的英譯本見 Michael Nylan【戴梅可】，*The Canon of Supreme Mystery by Yang Hsiung: A Translation with Commentary of the* T'ai Hsüan Ching【揚雄《太玄經》譯注】（Albany：State University of New York Press，1993）。

[2] 清華大學出土文獻研究與保護中心編、李學勤主編：《清華大學藏戰國竹簡（肆）》，第 76 頁。

╳和╱╲；李學勤一開始的時候認爲它們本質上等同於╱╲，另有學者主張這些占筮結果應看成數字符號，即一爲數字"一"、╱╲爲數字"六"，戰國竹書中較少出現的╳和╱╲分別爲數字"五"和數字"八"。這種對數字的解讀已經被《筮法》所證實了，《筮法》明確將這四個字當作數字來使用（需指出的是，《筮法》中一似乎代表的是數字"七"而非數字"一"），不僅如此，《筮法》還使用了數字"四"（寫作╰╯）和"九"（寫作✦─），見下舉之例：

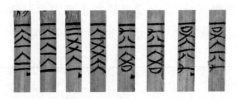

圖4.10　清華簡《筮法》卦畫所見數字"四""五""八""九"[1]

大衍筮法可得到6、7、8、9四個數字（這點上文已提到，第五章還會有詳細討論），而不可能像我們在清華簡《筮法》中看到的那樣得到4、5、6、7、8、9六個數字。至於如何操作不同數目的蓍草得到這些數字，學者提出了各種看法。比如，程浩認爲今本《繫辭》"大衍"章所謂"大衍之數五十"有脱文，原本所用的並不是50根蓍草，而是55根蓍草。[2] 他還注意到出土簡本《歸藏》的王家臺M15中有60支算籌，可能就是用於占筮的。他指出這與"大衍"章文字有脱的説法是相合的，並且給出了一種用55根蓍草進行操作的筮法。首先，從55根蓍草從拿掉3或7根蓍草，從而得到兩種可能的結果，即剩下52根或48根蓍草；然後再四根四根地數，操作四遍以上，就

---

[1] 清華大學出土文獻研究與保護中心編、李學勤主編：《清華大學藏戰國竹簡（肆）》，第76頁。

[2] 程浩：《〈筮法〉占法與"大衍之數"》，《深圳大學學報（人文社會科學版）》2014年第1期，第62—64頁。他認爲傳世本《繫辭傳》"大衍"章有脱文，原當作"大衍之數五十又五"。

會產生 36、32、28、24、20、16 這六種結果之一。再把這些數字除以 4，就得到數字 9、8、7、6、5、4。雖然這些數字和《筮法》所見者相合，但將起始數字定爲 55 及一開始就減去 3 或 7 根蓍草好像有點武斷。

賈連翔提出了另外一種筮法，和"大衍"章一樣用 50 根蓍草。首先他將來自天星觀簡、包山簡、葛陵簡的二十五則筮例所筮得的數字製作成一張表格。[1] 各例都含有十二根爻，有兩個卦，每卦六爻（或有四個卦，每卦三爻），每爻都以數字來表示（數字 5、6、7、8、9 都出現過）。這些數字的分布情況如下（表 4.4）：

來　　源	卦例數	四	五	六	七（一）	八	九
天星觀	8	0	1	50	38	6	1
包　　山	6	0	1	31	34	6	0
葛　　陵	11	0	6	74	46	4	2
合　　計	25	0	8	155	118	16	3

表 4.4　天星觀簡、包山簡、葛陵簡所見筮數

賈連翔將《筮法》卦例的結果與實際演算的結果進行了對比（表 4.5），指出《筮法》的數字似是理論上的結果，而非實占的結果。

文　　本	卦例數	四	五	六	七（一）	八	九
《筮法》	57	7	13	323	308	10	23

表 4.5　清華簡《筮法》所見筮數

---

[1] 賈連翔：《出土數字卦材料整理與研究》，清華大學博士學位論文，2014 年，第 194—201 頁。

無論是在天星觀等實占之例中還是在《筮法》這樣的理論演算中，
6 和 7（寫作 一）這兩個數字出現的頻率遠超其他。不過，實占中還會
筮得數字 5、8、9，頻率有高低，而在《筮法》中偶爾還會見到數字 4。
實占和《筮法》中這些數字的出現概率是相似的（表 4.6）。

實 占	概 率	《筮法》占	概 率	合 計	概 率
四：0	0%	四：7	1.02%	四：7	0.71%
五：8	2.66%	五：13	1.90%	五：21	2.13%
六：155	51.66%	六：323	47.22%	六：478	48.57%
七：118	39.33%	七：308	43.57%	七：426	43.28%
八：16	5.33%	八：10	1.46%	八：26	2.64%
九：3	1.00%	九：23	3.36%	九：26	2.64%

表 4.6　所有出土戰國簡所見筮數分布情況

接著，賈連翔表示他雖然認爲 "大衍" 章的成書年代較早，不會
晚於戰國中期（約公元前 4 世紀），但是也承認其中所述的系統無法
解釋《左傳》和《國語》中筮例的結果。"大衍" 章開頭云：

　　　大衍之數五十，其用四十有九。分而爲二以象兩，掛一以象
　　三，揲之以四以象四時，歸奇於扐以象閏，五歲再閏，故再扐而
　　後掛。[1]

按照宋以來對這段文字一般的解釋，開始有 50 根蓍草，但實際
只取 49 根進行演算。這 49 根蓍草分成兩堆。接著取出 1 根置於旁側，
夾於左手小指和無名指之間。剩下的蓍草四根四根地數，進行一番操
作，操作三遍後會産生 36、32、28、24 四種結果。除以 4，最終得到

---

[1]〔清〕阮元校刻：《十三經注疏·周易正義》，第 165—166 頁。

9、8、7、6 這幾個結果。至於爲什麼這種筮法要用 50 根蓍草，人們有過很多討論，給出了多種義理方面的解釋。然而正如茹特（Richard Rutt）所言，"富有象徵意味的解釋儘管很誘人，但往往會掩蓋數學上的必要性。用 49 根算籌演算有一個簡單的數學方面的原因。演算必須要得出四種可能的結果（6、7、8、9），而方法是除以 4 取餘數。算籌之所以要被分爲兩堆，是因爲如果只有一堆，那餘數就總是不變的。一堆必須要是偶數，另一堆必須要是奇數，且總數要能被 4 除一遍以上。唯一能得出理想結果（6、7、8、9）的數字就是 49。"[1]

我們將會在下一章看到，按照自宋以來傳統的易學解釋，9 和 7 爲陽爻，8 和 6 爲陰爻，不同之處在於 8 和 7 被認爲是穩定的、不動的、不變的爻，而 9 和 6 是變化之爻。衆所周知，大衍筮法產生這些數字的概率並不是均等的，得到 7 和 8 即不變之爻的概率是 75%，而得到 6 或 9 的概率只有 25%。[2]

賈連翔對"大衍"章的文字提出了一種新的解釋。和傳統的解釋一樣，他從 50 根蓍草開始，先取出 1 根置於旁側；然後把剩下的 49 根分爲兩捆，接着，他認爲不是另外再分出 1 根蓍草夾於左手小指和無名指之間，而是再分出獨立的一捆蓍草，把它們全部夾於兩指之間，這樣實際上就是把 49 根蓍草分成了三捆，再對這三捆蓍草分別進行"揲四""取餘"的步驟。整個過程重複三遍，產生的數字爲 4、5、6、7、8、9 之一。最後，他進一步指出，各數字產生的概率與其在出土文獻實占之例和《筮法》中出現的概率基本吻合（表 4.7）。

---

[1] Richard Rutt【茹特】, *The Book of Changes（Zhouyi）: A Bronze Age Document Translated with Introduction and Notes*【《周易》：一部青銅時代文獻的翻譯、介紹及注釋】（Richmond：Curzon Press, 1996），p.159.

[2] 事實上，用大衍筮法得到每個數字的概率都是不同的。得到數字 9 的概率是 3/16，得到 8 的概率是 5/16，7 的概率是 7/16，而得到 6 的概率只有 1/16。見 Richard Rutt【茹特】, *The Book of Changes（Zhouyi）: A Bronze Age Document Translated with Introduction and Notes*【《周易》：一部青銅時代文獻的翻譯、介紹及注釋】（Richmond：Curzon Press, 1996），p.168。

賈連翔推測的筮法	概　率	筮例合計	概　率
四	0.21%	四：7	0.71%
五	5.01%	五：21	2.13%
六	34.74%	六：478	48.57%
七	41.24%	七：426	43.28%
八	16.68%	八：26	2.64%
九	2.12%	九：26	2.64%

表 4.7　賈連翔推測筮法結果與出土戰國簡册所見筮數分布情況

賈連翔指出，各種出土文獻所見數字卦中"六"和"七"（"━"表示的是數字"七"）占了絶大部分，"八"和"五"較少出現，數字"四"只見於清華簡《筮法》，而且出現得也很少。

這些概率符合傳統的揲四之説，自然很有説服力，而且也可以比較合理地解釋戰國竹書中的那些筮數是如何産生的。當然，這並不能解釋其他所有的占筮結果的産生（如《歸藏》），或者它們與使用《周易》占筮所得的結果有什麽區别。在缺乏相關證據的情況下，還是留待未來的考古發現去解答吧。

上文 4.8、4.9 兩則筮例的占筮結果也出現了數字，表述爲"得某之八"。例 4.8 的相關文句如下：

> 公子親筮之，曰："尚有晉國。"得貞《屯》☳、悔《豫》☳，皆八也。筮史占之，皆曰："不吉。閉而不通，爻無爲也。"司空季子曰："吉。是在《周易》，皆利建侯。……"[1]

通常認爲這裏的"貞"和"悔"是指《屯》之下卦即《豫》之上卦

---

[1] 徐元誥撰，王樹民、沈長雲點校：《國語集解》，第 340—341 頁。

（《震》☳），但似乎不太可信，又或許"貞"和"悔"分別指《屯》
和《豫》，也不是很確定。無論如何，"貞《屯》"和"悔《豫》"
是"皆八"。很清楚這不是一個用《周易》占筮的例子，而顯然屬於
別的蓍筮系統，比如《歸藏》。[1]

　　關於蓍筮的結果，第二個要討論的問題是：這些占筮似乎不僅會
產生出兩個獨立的六爻卦（或四個三爻卦），還會產生兩個獨立的結
果。李零在早年一篇研究包山卜筮簡的論文中強調過這種兩步占筮的
程式：

> 　　儘管尚未對這些簡進行充分的研究，但一望便知它們可分爲兩
> 種，一種記年月日，較詳；一種不記年月日，直接以"某某習之"
> 開頭，較略。這兩種簡文大多是分簡書寫，但也有抄在同一簡上
> 的情況，足證後一種是接在前一種後面的，兩者是一個整體。較
> 詳的記年月日的簡是對某事的第一次占筮，而較略的不記年月日
> 的簡則是同一日內對同一事的重複占筮，它們共同構成了一份完
> 整的占筮記錄。我們不妨把前者叫"初占"，後者叫"習占"。[2]

　　占筮分兩步進行這點在筮例 4.13 包山簡筮例中也有清楚的體現，
事實上，在所有戰國卜筮簡中都有反映。爲便於展示，這裏再次引用
筮例 4.13：

> 　　大司馬悼滑將楚邦之師以救郙之歲，荆夷之月己卯之日，陳
> 乙以共命爲左尹𨒙貞：出入侍王，自荆夷之月以就集歲之荆夷之
> 月，盡集歲，躬身尚毋有咎。一六六八六六　一六六一一六　占
> 之：恒貞吉，少有憂於宫室。以其故敚之。舉禱宫行一白犬、酒
> 食，囟攻敚於宫室。五生占之曰：吉。【包山簡228—229】

---

[1] 筮例 4.9 也得到了"八"，爲"《泰》之八"。不清楚此例中的占筮用的是否《周易》。

[2] Li Ling【李零】，"Formulaic Structure of Chu Divinatory Bamboo Slips,"【楚卜筮簡的格
式】translated by William Boltz【鮑則嶽】，*Early China* 15（1990），p.73。又參李零：
《中國方術正考》，北京：中華書局，2006 年，第 219 頁。

第一步，也就是李零所説的"初占"，有詳細的命辭以及筮得的數字卦（在這裏是㲊㲊），對占筮結果的占斷通常表述爲"恒貞吉，少有憂於 XX"（在這裏 XX 是"宫室"）。這就引發了第二步，第二步有另外的命辭，通常表述爲"凶攻除於 XX"（XX 即憂戚所在之處，在這裏是"宫室"），第二次的占辭總是一個簡潔的"吉"字。

李零對這種兩步占筮的程式是這麼解釋的：

> 第一部分的命辭和占辭都是在確定是否吉利，占筮結果一般表述爲"恒貞吉"（總體是明確的、有利的）。通常還有一些迹象表明存在某種問題，所以需要接着"攻"（即移除作祟之物的過程）。第二部分命辭和占辭的主題與"攻"有關。把命辭和占辭合在一起，可以比較清楚地看出這次占筮的是吉時。不過，關於移除作祟之由的占筮我們的理解還不夠全面。由於第二部分的占筮通常不使用"貞"，學者有時會將這部分視爲"禱"，而非"命"，但這是不正確的。這類簡上的"禱"總是以擬議的形式進行的禱告，而非實在的、直接的、針對某物的祈禱，從字面上讀不出這種意思。提出某種形式的禱之前，還必須進行占筮，以選擇一個有利的時間。[1]

在我看來其説合理，其實我認爲在上文引到的西周齊家卜骨筮例 4.2 中已經可以看到這種情況：

> 翌日甲寅，其両，凶瘳。
> 八七五六八七
>
> 其禱，凶又（有）瘳。
> 八六七六八八

---

[1] Li Ling【李零】，"Formulaic Structure of Chu Divinatory Bamboo Slips,"【楚卜筮簡的格式】translated by William Boltz【鮑則嶽】，*Early China* 15 (1990)，pp.75–76.

　　　我既*兩*禱，囟又（祐）。

　　　八七六八六七

上文已多次提到齊家刻辭既有龜卜也有蓍筮，目前還不清楚這兩種類型的占卜是如何協作的。但比較清楚的是，前兩條刻辭屬兩步占筮程式的第一步，其中一條命辭提議“享”（*兩*），另一條提議“禱”；第三條刻辭似屬第二步，在進行完前面的選擇之後，他們又希望他能獲得“又（祐）”。[1] 沈培研究過各種占卜辭材料中的“蔽志”，我認爲其説也是對兩步占筮程式的合理解釋，不過他用的是“第一次貞問”和“第二次貞問”這種表述。雖然他討論的只是戰國卜筮簡，但我認爲具有更爲普遍的意義。

　　　“蔽志”之類的話一般出現在第二次貞問的命辭的最後一部分，常以“囟（或思）”開頭，與第一次貞問的命辭中使用“尚……”有所區別。這也反映第一次貞問和第二次貞問的性質或目的不同，第一次貞問无論是“歲貞”或“疾病貞”，一般都是一種廣義的求福的貞問，真正的目的在于求祟。第二次貞問則是在得祟的前提下，提出具體的祭禱方案，其目的在於除祟。[2]

　　我懷疑這種兩步占筮的程式對《周易》占卜也有重要的影響，下章將有討論，這裏就不多作展開了。

占　　辭

　　各種蓍筮材料中最常見的占辭就是一個簡單的“吉”字，如上文的筮例4.3、4.4、4.6、4.8（此例還出現了“不吉”）以及4.17。此

---

[1] 李學勤討論包山簡的龜卜和蓍筮記錄時，認爲占筮過程分爲兩個階段，第一階段用蓍筮，第二階段用龜卜（李學勤：《周易溯源》，成都：巴蜀書社，2006年，第270—271頁），這似乎誤解了這兩類占卜材料，但值得注意的是他也認爲存在一個兩步占筮的程式。

[2] 沈培：《從戰國簡看古人占卜的“蔽志”——兼論“移祟”説》，《古文字與古代史》第1輯，2007年，第391頁。

外，筮例 4.19 的占辭是同類意思的"從"。在戰國時代的實占記錄中，第一步占筮的占斷通常都是吉的，但還有一些遺留問題。下舉諸例中前兩例來自葛陵簡，後兩例來自包山。

> 占曰：兆無咎。有祟。（例 4.10）
>
> 嘉占之曰：恒貞吉，少遲出。（例 4.11）
>
> 占之：恒貞吉，少有憂宮室。（例 4.13）
>
> 占之：恒貞吉，少有憂戚躬身與宮室，且外有不順。（例 4.14）
>
> 占之：恒貞吉，疾變，有續，遲瘥。（例 4.17）

由於上一小節已對這種有限定條件的占辭的含義作了討論，這裏就毋庸多言了。只需要知道，第一步占筮的占辭提到的問題正是第二步占筮的基礎。

繇　辭

和龜卜一樣，蓍筮在普通的占辭後面往往還會有一段簡短的文字，即"繇辭"。如上文所言，蓍筮與龜卜的命辭没什麽區別，其繇辭的格式與龜卜相較也没有什麽不同。上文考察的那些筮例中，明確提到"繇"的有如下這些：

> 且其繇曰："專之渝，攘公之翰。一薰一蕕，十年尚猶有臭。"（例 4.3）
>
> 故曰《屯》。其繇曰："元，亨，利貞，勿用，有攸往，利建侯。"……故曰《豫》。其繇曰："利建侯行師。"居樂出威之謂也。是二者，得國之卦也。（例 4.8）
>
> ☐其繇曰：昏末兑，大言斷斷，小言綴綴，若組若結，終以胃☐（例 4.10）
>
> 逢公占之曰："《訟》之繇：藪澤蒼蒼，其中☐☐。宜其正公，戎事則從。祭祀則熹，畋獵則獲。"（例 4.16）

這些文字揭示出繇辭的兩個重要特點。第一，筮例 4.8 先記述了某種不用《周易》的占筮，然後再以用《周易》的占筮來進行調整，所記《屯》《豫》之繇辭與今本《周易》中這兩卦的卦辭完全吻合。在其他一些文獻中，"繇"也是《周易》之"爻"或"爻辭"之別稱，本書第五章及第九章將對此有更爲詳細的考述。第二個值得注意的特點是，上引文獻表明蓍筮的繇辭和龜卜一樣，通常由三句押韻的話組成（通常每句四字），第一句描寫徵兆（通常來自自然界），後兩句則是對徵兆的某種評論。

　　根據這種格式特點，我們還能識別出其他兩則筮例中的繇辭，雖然它們沒有被明確稱爲"繇"：

　　　　其卦遇《蠱》䷑，曰："千乘三去，三去之餘，獲其雄狐。"（例 4.5）

　　　　其卦遇《復》䷗，曰："南國蹙，射其元王，中厥目。"（例 4.6）

這些蓍筮的結果也是以六爻卦的形式呈現，卦名也見於今本《周易》，但由於其後的文辭與相應的《周易》卦爻辭不合，通常認爲它們來自其他的古代卜筮之書，如《歸藏》之類。1993 年王家臺簡《歸藏》發現後，已可據之復原出若干條完整的《歸藏》繇辭，如《師》䷆和《歸妹》䷵：

　　　　《師》䷆：不吉。龍降于天，而道里修遠，飛而冲天，蒼蒼其羽。

　　　　《歸妹》䷵：吉。翩翩歸妹，獨將西行。逢天晦芒，毋恐毋驚。

這兩例中，繇辭的格式也是大體相似的，只是開頭用來描述徵兆的話並不是一句而是兩句，這使得整條繇辭看上去和《詩經》某詩的一章沒有什麼區別。

　　這兩條《歸藏》繇辭同筮例 4.5、4.6 相關文句在格式上存在差異，這説明例 4.5、4.6 中的占筮結果應該並不來自《歸藏》，而可能來自其他某種失傳的卜筮文獻。近年出版的北大漢簡《荆決》也證明這樣的文獻確實曾經流傳。《荆決》中一卦似乎都有多條繇辭，或者説一卦的繇辭分好幾個部分，每條或者説每部分繇辭都是在對徵兆作進一步的描繪，或是對徵兆的涵義作進一步的申發，以第一卦爲例：

　　　　窮奇欲登于天，浮雲如人。氣已行之，乘雲冥冥，行遇大神。其高如城，大息如壘，中道而驚。

　　在結束對蓍筮繇辭的討論之前，有必要再回顧一下筮例 4.16《穆天子傳》中的繇辭：

　　　　逢公占之曰：“《訟》之繇：藪澤蒼蒼，其中□。宜其正公，戎事則從。祭祀則憙，畋獵則獲。”

可以看到此繇辭的格式是：用一句描寫自然徵兆（“藪澤蒼蒼”），“其中”那句韻文説明自然徵兆對人世間的占卜事項有什麼意義。[1]這段文句特別有意思的一點在於，繇辭之後還有幾句占辭，説明繇對戎事、祭祀、畋獵這些特定事項的意義，關於這三個事項的占斷都是正面的。我懷疑“戎事則從”之所以會被放到最前面是因爲其末的“從”（*dzoŋ）可與“宜其正公”之“公”（*klôŋ）押韻。

　　《周易》爻辭是本書第九章要討論的内容，這裏就先不展開了。但值得注意的是，這些占斷的措辭會讓人想起《周易》爻辭的文句，如“利見大人”“利禦寇”等。我們還會在第九章中看到這些文句與繇辭或兆辭押韻。

---

[1]“其中”之後有缺文，通行本《穆天子傳》中用一個方框（即“□”）來表示。《穆天子傳》中“□”既可以表缺了一個字也可以表缺了一串字，而這裏顯然缺失了兩個字，且第二個字應押束部韻。

第六節　結　　論

　　本章對蓍筮作了詳細的考察，研究表明蓍筮的程序及結果與第三章所討論的龜卜有很大不同，但在大多數方面這兩種類型的占卜並無本質的區別。這兩種類型的占卜都是從對占卜媒介的"命"開始（蓍筮命蓍，龜卜命龜），都有一段簡單的占辭以及一段繇辭，所有這些在形式上基本都是相同的。根據戰國時代的實占記錄來看，這兩類占卜似乎都涉及兩步，初步的占斷需進一步完善，故產生較爲明確的第二個占斷。下一章討論《周易》占筮之例時，我們會發現易占的觀念和程序也是類似的。

　　根據本章考察的這些筮例（尤其是《左傳》和《國語》的筮例）來看，蓍筮和龜卜有一個區別，那就是對蓍筮結果的含義往往有一套比較複雜的解釋。這套複雜的東西可能大多是書寫蓍筮記錄的人采用了文學化的修辭而導致的，不過它們的存在證實了一種不斷發展的詮釋傳統，而易傳"十翼"就是將這種詮釋傳統第一次系統地表達了出來。易傳是本書末章即第十二章要討論的話題，在考察易傳之前，我們應該先談論《周易》占筮本身。

第五章　易占

　　有了前兩章討論的龜卜和蓍筮作爲背景，才能理解用《周易》進行的占筮，這種占筮當然是我們很關注的。周代（也就是《周易》起源和早期演變時期）關於易占的記載只見於《左傳》和《國語》。上一章曾考察過兩則見於《國語》的筮例，並已指出它們體現了不同類占筮的混合使用，這其中就包括易占。這兩則筮例的全文見上章，本章就不再重複了。

　　1977 年出土的阜陽漢簡《周易》可以從一個側面反映《周易》是如何被應用於占筮的。本書第一章已對阜陽簡《周易》作過介紹，這批材料雖殘碎嚴重，但仍可看出每條卦辭與爻辭之後都附有一則或多則關於某類特定占卜事項的占斷。同上兩章的結構一樣，本章第一節將考察阜陽簡《周易》提供了哪些與易占有關的信息；接着將考察傳世文獻中用《周易》占筮之例，這些易占之例全部來自《左傳》，共有十則，其中有些明確說使用的是《周易》，有些則是表述占筮結果的繇辭與今本《周易》的文句契合或大體相合。[1]《左傳》中還有五段文字出於修辭的目的而引用了《周易》文本。[2] 這種修辭用

---

[1] 此外還有一則《左傳》閔公二年（前 660 年）的筮例，其結果與易占之例的結果類似，或許也應納入。不過，這則筮例沒有明確提到《周易》，繇辭也不見於今本《周易》，因此我將這則筮例放到第四章中考察（即筮例 4.5）。

[2] 這幾段的出處分別是（按時間先後順序）：宣公六年（前 603 年）、宣公十二年（前597 年），襄公二十八年（前 545 年）、昭公元年（前 541 年）、昭公二十九年（前 513年）。宣公六年那段記載是最早的帶有修辭色彩的易例，通常認爲對於易學 （轉下頁）

法有時包含了對《周易》文本的解析，這些解析對處於發展中的《周易》闡釋傳統產生過重要的影響，不過相關內容將留到本章後半部分再作考察，考察的範圍也僅限於與占筮結果有關的那些。和上兩章一樣，本章後半部分將分四個方面來對所舉易占之例進行分析，即：命辭、結果、占辭、繇辭。我們會發現，從這四個方面來看，易占與我們看到的其他類型的占筮相當類似。

　　許多研究易學發展史的人都已注意到，就《周易》的應用而言公元前 603 年似乎是一個分水嶺。在此之前文獻中但凡提及《周易》必與占卜有關，自此之後會爲了修辭效果而引用《周易》。《左傳》以編年體的形式記載了隱公元年（前 722 年）至哀公二十七年（前 468 年）間的史事，倘若《左傳》就是那二百多年歷史的實時見證，反映的就是那期間思想文化的發展歷程，那麼上述現象就相當重要了（儘管前 603 年這個時間點本身不一定有意義）。不過，考慮到目前學界一般認爲《左傳》成書於公元前 4 世紀（即便它所依據的史料要更早），比較審慎的處理方式是設定《左傳》反映的是較晚的、其成書年代的觀念。

第一節　阜陽簡《周易》

　　本書第一章已對阜陽簡《周易》有過介紹，其發現過程和基本情況這裏就不再重複了。阜陽簡《周易》的最大特色在於每條卦爻辭之後都附有一段卜事之辭，涉及一件或多件占卜事項，這對我們理解易占有很大幫助。這些卜事之辭通常以"卜"開頭，然後是占卜事項和

（接上頁）發展而言很重要。下文討論易占程式時會引到宣公十二年、襄公二十八年、昭公二十九年的三則記載，關於如何確定卦中的爻，它們提供了信息。除了這五處外，昭公二年（前 540 年）也提到了《周易》，載晉侯派韓宣子使魯，見《易象》與《魯春秋》，這使他感慨道"周禮盡在魯矣"。這也常常被認爲是《周易》流傳的一個重要事件，表明這部文獻在魯國得到了保存。

預計結果，格式爲"卜某事+可預計的結果"。阜陽簡《周易》殘損
嚴重，卜事之辭很多都只存片語殘言，無法和具體的卦爻辭綴合起
來。幸好還有一些相對完整的簡留存，上面既有《周易》卦爻辭也有
卜事之辭，可以讓我們一窺簡文的原貌。

　　本書第一章介紹了 11 枚阜陽《周易》簡，皆與《同人》 ䷌
（13）有關，它們共同構成了阜陽簡《周易》中内容最完整的一卦。
具體的内容這裏就不多作重複了，感興趣的讀者可以參看第一章。本
章要研究的是《周易》如何被應用於占卜，就這一目的而言，其他一
些例子也很有啓發性。阜陽簡《周易》簡 125 至 126 所記卜辭是比較
好的一例，這兩枚簡上同時還寫有《无妄》 ䷘（25）卦辭和初九爻
辭（簡本作"无亡"）。[1] 和第一章的做法一樣，爲區分《周易》
卦爻辭和卜事之辭，下面引用簡文時卜辭部分將用下劃綫標出。需再
次強調的是，原簡卦爻辭和卜辭的用字並無差別，只不過卜辭以
"卜"開頭，並通過一個黑點"●"與其後的《周易》經文隔開。

　　　　无亡（妄）：元亨，利貞，其非延（正），有眚，不利有卣
　　（攸）往。卜雨：不雨。不□[簡125]

　　　　齊＝（霽：霽）。不吏〈事〉君，不吉。田魚（漁）：不得 ●
　　初九：无亡（妄），往吉。卜田魚（漁）：得而……[簡126][2]

這兩枚殘簡的長度爲 15.5 釐米，首尾兩端均已斷裂，原簡約長 36 釐
米。簡 125 卦名"无亡"之上原本應該還有一小段簡，應畫有卦畫。
阜陽簡《周易》中，卦畫總是位於簡首（卦畫與文字部分被第一道編
繩隔開）。簡 126 尾部究竟殘去了多少字不得而知。[3]

　　這裏在卦辭之後至少附有四條卜事之辭，其中兩條涉及天氣（雨、

---

[1] 此卦名在其他出土文獻中還有各種異文，上博簡《周易》作"亡忘"，王家臺《歸
　　藏》作"毋亡"，馬王堆帛書《周易》作"无孟"。

[2] 韓自强：《阜陽漢簡〈周易〉研究》，圖版見第 11 頁，釋文見第 59—60 頁。

[3] 簡 127 亦殘，現存内容爲《无妄》六二爻辭的一部分，不過没有出現"六二"字
　　樣，殘去的文字是什麼我們無從知曉。

霽），[1] 一條涉及事奉君主，一條涉及漁獵。另外初九爻辭後也有一條卜辭，還是涉及漁獵的。將這些卜辭提取出來，即：

> 卜雨：不雨。不□
>
> 齊＝（霽：霽）。
>
> 不吏〈事〉君，不吉。
>
> 田魚（漁）：不得。
>
> 卜田魚（漁）：得而

天氣、事君、漁獵這些都是其他占卜文獻和記錄中經常看到的占卜事項。

另一個比較好的例子是阜陽簡《周易》簡 138—143 所記卜辭，簡文涉及《大過》䷛（28）卦辭和初六、九二兩條爻辭。卦辭和九二爻辭均完整，且與今本文句幾乎全同；它們各附有至少三條卜辭，而第三條卜辭都不幸殘損。初六爻辭亦殘，只有部分文字存於簡 139，所附卜辭的最後兩字"不死"及九二爻辭的開頭皆見於簡 140。

> ䷛大過。橦（棟）橈。利用卣（攸）往，亨。卜病者：不死。
> 妻夫：不相去……【簡138】……不死 ● 初六：□用白……【簡139】……得
> 之 ● 九二：枯楊【簡140】生茅（稊），老夫得【141】女妻。无不利。
> 卜病者：不死。戰斷（鬥）：【簡142】適（敵）強而有勝。有罪而罷
> （遷）徙：……【簡143】[2]

我們還是把卜辭提取出來，會發現至少有一條卜辭與《大過》爻辭有較密切的關聯，比《无妄》卜辭和爻辭之間的關聯性要強。

> 卜病者：不死。

---

[1] 由於簡 126 末端殘斷，並不清楚"不雨"後面的"不"究竟是修飾"不雨"還是引入另一占卜事項。

[2] 韓自強：《阜陽漢簡〈周易〉研究》，圖版見第 12 頁，釋文見第 61 頁。

妻夫：不相去。

不死。

得之。

卜病者：不死。

戰斳（鬭）：適（敵）強而有勝。

有罪而罷（遷）徙：

這七條卜事之辭中有四條涉及疾病死亡，與《大過》卦爻辭沒有什麼明顯的聯繫（除非説與老年男女有關的繇可能會引發對占卜者健康和生命的擔憂）。不過，第二條卜辭即"妻夫：不相去"似與九二及九五爻辭的占卜事項有關。

九二：枯楊生稊，老夫得其女妻。无不利。

本書第九章討論今本《周易》所見占辭時還將再談到這個例子。這裏先指出一點，即這條爻辭的繇與九五爻辭中的繇是搭配的：

九五：枯楊生華，老婦得其士夫。无咎无譽。

枯萎的柳樹生出嫩芽和花，這種繇的象徵意義似乎並不難理解，而它們所附的占辭或許就要費些筆墨了。"无不利"和"无咎无譽"與阜陽簡本所見卜辭並無太大不同，大概它們就像阜陽簡卜辭附於爻辭那樣被附於九二、九五爻。此外值得注意的一點是，這兩句占辭的末字與其前兩句繇辭的末字是押韻的，即九二爻中"利"（li/ *rih）與茅（傳本作稊）（ti/ *dî）、"妻"（qi/ *tshəih）押，九五爻中"譽"（yu/ *la）與"華"（hua/ *wrâ）、"夫"（fu/ *pa）押。可能正是因爲有韻，這些文句才格外容易被記憶，遂被吸收進今本《周易》中，也可能是最初就是基於韻腳而創作出這些占辭。

阜陽簡《周易》的其他卜事之辭也顯然與其所附之卦爻辭的内容存在關聯。事實上，如果沒有今本《周易》對讀，如果卜辭開頭沒有出現"卜"字，有時就很難區分卜辭和卦爻辭。下引這例的釋文中，缺文據今本《周易》補出，外加"[ ]"，卜事之辭仍然加下劃綫。

　　　　……●初九：屨（履）校威（滅）［趾。无咎。］【簡98】……<u>轂</u>
<u>（繫）囚者桎梏：吉，不兌（凶）。</u>●六二：筮（噬）膚威
（滅）……【簡99】

簡99的卜辭後有一黑點，黑點後是《噬嗑》䷔（21）六二（此卦名
在阜陽簡本中作"筮閘"），所以這條卜辭顯然屬於《噬嗑》初九。
初九爻的繇是"屨（履）校威（滅）趾"，不難看出卜辭之"轂
（繫）囚者桎梏"很好地對應了爻辭的內容。

　　　　……六二：休復。吉。<u>上</u>……【簡120】……<u>出妻皆復</u>●六三：頻
復……【簡121】

此例中卜辭"出妻皆復"出現在《復》䷗（24）六三之前，顯然應
附於《復》六二。六二的繇作"休復"，無論"休復"是什麼意思，
"出妻皆復"顯然都與"復"這一主題有關。

　　　　䷝離：利貞。亨。畜牝牛：吉。<u>居官及家：不吉；罪人：</u>
【簡151】<u>不解</u>。●初九：履菩（錯）然；【簡152】

這一例中的卜事之辭"居官及家""不吉；罪人"沒有以"卜"開
頭，故與《離》䷝（30）卦卦辭的繇和占斷（"畜牝牛：吉"）之間
無明顯區分。雖然《離》卦卦辭與卜辭"居官及家"之間沒有什麼
關聯，卦名"離"（"離"同時也是該卦的主題，"離"的原意是網，
尤指捕鳥之網[1]）與卦辭中"畜牝牛：吉"之間也沒什麼明顯的聯
繫，但不難看出今本《離》卦卦辭的文句與阜陽簡中的這條卜辭是在
相同的背景下產生的。

　　我們再舉最後一例，然後就可對《周易》原始爻辭的形成作一些
推論了。阜陽簡《周易》簡18至簡19對應的是《蒙》䷃（4）九二爻。

---

[1] 我們可以看到這種"落網"之感與卜辭"罪人不解"之間存在關聯。

【九二：包蒙。吉。】老婦：[1] 吉。子克【簡18】家。利嫁……【簡19】

上文多次指出卜事之辭與卦爻辭存在關聯，這一例中也很容易看出卜辭“利嫁”與爻辭“子克家”之間的聯繫。事實上，像這種在卜辭與爻辭之間没有用“卜”隔開的情况下，[2] 就很容易把卜辭理解成爻辭的一部分。《周易》爻辭最常見的一類格式就是以“利”開頭引入文句，如“利見大人”“利涉大川”“利有攸往”等。上舉之例中的卜辭“利嫁”從句式上看與《周易》中的那些“利”字句並無差別。可以想見假如换另外一個人來編定《周易》，像阜陽簡卜辭這樣的語句或許就會被加到《蒙》卦九二爻辭之中。

本章第二節將考察十則《左傳》中的占例，這些占例中有些明確說使用了《周易》，有些則是占筮結果與今本《周易》卦爻辭吻合或基本相合。同第三、四章的做法一樣，先介紹占例，然後給出一些歷史背景，再指出一些易占值得注意的特點。本章最後一節將對這些特點進行更爲系統的討論。[3]

第二節 《左傳》易占例

5.1 《左傳》莊公二十二年（前 672 年）

第一則《左傳》筮例中，所得之繇見於今本《周易》。這次占筮

---

[1] 阜陽簡本作“老婦”，而今本《周易》作“納婦”（馬王堆帛書本作“入婦”，“納”“入”同源）。

[2] 這兩簡也有可能不連讀。簡 19 首字爲“家”，雖然《蒙》卦九二爻辭末字是“家”，但《損》（41）上九爻辭最末一字也是“家”，且阜陽簡卜辭中“家”出現的頻率也很高（如簡 566 至簡 591 中“家”共 22 見），因此簡 19 的“家”也有可能是前一句卜辭的最末之字。雖然還存在其他可能性，但將簡 18、19 連讀本身是合理的（特别是結合前舉諸例來看），是可以考慮的。

[3] 有關《左傳》占例的英文著作見 Kidder Smith【蘇德愷】，“*Zhouyi* Interpretation from Accounts in the *Zuozhuan*，”【《左傳》易例】*Harvard Journal of Asiatic Studies* 49.2 (1989)，pp.421–463。下文所舉的一些占例該文亦有考察。

舉行的時間設定在公元前 7 世紀上半葉，但預測的事件實際發生於五世、八世之後。陳國是春秋初年的小國，位於今河南淮陽。這段文字與陳厲公（前 706—前 700 年在位）之子敬仲的出生有關。據記載，敬仲年幼時，周史覲見陳厲公，向他展示《周易》。通常認爲這表明《周易》在當時還没有廣泛流傳。厲公讓周史占卜敬仲的命運，筮得《觀》▤▤（20）卦六四爻（表述爲"《觀》▤▤之《否》▤▤"，本章第三節將對此作具體解釋[1]）。引述這條爻辭之後，周史從語言文字和卦畫兩方面進行解析，預言陳氏一族終將享有巨大的榮光，不過榮光將降臨在另一個國家。[2] 這一預言後來被驗證了，公元前 534 年田無宇（即陳桓子，活躍於前 571—前 532 年）任齊大夫，三世之後，田恒（即陳常、田成子，活躍於前 481 年）掌握了齊國大權。

> 　　陳厲公，蔡出也，故蔡人殺五父而立之。生敬仲。其少也，周史有以《周易》見陳侯者，陳侯使筮之，遇《觀》▤▤之《否》▤▤，曰："是謂'觀國之光，利用賓于王'。此其代陳有國乎？不在此，其在異國；非此其身，在其子孫。光，遠而自他有耀者也。坤，土也；巽，風也；乾，天也。風爲天於土上，山也。有山之材，而照之以天光，於是乎居土上，故曰'觀國之光，利用賓于王'。庭實旅百，奉之以玉帛，天地之美具焉，故曰'利用賓于王'。猶有觀焉，故曰其在後乎！風行而著於土，故曰其在異國乎！若在異國，必姜姓也。姜，大嶽之後也。山嶽則配天。物莫能兩大。陳衰，此其昌乎！"及陳之初亡也，陳桓子始大於齊；其後亡也，成子始得政。[3]

---

[1]《左傳》引《周易》爻辭，無論是作爲占筮結果還是僅爲了修辭效果，都是通過描述兩卦之間的關係來指稱該爻，形式爲"卦₁之卦₂"。絕大多數情況下這兩卦的卦畫只有一爻之差。在"《觀》▤▤之《否》▤▤"這例中，兩卦只有第四爻不一樣，《觀》爲陰爻而《否》爲陽爻。關於這種表達形式及其對《周易》理解的影響，具體的討論見下文。

[2] 關於這些文句的詳細討論，見本書第十二章。

[3]〔清〕阮元校刻：《十三經注疏·春秋左傳正義》，第 3852—3854 頁。

5.2　《左傳》閔公元年（前 661 年）

畢萬的祖先是西周開國重臣、畢國始封之君畢公高。畢國滅亡後，畢萬投奔晉國，後因有功被封在魏地（在今山西南部），其子孫以封地爲氏，也就是後來分晉的魏氏。這段文字記錄的是畢萬占筮在晉國任事，雖然其中沒有明確提到使用了《周易》，也沒有引用《周易》的文句，但占辭中用到了易學的闡釋術語，故納入本節。占筮的結果是《屯》䷂（3）初九，筮者解釋説這意味着畢氏的公侯地位將會得到恢復。[1]　公元前 403 年這個預言實現了，那一年晉國被韓、趙、魏瓜分，魏的統治者正是畢萬的後裔。

> 初，畢萬筮仕於晉，遇《屯》䷂之《比》䷇。辛廖占之，曰：“吉。屯固、比入，吉孰大焉？其必蕃昌。震爲土，車從馬，足居之，兄長之，母覆之，衆歸之。六體不易，合而能固，安而能殺，公侯之卦也。公侯之子孫，必復其始。”[2]

5.3　《左傳》僖公十五年（前 645 年）

第三則《左傳》易占例見於僖公十五年（前 645 年），同年還記載了一則著筮之例，上章已作考察（筮例 4.5）。這一年是秦晉關係的重大年，秦國攻打晉國，擄走了晉惠公（前 650—前 637 年在位）。晉惠公的姐姐穆姬是秦穆公（前 659—前 621 年在位）的夫人，她聽説弟弟被俘虜到了秦國國都，便威脅説如果不釋放惠公，她就自殺，還會殺死她的孩子，秦穆公只好釋放了晉惠公。下面這段文字追述了晉獻公（即晉惠公及穆姬之父，前 676—前 651 年在位）占筮是否要將穆姬嫁與秦君，其中雖然沒有明確提到《周易》，但占筮的結果（即《歸妹》䷵上六）

---

[1]《屯》初九爻辭曰：“初九：磐桓。利居貞。利建侯。”雖然《左傳》沒有引用這條爻辭，但筮者的占斷似與之有關。

[2]〔清〕阮元校刻：《十三經注疏·春秋左傳正義》，第 3877—3878 頁。

與《周易》爻辭非常相似，足以讓人相信這次占筮用的是《周易》。對占斷的解說也涉及八卦的象徵意義，還引用了一些明顯屬於《周易》爻辭的語句（詳見下文注釋）。在這段追敘的最後，侍者韓簡解釋説龜卜關乎"象"而蓍筮關乎"數"，後世談龜卜蓍筮之別常會引到這句話。

> 初，晋獻公筮嫁伯姬於秦，遇《歸妹》䷵之《睽》䷥。史蘇占之，曰："不吉。其繇曰：'士刲羊，亦無衁也。女承筐，亦無貺也。'[1] 西鄰責言，不可償也。[2] 歸妹之睽，猶無相也。震之離，亦離之震。爲雷爲火，[3] 爲嬴敗姬。[4] 車説其輹，火焚其旗，不利行師，敗于宗丘。[5] 歸妹睽孤，寇張之弧。[6] 姪其從姑，六年其逋，逃歸其國，而棄其家，明年其死於高梁之虚。"[7] 及惠公在秦，曰："先君若從史蘇之占，吾不及此夫。"韓簡侍，曰："龜，象也；筮，數也。物生而後有象，象而後有滋，滋而後有數。先君之敗德，及可數乎？史蘇是占，勿從何益？《詩》曰：'下民之孽，匪降自天。僔沓背憎，職競由人。'"[8]

---

[1] 該繇與《歸妹》䷵（54）上六爻辭"上六：女承筐无實，士刲羊无血。无攸利"頗相似。

[2] 有人把這兩句話視作繇的一部分，但由前注可知它們並不屬於《歸妹》䷵（54）上六爻辭。不過，這兩句話形式上是四字的對句，後句以虚詞"也"結尾，亦與"亦無衁也""亦無貺也"相類。另外，這兩句話還讓人聯想到同卦六五爻辭中的繇。《歸妹》六五爻辭作："六五：帝乙歸妹，其君之袂不如其娣之袂良。月幾望。吉。"一般認爲此繇説的是倒數第二位商王帝乙（約前1105—前1087年在位）之女與周王〔或許就是後來的周文王（前1099—前1050年在位）〕的婚禮，陪嫁人員的服裝比新郎的更精良。

[3] 《震》䷲的基本象是"雷"，《離》䷝的基本象是"火"。

[4] 秦爲嬴姓，晋爲姬姓，因此這預示着秦國將打敗晋國。

[5] "車説其輹"近於《小畜》䷈（9）九三爻辭："九三：輿説輹，夫妻反目。""火焚其旗"近於《旅》䷷（56）九三爻辭："九三：旅焚其次，喪其童僕。貞厲。""不利行師"與數條爻辭相類，"宗丘"是秦晋關鍵一役發生之地。

[6] 這些象似乎源自《睽》䷥（38）上九爻辭："上九：睽孤，見豕負塗，載鬼一車，先張之弧，後説之弧。匪寇婚媾。往遇雨則吉。"

[7] 這裏指的是晋國太子子圉，他被派往秦國做人質。晋惠公之姐、秦穆公夫人穆姬是他的姑姑。子圉在秦六年，與秦女結婚並有一子，但他後來抛下妻兒逃回了晋國。

[8] 〔清〕阮元校刻：《十三經注疏·春秋左傳正義》，第3921—3923頁。

5.4　《左傳》僖公二十五年（前 635 年）

本例因與龜卜有關，第三章已有討論（筮例 3.7），但這段記載包含了兩次占筮，且第二次占筮的結果顯然與《周易》有關，故再次進行考察。

這裏再重複一下占筮的背景：公元前 636 年，周襄王（前 652—前 619 年在位）被其弟王子帶（前 672—前 635 年）逐出王城。當時的霸主晉文公（前 636—前 628 年在位）欲搶先秦國一步勤王復位。他在出師之前舉行龜卜，得"黃帝戰于阪泉"之兆，阪泉之戰是傳説中的上古戰爭。晉文公似誤以爲"黃帝"指的是他自己（但事實上占辭説的是周襄王及其弟王子帶，預言襄王將戰勝王子帶）。蓍筮的結果是"《大有》☲之《睽》☲"，雖然沒有直接説出自《周易》，但敘述結果時引用了《大有》九三爻辭（"九三：公用享于天子。小人弗克。"），占辭用"享""饗"做了個文字遊戲，在本書第八章中我們將看到這是理解《周易》卦辭的一個關鍵。故事的最後，晉文公出兵殺死了王子帶，並護送襄王返回了王城。

> 使卜偃卜之，曰："吉。遇黃帝戰于阪泉之兆。"公曰："吾不堪也。"對曰："周禮未改，今之王，古之帝也。"公曰："筮之！"筮之，遇《大有》☲之《睽》☲，曰："吉。遇'公用享于天子'之卦。戰克而王饗，吉孰大焉？且是卦也，天爲澤以當日，天子降心以逆公，不亦可乎？大有去睽而復，亦其所也。"[1]

5.5　《左傳》襄公九年（前 564 年）

下面這段大概是《左傳》中最著名也最常被引用的易占例了。這段記載見於襄公九年（即前 564 年，魯襄公於前 572—前 542 年在位），

---

[1]〔清〕阮元校刻：《十三經注疏·春秋左傳正義》，第 3951—3952 頁。

主人公是《左傳》中道德最爲敗壞的惡女之一——穆姜，穆姜是魯宣公（前 608—前 591 年在位）的夫人、魯成公（前 590—前 573 年在位）之母，她死於襄公九年。公元前 575 年，在情人叔孫僑如的慫恿下，穆姜要求成公除掉最有權勢的兩個家族季孫氏和孟孫氏的宗主並沒收他們的財產，並威脅成公如果不照做就廢掉他。由於此舉，穆姜被禁錮於太子所居之東宮，在囚禁中度過了她人生的最後幾年。下面這段記敘說的是穆姜被囚之初所舉行的一次占筮，她想知道自己能否重獲自由。

這段記敘被認爲是蓍筮的重要材料，有兩個原因。第一，最初的結果是“遇艮之八 ䷳”，並没有明確説用的是《周易》，第四章已經説過這個結果似乎屬於《周易》之外某個蓍筮系統。史宣布這是個吉利的結果，顯然耍了點花樣，説可以產生《隨》䷐卦，[1] 穆姜反駁了他，引用了《周易》中《隨》卦的卦辭，認爲和自己没有關係。第二，穆姜在解釋《隨》卦卦辭爲什麽與自己無關時，將卦辭中的“元亨利貞”解釋爲“四德”，其文句與易傳《文言》所見者幾乎字字相同，這就引發了一個誰抄誰的問題，關於這個問題，第八章和第十二章還會再度涉及。

> 穆姜薨於東宮。始往而筮之，遇《艮》䷳之八。史曰：“是謂《艮》之《隨》䷐。隨，其出也。君必速出！”姜曰：“亡！是於《周易》曰：‘隨，元、亨、利、貞，无咎。’元，體之長也；亨，嘉之會也；利，義之和也；貞，事之幹也。體仁足以長人，嘉德足以合禮，利物足以和義，貞固足以幹事。然，故不可誣也。是以雖隨无咎，今我婦人，而與於亂。固在下位，而有不

---

[1] 如 174 頁注 [1] 所述，《左傳》易占例中占筮結果基本全都表述爲“卦₁之卦₂”，這兩卦的卦畫往往只有一爻之差，這一爻就是繇。此例是唯一的例外，這裏史將“《艮》䷳之八”解釋成“《艮》之《隨》䷐”。史的占斷完全建立在卦名《隨》之上，説這預示着穆姜將被釋放，穆姜則引用了《周易》中《隨》卦卦辭，認爲與己無關。這條占例常被用來證明這種占筮中如存在三根以上的變爻，則根據卦₂的卦辭進行占斷。然而這例的情況明顯是人爲造成的，是占卜者耍的花樣，我認爲對理解易占而言没有什麽價值。

仁，不可謂元。不靖國家，不可謂亨。作而害身，不可謂利。棄
位而姣，不可謂貞。有四德者，隨而無咎。我皆無之，豈隨也
哉？我則取惡，能無咎乎？必死於此，弗得出矣。"[1]

5.6 《左傳》襄公二十五年（前 548 年）

下面這則記載與一樁結局糟糕的婚姻有關。崔杼（前 546 年卒）
是齊國執政，崔氏源於齊國公室，爲姜姓。崔杼垂涎棠公遺孀東郭姜
（前 546 年卒）的美貌，欲娶其爲妻，但這犯了同姓不婚的禁忌。於
是崔杼舉行占卜，以確定吉凶。雖然結果是不吉的，但崔杼仍一意孤
行地娶了東郭姜，產下一子名爲崔明。崔杼廢掉了長子崔成，立崔明
爲繼承人，最終引發手足相殘，以致崔成喪命、崔明流亡。不久後，
東郭姜和崔杼都自殺身亡。

記敘中雖然沒有明確提到《周易》，但占筮的結果是"《困》䷮
之《大過》䷛"，且所引繇辭"困于石，據于蒺藜，入于其宮，不見
其妻，凶"與《困》䷮（47）六三爻辭相合。其意義指向一目了然，
但崔杼無視這一預言，最終釀成惡果。

> 武子筮之，遇《困》䷮之《大過》䷛。史皆曰"吉"。示陳
> 文子，文子曰："夫從風，風隕，妻不可娶也。且其繇曰：'困于
> 石，據于蒺藜，入于其宮，不見其妻，凶。'困于石，往不濟也；
> 據于蒺藜，所恃傷也；入于其宮，不見其妻，凶，無所歸也。"
> 崔子曰："嫠也，何害？先夫當之矣。"遂取之。[2]

5.7 《左傳》昭公五年（前 537 年）

下面這段說的是魯國叔孫氏宗主叔孫豹（前 538 年卒）出生時其

---

[1]〔清〕阮元校刻：《十三經注疏・春秋左傳正義》，第 4215—4216 頁。
[2] 同上注，第 4305—4306 頁。

父用《周易》預測他的命運。叔孫豹的兄長就是臭名昭著的叔孫僑如，也就是占例 5.5 中與穆姜私通之人。叔孫豹早年流亡齊國，叔孫僑如被放逐後，叔孫豹被召回魯國，繼承叔孫氏。之後三十五年多，叔孫一直活躍在魯國的政壇上，經常代表魯國出使，參與外交會議。公元前 538 年，叔孫豹的庶子豎牛殺死了嫡子們，並將父親活活餓死，扶植幼弟叔孫婼（前 517 年卒）繼任家主。

占筮的結果是《明夷》☳☳（36）初九，這裏我將"明夷"譯作"Calling Pheasant"（鳴雉），但按照傳統的理解可譯作"Brightness Wounded"（光明損傷）之類。卜者楚丘動用了各種闡釋技巧（尤其是援引爻辭與卦象）來解釋這個結果。爻辭雖未被明確引用，但其中每句話都被解釋到了。今本《周易》的《明夷》初九爻辭作：

> 初九：明夷于飛。垂其翼。君子于行。三日不食。有攸往。主人有言。

卜楚丘對結果的解讀異常精準地應驗了，說明這段文字應是後來被加入到文本中的。

> 初，穆子之生也，莊叔以《周易》筮之，遇《明夷》☳☳之《謙》☳☳，以示卜楚丘，楚丘曰："是將行，而歸爲子祀。以讒人入，其名曰牛，卒以餒死。《明夷》，日也。日之數十，故有十時，亦當十位。自王已下，其二爲公，其三爲卿。日上其中，食日爲二，旦日爲三。《明夷》之《謙》，明而未融，其當旦乎，故曰'爲子祀'。日之《謙》，當鳥，故曰'明夷于飛'。明而未融，故曰'垂其翼'。象日之動，故曰'君子于行'。當三在旦，故曰'三日不食'。《離》，火也；《艮》，山也。《離》爲火，火焚山，山敗。於人爲言。敗言爲讒，故曰'有攸往。主人有言'。言必讒也。純《離》爲牛，世亂讒勝，勝將適《離》，故曰'其名曰牛'。謙不足，飛不翔；垂不峻，翼不廣。故曰'其爲子後乎'。吾子，亞卿也，

抑少不終。"[1]

5.8　《左傳》昭公七年（前 535 年）

　　下面這段記載與衛襄公立嗣有關，見於《左傳》魯昭公七年（即前 535 年，魯昭公前 541—前 510 年在位），即衛襄公（前 543—前 535 年在位）薨逝之年。襄公的夫人膝下無子，而姬妾嬶始先後生下孟縶和元兩個兒子。按照長子繼承的規矩，本應立孟縶爲儲君，但孟縶腿有殘疾，跛足之人不能勝任祭祀之事。因此立了當時年僅五歲的幼子元，即後來的衛靈公（前 534—前 493 年在位）。

　　這段一開頭說衛國大夫孔成子做了一個夢，夢見衛國始封之君康叔告訴自己要立元爲國君。接着敘述了五年前元出生時所舉行的兩次占筮，這兩次占筮記錄對理解易占而言非常重要，因爲它們都含有命蓍之辭，是易占分兩步進行的佳證。第一次占筮的結果是單獨的一個《屯》䷂（3）卦，筮得單個卦在《左傳》易占例中僅此一見；引述的繇似乎就是《屯》卦的卦辭。第二次占筮的結果是《屯》䷂之《比》䷇，指的是《屯》卦初九爻。因此，兩次占筮都得到了相同的一卦，而第二次占筮指定了該卦六爻中的某一爻。本章最後一節將對此例作更詳細的討論。兩次占筮的占辭均沒有脫離《屯》卦辭和《屯》初九爻辭。

　　　　衛襄公夫人姜氏無子，嬖人嬶始生孟縶。孔成子夢康叔謂己："立元，余使羈之孫圉與史苟相之。"史朝亦夢康叔謂己："余將命而子苟與孔烝鉏之曾孫圉相元。"史朝見成子，告之夢，夢協。晉韓宣子爲政聘于諸侯之歲，嬶始生子，名之曰元。孟縶之足不良能行。孔成子以《周易》筮之，曰："元尚享衛國，主其社稷。"遇《屯》䷂。又曰："余尚立縶，尚克嘉之。"遇

[1]〔清〕阮元校刻：《十三經注疏·春秋左傳正義》，第 4431—4432 頁。

《屯》䷂之《比》䷇。以示史朝。史朝曰："'元亨',又何疑
焉?"成子曰:"非長之謂乎?"對曰:"康叔名之,可謂長矣。
孟非人也,將不列於宗,不可謂長。且其繇曰:'利建侯。'嗣
吉,何建?建非嗣也。二卦皆云,子其建之!康叔命之,二卦告
之,筮襲於夢,武王所用也,弗從何爲?弱足者居。侯主社稷,
臨祭祀,奉民人,事鬼神,從會朝,又焉得居?各以所利,不亦
可乎?"故孔成子立靈公。十二月癸亥,葬衛襄公。[1]

5.9 《左傳》昭公十二年（前530年）

南蒯是魯國季孫氏的家臣,季孫氏在魯權勢很大,當時季孫氏的
家主季平子（前505年卒）控制着魯國朝政。南蒯覺得自己遭受了不
公的待遇,打算背叛季孫氏,遂舉行占筮。占筮的結果是《坤》䷁
（2）六五爻,其爻辭爲"黄裳元吉"。南蒯認爲結果是吉的,便把結
果拿給子服惠伯看,子服惠伯試圖勸阻南蒯的計劃,說這個結果只適
用於忠誠的行爲,若行的是不忠之事,必有毀滅之災。南蒯將自己的
大本營費地獻給了鄰國齊。兩年後,費地人不順從南蒯,費重歸於
魯,南蒯則流亡於齊。

南蒯枚筮之,遇《坤》䷁之《比》䷇曰"黄裳元吉",以爲大
吉也。示子服惠伯,曰:"即欲有事,何如?"惠伯曰:"吾嘗學此
矣,忠信之事則可,不然,必敗。外彊内温,忠也;和以率貞,信
也,故曰'黄裳元吉'。黄,中之色也;裳,下之飾也;元,善之
長也。中不忠,不得其色;下不共,不得其飾;事不善,不得其
極。外内倡和爲忠,率事以信爲共,供養三德爲善,非此三者弗
當。且夫《易》不可以占險,將何事也?且可飾乎?中美能黄,上
美爲元,下美則裳,參成可筮。猶有闕也,筮雖吉,未也。"[2]

---

[1]〔清〕阮元校刻:《十三經注疏·春秋左傳正義》,第4454—4455頁。

[2] 同上注,第4480—4481頁。

5.10　《左傳》哀公九年（前 486 年）

晉國趙氏的領袖趙鞅（即趙簡子，前 476 年卒）是春秋時期最爲重要的政治人物之一。公元前 493 年，趙鞅擊敗了晉國六卿中的范氏和中行氏，掌握了晉國大權。公元前 486 年秋，宋進攻鄰國鄭，趙鞅舉行龜卜占卜是否救鄭，這在本書第三章中已有涉及。

三位史分別用三種不同的方式解讀了龜卜所得之兆，皆言不宜伐宋。陽虎遂以《周易》筮之，得《泰》卦䷊（11）六五，爻辭謂：

> 六五：帝乙歸妹以祉。元吉。

陽虎的占斷沒有直接引用爻辭，但是他化用了該爻辭以說明不宜伐宋。趙鞅沒有伐宋救鄭，於次年轉而伐齊。

> 晉趙鞅卜救鄭，遇水適火，占諸史趙、史墨、史龜。史龜曰："是謂沈陽，可以興兵，利以伐姜，不利子商。伐齊則可，敵宋不吉。"史墨曰："盈，水名也；子，水位也。名位敵，不可干也。炎帝爲火師，姜姓其後也。水勝火，伐姜則可。"史趙曰："是謂如川之滿，不可游也。鄭方有罪，不可救也。救鄭則不吉，不知其他。"陽虎以《周易》筮之，遇《泰》䷊之《需》䷄，曰："宋方吉，不可與也。微子啓，帝乙之元子也。宋、鄭，甥舅也。祉，祿也。若帝乙之元子歸妹而有吉祿，我安得吉焉？"乃止。[1]

第三節　分　　析

爲方便與上兩章的相關內容作比較，這裏對易占的分析也從命辭、結果、繇辭、占辭四項入手。這四項雖是占卜的基本要素，但與第三、四章考察的《左傳》龜卜、蓍筮之例不同的是，上文所舉的十

---

[1]〔清〕阮元校刻：《十三經注疏·春秋左傳正義》，第 4702 頁。

則易占例中并不是每例都出現了全部四項要素。例如，龜卜中引人注意的命辭，十則易占例中就只有一例出現了。不過這例含有兩條命辭，而這兩條命辭與上兩章中展示的那些命辭完全相合，這使我們有理由相信，無論是龜卜、蓍筮還是易占，在命辭方面都是一樣的，因此本章對命辭的討論會比較簡短。類似地，第三、四章已對繇辭有過很多討論，這裏也就不用花費太多筆墨了，此外第九章考察《周易》爻辭時還會再次進行更全面的討論。

　　另一方面，較之上兩章，本章將更多地討論結果和占辭，討論的内容也會有所不同。本章這些用《周易》占卜所得到的結果不僅與龜卜所得的結果大相徑庭（當然這也是完全可以理解的），也與其他形式的蓍筮所得的結果不同。更重要的是，關於這些結果是如何得到的，固有的解釋與近幾十年來出土的材料不合，並且我認爲也與《左傳》易占例所反映的情況不合，但這樣的解釋在過去八百多年間幾乎從未受到過質疑。有鑑於此，我們將花較多力氣討論這一塊。《左傳》中的占辭往往相當簡單，就是"吉"或者"不吉"，不過很多時候都輔以大量解釋之辭，其解釋主要借助於八卦的卦象，把作爲占筮結果的六爻卦拆成兩個三爻卦。這種解釋方式在後代易學中變得極爲重要，因此這裏有必要作一些討論，當然所作的討論並不適用於評判後代易學。

命　　辭

　　上文所舉十則易占例中，有七例在敘述了背景和意欲采取什麼行動之後就直接說主人公"筮之"，其中5.7、5.8、5.10幾例明確說"以《周易》筮之"，例5.1則暗示了這一點。另有兩例把欲行之事糅入敘述占筮舉行的文句之中，例5.2言"畢萬筮仕於晋"，例5.3言"晋獻公筮嫁伯姬於秦"。如仿照第四章所考察的那些蓍筮之例，這兩例中的命蓍之辭大概應作"畢萬出入侍晋，尚毋有咎"[1]"伯姬嫁於

---

[1]　比照第四章的筮例4.13（包山簡228—229）可構擬出命蓍之辭。

秦，尚饗”之類。[1] 當然，由於《左傳》並沒有記錄下這些命辭，
它們實際是什麼樣子只能全憑想象了。

　　這十則《左傳》易占例中只有一例記錄下了實際的命辭，即例
5.8 所載的兩條命辭。這兩次占筮均與衛國的嗣位之爭有關，縶和元
都是儲君的備選人。兩次占筮是連續舉行的，首先占筮的是年幼但受
寵的元，然後是年長但有殘疾的縶。

　　　　孔成子以《周易》筮之，曰：“元尚享衛國，主其社稷。”
　　　　又曰：“余尚立縶，尚克嘉之。”

下一小節討論《周易》占卜的結果時還會對此例有更爲詳細的考察，
這裏只需再強調一下，這條材料表明易占的命辭與龜卜及其他類蓍筮
的命辭相類。卜筮開始之初要表明占卜主體的意圖，用“尚”這個詞
來標示。

結　　果

　　幾乎所有關於古代蓍筮的討論都是基於易傳《繫辭》中的一段話，
這段話開頭兩字作“大衍”，故一般稱之爲“大衍”章，内容如下：

　　　　大衍之數五十，其用四十有九。分而爲二以象兩，掛一以象
　　三，揲之以四以象四時，歸奇於扐以象閏，五歲再閏，故再扐而
　　後掛。

　　　　天數五、地數五，五位相得而各有合。天數二十有五，地數
　　三十。凡天地之數五十有五。此所以成變化而行鬼神也。乾之
　　策，二百一十有六，坤之策，百四十有四，凡三百有六十，當期
　　之日。二篇之策，萬有一千五百二十，當萬物之數也。是故四營
　　而成易，十有八變而成卦。

　　　　八卦而小成；引而伸之，觸類而長之，天下之能事畢矣。顯

---

[1] 這是最簡單的一類命辭，此類命辭見於第三、四章的一些龜卜蓍筮之例。

道神德行，是故可與酬酢，可與祐神矣。[1]

如上所見，我引用"大衍"章時按内容將之分成三段。第一段描述如何通過操作 50 根蓍草得到某一爻，第二段説明一個完整的六爻卦如何組成，第三段爲總結，不過一切都不是非常清晰明確。大多數解説根據的都是朱熹（1130—1200 年）的説法，這裏稍作展開。

朱熹對揲蓍法的詳細説解見於其著《周易本義》卷首，題爲《筮儀》。撇開"大衍"章中的數字符號不談，爲清眉目，揲蓍過程可分步驟描述爲：

（a）初始爲 50 根蓍草，取出 1 根置於一旁。

（b）將剩下的 49 根蓍草分成兩堆。

（c）從右邊那堆中取出 1 根蓍草，夾於左手小指和無名指之間。

（d）四根四根地去數左邊那堆蓍草，直到只餘下 1、2、3 或 4 根蓍草；將這些蓍草夾於左手無名指和中指之間。

（e）同樣四根四根地去數右邊那堆蓍草，直到只餘下 1、2、3 或 4 根蓍草；將這些蓍草夾於左手中指和食指之間。

（f）左手將有 5 或 9 根蓍草。以上是爲一"變"。[2] 將這 5

---

[1]〔清〕阮元校刻：《十三經注疏·周易正義》，第 165—167 頁。

[2] 在有關著筮的討論中，"變"通常被翻譯成"change"，指搖擺於陰陽兩極之間，即陰爻變陽爻或反之。爲與其他一些慣常譯作"change"的詞相區別（例如周易之"易"，本書也譯作"change"；又如"化"，"transformation"，指外觀而非基本屬性的變化，好比蝌蚪變化成青蛙；再如"革"，原本指剝皮，比較早的時候就引申出"revolution"或"overthrowal"［革命］的意思），我將"變"統一譯作"alternate"或"alternation"。

還應該指出的是，《繫辭傳》"大衍"章中的"變"有其特殊内涵，茹特（Richard Rutt）引李培德（Ulrich Libbrecht）之説指出，在後來的算術書中"變"指在算盤上進行操作所得的初步結果，或就某個數學問題演算一步後得到的初步結果，見 Richard Rutt【茹特】，*The Book of Changes（Zhouyi）: A Bronze Age Document Translated with Introduction and Notes*【《周易》：一部青銅時代文獻的翻譯、介紹及注釋】（Richmond：Curzon Press, 1996），pp.159－160，引 Ulrich Libbrecht【李培德】，*Chinese Mathematics in the Thirteenth Century: The Shu-shu chiu-chang of Ch'in Chiu-shao*【十三世紀的中國數學：秦九韶《數書九章》】（Cambridge：MIT Press, 1973），p.485。

或 9 根著草置於一旁。

（g）剩下的 40 或 44 根著草再分成兩堆。將步驟 c-e 重複一遍：從右邊那堆中取出 1 根著草夾於左手小指和無名指之間；四根四根地數左邊那堆，數剩下的著草夾於左手無名指和中指之間；四根四根地數右邊那堆，數剩下的著草夾於左手無名指和中指之間。這時左手會夾有 4 或 8 根著草。將這 4 或 8 根著草置於一旁。

（h）現在還剩下 40、36 或 32 根著草。

（i）再次將這 40、36 或 32 根著草分成兩堆，重複步驟 c-e。最後左手會夾有 4 或 8 根著草。再次將這 4 或 8 根著草置於一旁。

（j）現在還剩下 36、32、28 或 24 根著草。

（k）再次四根四根地去數剩下的這些著草，得到數字 9、8、7 或 6。以上完整地操作一遍，即爲一"營"。

（l）要得到一個六爻卦，以上步驟需要重複六遍，故得到一卦需要十八"變"（"十有八變而成卦"）。

"大衍"章頗爲隱晦地告訴我們這些操作如何得出一爻。《乾》由 6 根陽爻組成，策數之和爲 216，故 216÷6 = 36；《坤》由 6 根陰爻組成，策數之和爲 144，故 144÷6 = 24。因此，陽爻爲 9（36÷4 = 9），陰爻爲 6（24÷4 = 6）。類似地，"大衍"章言《周易》上下兩篇的策數總和爲 11520，其中六十四卦占 384（64×6 = 384），一半（192）爲陽爻、一半（192）爲陰爻。如陽爻策數爲 36，則 36×192 = 6912；如陰爻策數爲 24，則 24×192 = 4608，加起來爲 11520（6912 + 4608 = 11520）。因此，由"大衍"章可推知陽爻爲 9、陰爻爲 6。

不過，根據朱熹及其他注家的說法，數字 7 和 8 也可分別產生陽爻和陰爻。按這種解釋，兩組結果有所分別：9 和 6 分別爲老陽和老陰，被視作"變爻"，即陰陽互變之爻；7 和 8 則分別爲少陽和少陰，被視作不變之爻。如按照朱熹對"大衍"揲著法的理解，得到這些數

字的概率並不是均等的，得到 6 的概率只有 1/16（6.25%），得到 7
的概率爲 5/16（31.25%），得到 8 的概率爲 7/16（43.75%），而得到
9 的概率有 3/16（18.75%）。在一卦六爻中，得到幾個變爻（即 6、
9）或幾個不變爻（即 7、8）的概率也不均等。

0 爻變：17.799%

1 爻變：35.595%

2 爻變：29.663%

3 爻變：13.184%

4 爻變：2.966%

5 爻變：0.439%

6 爻變：0.024%

可以看到，最可能出現的情況是一爻變，即一卦六爻中有一爻爲 6 或
9 而其餘五爻爲 7 或 8，這種情況出現的概率略超 1/3。接下來出現概
率較高的依次是兩爻變、六爻皆不變、三爻變。四爻變、五爻變出現
的概率都很低，六爻皆變的概率尤其低。

　　朱熹之説很大程度上是一種猜測，甚至連他本人也承認這點。解
釋完《繫辭》"大衍"章後，朱熹加按語説：

　　　　此章言"天地"、"大衍"之數，揲著求卦之法，然亦略矣，
　　意其詳具於太卜筮人之官，而今不可考耳。其可推者，《啓蒙》
　　備言之。[1]

《朱子語類》有一節專論《周易》，朱熹在其中更清晰地承認他及與
他同時代的人對古代占卜方法知之甚少。

　　　　今之説《易》者，先培擊了卜筮。如《下繫》説卜筮，是甚

---

[1]　〔宋〕朱熹撰，廖名春點校：《周易本義》，北京：中華書局，2009 年，第 236—237
　　頁。這裏提到的"啓蒙"指的是他撰寫的《易學啓蒙》，該書第三卷也談到此揲筮
　　求卦之法，但未涉及"變爻"。

次第！某所恨者，不深曉古人卜筮之法，故今説處多是想象古人如此。若更曉得，須更有奧義可推。[1]

事實上，朱熹自己關於如何舉行占筮的解説也是"然亦略矣"。他雖然按照《繫辭》"大衍"章描述了如何産生一卦，但從未解釋如何用這一卦來確定占筮的結果。更重要的是，關於"變爻"如何應用於闡釋占筮，朱熹也完全沒有解釋，而變爻是後代易學的重要特徵之一。變爻的概念恐怕不是朱熹本人的發明，[2] 但在朱熹的時代之前幾乎很少出現這個概念。

無論《繫辭傳》"大衍"章的解讀是否要依朱熹所言引入變爻，由近幾十年出土的蓍筮材料（見第四章）以及《左傳》中的易占例來看，我們都有充分的理由認爲"大衍"章與周代的占筮沒有什麼直接的聯繫。1973 年出土的馬王堆帛書本《繫辭傳》與今本幾乎全同，但並沒有"大衍"章。馬王堆帛書本的下葬年代爲公元前 168 年，抄寫時間約爲公元前 170—前 180 年，可初步推測"大衍"章當創作於這之後。馬王堆《周易》經傳的整理者張政烺（1912—2005 年）即持此觀點，他認爲"大衍"章是西漢中期（公元前 2 世紀末或公元前 1 世紀初）的作品。[3] 因此，"大衍"章反映的可能更多是漢代對《周易》的認識與運用，而非周代對《周易》的認識與運用。

最早提到變爻的人似是西漢的京房（前 77—前 37 年）。唐《周易集解》引用了京房對《大畜》䷙（26）卦辭及該卦《象傳》的注解：

　　䷙《大畜》：利貞。不家食，吉。利涉大川。

　　《象》曰："'利涉大川'，應乎天也。"

　　京房曰："謂二變互體坎，故'利涉大川'。五天位，故曰

---

[1]〔宋〕黎靖德編，王星賢點校：《朱子語類》，第 1634 頁。

[2] 第一位明確提及變爻的人似爲歐陽修（1007—1072 年）。其著《易童子問》説《乾》䷀用九與《坤》䷁用六意味着筮得的六爻全爲 9 或全爲 6。用九、用六係《乾》《坤》兩卦所特有。

[3] 張政烺：《試釋周初青銅器銘文中的易卦》，《考古學報》1980 年第 4 期，第 406 頁。

'應乎天'。"[1]

漢魏注家多以八卦卦象解釋《周易》卦爻辭各字句。在《大畜》䷙中，下卦爲《乾》☰，乾爲天，上卦爲《艮》☶，艮爲山，所以關於卦辭"利涉大川"沒有現成的解釋。根據京房的説法，將第二爻由陽爻變爲陰爻，第二、三、四爻便互體成《坎》☵，坎爲水。根據易傳，下卦中位的二爻與上卦中位的五爻相應，又由於五爻爲天位，所以説"應於天"。

漢末魏初的虞翻（164—233 年）尤其倡導爻變之説。[2]《周易集解》引用了他對《漸》䷴（53）初六爻辭的解説：

> 初六：鴻漸于干，小子厲，有言，无咎。
>
> 虞翻曰："……初失位，故'厲'。變得正，三動受上，成震。……"[3]

據易傳，一卦之中奇數爻（即初、三、五爻）應爲陽爻，而偶數爻（即二、四、上爻）應爲陰爻，否則就被視爲失位。在《漸》䷴卦中，初爻失位，這就是爻辭稱"厲"的原因。上文已提到上下卦處於相同位置的爻是對應的；更重要的是，要真正地相應，兩爻必須爻性相反，即一陽一陰。《漸》卦的三爻與上爻同爲陽爻，所以無應；如三爻受上爻影響要與之相應，就會變陽爲陰。《漸》卦初爻、三爻發生爻變，下卦就會從《艮》☶變爲《震》☳。

雖然京房和虞翻都提及卦變與爻變，但需注意的是，他們的注釋都是以解經爲本位的，旨在解釋卦爻辭中的某詞某句爲什麼會這麼

---

[1]〔唐〕李鼎祚撰，王豐先點校：《周易集解》，第 171、172 頁。《周易集解》本作"謂二變五體坎"，屈萬里《先秦漢魏易例述評》（臺北：學生書局，1975 年，第 99 頁）指出"五"當爲"互"之誤。"互體卦"指二至四爻或三至五爻所構成的三畫卦。

[2]朱伯崑：《易學哲學史》（北京：華夏出版社，1995 年，第 1 卷第 211—220 頁）認爲虞翻是首位討論"變爻"的人。

[3]〔唐〕李鼎祚撰，王豐先點校：《周易集解》，第 324—325 頁。

説，而與占筮的過程無關。差不多就在虞翻著書的同時，《周易乾鑿度》一書從數的角度對《繫辭傳》"大衍"章作了解説：

> 易一陰一陽，合而爲十五，之爲道。陽變七之九，陰變八之六，亦合於十五，則象變之數若之一也。[1]

這段文句的含義難以索解，[2] 鄭玄（127—200 年）之注或許有所裨益，抑或並無幫助：

> 象者爻之不變動者。五象天數，奇也；十象地之數，偶也。合天地之數，乃謂之道。陽動而進，變七之九，象其氣息也。陰動而退，變八之六，象其氣消也。九六爻之變動者，《繫》曰："爻效天下之動也。"然則《連山》、《歸藏》占象，本其質性也。《周易》占變者，效其流動也。象者斷也。[3]

如果參考後代的易占學説，肯定會覺得這段話是在説占筮涉及卦變。然而，這裏的"變"也有可能指的是一卦之內諸爻的差異，即意象在一卦六爻中自下而上地變動（本書第九章將有探討）。畢竟"大衍"章"十有八變而成卦"中的"變"説的是成卦之過程，而不是指由爻變引起的一卦變爲另一卦。[4] 因此，這段文字是否與"卦變"的概念有關，似乎還不能斷定。

到了唐代，開始看到"變爻"被嘗試應用於占斷卜筮的結果。孔穎達（574—648 年）主持編撰的《左傳正義》有注文如下：

---

[1]〔清〕趙在翰輯，鍾肇鵬、蕭文郁點校：《七緯（附論語讖）·易緯·易乾鑿度》，北京：中華書局，2012 年，第 34—35 頁。關於《乾鑿度》的研究，見 Bent Nielsen【尼爾森】，"The *Qian zuo du*: A Late Han Dynasty（202 BC—AD 220）Study of the *Book of Changes*, *Yijing*"【《乾鑿度》：漢晚期（公元前 202 年—公元 220 年）的《易經》研究】（Ph.D. diss.：University of Copenhagen，1995）。

[2] 很顯然 7+9 或 8+6 都得不到 15，所以這裏的意思只能是 9+6 及 8+7 等於 15，但不清楚這對"象變"而言有什麼意義。

[3]〔清〕趙在翰輯，鍾肇鵬、蕭文郁點校：《七緯（附論語讖）·易緯·易乾鑿度》，第 34—35 頁。

[4] 如第 186 頁注〔2〕所言，李培德（Ulrich Libbrecht）指出在後代"變"指算術步驟。

《周易》以變爲占，占九六之爻。傳之諸筮皆是占變爻也。其《連山》《歸藏》以不變爲占，占七八之爻。二易並亡，不知實然以否。

《易》筮皆以變者爲占。傳之諸筮皆是也。若一爻獨變，則得指論此爻。遇一爻變以上，或二爻、三爻皆變，則每爻義異，不知所從，則當總論彖辭。故姜亦以彖爲占。[1]

這兩段注文似皆爲即興發揮，至少第一段承認了注家對古代蓍筮如何舉行缺乏確切的了解。不過，現在理解這些注文的時候根據的多是朱熹對蓍筮的描述，而如前文所見朱熹之説也是即興的、並不確切。

到了較晚近的時候，高亨（1900—1986年）嘗試將《左傳》《國語》中的材料與《繫辭》"大衍"章的有關内容聯繫起來，以解釋占筮結果如何獲得。[2]高亨的分析非常複雜，但考慮到其説也很有影響，尤其是在中國大陸有比較大的影響力，這裏有必要全面考察。高亨之説的第一部分是關於揲筮求卦，他對這部分的解釋與朱熹對"大衍"章的解釋沒有什麼不同，其説的核心在於對《左傳》《國語》有關筮例的分析。正如我們在上文已經看到的，這些筮例中占筮結果的表述格式爲"卦$_1$之卦$_2$"。高亨按照傳統的説法來理解這一格式，即卦$_1$爲最開始筮得的"本卦"，而卦$_2$爲"之卦"，即將本卦的9或6【譯者按：即老陽和老陰，老陽和老陰是變爻】變爲陰陽相反之爻所得到的卦。比如，上舉例5.1的占筮結果爲"觀☴☷之否☰☷"，高亨理解爲《觀》☴☷卦變爲《否》☰☷卦，認爲"之"表"往"意。《否》卦的卦畫☰☷與《觀》卦的卦畫☴☷僅有一爻之别，即第四爻不同，因

---

[1]〔清〕阮元校刻：《十三經注疏·春秋左傳正義》，第4215頁。

[2]最初發表時題作《周易筮法新考》，收入高亨：《周易古經通説》，北京：中華書局，1958年；亦收入高亨：《周易古經今注（重訂本）》，第139—160頁。程石泉的一篇英文文章照搬了高文的内容，但並未提及高亨之名，見 Shih-chuan Chen【程石泉】，"How to Form a Hexagram and Consult the *I Ching*,"【如何成卦與參考《易經》】*Journal of the American Oriental Society* 92.2（1972），pp.237–249。

此高亨認爲筮遇"觀☷☴之否☰☷"意味着筮得的數字是（一卦六爻自下而上讀）：

$$
\begin{array}{cc}
7 & \text{—} \\
7 & \text{—} \\
6 & \text{--} \\
8 & \text{--} \\
8 & \text{--} \\
8 & \text{--}
\end{array}
$$

7和8都是不變爻，只有第四爻6可變：

$$
\begin{array}{cc}
7 & \text{—} \\
7 & \text{—} \\
9 & \text{—} \\
8 & \text{--} \\
8 & \text{--} \\
8 & \text{--}
\end{array}
$$

　　高亨還提到了《繫辭》的兩段話，朱熹重新整理《繫辭》的時候將這兩段合併在一起並置於"大衍"章的開篇。

　　　　天一、地二、天三、地四、天五、地六、天七、地八、天九、地十。天數五、地數五，五位相得而各有合。天數二十有五，地數三十；凡天地之數五十有五。此所以成變化而行鬼神也。[1]

在强調55這個筮數的重要意義時，高亨指出一卦六爻的筮數之和最大爲54（六爻皆9，6×9＝54），而55比54多1。他還指出，"本卦"

---

[1]　"天一……地十"這段在今本《繫辭上》中位於第十章開頭，"天數五……此所以成變化而行鬼神也"這段則位於第八章有關揲筮法的敘述之後。朱熹按照他的理解作了調整，謂"此簡本在'大衍'之後"。

六爻的筮數之和是一個介於 36（六爻皆 6，6×6＝36）和 54 之間的數，用 55 減去這個數，會得到一個介於 1（＝55－54）和 19（＝55－36）之間的數字，該數字用來確定哪根是宜變之爻，做法是：自初爻向上數，數至上爻，再自上爻向下數，數至初爻，如此往復，一直數到該數字爲止，停在哪一爻那爻就是宜變之爻。此過程可製成一張表格（表 5.1）（初爻爲 1，二爻爲 2，以此類推，上爻爲 6，然後再反過來，上爻爲 7，五爻爲 8，以此類推，初爻爲 12，再反過來，初爻爲 13，繼續類推）：

	54	53	52	51	50	49	48	47	46	45	44	43	42	41	40	39	38	37	36
上						6	7											18	19
五				5				8									17		
四			4						9							16			
三			3							10					15				
二		2									11			14					
初	1											12	13						

表 5.1　高亨推測的宜變之爻

用這種方式在本卦中確定宜變之爻後，此爻本身是可"變"還是不可"變"將決定是否用它進行占斷，不過，最後用什麼占斷還要受本卦中其他爻是否可變的影響。高亨提出了十二種可能的情況：所有爻都不是可變之爻（即所有爻都是 7 或 8）【譯者按：即宜變之爻必然不可變】，所有爻皆爲可變之爻（即所有爻都是 6 或 9）【譯者按：全變之卦不須求宜變之爻】；對於有一個、兩個、三個、四個、五個可變之爻這幾種情況來說，又都分別存在兩種可能，一種可能是宜變之爻可變（即宜變之爻是 6 或 9），另一種可能是宜變之爻不可變（即宜變

之爻是 7 或 8）。如果一卦六爻皆不可變，則用本卦的卦辭占之。如果
六爻皆可變，則不須求宜變之爻；遇《乾》之《坤》，以《乾》用九
爻辭占之；遇《坤》之《乾》，以《坤》用六爻辭占之；[1] 遇他卦
則主要以"之卦"卦辭占之。各種情況産生的不同結果如下表所示
（表 5.2）（卦₁爲"本卦"、卦₂爲"之卦"），表格最右一列爲上節考
察的《左傳》易占例，下文還將涉及《國語》之例，高亨認爲這些
《國語》之例有力地支持了其假説。

卦₁可變之爻的數目	宜變之爻是否可變	依何占斷	《左傳》易占例
0	否	卦₁卦辭	昭七（例 5.8）
1	是	卦₁變爻爻辭	莊二十二（例 5.1） 閔元（例 5.2） 僖十五（例 5.3） 僖二十五（例 5.4） 襄二十五（例 5.6） 昭五（例 5.7） 昭七（例 5.8） 昭十二（例 5.9） 哀九（例 5.10）
1	否	卦₁卦辭	無
2	是	卦₁變爻爻辭	無
2	否	卦₁卦辭	無
3	是	卦₁變爻爻辭	無
3	否	卦₁及卦₂卦辭	無
4	是	卦₁變爻爻辭	無

---

[1] 上文第 189 頁注 [2] 已提到，《乾》《坤》兩卦比較特殊，在常規的六條爻辭之外
　　還多出一條爻辭，即所謂"用九""用六"。

續　表

卦₁可變之爻的數目	宜變之爻是否可變	依何占斷	《左傳》易占例
4	否	卦₂卦辭	無
5	是	卦₁變爻爻辭	無
5	否	卦₂卦辭	襄九（例5.5）
6	——	用九/用六/卦₂卦辭	無

表 5.2　高亨《周易》筮法與《左傳》易占例

除了上面這些《左傳》易占例外，高亨還談到了《左傳》《國語》中結果作"某卦之八"或絕不見於《周易》的占例。這些占例本書第四章已有討論，下面是其中關於占筮結果的部分：

> 其卦遇《蠱》䷑，曰："千乘三去，三去之餘，獲其雄狐。"（《左傳》僖公十五年，例4.5）

> 其卦遇《復》䷗，曰："南國蹙，射其元王，中厥目。"（《左傳》成公十六年，例4.6）

> 公子親筮之，曰："尚有晉國。"得貞《屯》䷂、悔《豫》䷏，皆八也。筮史占之，皆曰："不吉。閉而不通，爻無爲也。"司空季子曰："吉。是在《周易》，皆利建侯。……"（《國語·晉語四》，例4.8）

上舉第三例雖然提到了《周易》，但很顯然這是由另一位占卜者做出的一種事後干預，而不是利用《周易》獲得"《屯》䷂、悔《豫》䷏，皆八也"。由於這些占筮所用的是另外一種蓍筮方法，在我看來它們與易占沒有直接聯繫。

至於《左傳》諸例，下文還會有更爲細緻的考察。襄公九年所載穆姜占筮之例，高亨認爲尤其重要，有關文句作：

穆姜薨於東宮。始往而筮之，遇《艮》☶☶之八。史曰："是
謂《艮》☶☶之《隨》☱☳。……"（例 5.5）

高亨將這則筮例中的《艮》☶☶轉換成 6－8－9－6－6－9，他將這些筮
數相加得 44，用 55 減去 44 得 11，由表 5.1 可知宜變之爻爲第二爻，
所以是"《艮》之八"。由此高亨説："非以余所言之變卦法，則此文
'遇《艮》之八''是謂《艮》之《隨》'，終莫能解，亦可見余所
言之變卦法非臆撰也。"[1]

　　高亨的變卦法是否"臆撰"我們後面再談，但可以確信的是此例
中史引用的《周易》是臆撰的。筮得的結果爲"遇《艮》☶☶之八"，這
與《左傳》確定的易占例中結果作"卦$_1$之卦$_2$"有所不同，史則認爲
"是謂《艮》☶☶之《隨》☱☳"，然後引述了《隨》☱☳卦卦辭。上引這則
《左傳》筮例中所使用的顯然是易占之外的某種筮法，而史試圖用《周
易》來解讀結果。據"大衍"筮法，得到一個有五根可變之爻（即 6
或 9）的卦，概率不到二百分之一（0.439%）。此外，我懷疑穆姜之所
以不接受史的解説，表面上看是因爲她覺得自己不配這樣的結果，但更
可能還是因爲她發現史在解釋結果時用了點手段。當然這只是猜測，但
可以肯定的是，這反常的一例無法證明高亨的變卦法並非"臆撰"，而
《左傳》中其他幾則易占例可以確定無疑地表明其變卦法確係臆撰。

　　高亨設想了 12 種占筮結果。《左傳》易占例中的結果大多表述爲
"遇卦$_1$之卦$_2$"，而卦$_1$和卦$_2$往往只有一爻之別（只有一條例外，見於
例 5.8 的第一處占筮，下文還會有詳細討論）。例如，《左傳》莊公二
十二年的例 5.1 中，結果是"遇《觀》☷☴之《否》☷☰"，《觀》☷☴和
《否》☷☰的卦畫只有第四爻不一樣，《觀》爲陰爻，《否》是陽爻。據
高亨之説，這意味着《觀》第四爻的筮數爲 6，其餘五爻或爲 7 或爲
8，占筮結果可用數字表示爲 8－8－8－6－7－7（自下而上）。高亨規
定在一爻可變的情況下，如可變之爻正是宜變之爻，則用這條爻辭占

---

[1] 高亨：《周易古經今注（重訂本）》，第 158 頁。引用時標點略有改動。

斷；如可變之爻並非宜變之爻，則主要用卦₁的卦辭占斷。在 5.1 這則《左傳》易占例中，《觀》六爻的筮數之和爲 44，55 減 44 得 11，查表 5.1 可知餘數爲 11 時宜變之爻爲第二爻，則可變之爻非宜變之爻，按照高亨的變卦法應該用《觀》卦卦辭占斷。然而《左傳》中引述的繇辭卻是《觀》卦第四爻的爻辭，這與高亨變卦法所言者不合。

　　高亨變卦法無法解釋的《左傳》易占例並非只此一例，凡是占筮結果表述爲 "遇卦₁之卦₂" 的易占例，高亨變卦法幾乎都無法解釋。具體見下表（表 5.3）：

編號	年份	占筮結果	本卦（筮數形式）	天地之數減本卦筮數之和	宜變之爻	《左傳》原文以何占斷
5.1	莊22	《觀》䷓之《否》䷋	8－8－8－6－7－7	55－44＝11	《觀》二	《觀》四
5.2	閔1	遇《屯》䷂之《比》䷇	9－8－8－8－7－8	55－48＝7	《屯》上	《屯》初
5.3	僖15	《歸妹》䷵之《睽》䷥	7－7－8－7－8－6	55－43＝12	《歸妹》初	《歸妹》上
5.6	襄25	《困》䷮之《大過》䷛	8－7－6－7－7－8	55－53＝12	《困》初	《困》三
5.7	昭5	《明夷》䷣之《謙》䷍	9－8－7－8－8－8	55－48＝7	《明夷》上	《明夷》初
5.8	昭7	《屯》䷂之《比》䷇	9－8－8－8－7－8	55－48＝7	《屯》上	《屯》初
5.9	昭12	《坤》䷁之《比》䷇	8－8－8－8－6－8	55－46＝9	《坤》四	《坤》五
5.10	哀9	《泰》䷊之《需》䷄	7－7－7－8－6－8	55－43＝12	《泰》初	《泰》五

表 5.3　高亨變卦法無法解釋的《左傳》易占例

　　高亨雖逐一引述了這些《左傳》筮例，但對它們是否與其變卦法相合却隻字未言，只是總結説：

　　　　此法在《左傳》、《國語》中，或有徵，或無徵。有徵者，以其徵知之；無徵者，以其有徵者推知之；當無大謬也。[1]

身爲20世紀中期中國最資深的易學家，高亨竟然提出了這樣一個破綻百出的假説，這不得不令人感到遺憾。更遺憾的是，這部著作是由中國最重要的學術出版社——中華書局出版的，而且初版面世幾十年之後中華書局又出了重訂本，却没有讓讀者知曉它無法解釋90%以上的例子。對於《左傳》中的那些占例而言，必定存在更好的解釋。

　　讀了這些《左傳》占例的人不難看出什麽才是更好的解釋。"卦₁之卦₂"中的"之"雖然有可能是動詞、表"往"意，但是在《左傳》時代乃至整個周代的語言中，"之"最多見的用法是表領屬關係的介詞，近似於現代漢語中的"的"。如上文所言，《左傳》易占例中占筮結果皆表述成兩卦之間的關係，這兩卦的卦畫只有一爻之别，且這一爻的爻辭往往就是占斷所用的繇象。最直接的解釋是：在用"初六""九二"等來指稱一卦諸爻之前，曾用"卦₁之卦₂"來指稱卦₁中某一爻，較之"初六""九二"這種數字標識，"卦₁之卦₂"不過是换了種形式。比如，占例5.1筮得"《觀》▥之《否》▤"，這兩卦共有五爻相同，區别只在於第四爻，《觀》爲陰，《否》爲陽，所以"《觀》▥之《否》▤"指的就是《觀》卦第四爻，即今本《周易》所謂"六四"，這則占例接下來説"觀國之光，利用賓于王"，這正是《觀》六四的爻辭。其他《左傳》易占例的情況也是完全一樣的，因此"卦₁之卦₂"最直接的理解就是：連接兩個卦的"之"是介詞，指示兩卦之間的關係。

　　《左傳》中還有一些與占卜無涉但引用了《周易》的記述也可證

_____

[1] 高亨：《周易古經今注（重訂本）》，第150頁。

明這樣理解"卦₁之卦₂"是正確的。例如，《左傳》宣公十二年（前597年）載晉楚邲之戰爆發之前，晉軍將領們對此戰的前景有不同的看法。下軍大夫荀首（謚莊，又稱知莊子）反對出師，引了一條《周易》爻辭來表明這樣做很危險：

> 知莊子曰："此師殆哉！《周易》有之，在《師》䷆之《臨》䷒，曰：'師出以律，否臧。凶。'執事順成爲臧，逆爲否。衆散爲弱，川壅爲澤。有律以如己也，故曰律。否臧，且律竭也。盈而以竭，夭且不整，所以凶也。不行謂之《臨》，有帥而不從，臨孰甚焉？此之謂矣。果遇必敗，彘子尸之，雖免而歸，必有大咎。"[1]

這段記載並沒有說舉行了占筮，引《周易》完全是爲了達到修辭的效果，因此可以肯定"《師》䷆之《臨》䷒"與"變爻"無涉。和上舉諸例一樣，《師》和《臨》的卦畫也只有一爻之別，即初爻，而文中引到的正係《師》初六爻辭：

> 初六：師出以律，否臧。凶。

類似的一例見於襄公二十八年（前545年），鄭國派游吉（或稱子大叔，前506年卒）使楚，抵達時却被楚王遣回，要求鄭君親自來朝。游吉回到鄭國後，向鄭穆公之孫公孫舍之（字子展，前544年卒）報告了這件事，預言楚王將遭厄運，並援引《周易》以爲其證：

> 子大叔歸，復命，告子展曰："楚子將死矣。不修其政德，而貪昧於諸侯，以逞其願，欲久得乎？《周易》有之，在《復》䷗之《頤》䷚，曰：'迷復。凶。'其楚子之謂乎！欲復其願而棄其本，復歸無所，是謂'迷復'。能無凶乎？君其往也，送葬而歸，以快楚心。楚不幾十年，未能恤諸侯也。吾乃休吾民矣。"[2]

[1]〔清〕阮元校刻：《十三經注疏·春秋左傳正義》，第4080—4081頁。
[2]同上注，第4340—4341頁。

同樣地，這裏引用《周易》完全是出於修辭效果，沒有舉行占筮，因此"《復》䷗之《頤》䷚"不可能與"變爻"有任何關係。它指的是《復》上六爻，此爻爻辭正如子大叔所引，作"迷復。凶"。

最後我們來看最有力的一條證據，可清楚地表明《左傳》"卦$_1$之卦$_2$"中的"之"只能理解成介詞。有人向魏舒（謚獻，史稱魏獻子，前509年卒）報告説有龍現身，魏舒詢問熟悉上古之事的史官蔡墨，是否真的有龍存在以及龍爲什麽不再被人看到。蔡墨援引各種古代文獻來説明上古時龍確實存在，最後也引到了《周易》：

> 龍，水物也。水官棄矣，故龍不生得。不然，《周易》有之：在《乾》䷀之《姤》䷫曰"潛龍。勿用"。其《同人》䷌曰"見龍在田"。其《大有》䷍曰"飛龍在天"。其《夬》䷪曰"亢龍。有悔"。其《坤》䷁曰"見群龍无首。吉"。《坤》䷁之《剝》䷖曰"龍戰于野"。若不朝夕見，誰能物之？[1]

此例引《乾》䷀、《坤》䷁兩卦諸爻爻辭也只是單純的引用，並不涉及占筮。所引的第一處爻辭也使用了"卦$_1$之卦$_2$"格式的表述，作"《乾》䷀之《姤》䷫"。更關鍵的是，後面再引《乾》卦的爻辭時，"《乾》䷀之"被替換成了領屬代詞"其"，"其"的意思是"它的"，在這裏即"《乾》的"。這則材料確鑿無疑地表明"《乾》䷀之"中的"之"只能被理解成表領屬關係的介詞。以此爲定點推而廣之，可知"卦$_1$之卦$_2$"中的"之"應作同樣的理解。"卦$_1$之卦$_2$"與"變爻""變卦"無關，只是用來指稱卦$_1$六爻中的某一爻，將之作爲占筮的結果。

據文獻記載，《周易》與《歸藏》等其他筮書的一個重要區別在於：《歸藏》只有卦辭，以卦辭占斷；《周易》還有爻辭，往往以爻辭占斷。如本書第四章所言，王家臺簡印證了《歸藏》只有卦辭這點。

---

[1]〔清〕阮元校刻：《十三經注疏·春秋左傳正義》，第4612—4613頁。

至於《周易》，上文考察的占例幾乎都可證明《周易》占筮的結果是某卦的某一爻，該爻的爻辭就作爲用以占斷的繇象。這其中只有一例與衆不同，即《左傳》昭公七年的占例 5.8，我認爲此例相當重要，爲我們了解爻如何筮得提供了重要的信息。鑑於此例的重要性，這裏再引一遍。

衛襄公夫人姜氏無子，嬖人婤姶生孟縶。孔成子夢康叔謂己：“立元，余使羈之孫圉與史苟相之。”史朝亦夢康叔謂己：“余將命而子苟與孔烝鉏之曾孫圉相元。”史朝見成子，告之夢，夢協。晋韓宣子爲政聘于諸侯之歲，婤姶生子，名之曰元。孟縶之足不良能行。孔成子以《周易》筮之，曰：“元尚享衛國，主其社稷。”遇《屯》䷂。又曰：“余尚立縶，尚克嘉之。”遇《屯》䷂之《比》䷇。以示史朝。史朝曰：“‘元亨’，又何疑焉？”成子曰：“非長之謂乎？”對曰：“康叔名之，可謂長矣。孟非人也，將不列於宗，不可謂長。且其繇曰：‘利建侯。’嗣吉，何建？建非嗣也。二卦皆云，子其建之！康叔命之，二卦告之，筮襲於夢，武王所用也，弗從何爲？弱足者居。侯主社稷，臨祭祀，奉民人，事鬼神，從會朝，又焉得居？各以所利，不亦可乎？”故孔成子立靈公。十二月癸亥，葬衛襄公。[1]

上文引此例時已簡單介紹過，這段記載了與衛君立儲有關的兩次占筮。長子孟縶腿有殘疾，依禮不能主持祭祀之事。衛國先君康叔曾託夢説“元”將成爲儲君，幼子出生後便命名爲元，意爲“一”或“首”。在相繼舉行的兩次占筮中，第一次筮得《屯》䷂，第二次筮得“《屯》䷂之《比》䷇”，即《屯》初九。《屯》卦辭與《屯》初九爻辭如下：

屯䷂：元亨，利貞。勿用有攸往。利建侯。

---

[1]〔清〕阮元校刻：《十三經注疏·春秋左傳正義》，第 4454—4455 頁。

初九：磐桓。利居貞。利建侯。

史朝解釋這兩次占筮結果時，先是引用了《屯》卦的卦辭"元亨"，幼子名元，因此可初步判定宜立元爲嗣。史朝接着又説："且其繇曰：'利建侯。'嗣吉，何建？建非嗣也。二卦皆云，子其建之！"如史朝所言，"利建侯"這個"繇"同時見於"二卦"，"二卦"即兩次占筮的結果，也就是《屯》卦辭及《屯》初九爻辭。[1]

我之所以認爲這則占例對於復原易占過程而言特別重要，是因爲兩次占筮都筮得同一卦，即《屯》。我們無法具體計算這種情況發生的概率，但在我看來這一概率肯定極低。[2] 更重要的是，第一次占筮的結果是《屯》卦卦辭，而第二次的結果是《屯》卦六爻中一爻的爻辭，在我看來這體現了易占的兩步占筮程式。我認爲這種占筮程式的第一步是確定六十四卦中的某一卦，第二步是確定用該卦六爻中哪一爻的爻辭作爲繇象。在我的博士論文《〈周易〉之編纂》（"The Composition of the *Zhouyi*"）中，我發現"利貞"的分布呈現出一定的規律性，可作爲這一觀點的佐證。[3] 我還提出《比》卦卦辭或許也反映出這種兩步占筮程式："原筮"得到的結果是"元"，"元"習見於卦辭；"永貞"産生的占辭是"无咎"，"无咎"通常只見於爻辭。[4]

---

[1] 高亨在《周易古經通説》及《周易古經今注》中都提到"二卦皆云"指的是皆云"元亨"，而正文已指出"元亨"見於《屯》卦卦辭。高亨認爲此次占斷根據的是《比》卦卦辭"吉。原筮元，永貞无咎。不寧方來，後夫凶"，其中没有出現"元亨"，高亨説這是因爲"元"後的"亨"字脱去了。值得注意的是，上博簡《周易》和今本一致，"元"後也没有"亨"，當然高亨當年不可能看到上博簡《周易》。高亨之説完全出於臆測，他千方百計想證實自己的變卦法，無視《左傳》原文明確説"且其繇曰：'利建侯'"。

[2] 白安雅（Andrea Breard）告訴我，得到一次某六爻卦的概率是1/64，一旦得到該卦，再次得到該卦的概率還是1/64，個人通訊，2018年11月5日。

[3] Edward Shaughnessy【夏含夷】，"The Composition of the *Zhouyi*"【《周易》之編纂】（Ph. D. diss.：Stanford University，1983），pp.96-97，pp.124-133.

[4] 同上注，p.96。本頁注［1］提到高亨校改了這條卦辭，他認爲"元"後應該還有"亨"，"元亨"習見於卦辭。上文亦已指出上博簡《周易》無法證明這一校改是正確的，而"元"這個詞經常出現於卦辭之中（共10見），我認爲這表明"元"在卦辭中具有某種特殊的功能。

　　　　《比》▦：吉。原筮元，永貞无咎。不寧方來，後夫凶。

我在博士論文中承認這個兩步占筮程式的看法"有一定的推測成分"，並且我現在依然承認這一點。不過，自我博士論文完成以來的這三十多年間，出土了大量戰國時期的龜卜和蓍筮材料，它們表明確實存在這樣一種兩步的占筮程式。本書第三章（龜卜）和第四章（蓍筮）已對這些材料有過詳細的分析，這裏就不再重複了。這些材料用的不是《周易》，因此與易占並不直接相關，[1]但它們説明這樣一種兩步占筮程式在易占發展的時代是人盡皆知的。再加上本章所舉的材料，我相信周代占筮分兩步進行這點已有比較充足的證據支持，程式的第一步是得到某一卦（或許還有卦辭），第二步是從該卦六爻中確定一爻用以占斷。

<h2 style="text-align:center">兆　　辭</h2>

　　上兩章討論龜卜與蓍筮時，我已對占卜過程中産生的繇有過較爲詳細的考察。之所以要這樣做，很大程度上是因爲這些繇與《周易》中諸多爻辭的格式非常接近（參見第九章）。"繇"和"爻"其實本就音義皆近。這種形式的繇與爻辭之間的關係，第九章還會有更爲詳細的探討，這裏就不過多展開了，只重申一點——在幾乎所有的《左傳》易占例中，繇往往就是《周易》某一爻的爻辭，該爻用"卦₁之卦₂"這種表述格式來指稱。[2]

　　這裏只需考察兩則明確提到"繇"一詞的占例，即例5.3與例

---

[1] 例如，王化平提出出土文獻中看到的占筮結果與《左傳》《國語》所見者不同；《左傳》《國語》中經常提及卦名以及爻辭（或與《周易》相同，或不同），而出土文獻大多只記録筮數。見王化平：《〈左傳〉和〈國語〉之筮例與戰國楚簡數字卦畫的比較》，《考古》2011年第10期，第62—67頁。賈連翔也有類似的看法，見《出土數字卦材料整理與研究》，清華大學博士學位論文，2014年，第125頁。

[2] 之所以要説"幾乎"，是因爲例5.5的穆姜筮例中有與之不合的情況，不過我認爲這處反常不屬於易占。此外，例5.8中就衛國立儲一事舉行了兩次占筮，初步占筮的結果是《屯》▦（3）。

5.6，我們只引繇辭部分：

　　　　其繇曰："士刲羊，亦無衁也。女承筐，亦無貺也。"（例5.3）

　　　　且其繇曰："困于石，據于蒺蔾，入于其宫，不見其妻，凶。"（例5.6）

第一則占例的繇與占筮的結果即《歸妹》䷵（54）上六有關，今本《周易》中該爻爻辭作：

　　　　上六：女承筐无實，士刲羊无血。无攸利。

《左傳》所引繇辭"士刲羊"在前而"女承筐"在後，順序與今本《歸妹》上六爻辭相反，不過它們都與同一個繇象有關這一點是毫無疑問的。我們很難判定哪個版本的時代更早，那麼早的時候《周易》是否存在定本甚至都很成問題。[1]

　　　第二則占例中的繇與《周易》爻辭的關聯性就更加無可懷疑了。占筮的結果是"《困》䷮之《大過》䷛"，即《困》䷮（47）六三，《周易》中此爻爻辭作：

　　　　六三：困于石，據于蒺蔾，入于其宫，不見其妻。凶。

《左傳》所引之繇與《困》六三爻辭完全相同，末尾的占辭甚至都是"凶"。占卜者似乎並不是即興創作了一段繇辭，而是參考了某部與今

──────────

[1] 衛德明（Hellmut Wilhelm）説："就像這例中，《左傳》所引《易經》文句與我們今天看到的文本有別，總是一個更原始的版本（原文如此【譯者按：原文作 I-ching passages quoted in the Tso-chuan which differ from our present text always a more original version，不合英文語法，應存在排印錯誤，所以作者引用時解釋説'原文如此'】）。我想舉的第一個例子是第54卦《歸妹》上六爻辭。《左傳》引用的版本與今本有所不同，儘管意思大體接近。今本中'女'和'士'出現的順序反了過來，或許是因爲'陰陽'成了主流，要與先陰後陽的順序保持一致；把富有禮儀意味的'衁'和'貺'替換成了更爲世俗的用詞'血'和'實'，而且在一定程度上縮短了文句。如此一來，原版的節奏和韻律就喪失了。《左傳》那個版本具有完美韻律這點本身就可證明它是更爲古老的版本。"Hellmut Wilhelm【衛德明】，"I-Ching Oracles in the Tso-chuan and the Kuo-yü,"【《左傳》《國語》中的《易經》繇辭】Journal of the American Oriental Society 79.4（1959），p.276.其説在我看來缺乏説服力。

本《周易》非常接近的文獻。[1]

占　辭

前面兩章對占辭的討論比較簡略。龜卜蓍筮記録中的占辭往往就作簡單的"吉"或"不吉"，不過從出土的戰國卜筮簡來看，初步的占斷通常還附有一定的限定條件，需要進一步的祭禱。《左傳》易占例中所記載的占辭通常作"吉"（例 5.2、5.4、5.6）、"不吉"（例 5.3）；或略加修飾，作"吉孰大焉"（例 5.4）、"大吉"（例 5.9）；或者改變措辭，作反問句"我安得吉焉"（例 5.10）。有時候不同的占卜者會給出不同的占斷（見例 5.6、5.9），有時候占卜主體會拒絕接受占斷（見例 5.5、5.6）。

有些占辭直接取自所筮得的《周易》卦爻辭中的占辭。如，例 5.8 筮幼子元是否當立爲衛國儲君，主持占筮的史就直接引用了《屯》卦卦辭：

> 史朝曰："'元亨'，又何疑焉？"

例 5.9 也屬類似之例，南蒯占筮是否要背叛魯季孫氏，南蒯引用了所遇之爻的爻辭，認爲這表明他應該去做：

> 南蒯枚筮之，遇《坤》☷☷之《比》☵☷曰"黄裳元吉"，以爲大吉也。

---

[1] 這就提出了這樣一個問題——《左傳》引《周易》在多大程度上可以證實《周易》文本的存在與流傳。例如，莊公二十二年（前 672 年）的例 5.1 所載占筮結果與今本《周易》完全吻合，這是否證實了已存在《周易》？上文介紹此例時已提到，其中的占辭（尤其是對占辭的具體解釋）準確地預測了五世及八世之後發生的事情，最早的一件發生於公元前 478 年。因此，這段關於"筮"的記載完全有可能是追述的故事，被插入到了莊公年間。《左傳》中的預言有些來自占卜，有些來自其他預言性活動，公元前 4 世紀中期之前的預言基本上都成真了，而在那之後的預言就沒那麼靈驗了。許多學者據此認爲《左傳》的成書年代大致就在公元前 4 世紀中期，《左傳》體現的應該是那個時代的狀況。對這個問題的全面探討已超出了本書的範圍。站在我的角度而言，想强調的只是，《左傳》所能反映的是其成書的那個時代（大致在公元前 4 世紀）對占卜和《周易》的理解。

這則占例接下來的話表明占斷並不總是那麼簡單的。南蒯把占筮結果拿給子服惠伯看，惠伯認爲這壓根與南蒯無關。惠伯在論述自己的看法時引用的是同樣一句爻辭，但却給出了不同的理解語境：

> 示子服惠伯，曰："即欲有事，何如？"惠伯曰："吾嘗學此矣，忠信之事則可，不然，必敗。外彊内温，忠也；和以率貞，信也，故曰'黃裳元吉'。黃，中之色也；裳，下之飾也；元，善之長也。中不忠，不得其色；下不共，不得其飾；事不善，不得其極。外内倡和爲忠，率事以信爲共，供養三德爲善，非此三者弗當。且夫《易》不可以占險，將何事也？且可飾乎？中美能黃，上美爲元，下美則裳，參成可筮。猶有闕也，筮雖吉，未也。"

本書第二章説過占筮可視爲一種道德訓練，惠伯的看法顯然利用了這一點。當然，惠伯並没有成功勸阻南蒯，但他的告誡被證明是有先見之明的，南蒯叛亂以失敗告終，考慮到《左傳》具有教化目的，這樣的結局毫不奇怪。

　　其他一些對占辭的解讀不是依靠道德規範，而是依靠對筮得之卦的符號象徵系統作技術分析（需指出的是，"卦$_1$之卦$_2$"中的兩個卦都要分析），尤其是分析經卦。近幾十年來，隨着大量戰國秦漢出土文獻的發現，我們有理由相信這種分析方法所依據的符號象徵系統並不僅僅局限於《周易》占卜，不過最遲到漢代的時候，這種符號象徵系統已與《周易》緊密地聯繫在了一起。例5.7是這種分析方法的典型之例，此例記載了叔孫豹（即叔孫穆子）出生之時舉行的一次占筮。叔孫豹之兄即臭名昭著的叔孫僑如，他是叔孫氏的宗主，叔孫氏爲魯國三桓之一。叔孫豹早年流亡齊國，其兄僑如被放逐後，豹被召回魯國繼承叔孫氏。叔孫豹在魯生活了三十五年多，公元前538年，叔孫豹的庶子豎牛殺死了嫡子們，將叔孫豹活活餓死。

　　此例明確説使用《周易》進行占筮，筮得"《明夷》䷣之《謙》䷎"，即《明夷》䷣（36）初九爻。

　　　　初九：明夷于飛。垂其翼。君子于行。三日不食。有攸往。
主人有言。

卜楚丘其名表明他出身占卜世家，他給出的占辭比較長，也頗爲具體：

　　　　是將行，而歸爲子祀。以讒人入，其名曰牛，卒以餒死。

接着卜楚丘對其占斷作了詳細的技術講解。雖然他沒有直接引用爻辭
原文，但是爻辭中的每一個語句都被分析到了，下面稍作疏解（《左
傳》原文見例5.7）。

　　卜楚丘先解釋了卦名"明夷"，我譯作"Calling Pheasant"（鳴
鷞），但正如上文所言（180頁），按照傳統的理解可譯作"Brightness
Wounded"（光明損傷）之類。"明"與太陽有關，而太陽也是《明
夷》下卦《離》☲的卦象。據中國的神話傳説，天上有十個太陽，所
以一周有十天、一天有十個小時。數字"十"也與人間有關，人的社
會等級有十級，最上面是王，往下是公，再往下是卿。對應一天之內
各時段，日中相當於王，食日相當於公，旦日相當於卿。占筮的結果
"《明夷》☷之《謙》☷"指《明夷》初爻，又可譯作"'光明損傷'
的'謙'"或"'光明損傷'往'謙'"，這意味着太陽並不處於光
芒最盛之時，對應的肯定是旦日之時、卿之位。占卜主體是叔孫豹之
父莊叔，莊叔爲卿，其子理應同樣爲卿，遂家祀不絶。

　　接着，卜楚丘逐詞逐句地解釋《明夷》初九爻辭，所利用的依然
是下卦《離》☲的卦象。易傳《説卦傳》言離爲日、爲鳥，這或許
源自中國神話，日中有鳥是流傳已久的傳説。卜楚丘解讀占辭時似乎
調和了《離》卦的這兩個象。據《左傳正義》，由於下卦《離》發生
變化（"之"），《明夷》成了《謙》☷，失去了日這一基本象，只保
留了鳥這個次要的象；因此，爻辭"明夷于飛"或許説明"明夷"
既可表"光明損傷"有時也可表"鳴鷞"。"明夷"的這兩重意涵卜
楚丘皆有所利用，他解釋説因爲光明不在其最盛之時所以"垂其翼"；
"于飛"和"垂其翼"皆指日之運行，故云"君子于行"；又由於初

爻已與"爲三"的"旦日"聯繫起來，故云"三日不食"。

接下來對占辭的解讀利用的是《離》☲的另外一個卦象——火，火與日有關，日自然延伸爲火。《離》☲初爻變陽爲陰，便産生《艮》☶，《艮》的基本象是山，火碰到山、焚燒山，山就會被燒毀。應用於人類活動時，《艮》的一個次要之象是言，毀壞之言爲"讒"，所以爻辭説"有攸往。主人有言"。

卜楚丘在解釋讒人爲什麼"其名曰牛"時采用了另一種解易技巧。除利用《離》☲卦的卦象外，他還説"純離爲牛"（"純離"即《離》☲卦），因爲《離》☲卦辭中提到了"牝牛"：

離☲：利貞。亨。畜牝牛。吉。

接下來的話邏輯上有些跳躍——混亂的時代讒言橫行，占筮就會得到《離》卦，所以卜楚丘知道讒人的名字叫"牛"（"世亂讒勝，勝將適離，故曰'其名曰牛'"）。

最後的總結部分邏輯上的跳躍性更大，貌似無論如何也講不通，事實上我懷疑這段解釋有缺文。卜楚丘借用了《謙》☷卦卦名的含義，"謙"意味着"減損"，應用於出行則其行不遠，多少還可以理解，但當卜楚丘接着解釋爲什麼要説"其爲子後乎"時，文本似有殘缺，那句話既不見於《明夷》爻辭，也不見於卜楚丘自己所作的占辭。另外，這段記述的末句"吾子，亞卿也，抑少不終"也沒有任何解釋，且與前面提到的卦象似皆無關。

不言而喻，這整段關於占筮的記述都是事後追憶和假想的，其目的在於解釋叔孫豹爲什麼會有那樣的下場。卜楚丘使用的那些闡釋技巧後來在京房、虞翻等易學家的手中發揚光大，在易學史上留下濃墨重彩的一筆，卜楚丘的這些技巧證實了卦象的萌生，也證實了"卦₁之卦₂"中提到的兩個卦都用以解釋占筮結果。不過，我認爲這些解釋更多關乎的是經典注疏傳統的發展，而與實際的著筮沒有太大關係。

第六章　詩之象

神對於詩人們像對於占卜家和預言家一樣，奪去他們的平常理智，用他們作代言人，正因爲要使聽衆知道，詩人並非借自己的力量在無知無覺中説出那些珍貴的辭句，而是由神憑附着來向人説話。

柏拉圖《伊安篇》

本書第一章曾引用顧立雅（Herrlee Creel，1905—1994 年）因感《周易》語言晦澀所發的一番感慨。《周易》所使用當然是漢語，只不過是周代的上古漢語，我們對這種語言的掌握越純熟，對文意的理解就越到位。關於此點，第一章已略言及，本書下卷亦有數章涉及。不過，《周易》中的象確實常常讓人感到神秘莫測，凡是宣稱徹底讀懂《周易》的人，要麼是耍花招的騙子，要麼是陶醉在自以爲是的想法中。有些“花招”和不少自以爲的“發明”，在一些重要的方面拓展了《周易》文本的含義，故自有其研究價值，不過這就與本書的主旨無關了。[1]

《周易》理解上的困難，部分來自流傳至今的《周易》本就處於

---

[1] 對於西方讀者而言，《周易》詮釋史最優秀的專著見 Richard Smith【司馬富】，*Fathoming the Cosmos and Ordering the World: The* Yijing (I Ching, *or Classic of Changes*) *and Its Evolution in China*【探尋宇宙與規範世界：《易經》及其在中國的演化】（Charlottesville：University of Virginia Press, 2008）。對於中國的讀者而言，可參朱伯崑：《易學哲學史》，北京：華夏出版社，1995 年。這套書的内容更爲詳盡。可閲讀英文的讀者如對傳統易學的講法有興趣，可參 Liu Dajun【劉大鈞】，*An Introduction to the* Zhou Yi (*Book of Changes*)【周易概論】（Asheville：Chiron Publications, 2019）。

未完成的狀態。這種“未完成”的狀態並不是指《周易》文本佚失了某些重要的部分，也不是説爻辭被割裂或有什麼別的改變（儘管這確實是有可能的，甚至是很有可能的），而是指《周易》文本從未經過系統性的編輯來彌補種種漏洞。不過，即便能確定今天看到的《周易》保留了文本原貌，即便我們對上古漢語的語法已盡量熟悉，我們還是會發現《周易》存在很多困惑難解之處。這是因爲，作爲卜筮之書的《周易》還運用了一套不同尋常的語言組織規則，這套規則規定了自然界的徵兆所傳達的意義。雖然自然界的有些東西自周代遺留至今，依然是今人理解《周易》的重要資料，但是在千百年的時光變遷中，這套關於自然徵兆的規則無疑發生了變化，很多徵兆原本的象徵意義今人已無從知曉。不過，盡可能多地了解在《周易》創作的時代人們是如何看待這些自然預兆的，我們便能在一定程度上體會到《周易》中的繇的含義。要想對這些預兆多一些了解，最合適的原始文獻大概莫過於《周易》同時代的詩歌，特別是《詩經》。當孔子這般人物教育弟子説學《詩》可以“多識於鳥獸草木之名”[1] 時，他的興趣點恐怕絶不是在動植物，而是想鞭策弟子們去弄清周圍世界的象徵意義，這樣的象徵意義在鴻與鴰鴰、雎鳩與倉庚、松與柏這幾組性質不同的事物上體現得最爲明顯。本章打算考察詩之象，我認爲，正如卜筮之辭可以如詩，詩亦可如卜筮之辭。[2]

在考察《詩經》作品之前，先來看差不多與之同時代的另一種詩歌，即《左傳》童謠。童謠是一種内容廣泛、被認爲能未卜先知的民歌體裁，我們要討論的這一首，其歷史背景據説是公元前 517 年魯國發生的兩起事件。那年秋天，魯昭公（前 541—前 510 年在位）試圖

---

[1]〔清〕阮元校刻：《十三經注疏·論語注疏》，第 5486 頁。

[2] 本章大部分内容本自 Edward Shaughnessy【夏含夷】，“Arousing Images：The Poetry of Divination and the Divination of Poetry，”【興象：占卜之詩歌與詩歌之占卜】in Amar Annus，ed.，*Divination and Interpretation of Signs in the Ancient World*，Oriental Institute Seminars 6 (Chicago：The Oriental Institute of the University of Chicago，2010)，pp.61－75。

挑戰當時權傾魯國朝野的"三桓"，然以失敗告終，遂出奔於齊。同
一年的早些時候，有一種叫鸜鵒的鳥飛來魯國築巢（也就是八哥，那
時這種鳥在中國北方不爲人所知）。魯大夫師己注意到這一場景，想
起一百年前的文成之世曾流行過一首童謠。《左傳》未提到這首童謠
題名爲何，但我們不妨稱之爲《鸜鵒》。可據韻將此謠分章展示如下：

> 鸜之鵒之，公出辱之。
> 鸜鵒之羽，公在外野，往饋之馬。
> 鸜鵒跦跦，公在乾侯，徵褰與襦。
> 鸜鵒之巢，遠哉遙遙。稠父喪勞，宋父以驕。
> 鸜鵒鸜鵒，往歌來哭。[1]

這首童謠與占卜的繇辭相同，至於是否一定要看成讖言倒並不要緊
（舊多視之爲讖，或認爲係後世追敘）。"童謠"之"謠"本就與"繇
辭"之"繇"、《周易》"爻辭"之"爻"同源（《周易》"爻辭"有
時也被稱作"繇辭"）。試將童謠的第二段與《左傳》魯襄公（前
572—前542在位）十年（前563年）孫文子占卜的繇辭及《周易·
漸》卦（53）九三爻辭略作對比：

> 《左傳·昭公二十五年》童謠：鸜鵒之羽（ *yu*/ *ju*），公在外
> 野（ *ye*/ *jia*），往饋之馬（ *ma*/ *ma*）。
> 《左傳·襄公十年》占卜繇辭：兆如山陵（ *ling*/ *ljəng*），有
> 夫出征（ *zheng*/ *tsjäng*），而喪其雄（ *xiong*/ *jung*）。[2]
> 《周易·漸》卦（53）九三爻辭：鴻漸于陸（ *lu*/ *ljuk*），夫
> 征不復（ *fu*/ *bjuk*），婦孕不育（ *yu*/ *jiuk*）。[3]

正如我在第三章中指出的，這三條卜筮結果均以描述自然徵兆爲始，

---

[1]《左傳·昭公二十五年》，〔清〕阮元校刻：《十三經注疏·春秋左傳正義》，第4580頁。
[2] 同上注所引書，第4228頁。
[3] 同上注，第4228頁。

繼而用押韻的對句引向人間之事（此點第九章還將作進一步考察）。
我過去在分析其他一些繇的時候指出，龜甲上狀如山陵的卜兆預示了
交戰的一方處於危險，鴻雁于飛預示了婚姻的破裂，那麼，鸜鵒之羽
也可以某種方式預示着魯公出奔。無論是結構上，還是概念上，這些
繇都是完全一致的。

另外，如果再來看童謠第四章即"鸜鵒之巢"章，我們會發現
《詩經》中有許多對句都與之相似。為利於比較，下面僅舉《鵲巢》
首章為例，《鵲巢》也和鳥築巢有關：

> 《左傳》：鸜鵒之巢，遠哉遙遙（yao/*jau）。裯父喪勞，宋父
> 以驕（ao/*ngau）。

> 《詩經·鵲巢》：維鵲有巢，維鳩居之（ju/*kjwo）。之子于
> 歸，百兩御之（yu/*njwo）。[1]

不難看出，上面這兩章和前引諸繇存在相似之處，不過它們之間也有細
微的結構差別。諸繇均以一四言句為始，描述一個徵兆；童謠"鸜鵒之
巢"章和《鵲巢》以及《詩經》中的很多其他詩，雖然開頭也是描述
自然界的某個現象，但使用的是對句。無論是哪種情況，自然圖景之後
必續以一組對句來描述人世之事。我認為，單句還是對句並不重要，
重點在於它們都是用來描述自然圖景的，就在徵兆和人世之間建立聯
繫而言，它們的功能幾無差別。在《詩經》中，這種結構被稱作
"興"，通常出現在一章的開頭，一章通常也是只有四句（每句四字，
或兩句每句八字），內容取自動物或植物世界（也會出現與天文地理
有關的圖景）。儘管有人認為興沒有實質意義，只是為了起韻，[2] 我
認為，帶入更多同理心去讀，就會很容易發現興與其後的對句之間存在

---

[1] 〔清〕阮元校刻：《十三經注疏·毛詩正義》，第596頁。

[2] 比如顧頡剛，參顧頡剛：《起興》，《歌謠周刊》第94號，1925年；亦見《古史辨》
第3冊，第672—677頁。關於起興比喻的討論，余寶琳（Pauline Yu）有過精彩討
論，參 Pauline Yu【余寶琳】，*The Reading of Imagery in the Chinese Poetic Tradition*【中
國詩歌傳統中意象的解讀】（Princeton：Princeton University Press, 1987），pp.44–83。

聯繫。我們隨機地從《詩經》中選擇幾首，來看看興是如何起作用的。

　　《召南·鵲巢》（毛詩 12）

　　　　維鵲有巢，維鳩居（*ju*/ *kjwo）之。
　　　　之子于歸，百兩御（*yu*/ *njwo）之。

　　　　維鵲有巢，維鳩方（*fang*/ *pjwang）之。
　　　　之子于歸，百兩將（*jiang*/ *tsjang）之。

　　　　維鵲有巢，維鳩盈（*ying*/ *jiäng）之。
　　　　之子于歸，百兩成（*cheng*/ *zjäng）之。[1]

　　上引《鵲巢》之章以鵲鳩巢居來起興婚姻。韋利（Arthur Waley，1889—1966 年）指出，鳩以善占他鳥之巢而聞名。[2] 在西方，鳩鳥占巢象徵妻子不貞，是貶義的；而中國傳統則將鳩鳥占巢視爲正面的，預示女子來嫁，因爲新婦都要在丈夫的家裏定居下來。《鵲巢》全詩共分三章，各章的差異只在於鳩的行爲〔首章爲“居”巢，次章爲“方”（或可讀爲“房”）巢，末章爲“盈”巢〕和描述新婦來至的動詞（首章言車輛“御”她，次章言“將”她，末章言“成”她），“居”和“御”、“方”和“將”、“盈”和“成”皆押韻。我認爲末章的鳩鳥“盈”巢穴及車輛“成”新婦很適合作爲婚禮活動的高潮。

　　按照《詩經》的傳統排列順序，《鵲巢》之前還有一首描寫婚禮的詩，利用了另一種自然圖景來起興——桃（及桃樹）的各種屬性。《周南·桃夭》（毛詩 6）同樣有三章，章四句，各章僅在二、四句的個別詞上有所變化。

---

[1]〔清〕阮元校刻：《十三經注疏·毛詩正義》，第 596 頁。

[2] Arthur Waley【韋利】，*The Book of Songs*【詩經】（New York：Grove Press，1996），pp.13 – 14.

《周南·桃夭》（毛詩6）

桃之夭夭，灼灼其華（hua/ *xwa）。
之子于歸，宜其室家（jia/ *ka）。

桃之夭夭，有蕡其實（shi/ *dzjet）。
之子于歸，宜其家室（shi/ *sjet）。

桃之夭夭，其葉蓁蓁（zhen/ *sjɛn）。
之子于歸，宜其家人（ren/ *nzjen）。[1]

從"宜其室家"到"家室"再到"家人"，看不出有什麼漸進變化。不過，首章先以桃花灼灼將視綫聚焦於女子，次章詩人以果實之喻祝愿女子早日懷上珠胎，末章蓁蓁之葉象徵似乎略隱晦一些——漫步於桃林，看見桃樹上葉子包裹着、保護着果實，直至它們成熟掉落。桃葉包裹桃子，正如母親守護其"家"，也就是她的孩子們。此章末句的"家人"正指向人間之事，應譯作"home and man（家和人）"，與前兩章的"室家"和"家室"呼應；[2] "室家/家室"宜譯爲"family members（家庭成員）"，不僅包括女子的丈夫，也包括了他們將生產的子女。這首詩既是祝禱同時也是預言。歌者在歌頌女子即將出嫁時，不僅是祝福她，還祈禱她多誕下後代，並借助詩歌來確保她將會多子。正如我在前面幾章中強調的，這也正是占卜的目的所在。

藤上掉落的果實也可以暗示少女錯過了她的花期。

《召南·摽有梅》（毛詩20）

摽有梅，其實七（qi/ *dzjet）兮。
求我庶士，迨其吉（ji/ *kjiet）兮。

---

[1]〔清〕阮元校刻：《十三經注疏·毛詩正義》，第587頁。
[2] 值得指出的是，"家人"是《周易》的卦名，即第37卦《家人》卦。

摽有梅，其實三（*san/*ˇsâm）兮。

求我庶士，迨其今（*jin/*ˇkjəm）兮。

摽有梅，頃筐塈（*xi/*ˇkjei）之。

求我庶士，迨其謂（*wei/*ˇjwei）之。[1]

"頃筐"在後代房中書裏是子宮的一種委婉説法。[2]　即便不知道這一點，恐怕也不難讀出此詩所流露的無望之感，祈禱着舞會上落寞的女子能被人相中（這裏我特意用了"祈禱"一詞）。這首詩似可與西方孩童間世代流傳的一種占卜相聯繫，即取一朵雛菊，將花瓣一片一片摘下，每摘一片，就喃喃念一聲："她愛我，她不愛我，她愛我……"《摽有梅》當然是一首詩歌，但它同時也表達了某種意願，借助以筐采梅這一特定的自然圖景，女子祈禱自己能够吸引到一位金童。

　　類似的言語魔力或行爲魔力，在《周南·芣苢》中也可以看到：

《周南·芣苢》（毛詩8）

采采芣苢，薄言采（*cai/*ˇtshəʔ）之；

采采芣苢，薄言有（*you/*ˇwəʔ）之。

采采芣苢，薄言掇（*duo/*ˇtôt）之；

采采芣苢，薄言捋（*luo/*ˇrôt）之。

采采芣苢，薄言袺（*jie/*ˇkît）之；

采采芣苢，薄言襭（*xie/*ˇgît）之。[3]

---

[1]〔清〕阮元校刻：《十三經注疏·毛詩正義》，第612—613頁。

[2] 比如，這個術語在馬王堆帛書《合陰陽》中寫作"拯匡"，參 Donald Harper【夏德安】，*Early Chinese Medical Literature: The Mawangdui Medical Manuscripts*【早期中國醫學文獻：馬王堆醫書】（London and New York：Kegan Paul International），p.413。

[3]〔清〕阮元校刻：《十三經注疏·毛詩正義》，第591頁。

没人會覺得這是一首好詩，但它表明了詩之象是如何起興的。此詩的焦點是芣苢，芣苢爲何，有兩種不同説法：最早訓釋《詩經》的《毛傳》認爲芣苢是車前，而有些文獻認爲芣苢是某種李。[1] 無論芣苢究竟是什麼，各種注解皆認爲食用這種果實有利妊娠。聞一多（1899—1946年）可能是現代中國對《詩經》理解最深刻的人，他指出上古漢語中"芣苢"這一果實的稱名無疑和"胚胎"的發音極爲接近（事實上，"芣苢"和"胚胎"的字根相同【譯者按："芣""胚"皆從"不"；"苢""胎"皆從"目/以"，"台"從"目/以"從"口"】）。在這首簡單的詩中，希望懷孕的女子出去采集芣苢。前兩句中她從樹木上摘下芣苢，次兩句將之收集起來，末兩句則將芣苢納入衣服，先是前襟，再是腰封。女子必定相信采集芣苢時吟唱這首詩可以激活芣苢擁有的藥性或魔力，詩中關於芣苢的描寫也越來越私密。正如孩童摘下雛菊花瓣以圖影響未來之事的進程，女子也試圖借用自然之力來獲得某種她期望的結果。

古代中國的自然之象，不僅可以幫助我們理解《詩經》，也有助於理解《周易》，但囿於本章篇幅，不可能亦無必要對此做窮盡列舉。這裏再舉最後一例來説明《詩經》中的象是如何起作用的，此例就是人們最耳熟能詳的《詩經》開篇之詩——《關雎》。《關雎》是一首婚戀詩，開篇以鳥爲象，最末兩章描繪君子奏聲樂以娛樂他所追求的淑女，先言琴瑟，次言鐘鼓，前者適於求偶，後者適於婚宴。此詩運用了多重隱喻，較之上文討論的那些樸素的祝禱要精巧得多。

《周南·關雎》（毛詩 1）

關關雎鳩，在河之洲（zhou/*tu）。

窈窕淑女，君子好逑（qiu/*guR!）。

---

[1]《毛傳》之説見〔清〕阮元校刻：《十三經注疏·毛詩正義》，第 591 頁。《逸周書·王會》有"桴苢"，謂"桴苢者，其實如李"（四部叢刊本卷七）。

參差荇菜，左右流（*liu/* *ru）之。
窈窕淑女，寤寐求（*qiu/* *gwəR!）之。

求之不得，寤寐思倍（*bei/* *bə?）。[1]
悠哉悠哉！輾轉反側（*ce/* *tsrək）。

參差荇菜，左右采（*cai/* *tshə?）之。
窈窕淑女，琴瑟友（*you/* *wə?）之。

參差荇菜，左右芼（*mao/* *mâu）之。
窈窕淑女，鍾鼓樂（*le/* *râuk）之。[2]

　　爲簡潔起見，我們設定此詩描繪的是男子對女子的思慕，對傳統注解不再作具體討論。依舊是爲了行文簡潔，我們將不考慮詩中出現的其他一些自然或者非自然的象，而是將注意力集中於開篇出現的雎鳩之象以及雎鳩發出的叫聲。前人在注解開篇之象時，往往關注的是關雎是種什麼鳥、有什麼習性。距今三千年的草木鳥獸迷霧縈繞，儘管如此，幾乎所有的解詩者都贊同關雎是一種捕魚的猛禽，一般認爲就是鶚，亦即魚鷹。傳統注疏家注重這種鳥的習性，或認爲是終身伴侶制，或認爲是獨居之鳥。對鳥習性的關注使得注疏家對詩意的闡釋大相徑庭。上文已經提到了現代學者聞一多，他有一篇題爲《說魚》的經典論文，[3] 論證了《詩經》中魚總是性關係的起興，吃魚則是合歡交配的起興。該文舉《陳風·衡門》（毛詩 138）爲例，"衡門"指都城東門，相當於我們今天說的"紅燈區"。

---

[1] 今本作"寤寐思服"，這裏引"服"作"倍"根據的是安大簡本《詩經》，見安徽大學漢字發展與應用研究中心編，黃德寬、徐在國主編：《安徽大學藏戰國竹簡（一）》，中西書局，2019 年，第 5 頁（簡 2）、第 69 頁（整理者釋文、注釋）。

[2]〔清〕阮元校刻：《十三經注疏·毛詩正義》，第 570—572 頁。

[3] 聞一多：《聞一多全集》，第 3 卷，武漢：湖北人民出版社，1993 年，第 231—252 頁。

《陳風·衡門》（毛詩 138）

衡門之下，可以棲遲（*chi*/ *dri）。
泌之洋洋，可以樂飢（*ji*/ *kri）。

豈其食魚，必河之魴（*fang*/ *baŋ）？
豈其取妻，必齊之姜（*jiang*/ *kaŋ）？

豈其食魚，必河之鯉（*li*/ *rəʔ）？
豈其取妻，必宋之子（*zi*/ *tsəh）？[1]

讀者大概可以一眼看出“棲遲”和“取妻”之間的聯繫，“棲”以“妻”爲聲符。“棲”中聲符“妻”是否也起表意作用是語言學家討論的問題，無論如何，創作《衡門》的詩人顯然是這麼理解的。複合詞“棲遲”理解爲“悠閒地棲息”是遵循了一般習慣，若要委婉一些，則可將之解釋爲“遊息”。不過，如果聞一多對魚這個普遍象徵物的闡釋是正確的，那麼任何讀者也能看出娶妻和食用魴、鯉之間的關係（“魴”和“姜”、“鯉”和“子”分別押韻，“姜”“子”爲女子之姓，若知道這一點就更好了）。此詩的寓意是：齊姜、宋子或爲良侶，煙花柳巷之“魚”則可滿足其情欲。

　　聞一多指出，以魚作爲性的象徵甚至還影響了一些沒有明確提及魚的詩，如《曹風·候人》（“候人”似應理解爲“等候某人”）：

《曹風·候人》（毛詩 151）

彼候人兮，何戈與祋（*shu*/ *do）。
彼其之子，三百赤芾（*pei*/ *pət）。

---

[1]〔清〕阮元校刻：《十三經注疏·毛詩正義》，第 802 頁。

> 維鵜在梁，不濡其翼（*yi/* *ləkh）。
>
> 彼其之子，不稱其服（*fu/* *bəʔ）。
>
>
> 維鵜在梁，不濡其咮（*zhu/* *tôkh）。
>
> 彼其之子，不遂其媾（*gou/* *kôh）。
>
>
> 薈兮蔚兮，南山朝隮（*ji/* *tsî）。
>
> 婉兮孌兮，季女斯飢（*ji/* *kri）。[1]

此詩二、三兩章皆引入了"鵜"這個意象。正如聞一多所言，這種鳥
最重要的習性就是吃魚。不過，在這首詩中鵜鶘並沒有俯身低頭在水
中捕魚，同樣的，盛裝的青年對渴慕他的季女置若罔聞。事實上，
"不遂其媾"既可以理解爲"没有接着與他會面"，又可以理解爲
"没有完成和他的交媾"。[2]

容易理解的闡釋往往一點即透，魚的象徵意義大概就屬於這種情
況。《候人》之"鵜"和《關雎》之"雎"的相似也是顯而易見的，
但奇怪的是，聞一多本人似乎忽視了這種相似。《關雎》雖然並没有
提到魚，但字裏行間都透露着其象徵的性欲。關於《關雎》中起興是
什麽鳥、有何特性，傳統注疏和今人注解多有討論，但人們較少關注
到這種鳥的叫聲是"關關"。毛傳謂："關關，和聲也。"後人注解多
滿足於接受毛説。[3] 在我看來，全詩瀰漫的是一種單相思的氣氛，

---

[1]〔清〕阮元校刻：《十三經注疏·毛詩正義》，第 819—820 頁。

[2] 可指出的是，此處"媾"可通"姤"。今本《周易》中《姤》☰（44）卦辭作：
"姤：女壯。勿用取女。"《姤》卦畫爲一根陰爻位於五根陽爻之下，下爲《巽》☴
（長女）而上爲純陽之《乾》☰，《彖傳》由之將"姤"解作邂逅一類意，言：
"姤，遇也。柔遇剛也。勿用取女，不可與長也。"

[3] 我所見到的唯一的不同解釋來自鄭樵（1108—1166 年）《通志》，謂："凡雁鳬之類，
其喙扁者，則其聲關關；雞雉之類，其喙銳者，則其聲鷕鷕，此天籟也。雎鳩之喙
似鳬雁，故其聲如是，又得水邊之趣也。"轉引自向熹：《詩經詞典（修訂本）》，
北京：商務印書館，2014 年，第 164 頁。

以訓雌雄相和之聲的"關關"起興不太合宜。我認爲，此詩以"君子"的口吻寫就，君子聽到雎鳩（大概只是雄性）想要去"關"它的配偶。記錄鳥叫聲的"關"字，一般表"關閉"門，其義符"丱"本象將兩扇門鎖住的橫木。如果"關"的生殖崇拜意味還不够明顯的話，它還和"貫"完全同音，"貫"一般表"從中貫穿"，但在古代"貫"也常被用來委婉地表達性侵入行爲。事實上，戰國竹書中有兩篇涉及《關雎》，對應今本"關"之字，簡本從"門"從"串"，"串"是"貫"之古體，"串"本象兩具身體交纏貫通。無論雎鳩實際發出的叫聲是什麼樣的，人聽到的都是他希望聽到的聲音，之所以用"關/闗"來記錄，有意義方面的考慮。

　　同本章開頭的《左傳》童謠相類，雎鳩的叫聲也預示着人間將發生的事情。正如"鴝鵒之羽"以某種方式暗示魯公出奔、"鴝鵒跦跦"暗示魯公形容狼狽，我認爲，當人們聽到雎鳩發出"關關"之聲時，就預想到"淑女"和"君子"的結合，最後在鐘鼓之聲中圓房。漢語不用字母記錄擬聲詞，自然界的聲音自然就只能通過漢字來傳達。在古代中國的詩人或占卜者看來，雎鳩當然是説中文的，且任何會説中文的人都能聽懂它們的叫聲。這種對自然的關注無需宣之於口。自然呈現爲鴻雁飛行、鸚鵒跳行、桃子的形狀、掉落的梅果【譯者按：分别指《詩經》的"鴻雁于飛""鸚鵒跦跦""有蕡其實""摽有梅"】，不僅如此，還體現在鼎的腹部、隆起的屋棟、肉的噬咬、龍的飛翔之中——這些都是《周易》中明顯的象【譯者按：分别指《鼎》之"鼎有實""鼎耳革""鼎折足"、《大過》之"棟隆"、《噬嗑》之"噬膚"、《乾》之"飛龍"】。當然，這些象可能會令人感到困惑，這也就是爲什麼當時的占卜者和詩人要去聽、去看、去理解，再告訴人們這些自然之象的含義，正如今天的我們一樣。

第七章　卦

　　六劃的"卦"無疑是《周易》最具辨識度的特徵，卦在西方被稱作"hexagram"。在傳世系統中，卦由爻（一或--）變化組合而成，一爻代表陽（男），--爻代表陰（女），一卦共有六層，各爻自下而上排列。在早期寫本中，有的時候一卦被分爲上下兩組，每組三爻。在中國傳統的易學術語體系中，三爻同樣也可稱"卦"，但在西方通常用"trigram"來指稱。三爻卦共有 8（= 2^3）種，它們衍生出六爻卦，亦是分析六爻卦組合的最基本的途徑。六爻卦本身含有六個爻位，各爻位又皆有陰爻、陽爻兩種選擇，故產生了 64（= 2^6）種不同結果，《周易》中六爻卦的數量即由此確定。不過，近來考古發現表明還存在其他可能。首先，從北大簡《荆決》篇來看，爻的數量和形式都可能有異，所産生的卦的數量遂不同。[1]　其次，已有相當多的材料表明，六爻卦最初是由數字組成的，目前已見到的有 1、5、6、7、8、9 這六個數字，如果將這六個數字納入同一個系統，理論上組合後可產生多達 46656 種結果【譯者按： $6^6 = 46656$】。不過，目前爲止還没有證據表明這些數字的組合可以複雜到如此程度。自"數字卦"被發現之日起，人們就認爲數字卦應該被轉換成傳統易學的六十四卦，奇數統一轉換爲陽爻、偶數轉換爲陰爻。在易學傳統中，六十

---

[1]《荆決》的特點是卦分三爻、爻分四種，理論上也可産生 64 種不同的卦象【譯者按： $4^3 = 64$】，但實際被使用的只有 16 種。此外揚雄《太玄經》中還有一例，特點是卦分四爻、爻分三種，故可産生 81 種結果，即《太玄經》中所謂的"八十一首"。

四卦被認爲包蘊了自然和人事的方方面面。

第一節　八　　卦

《繫辭傳》描述了八卦乃至包括六十四卦在内的萬物的創生，一切皆源生自“太極”（或者準確説是“大恒”[1]），而終結於“大業”：[2]

> 是故易有太極，是生兩儀，兩儀生四象，四象生八卦，八卦定吉凶，吉凶生大業。[3]

“太極”（或“大恒”）相當於“道”，即天地萬物的運行機制。“兩儀”即“陰陽”，“陰”和“陽”（“女”和“男”）是貫通萬事萬物的兩大對立面，這種對立在《周易》中呈現爲陰爻（--）和陽爻（一）。“四象”可以關聯多重事物，易學體系中的“四象”指“太陽”“太陰”“少陽”“少陰”，分别對應9、6、7、8之數。我們在第五章第一部分已經看到，在占卜的過程中這些數字是如何演算産生出卦來的。其他和“四象”關聯的事物包括四季（春夏秋冬）、四方（東南西北），以及與四季、四方相聯繫的四神獸——青龍、朱雀、白虎、玄武。八卦被視作是六十四卦的基石，各卦由三爻組成，同六十四卦的爻一樣，亦分陽（一）、陰（--）兩種，八卦卦畫如下所示：

☰　☷　☳　☴　☵　☲　☶　☱

八卦與物質世界相關聯，人們認爲八卦代表了組成世界的基本事物：

---

[1] 爲了避漢文帝劉恒諱，在漢代“恒”常被改作意近的“常”。不過，在和宇宙論有關的内容中“恒”有可能被改爲“極”。“恒”“亟（極）”相易，也可能是因爲寫法接近，小篆中“恒”作、“亟”作“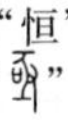”。

[2]《繫辭傳》在其他地方説“富有之謂大業”，這裏的“大業”從上下文來看指自然萬物的廣大悉備。

[3]〔清〕阮元校刻：《十三經注疏·周易正義》，第169—170頁。

天、地、雷、風、水、火、山、澤（從左至右對應於上列八種卦畫）。除此之外，八卦還可關聯很多其他事物，如方向、家族成員、身體部位、動物等，《說卦傳》中有詳說。詳見下表（表 7.1）（八卦象徵之物衆多，下表還可繼續擴展）：

卦畫	卦名	基本象	方位	家族成員	身體部位	動物
☰	乾	天	西北	父	頭	馬
☷	坤	地	西南	母	腹	牛
☳	震	雷	東	長男	足	龍
☴	巽	風	東南	長女	股	雞
☵	坎	水	北	中男	耳	豕
☲	離	火	南	中女	眼	雉
☶	艮	山	東北	少男	手	犬
☱	兌	澤	西	少女	口	羊

表 7.1　八卦相關事物對應表

《繫辭傳》還有一段常被引用的話，稱八卦係遠古的文化英雄"包犧氏"（即"伏羲"）所"作"，傳說伏羲還發明了漁獵、烹飪、婚姻。不過，從《繫辭傳》的表述來看，八卦或許不應被視作一種從無到有的"發明"，而更像是發掘、實現、具象化了本已存在之物。傳說包犧觀察了天地間存在的自然之象，遂作八卦以象自然之象。

> 古者包犧氏之王天下也，仰則觀象於天，俯則觀法於地，觀
> 鳥獸之文，與地之宜，近取諸身，遠取諸物；於是始作八卦，以
> 通神明之德，以類萬物之情。（《繫辭》下第二章）[1]

---

[1]〔清〕阮元校刻：《十三經注疏·周易正義》，第 179 頁。

八卦本存在於自然之中，聖人體察而得之。八卦創生的敘述在《繫辭》中反復出現，《繫辭》在描繪這一過程時用了"象"這個詞。

> 是故天生神物，聖人則之。天地變化，聖人效之。天垂象，見吉凶，聖人象之。河出圖，洛出書，聖人則之。(《繫辭》上第十一章)

> 是故夫象，聖人有以見天下之賾，而擬諸其形容，象其物宜，是故謂之象。(《繫辭》上第十二章，亦見上第八章【譯者按：第八章無"是故夫象"】)[1]

作動詞的"象"我翻譯成"to image"，看上去彆扭，實乃有意爲之。古漢語中詞可兼有名動兩種用法，且動詞用法往往與其名詞義有關。就"象"這個詞而言，作名詞時既可指自然界重複可見的有模式可循的景象，也可指卦；這裏作動詞的"象"，其意思並不是以之爲象，而是使之爲象【譯者按：即上引《繫辭》中的動詞"象"不是意動而是使動】，[2] 即"to image（象徵）"。[3]《繫辭》緊接伏羲作卦之段（見上引）後的兩句話，正抓住了"象"名動相因的特點：

> 是故易者，象也。象也者，像也。(《繫辭》下第三章)[4]

"象也者，像也"，英語就没法這樣表達。所謂的"易者，象也"，我們將在第九章中看到，這句話並不僅是在説八卦，也可拓展到六十四卦。

至於八卦是如何象自然之象的，有種較有影響的説法是認爲八卦

---

[1]〔清〕阮元校刻：《十三經注疏·周易正義》，第170—171頁。

[2]《繫辭》上第十一章"聖人則之"的"則"也是類似情況。這裏的動詞"則"並不表"衡量（to measure）"，而表"法效（to imitate）"一類意，這和英語不一樣。

[3] 英語的動詞"to imagine（想象）"源自"image（象）"。《韓非子·解老》有一段著名的話，體現了漢語語境中"想象"和"象"之間的聯繫，其文謂："人希見生象也，而得死象之骨，案其圖以想其生也，故諸人之所以意想者皆謂之象也。"(〔清〕王先慎撰，鍾哲點校《韓非子集解》，第148頁。)

[4]〔清〕阮元校刻：《十三經注疏·周易正義》，第181頁。

是漢字的原型。許慎《説文解字敍》開篇有一段講述文字發明的話，顯然化用了《繫辭傳》伏羲作卦那段：

> 古者庖犧氏之王天下也，仰則觀象於天，俯則觀法於地，視鳥獸之文與地之宜，近取諸身，遠取諸物，於是始作《易》八卦，以垂憲象。及神農氏，結繩爲治，而統其事。庶業其繁，飾僞萌生。黄帝史倉頡，見鳥獸蹄远之迹，知分理之可相別異也，初造書契。百工以乂，萬品以察，蓋取諸夬。[1]

《説文解字》在自然之象、《周易》八卦及文字之間建立起了聯繫，後世幾乎所有的《周易》注解都接納了這種看法，延續至今。儘管 20 世紀時已有不少學者試圖據中國青銅時代的龜卜蓍占去復原《周易》的起源，但只有部分學者從當時新發現的甲骨卜辭中找到與八卦有關的證據，其中最有名的當屬郭沫若（1892—1978 年）。郭沫若是 20 世紀中間五十年最傑出的學者之一，他認爲八卦的卦形和某些特定古文字之間存在相似之處，又由這種相似性附會了卦名及其象徵的事物。[2] 比如，《坎》基本的象徵是“水”，郭沫若認爲其卦形 ☵ 就是由“水”的古文字 ⺀ 變化而來的。又，《坤》卦象“地”，郭沫若認爲其卦形 ☷ 來源於“川”字的古文形體 ⫶；“坤”在漢代時寫作 ⼮ 【譯者按：假借“川”爲“坤”】，若將《坤》卦卦畫豎置變成 ⫴，就和 ⫶⼮（川）頗爲相似了；“順”字本從“川”得聲，故《坤》又有“柔順”“順應”的特性。郭沫若還認爲，象“天”的《乾》卦 ☰ 來源於“天”字，此説就没那麼可信了——雖然“天”最上面的兩筆與《乾》卦卦形類似（均爲不斷開的兩橫畫），但剩下的“人”形則較難通過某種方式演化爲一橫畫。[3] 他還提出，《乾》卦

---

[1]〔清〕段玉裁注：《説文解字注》，第 753 頁。

[2] 郭沫若：《周易的構成時代》，第 4—5 頁。

[3] 更麻煩的是“天”字古體本作 🧍，突出圓形的頭部，後圓點才逐漸簡化成一橫筆，那麼郭沫若對“天”字的分析就完全不可信了。

☰在易學傳統中亦與"金""玉"有關，"金"字和"玉"字裏包含三橫畫。陳夢家（1911—1966 年）是與郭沫若同時代的著名古文字學家，他批評郭說既不全面又充滿了傾向性。[1] 陳夢家的批評頗有道理，但並不是説就不存在將八卦解作象的考古證據。

本書第四章已提到，近年清華大學公布了一篇竹書，整理者命名爲《筮法》。這篇竹書爲盜墓所得，來源不明，缺乏考古學信息，但通過該篇及同批簡其他篇目的書寫特徵，整理者將竹書的年代定在公元前 4 世紀。因此，《筮法》中八卦使用的系統性證據，是現有的最早的證據之一。《筮法》的大部分篇幅記載了占筮結果，表達爲四個獨立的三爻卦的組合，部分結果可繪圖示意如下：

清華簡《筮法》的卦畫無疑是以數字構成的，這是《筮法》最顯著的特徵之一。最常見的用來表示爻的數字是"一"和"八"，全篇 228 根爻中占了 85%。類似的東西此前也見於其他戰國簡，包括李學勤在内的一些學者曾認爲它們是陽爻和陰爻的前身，即傳世系統的一和 --。[2] 然而，《筮法》中還出現了數字"四"（寫作▽）、"五"（✕）、"八"（八）、"九"（ㄅ），所以 ∧ 表示的顯然應該是數字"六"，剩下的問題就是"一"代表什麼了。這個問題看似簡單，似

---

[1] 陳夢家：《郭沫若周易的構成時代書後》，收入郭沫若《周易的構成時代》，第 62 頁。
[2]《筮法》有一處用"陽"和"陰"來指稱爻，見於簡 13—15 所載占筮結果及其占辭：

作於陽，入於陰，亦得，其失十三。

乎"一"代表的就是"一"，這不僅符合漢字中數字 1 最常規的寫法，而且銅器和竹簡所見數字卦中符號"一"通常表示的也是數字"一"。然而，清華簡整理團隊的成員馬楠率先提出，《筮法》中"一"代表的其實是數字"七"，這一意見隨後爲《筮法》的整理者李學勤所吸納。[1] 此説雖與直覺相左（參本書第四章第一節），但有相當多的證據支持。

《筮法》最引人注目的是八卦中間有一個人形的圖像（圖 7.1）：

圖 7.1　清華簡"卦位圖、人身圖"[2]

《乾》☰寫於人形"頭"部的上方，二者顯然存在關聯【譯者按：《乾》爲天，"天"字本義爲頭頂】；《兑》☱實際充當了人的"口"部；《坎》☵出現了兩次，分別位於雙"耳"之側；《坤》☷寫在胸膺"心"的地方；其下爲《離》☲，寫於"腹"部；《艮》☶也寫了兩次，位於雙"手"下方；《巽》☴值得注意，只出現了一次，位於兩股之間，或許指"私處"；此外，《震》☳亦兩見，位於雙"足"之下。《筮法》將八卦和人體部位相對應，其中有五項與《説卦》相合，另有兩卦與《説卦傳》所述部位相近：

　　《説卦傳》：乾爲首，坤爲腹，震爲足，巽爲股，坎爲耳，離爲目，艮爲手，兑爲口。[3]

---

[1] 馬楠：《清華簡〈筮法〉二題》，《深圳大學學報》2014 年第 1 期，第 64—65 頁。李學勤采納其説，見清華大學出土文獻研究與保護中心編、李學勤主編：《清華大學藏戰國竹簡（肆）》，第 102 頁。

[2] 清華大學出土文獻研究與保護中心編、李學勤主編：《清華大學藏戰國竹簡（肆）》，第 113 頁。

[3]〔清〕阮元校刻：《十三經注疏·周易正義》，第 198 頁。

只有《離》卦對應了完全不同的部位。在《筮法》人身圖中《離》卦對應"腹"，在《説卦》中則對應"目"。[1]

　　《筮法》中這些對應人體部位的卦有一個有趣的特點，即有些卦畫似乎是象形的，或至少有象形意味。最明顯的一例是對應於"口"的《兑》，寫作△，下面的兩根實綫表現的似乎是雙唇，上面的部分就是《筮法》中常見的"∧"，代表了鼻子。另外，寫於雙手之下的《艮》也明顯存在象形性，卦畫模仿手形，下面兩爻酷似手指。史亞當（Adam Schwartz）指出，人身圖中《艮》卦卦畫繪作◈，西周"手"字寫作✦，戰國"手"字寫作✦，它們之間顯然存在關聯。[2]又，代表雙"足"的《震》最下面的那根實綫爻模仿的是人身圖最底下的那一短橫，象人腿下之足。最後，象徵"私處"的《巽》，其卦畫似乎也是象形的。《説卦傳》將《巽》與兩"股"聯繫，而《筮法》人身圖中此卦只出現了一次，位於兩股之間。前面已指出，無論是在傳統的講法中還是在《筮法》中，《巽》都被認爲是女性（長女）。考慮到這一點，《巽》卦最下面的那條陰爻（依舊寫作∧）似乎就描摹了張開的陰户。

　　史亞當探討了八卦及六十四卦卦畫的諸多"象形之象"。《坎》卦卦畫☵象"水"、《兑》卦卦畫☱象"口"（可引申爲言説），《巽》卦卦畫☴象女子私處（亦象雙腿）。[3]除了以上這些之外，史亞當認爲《艮》卦卦畫☶（《筮法》作◈）本與"山"有關，"山"較原始

---

[1]《説卦傳》雖已言"離爲目"，但在列舉"離"之象徵時亦云"爲大腹"。

[2] Adam Schwartz【史亞當】，"Between Numbers and Images: The Many Meanings of Trigram *Gen* 艮 in The Early *Yijing*,"【象數之間：《艮》卦在早期《易經》的多重意涵】*Asiatische Studien – Études Asiatiques* 72.4（2018），pp.1133–1193（尤參第 1152 頁）。

[3] 史亞當（Adam Schwartz）采用了黄宗羲（1610—1695 年）的傳統講法，黄宗羲認爲《巽》之所以象雙股正是因爲初爻是從中斷開的。見 Adam Schwartz【史亞當】，"Between Numbers and Images: the Many Meanings of Trigram *Li* 離 in the Early *Yijing*,"【象數之間：《離》卦在早期《易經》的多重意涵】《饒宗頤國學院院刊》第 5 期，2018 年，第 58 頁。所引黄宗羲之説見黄宗羲：《易學象數論》，北京：九州出版社，2007 年，第 155 頁。

的形體作 ᱢᱢ 或 ᱣ，與之相似。這種象形性絕非個例，《説卦傳》在講到《兌》卦☱時有云：

> 兌爲澤，爲少女，爲巫，爲口舌，爲毀折，爲附決。其於地也，爲剛鹵，爲妾，爲羊。[1]

我們在上文中已説明爲何《兌》卦卦畫☱（《筮法》中寫作 ⌂ ）會和 "口" 産生關聯，[2] 史亞當爲☱何以和 "羊" 聯繫提供了證據，戰國文字 "羊" 寫作 ᱣ 形，☱與之相像。

第二節　六十四卦

在中文語境中，三爻卦和六爻卦指稱時可不作區分，皆稱爲 "卦"。在某些需要區分的情況下，三爻卦被稱作 "單卦"，六爻卦則被稱作 "重卦"，或者也可通過數量來區分，即 "八卦" "六十四卦"。"卦" 是動詞 "掛" 一種專門的名詞形式，動詞 "掛" 可表 "記" "懸掛" "劃分" 等意，皆與《周易》占卜過程中六十四卦的産生存在關聯。《周易》揲蓍法便是先將蓍草 "劃分" 爲兩堆，再以四根爲一組進行劃分；餘下的蓍草要 "懸掛" 於左手指間；最後，演卦所得的結果還要 "記" 下來。【譯者按：此即《繫辭》所謂 "大衍之數五十，其用四十有九。<u>分</u>而爲二以象兩，<u>掛</u>一以象三，揲之以四以象四時，归奇於<u>扐</u>以象閏，五歲再閏，故再<u>扐</u>而後<u>掛</u>"。】在一些語境中，就可以用 "卦" 來表示所得到的占卜的結果。

今傳本《周易》中，六十四卦按如下順序排列（從左至右，從上

---

[1]〔清〕阮元校刻：《十三經注疏·周易正義》，第199頁。

[2] 史亞當認爲，該卦的數字卦畫☲與 "兌"（即 "説" 之古體）的字形 ᱣ 存在相似之處，《兌》之得名可能正源於此。此説頗爲誘人，但問題在於：數字卦畫和 "兌" 字的相似僅限於上面那部分，並且只有寫作 "八" 形的時候這種相似性才成立，比起他的其他一些觀點來説，這條意見的説服力較弱。

至下）：

$$
\begin{array}{cccccccc}
\text{䷀} & \text{䷁} & \text{䷂} & \text{䷃} & \text{䷄} & \text{䷅} & \text{䷆} & \text{䷇} \\
\text{䷈} & \text{䷉} & \text{䷊} & \text{䷋} & \text{䷌} & \text{䷍} & \text{䷎} & \text{䷏} \\
\text{䷐} & \text{䷑} & \text{䷒} & \text{䷓} & \text{䷔} & \text{䷕} & \text{䷖} & \text{䷗} \\
\text{䷘} & \text{䷙} & \text{䷚} & \text{䷛} & \text{䷜} & \text{䷝} & \text{䷞} & \text{䷟} \\
\text{䷠} & \text{䷡} & \text{䷢} & \text{䷣} & \text{䷤} & \text{䷥} & \text{䷦} & \text{䷧} \\
\text{䷨} & \text{䷩} & \text{䷪} & \text{䷫} & \text{䷬} & \text{䷭} & \text{䷮} & \text{䷯} \\
\text{䷰} & \text{䷱} & \text{䷲} & \text{䷳} & \text{䷴} & \text{䷵} & \text{䷶} & \text{䷷} \\
\text{䷸} & \text{䷹} & \text{䷺} & \text{䷻} & \text{䷼} & \text{䷽} & \text{䷾} & \text{䷿}
\end{array}
$$

和八卦一樣，六十四卦也被視作自然或人造物之象，抑或是行爲、情感的符號象徵。上引《説文解字敘》之段的最後一句，在自然之象、八卦以及文字發明之間建立起聯繫，同時也指向了六十四卦中的一卦：

　　　　百工以乂，萬品以察，蓋取諸夬。

前文已提及，《説文解字敘》開篇一段在《繫辭》有相近之段，《繫辭》中亦見與上引之句類似的話。《繫辭》在描述包犧作卦後，還列舉了十一卦，説一些偉大的文化發明受到了這些卦的啓發，最後列舉的便是《夬》卦（按今傳本卦序即爲第 43 卦），謂：

　　　　上古結繩而治。後世聖人易之以書契，百官以治，萬民以
　　察，蓋取諸夬。(《繫辭》下第二章)[1]

---

[1]〔清〕阮元校刻：《十三經注疏·周易正義》，第 181 頁。

從卦畫很難看出《夬》☱是怎麼導致了書契的發明，所謂"蓋取諸夬"更有可能說的是卦名——或許是因爲表示"分"的"夬"爲"決定"之"決"的初文，且在傳統易學中"夬"常讀爲"決"，《繫辭》的作者遂將"夬"與政府對民衆的察治聯繫了起來。《繫辭》還列舉了其他一些"取諸某卦"之例，從卦畫出發較易解釋，其中最簡單的大概是一開始列舉的《離》☲（八卦亦有《離》☲，六爻《離》卦即由兩個三爻《離》卦相累而成），《繫辭》謂"作結繩""爲罔罟"蓋取之於此。無論是八卦之《離》還是六十四卦之《離》，卦畫中間都有空隙，想象力驅動之下就可能被看成網了。第二個例子略複雜一些，要結合六爻卦卦畫以及三爻卦卦象來看。《繫辭》說神農氏發明耒耜是受到了《益》☲卦的啓發（"益"意爲增益），舊注解釋說：《益》☲象以耒耜翻地，六二至六四這三條陰爻組成了《坤》☷，《坤》的基本象是"地"，而初九爻表現的是耒耜位於土地之下，九五、九六爻所體現的或許是耒耜的上部。

圖 7.2　西周時期的青銅鼎
（約前 800 年）

《周易》六十四卦之中，象形意味最強的是《鼎》☲（圖 7.2）。《象》曰："鼎，象也。"乍看之下，難以從卦畫中辨識出鼎的形狀。不過，爻辭清楚地表明了《周易》的創作者是如何看待這卦的。

初六：鼎顛趾，利出否，得妾以其子。无咎。

九二：鼎有實，我仇有疾，不我能即。吉。

九三：鼎耳革，其行塞，雉膏不食。方雨虧。悔，終吉。

九四：鼎折足，覆公餗，其形渥。凶。

六五：鼎黃耳金鉉。利貞。

　　　　上九：鼎玉鉉。大吉。无不利。

在第十章中我們將看到，一卦六爻，讀法自下而上。最下面的初爻爻
辭提到鼎足（"鼎顛趾"），今傳本作斷開的兩短橫，象鼎正視時視
覺上最爲凸顯的兩足。接下來的二至四爻均爲一根實綫，被認爲描繪
了鼎堅實不中空的腹部；事實上，九二爻辭之"鼎有實"説的似就是
鼎中有物、不中空。第五爻又是斷開的兩短橫，爻辭稱爲兩鼎"耳"。
最後，鼎應該被置於火上，由一金屬橫桿貫穿雙耳（不過上附鼎圖没
有展示），作一長橫的上九爻據説刻畫的就是這根金屬桿，不過爻辭
委婉地用了"玉鉉"這一表述。

　　《鼎》卦的卦畫是如此象形（尤其是在前面討論的那件戈中，見
第一章第二節），除此之外再也找不到象形性可與之比肩的卦畫了，
無論是以數字卦的形式還是以傳統《周易》卦畫的形式。但如果馳騁
想象，還是可以從其他一些卦畫中體察出象形意味來。例如，擅用想
象進行《周易》研究的聞一多（1899—1946 年）提出，《頤》卦的卦
畫䷚旋轉九十度後就成了𦉢，看起來便像是張大的嘴，露出上下兩排
牙齒。[1] 甲骨文中有與之相應的形體，作𦥑，一般釋爲"齒"，
"齒"字的小篆形體𪘁依然頗爲象形（只不過在上面加了聲符
"止"）。不過，有證據表明這類形體與"頤"字存在關聯：在上博簡
《周易》中，"頤"字寫作𦣞，下面象張開之嘴的部件便是"臣"，即
"頤"之左半，上面那部分則是意符"首"。類似之例還有《噬嗑》
卦的卦畫䷔，不旋轉便可看出所象之形爲口中有物，與《頤》相去不
遠，旋轉之後即成𦉢，象形意味愈發清楚。

　　另一些例子的概念性要更强，但依然頗爲可信。我們知道，卦
是自下而上畫的，陽爻與實相關而陰爻與虛相關，所以，大概就不

---

[1] 聞一多：《聞一多全集》第 10 卷，湖北人民出版社，1993 年，第 246 頁。孔好古（August
　　Conrady）亦持類似觀點，見 August Conrady【孔好古】，"Yih-king-Studien,"【易經
　　研究】*Asia Major* 7.3（1932），p.417。

難理解爲何要將䷗命名爲“復”（24）而將䷖命名爲“剝”（23）了；類似的，也很容易看出爲何䷒被命名爲“臨”（19）而䷓被命名爲“觀”（20）。

第三節　卦象的象數遺產

象與八卦及六十四卦之間的關聯後來成爲《周易》最重要的解經手段之一，用以解釋六十四卦及卦爻辭的含義。這一派易學被稱爲象數易，虞翻（164—233年）是象數易的集大成者，他能看出《周易》每一條辭背後的象。涉及爻辭的部分留待第九章再討論，這裏僅舉一則象數解易之例來展示對於《周易》的衆多讀者而言象究竟有多麼重要。考慮到有的讀者對象數解易的機理存在興趣，我將以頁下注的形式試對每一句進行解釋。[1]那些對此不感興趣的讀者，則可徑跳至下一節，看關於卦名的討論。

《旅》䷷（56）上九爻辭作：

上九：鳥焚其巢。旅人先笑後號咷。喪牛于易。凶。

虞翻注曰：[2]

---

[1] 象數易有一些最爲重要的解易原則，是傳統易學諸流派通用的，包括：“爻位”，奇數位即一（初）、三、五爲陽位，偶數位即二、四、六（上）爲陰位；“爻德”，爻無論陰陽皆有爻德；“相應”，指初爻和四爻、二爻和五爻、三爻和上爻之間的關係（即上下卦中處於相同位置的爻），尤其是當這些爻具有不同屬性的時候。這三條原則至少在《彖傳》和《象傳》就已有體現。除此之外，虞翻還運用了其他一些原則，這些原則歷經漢代四百年變得廣爲流行：“互體”，指二至四爻、三至五爻各自構成一個三爻卦（甚至進而組成一個新的六爻卦）；“爻變”（或“爻動”），指爻由陰變陽或由陽變陰；“升降”，指下卦某一爻上升而居於上卦相應之爻的位置，或上卦某一爻下降而居於下卦相應之爻的位置；“半象”，指兩根爻就可代表三爻卦，比如以☰表《乾》☰，以☳表《震》☳；“旁通”，指一卦六爻盡變爲陰陽相反之爻；“反卦”，指將一卦反覆過來（即上下顛倒）。虞翻主要依靠與單卦相關的各種象，既包括組成重卦的上下單卦，也包括互體卦和變卦（三爻中的一爻，通常是所討論的那一爻，由陽變陰或由陰變陽，遂成變卦），這些象通常見載於《説卦》（儘管並非總是如此）。

[2] 虞翻注見李鼎祚：《周易集解》，第347—348頁。

離爲鳥、爲火。[1]　巽爲木、爲高。[2]　四失位變震爲筐，巢之象也。[3]　今巢象不見，故"鳥焚其巢"。震爲笑，震在前，故"先笑"。[4]　應在巽，巽爲號咷，巽象在後，故"後號咷"。[5]　謂三動時坤爲牛，五動成乾，乾爲易，[6]　上失三，五動應二，故"喪牛于易"。[7]　失位无應，故"凶"也。[8]　五動成遯，六二執之用黄牛之革，則旅家所喪牛也。[9]

本書無法用更多的篇幅來展示象數易。不過，在試圖利用新考古材料理解《周易》的創作時，我們應該謹記：無論哪個時代的讀者都目睹了周遭的自然，對他們而言，自然總是被灌注了象徵價值。這就是自然之象、《周易》諸卦、《繫辭傳》及《説文解字》等文獻記載

---

[1]《説卦》第八章言"離爲雉"，"雉"爲鳥；又，《説卦》第十一章言"離爲火"。

[2]《説卦》第十一章言"巽爲木""爲高"。

[3]《旅》☲第四爻爲陽爻，不當位【譯者按：陰爻位於偶數位、陽爻位於奇數位，則"當位"（或曰"得位"），否則"不當位"（或曰"失位"）】。若將此爻變爲陰爻，則當位，《旅》三至五爻所組成的"互體"卦便變成了《震》☳；《説卦》第十一章言"震……爲蒼筤竹、爲萑葦"，或許暗示了"筐"乃至"巢"之象。但實際上，《旅》中的"互體"卦是《兑》☱而非《震》☳，故虞翻曰"巢象不見"。

[4]《旅》☲上九爻若變陽爲陰，則上卦爲《震》☳。六十四卦之《震》䷲（51）即單卦《震》☳相重而成，《震》☳上九爻辭言及"笑"，故虞翻曰"先笑"。

[5]"應"指的應該是《旅》☲第三爻，此爻亦爲"互體"卦《巽》☴中間之爻。《説卦》言"巽……爲不果"，"不果"似與"號咷"相合。

[6]這裏的"動"意爲此爻的爻性發生改變。如果《旅》☲第三爻由陽變陰，則下卦變爲《坤》☷，坤爲牛；若第五爻由陰變陽，則上卦變爲《乾》☰，《繫辭》言"乾以易知"。

[7]如前所言，如果重卦之上爻（即上卦最上一爻）與重卦之三爻（即下卦最上一爻）的爻性相反，則"相應"。在《旅》☲中，三爻和上爻皆爲陽爻，則上爻"失"其"應"。五爻和二爻也亦存在同樣的"相應"關係，《旅》☲的二爻和五爻皆爲陰爻，若五爻"動"（變陰爲陽），它就與二爻相應。

[8]上文提到的"爻位"觀念及"爻德"觀念認爲，一卦之中，奇數位的爻應當是陽爻，而偶數位的爻應當是陰爻。《旅》☲上爻爲陽爻，位於偶數位，故"失位"；與上爻相應的三爻也是陽爻，故"無應"。

[9]"執之用黄牛之革"爲《遯》䷠六二爻辭。如果《旅》五爻由陰變陽（六五爻本爲失位之爻），則成《遯》䷠；若六五變爲九五，則六二可與之相應，故"執之"。

幾者之間的聯繫是如此重要的原因。[1]

第四節　卦　　名

　　《周易》六十四卦各卦皆有卦名。傳統易學認爲，卦名很多時候
與卦畫的構成有關，並應反映出卦辭的主旨。前文已提及，在傳統易
學中，六十四卦的六十四個主題囊括了人類經驗的全部，有些卦名指
向社會或物質世界的方方面面，有些則指向人類的情感、品質。《周
易》的傳世系統，尤其是在《序卦》中，將卦名的次序理解爲對生命
歷程的記錄。不過需指出的是，卦序的排列即便存在邏輯，那也是人
爲塑造的邏輯。此外，我們知道《周易》本身在流傳過程中就至少存
在三種不同的卦序（本書第十一章將對此進行考察）；其他使用六十
四卦的著占系統，比如《歸藏》，卦的排列次序也不相同。最後還
需要指出，如下表 7.2 所示，卦名經常出現異文，這種情況不僅存
在於各類著占文獻，亦見於《周易》的幾種出土本之間。[2] 有時
候這些異文是無關宏旨的，只不過是同一個詞的不同形式；但在很
多情況下這些異文記錄的是完全不同的詞。因此，試圖確定六十四
卦的原始卦名是什麼或許是誤入歧途。不同的闡釋者所理解的意思
存在不同，這些理解某種程度上只在他們各自的解經體系中方能成
立，便導致了文本的多義性，而這通常被認爲是《周易》的標志性
特徵之一。

---

[1] 關於考古發現對理解《周易》的作用，應提及于省吾（1896—1984 年），他是 20 世
紀最偉大的甲骨學家之一，也認爲《周易》《繫辭傳》和《説文解字》之間存在關
聯。他在《雙劍誃易經新證》自序中明言“《易》，象學也”，見于省吾：《雙劍誃尚
書新證・雙劍誃詩經新證・雙劍誃易經新證》，北京：中華書局，2009 年，第 587 頁。

[2] 該表將傳世本《周易》卦名與五種出土本所見卦名進行了對比，五種出土本包括：
上博簡《周易》（約前 300 年）、清華簡《別卦》（約前 300 年）、阜陽簡《周易》
附占辭（約前 200 年）、馬王堆帛書《周易》（約前 175 年）、王家臺簡《歸藏》（約
前 250 年），此外還加入了馬國翰（1794—1857 年）輯本《歸藏》。請注意，由於這
些抄本未能保留全貌，並不是每一種都有全部六十四卦的卦名。

在傳世《周易》系統中，六十四卦卦名如下：

　　1.《乾》，2.《坤》，3.《屯》，4.《蒙》，5.《需》，6.《訟》，7.《師》，8.《比》，9.《小畜》，10.《履》，11.《泰》，12.《否》，13.《同人》，14.《大有》，15.《謙》，16.《豫》，17.《隨》，18.《蠱》，19.《臨》，20.《觀》，21.《噬嗑》，22.《賁》，23.《剝》，24.《復》，25.《无妄》，26.《大畜》，27.《頤》，28.《大過》，29.《習坎》，30.《離》，31.《咸》，32.《恒》，33.《遯》，34.《大壯》，35.《晉》，36.《明夷》，37.《家人》，38.《睽》，39.《蹇》，40.《解》，41.《損》，42.《益》，43.《夬》，44.《姤》，45.《萃》，46.《升》，47.《困》，48.《井》，49.《革》，50.《鼎》，51.《震》，52.《艮》，53.《漸》，54.《歸妹》，55.《豐》，56.《旅》，57.《巽》，58.《兌》，59.《渙》，60.《節》，61.《中孚》，62.《小過》，63.《既濟》，64.《未濟》

　　傳世本《周易》、五種出土文獻、輯本《歸藏》所見卦名對比如下（表7.2）：

卦畫	傳世本《周易》	上博簡《周易》	清華簡《別卦》	馬王堆《周易》	阜陽簡《周易》	王家臺《歸藏》	馬國翰《歸藏》
䷀	乾			鍵		天目	乾
䷁	坤			川		寡	奭
䷂	屯			屯	肫	肫	屯
䷃	蒙	尨	忨	蒙	蒙*		蒙
䷄	需	孠		襦			溽
䷅	訟	訟	訟	訟		訟	訟

---

* 表示阜陽簡《周易》中此卦名已殘去，據竹簡上殘存的卦爻辭補出。

續　表

卦畫	傳世本《周易》	上博簡《周易》	清華簡《別卦》	馬王堆《周易》	阜陽簡《周易》	王家臺《歸藏》	馬國翰《歸藏》
䷆	師	帀	帀	師	帀*	帀	師
䷇	比	比			比	比	比	比
䷈	小畜		少篤	少𪈻		少督	小毒畜
䷉	履		頯	禮	履	履	履
䷊	泰		𢘑	泰		奈	泰
䷋	否		喦	婦		否	否
䷌	同人		同人	同人	同人	同人	同人
䷍	大有		少又	大有	大有	右	大有
䷎	謙	壓	謙	嗛		陵	兼
䷏	豫	余	介	余	豫	介	分
䷐	隨	陵	懇	隋	隋*		規
䷑	蠱	蛊	砍	箇		夜	夜
䷒	臨		謹	林	林	臨	林禍
䷓	觀			觀	觀	灌	觀
䷔	噬嗑		嫠	筮嗑	筮闡	筮	
䷕	賁		纛	繁	賁		岑霏
䷖	剝		僕	剝	僕		僕
䷗	復	遉	遉	復	復	復	復
䷘	无妄	亡忘	亡孟	无孟	无亡	毋亡	毋亡
䷙	大畜	大竺	大篤	泰畜			大毒畜

續　表

卦畫	傳世本《周易》	上博簡《周易》	清華簡《別卦》	馬王堆《周易》	阜陽簡《周易》	王家臺《歸藏》	馬國翰《歸藏》
䷚	頤	頤	顊	頤	頤*	亦	頤
䷛	大過		大𣲺	泰過	大過	大過	大過
䷜	坎			贛		勞	𢀢
䷝	離			羅	離	丽	離
䷞	咸	欽	慾	欽		咸	欽
䷟	恒	死	恒	恒		恒我	恒
䷠	遯	豚	敭	掾	椽	逯	遂
䷡	大壯		大臧	泰壯		大壯	
䷢	晉		𩲸	潘		替	晉
䷣	明夷		亡𠮷	明夷			明𠮷
䷤	家人		𢓜	家人		散	散家人
䷥	睽	楑	懲	乖		瞿	瞿
䷦	蹇	訐		蹇	蹇		蹇
䷧	解	繲	纏	解			茘
䷨	損		歠	損	損*	損	員
䷩	益		㘝	益			諴
䷪	夬	夬	𠈼	訣		𨷖	
䷫	姤	敂	緜	狗			
䷬	萃	啐	采	卒	萃*	卒	萃
䷭	升		挡	登	登*	升	稱

卦畫	傳世本《周易》	上博簡《周易》	清華簡《別卦》	馬王堆《周易》	阜陽簡《周易》	王家臺《歸藏》	馬國翰《歸藏》
䷮	困	困	困	困		困	困
䷯	井	汬		井	井*	井	井
䷰	革	革	惈	勒			革
䷱	鼎		鼎	鼎	鼎*	鼏	鼎
䷲	震			辰			釐
䷳	艮	艮		根	艮*		狠
䷴	漸	漸	蒚	漸		漸	漸
䷵	歸妹		䢅妹	歸妹		歸妹	歸妹
䷶	豐	豐	酆	豐		豐	豐
䷷	旅	遴	遊	旅	旅*	旅	旅
䷸	巽			算			巽
䷹	兌			奪		兌	兌
䷺	渙	奐	悆	渙		渙	奐
䷻	節			節	節*	節	節
䷼	中孚		中	中復		中絽	
䷽	小過	少䢠	少逊	少過			小過
䷾	既濟	既淒		既濟		蚕	
䷿	未濟	未淒	溠	未濟			未濟

表 7.2　傳世本《周易》、五種出土文獻、《歸藏》所見卦名對比

在傳世本《周易》中，卦畫之後接卦名（只有兩處例外[1]），且卦名需與其後的文句即卦辭斷開（參下一章）。目前已知最早的《周易》抄本就是上博簡《周易》。上博簡《周易》有個獨一無二的特點，那就是卦名與卦辭用紅黑符號隔開，這表明在閱讀的時候卦名與這一卦其餘部分的文本是分開的。

卦名雖然相對獨立，但常出現在爻辭中，成爲某條爻辭的一部分（見下第九章）。六十四卦中，全部六條爻辭都出現了卦名的有 13 個；五條爻辭出現卦名的也有 13 個；四條爻辭出現卦名的有 15 個；三條爻辭出現卦名的有 5 個；兩條爻辭出現卦名的有 7 個；只有一條爻辭出現卦名的有 3 個；爻辭完全没有出現卦名的只有 8 個（如下表 7.3 所示）：

有幾條爻辭出現卦名	0	1	2	3	4	5	6
有幾個卦屬此種情況	8	3	7	5	15	13	13

表 7.3　爻辭出現卦名情況統計表

這些統計數字反映出《周易》文本内部存在一個大體的趨勢，那就是卦名與爻辭的主旨存在聯繫，六十四卦中有 64% 的卦多多少少都體現了這種趨勢（本書第九章還將詳細討論）。即便是爻辭完全没有出現卦名的那八個卦（第 2 卦《坤》䷁、第 9 卦《小畜》䷈、第 11 卦

---

[1] 這兩處例外分別是第 13 卦《同人》及第 52 卦《艮》：

　　同人于野。亨。利涉大川。利君子貞。
　　艮其背，不獲其身，行其庭，不見其人。无咎。

還有兩例，卦名之字連續重複兩次，後一次出現是作爲卦辭的首字：

　　履：履虎尾，不咥人。亨。
　　否：否之匪人。不利君子貞。大往小來。

另有一例卦名之字同樣重複出現，不過中間又夾了別的字：

　　震：亨。震來虩虩，笑言啞啞。震驚百里，不喪匕鬯。

《泰》䷊、第 14 卦《大有》䷍、第 26 卦《大畜》䷙、第 61 卦《中孚》䷼、第 63 卦《既濟》䷾、第 64 卦《未濟》䷿），若要在卦名和部分爻辭間看出某種關聯也是可能的。比如，畜生之"畜"這個詞並没有出現在第 26 卦《大畜》的任何一條爻辭中，但是該卦九三、六四、六五三爻的爻辭分别突出了"馬""牛""豕"三種牲畜。

要展現卦名和爻辭之間存在的聯繫或許並不難，難的是確定二者孰先孰後——是有卦名在先，後來方才有了爻辭的關鍵詞？還是卦名源自該關鍵詞？傳統注家認爲先有卦名，他們或明言此點或暗含此意；現代易學家李鏡池（1902—1975 年）、高亨（1900—1986 年）等則認爲先有爻辭，爻辭産生於蓍占的過程之中，而卦名是之後的某個時候才加上的，以方便稱引。這是個"先有雞還是先有蛋"的問題，就研究《周易》的歷史而言頗有意思，但可能最終無法給出答案。

第八章　卦辭

考察六十四卦的任何一卦，首先映入眼簾的文字就是卦辭。據傳説，人文始祖包犧氏（即伏羲）畫八卦，周朝奠基者周文王（前1099—前1050年在位）重卦並作卦辭，各卦的爻辭則係文王之子周公所著。《周易》的作者問題下章再作討論，這裏值得一提的是，歷來皆認爲卦辭和爻辭的作者是兩個不同的人。大體而言，卦辭和爻辭在形式上存在明顯差異，並且似乎在文本創作以及在之後的文本使用中扮演了截然不同的角色。因此，我將分頭考察卦辭和爻辭，本章關注卦辭，下章討論爻辭。

第一節　《乾》卦卦辭

大部分的《周易》卦辭相當程式化，傳本六十四卦之首的《乾》卦便是最爲人熟知的一例。由於有些卦辭包含了不見於《乾》卦的套語，再加上還有少量卦辭形式上更近於爻辭，只分析《乾》卦卦辭自然不足以理解全部卦辭。但可以確定的是，如果讀不懂《乾》卦的卦辭，也就不可能理解其他卦辭，因此我們將從頭開始説起。《乾》卦卦辭只有寥寥數字：

> 乾元亨利貞。

讀過第七章就知道首字"乾"就是這一卦的卦名，就好像是在整個卦

爻辭的最前面加了一個標籤，不與它後面的那些文字連讀。如何理解
"乾"後面的"元""亨""利""貞"四字是《易經》注疏史上一個
聚訟紛紜的問題，這裏當然需要花費較多筆墨。除《乾》卦外，還有
五卦的卦辭中出現了"元亨利貞"，不過前後會加上一些別的詞。[1]
另外，"元亨"在卦辭出現了 3 次；[2]"利貞"出現了 12 次；獨用的
"亨"則出現了 27 次（一例"亨"前用"光"修飾，兩例用"小"
修飾），其實"亨"似乎是卦辭最爲醒目的標志。[3]　"元""亨"
"利""貞"這四個字，《周易》六十四卦中有五十五卦出現了至少其
一。在標點、解釋"元亨利貞"之前，有必要對故訓舊解進行梳理。

"元亨利貞"的故訓舊解

傳孔子作《十翼》（即《易傳》），其中有《文言》一篇。最早
的關於"元亨利貞"的解説貌似來自《文言》，相同的文句亦見於
"春秋三傳"之一的《左傳》。[4]《文言》開篇解"元亨利貞"謂：

> "元"者，善之長也。"亨"者，嘉之會也。"利"者，義之
> 和也。"貞"者，事之幹也。君子體仁足以長人，嘉會足以合禮，
> 利物足以和義，貞固足以幹事。君子行此四德者，故曰："乾，
> 元、亨、利、貞。"[5]

在《左傳》裏，這段對"元亨利貞"的解讀被嵌入到一個更大的故
事背景之中。魯宣公（前608—前591年在位）夫人、魯成公（前590—

---

[1] 卦辭出現套語"元亨利貞"的五個卦分別是：《屯》䷂（3）、《隨》䷐（17）、《臨》
　　䷒（19）、《无妄》䷘（25）、《革》䷰（49）。此外《坤》䷁（2）也出現了這四
　　字，只不過"利"和"貞"之間夾了其他字（"元亨利牝馬之貞"）。

[2] 分別是：《大有》䷍（14）、《蠱》䷑（18）、《升》䷭（46）。

[3] 還需指出的是，"亨"在爻辭中共四見（12/1、12/2、26/6、60/4），傳世本爻辭中還
　　有四處"亨"，幾乎可以肯定原本當作"亨"（14/3、17/6、46/4、47/2），詳見下文。

[4]《左傳》中的這段文句其實是用來解釋《隨》䷐（17）卦卦辭的。《隨》和《乾》
　　的卦辭相差無幾，除去卦名後，唯一的區別在於《隨》卦多了一句"无咎"。

[5]〔清〕阮元校刻：《十三經注疏·周易正義》，第25頁。

前573年在位）之母穆姜，在歷史上聲名狼藉。《左傳》襄公九年（即前564年，魯襄公前575—前542年在位）記載穆姜薨逝，並追記了她生前的一次占筮。穆姜曾私通叔孫僑如，二人密謀推翻魯成公，失敗後穆姜被囚東宮。遷東宮之時穆姜占筮自己是否能脫離囹圄，筮者試圖讓穆姜相信占筮所得的結果是她確實可以解脫，穆姜沒有接受這個占斷，給出了自己對《隨》䷐（17）卦卦辭的解釋，[1]《隨》和《乾》卦辭的主體部分恰好都是"元亨利貞"：

> 穆姜薨於東宮。始往而筮之，遇《艮》之八䷳。史曰："是謂《艮》之《隨》䷐。隨，其出也。君必速出！"姜曰："亡！是於《周易》曰：'隨，元、亨、利、貞，无咎。'元，體之長也；亨，嘉之會也；利，義之和也；貞，事之幹也。體仁足以長人，嘉德足以合禮，利物足以和義，貞固足以幹事。然，故不可誣也。是以雖隨无咎，今我婦人，而與於亂。固在下位，而有不仁，不可謂元。不靖國家，不可謂亨。作而害身，不可謂利。棄位而姣，不可謂貞。有四德者，隨而無咎。我皆無之，豈隨也哉？我則取惡，能無咎乎？必死於此，弗得出矣。"[2]

相傳《文言》出自孔子之手，鑑於其易學史上的正統地位，許多注解和今譯都采用了"元亨利貞"指"四德"這個解釋。西方學者理

---

[1] 第五章已提到，這個筮例的占斷似乎有些閃爍其辭。初步筮得的結果被表述成"艮之八䷳"，並沒有明確說用的是《周易》。舉行占筮的史官認爲這指代的是《隨》卦（"是謂艮之隨䷐"），爲什麼是這樣却並沒有可靠的解釋。《艮》和《隨》的卦畫分別作䷳和䷐，有五爻發生了爻變，惟一不變的只有位於二爻的陰爻。我們已經看到，《左傳》中用《周易》的筮例幾乎總是用"卦₁之卦₂"這類格式，但在這種格式中卦₁和卦₂往往只有一爻爻變，而穆姜筮出東宮之例却有五爻爻變。按照歷來對筮法的理解，這是極難置信的事情。傳統認爲《周易》以變爲占，九、六爲可變動之爻。得六（老陰）的概率是1/16，而得九（老陽）的概率是3/16。和《隨》卦卦畫相比，《艮》有三根陰爻和兩根陽爻與之不同，這五爻同時爻變的概率是（1/16）³×（3/16）²=9/1048576。與其寄望於如此渺茫的概率，我認爲更可能的情形是筮者試圖略施小計，讓穆姜相信筮占所得結果正是她心中所望。穆姜並沒有落入圈套，她沒有從技術層面而是從觀念層面駁回了這一占斷。

[2] 〔清〕阮元校刻：《十三經注疏·春秋左傳正義》，第4215—4216頁。

雅各（James Legge，1815—1897 年）將之翻譯成 "*Khien*（represents） what is great and originating，penetrating，advantageous，correct and firm"。

　　雖然 "四德" 的説法影響頗巨，但還是有一些不同的解釋，其中最重要的一種見於《易傳》的《彖傳》，亦傳孔子所作。《彖傳》中有三處將 "元亨利貞" 解爲 "大亨以正"，[1] 顯然是斷 "元亨利貞" 爲 "元亨" 和 "利貞"，訓 "元" 爲 "大"、訓 "利" 爲 "以"，並特意用和 "貞" 音近的 "正" 來訓釋（聲訓是中國傳統訓詁的常見方法）`。《彖傳》似乎未明確解釋 "亨"，但《周易》其他幾處 "元亨"，《彖傳》皆以 "大亨" 解之，可見《彖傳》認爲 "元" 是形容詞修飾 "亨"，不當斷讀。也有不少注疏家和譯者贊同《彖傳》的解釋，其中影響最大的當屬朱熹（1130—1200 年），他在《周易本義》中是這樣進一步解釋的：

　　　　文王以爲乾道大通而至正。故於筮得此卦，而六爻皆不變者，言其占當得大通，而必利在正固，然後可以保其終也。[2]

這種解讀在西方也相當有影響，比如有名的衛禮賢（Richard Wilhelm，1873—1930 年）德譯本就將 "乾元亨利貞" 翻譯成 "*Das Schöpferische wirkt erhabenes Gelingen，fördernd durch Beharrlichkeit*"，[3] 卦名 "乾" 被譯作 "*Schöpferische*"（對應英文 "creative"）。後貝恩斯（Cary Baynes，1883—1977 年）擴大了衛譯在西方的影響，他將衛譯轉譯爲英文，作 "The Creative works sublime success，Furthering through perseverance"，[4] "sublime success" 對應 "元亨"，偏意譯，而 "furthering through

---

[1] 分別見於《彖傳》對《臨》䷒（19）、《无妄》䷘（25）、《革》䷰（49）三卦的解説。

[2] 〔宋〕朱熹撰，廖名春點校：《周易本義》，第 30 頁。

[3] Cyrille Javary【夏漢生】and Richard Wilhelm【衛禮賢】, *I Ging: Das Buch der Wandlungen*【《易經》：變易之書】(1924; rpt. Düsseldorf：Diederichs, 1960)，p.1.

[4] Richard Wilhelm【衛禮賢】, Cary Baynes【貝恩斯】trans., *The I Ching; or, Book of Changes: The Richard Wilhelm Translation Rendered Into English*【《易經》：衛禮賢譯本英譯】(New York：Pantheon Books, 1950)，p.4.

perseverance" 對應 "利貞"，偏直譯。

以上是兩種關於 "元亨利貞" 的主流理解。20 世紀，隨着 "新易學" 興起，又産生了一種頗具影響的解釋，高亨（1900—1986 年）《周易古經今注》即倡此説。高亨認爲《周易》産生的背景是占卜，這種占卜差不多類似於商代龜卜，但深深根植於周代的禮儀文化，他是這樣解釋 "元亨利貞" 的：

> 元，大也。亨即享字。古人舉行大享之祭，曾筮遇此卦，故記之曰元亨。利貞猶言利占也。筮遇此卦，舉事有利，故曰利貞。[1]

高亨的解釋與朱熹、《彖傳》之説存在某些相似之處——皆將 "元亨利貞" 斷開，視 "元亨" 和 "利貞" 爲兩個雙音節複合詞，解 "元" 爲 "大"、作形容詞修飾 "亨"。不過，高亨主張 "亨即享字"，此外，他對 "貞" 和 "利" 的解釋以及對二者之間的關係的理解也與朱熹、《彖傳》有別。縱觀整個《易經》注疏史，大部分時候 "貞" 都是訓爲 "正" 的，但高亨主張在占卜的背景下 "貞" 有其特別含義，應該讀爲 "占"。高亨對 "利" 的闡釋亦與傳統注解大相徑庭： "利" 一般作名詞或動詞，《彖傳》和朱熹即視 "利貞" 之 "利" 爲動詞，意爲 "有利於" 之類；高亨則將此 "利" 看作修飾 "貞（占）" 的形容詞，理解成 "有利的"。高亨之説同樣頗具影響力，或許在西方的影響比在中國還要大一些。孔士特（Richard Kunst）解釋《周易》多取高亨之説，他從高亨將 "元亨利貞" 譯作 "Grand treat, favorable determination"，[2] 茹特（Richard Rutt）的譯文也與之類似，作 "Supreme offering; favourable augury"。[3]

---

[1] 高亨：《周易古經今注》，上海：開明書店，1947 年，第 1 頁。

[2] Richard Kunst【孔士特】，"The Original *Yijing*: A Text, Phonetic Transcription, Translation, and Indexes, with Sample Glosses"【《易經》原始：文本、注音、翻譯、索引及例釋】（Ph.D. diss.: University of California, Berkeley, 1985），pp.369 - 380.

[3] Richard Rutt【茹特】，*The Book of Changes (Zhouyi): A Bronze Age Document Translated with Introduction and Notes*【《周易》：一部青銅時代文獻的翻譯、介紹及注釋】（Richmond: Curzon Press, 1996），p.224.

　　我個人對《周易》的解讀很多時候是認同 "新易學" 的。高亨
（以及孔士特、茹特）意識到需在占筮這一背景下解讀 "元亨利貞"，
這無疑是正確的，但他們的文法分析和語義理解却幾乎可以肯定是錯
誤的，至少在文法上《象傳》和《朱熹》的解讀優於高説。要證明
這一點，我們需要對 "元" "亨" "利" "貞" 逐一進行考察，重點關
注 "亨" 和 "貞"。

元

　　"元" 的本義是 "頭/首"，由此引申 "大" 義（《象傳》即訓
"元" 爲 "大"）；早期 "元" 又常表 "始"，如 "元年" 之 "元"
即用此義。很多時候難以肯定 "元" 究竟是想表示 "大" 還是想表
示 "始"。孔士特就注意到見於《尚書・洛誥》《尚書・酒誥》的
"元祀" 訓釋不一，僞孔傳訓 "元" 爲 "大"，而孫星衍（1753—
1818 年）、俞樾（1821—1907 年）、高本漢（Bernhard Karlgren，1889—
1978 年）都認爲 "元" 意爲 "始"。[1]

　　傳世本《周易》中 "元" 共 27 見，其中卦辭 13 見、爻辭 14 見。
卦辭的 13 例 "元" 有 10 例像《乾》卦那樣用在 "亨" 前面，組成
"元亨"，另有兩例用在 "吉" 前面，組成 "元吉"。[2] 爻辭的 14 例
"元" 也有 12 例出現在 "元吉" 中。[3] "元吉" 之 "元" 一般皆視
爲修飾語，"元吉" 意思是 "大的吉祥" "初始的吉祥" 之類。因此，
似可肯定卦辭之 "元亨" 和 "元吉" 的結構是平行的，"元亨" 之

---

[1] Richard Kunst【孔士特】，"The Original *Yijing*：A Text，Phonetic Transcription，Translation，
　　and Indexes，with Sample Glosses"【《易經》原始：文本、注音、翻譯、索引及例釋】
　　（Ph.D. diss.：University of California，Berkeley，1985），p.199.

[2] 只有一例卦辭中的 "元" 既不與 "亨" 也不與 "吉" 組合，見於《比》（8）卦：
　　"比：吉。原筮元永貞无咎。不寧方來；後夫凶。"《比》卦卦辭的斷讀有多種可能，
　　本書第五章中已談到這段文句很有可能有脱文。

[3] 另外兩例 "元" 所在的爻辭爲："九四：睽孤，遇元夫，交孚。厲。无咎。"（《睽》
　　䷥）"九五：萃有位。无咎。匪孚。元永貞。悔亡。"（《萃》䷬）

“元”也應視作修飾語，表“大”或表“始”。至於“元亨”之
“元”的意思到底是“大”還是“始”，就沒那麼確定了。我將“元”
理解成“始”，這是基於我自己對春秋時代易占操作的理解（當然有
一定推測成分）。不過，解“元”爲“始”不僅是基於對占筮過程的
復原，也有一些《周易》内部的語言學方面的證據支持。卦爻辭有 3
例“元”不修飾“亨”或“吉”，其中兩例“元”和“永”共見：[1]

　　　比☷☵：吉。原筮元永貞无咎。不寧方來；後夫凶。

　　　萃☱☷九五：萃有位。无咎。匪孚。元永貞。悔亡。

這兩段文句可能都存在某種程度的脱文。[2] 無論如何，“元”既與
“永”並用對舉就似乎表明“元”應該是“始”之類的意思。

亨

　　“亨”是《周易》最具特色的用詞之一。其實，在十三經中
“亨”幾乎僅見於《周易》。字書詞典通常認爲“亨”“享”有同源關
係，二者甚至可以換用，“亨”“享”古皆可寫作“亯”，“亯”又常
可與“饗”通假。篆書中“亯”作𠅶或𠅏形，據説後一形正象有蓋
器皿内有食物之形。“饗”初文“鄉”象形程度更高，作𣪠，象兩人
相向跪坐，共食一簋之食。

　　有些中國早期文獻“亯/享”和“饗”混用，有些則用各有當。例
如，《周禮》用“亯/享”來表“享獻”、用“饗”表“享食”，《儀禮》
則用“亯/享”表“享食”、用“饗”表“享受”；另一方面，所有這
些意思在《禮記》中全部用“饗”來表示，在《左傳》中全部用

---

[1] 另一例見於《睽》（38）卦九四爻爻辭：“九四：睽孤，遇元夫，交孚。厲。无咎。”
　　　這例中的“元”似表“首”或“大”，“元夫”或猶言“元首”。

[2] 高亨《周易古經今注》（第 29—30 頁）認爲《比》卦卦辭之“元”後面原本當有
　　　“亨”，即這裏的“元”本作習見於卦辭的“元亨”。此説有其合理之處，不過應當
　　　指出的是，現存最早的《周易》是上博簡《周易》，上博簡本亦作“元”而不作
　　　“元亨”，與今本相合（不過簡本的“永貞”和“无咎”之間多了個“吉”字）。

"亯/享"表示。《詩經》中這兩字明顯有別，分表不同意思，這種區分對於理解《周易》之"享"有重要意義。《詩經》一律用"享"表示對神靈的享獻而用"饗"表神靈對享獻之物的享受，如《楚茨》（毛詩 209）和《我將》（毛詩 273）兩首詩皆有如此區分。《楚茨》前兩章描述了祖先祭祀的過程，首章描述享獻，次章描述結果，以下分別引兩句作結（"享""饗"兩字加下劃綫以示強調）：

> 以爲酒食，以<u>享</u>以祀，
> 以妥以侑，以介景福！
>
>
> 先祖是皇，神保是<u>饗</u>，
> 孝孫有慶，報以介福，
> 萬壽無疆！[1]

《周頌》是《詩經》中最古的一部分，《周頌·我將》中也出現了作"享受"解的"饗"，與表"享獻"之"享"，二者形成了明顯反差。全詩如下（"享""饗"加下劃綫）：

> 我將我<u>享</u>，維羊維牛，維天其右之！
> 儀式刑文王之典，日靖四方。伊嘏文王！
> 既右<u>饗</u>之。我其夙夜，畏天之威。于時保之！[2]

　　《周易》中"享"共 47 見，其中 40 例見於卦辭，可見《周易》的"享"主要分布在卦辭中。卦辭的 40 例"享"有 10 例緊接於"元"之後（"元亨"），《乾》卦即爲一例；另有兩例接於"小"之後（"小亨"）；1 例接於"光"之後（"光亨"）；另外 27 例"亨"獨用，不與任何其他詞發生句法上的聯繫。爻辭的那 7 例"亨"中，

---

[1]〔清〕阮元校刻：《十三經注疏·毛詩正義》，第 1004—1005 頁。巧的是，此章也出現了"亨"字（"或剝或亨"），不過此"亨"幾乎可以肯定當讀爲"烹"。

[2] 同上注所引書，第 1267—1268 頁。

有 4 例的情況與卦辭類似（即出現在"元亨"中或"亨"獨用），不過還有 3 例"亨"得理解成表"享獻""享祭"之意的動詞：

> 大有九三：公用亨于天子。小人弗克。
>
> 隨上六：拘係之。乃從維之。王用亨于西山。
>
> 升六四：王用亨于岐山。吉。无咎。

《周易》爻辭的這 3 例"亨"可與下引 3 例"享獻"意的"享"對讀：

> 損 ䷨：有孚。元吉。无咎。可貞。利有攸往。曷之用。二簋可用享。
>
> 益六二：或益之十朋之龜，弗克違。永貞吉。王用享于帝。吉。
>
> 困九二：困于酒食。朱紱方來。利用享祀。征凶。无咎。

前舉《周易》爻辭的 3 例"亨"可與上引諸例之"享"對讀，表"享獻"之意。高亨認爲《周易》卦辭的 40 例"亨"皆表"享獻"便主要基於這一證據，孔士特及茹特亦從其説。故理解"亨"時，高亨説成"享獻"或"享祭"之時會舉行占卜，"元亨"所指的是"大享之祭"這一場景。

此説儘管似頗有道理，可是《周易》的早期寫本確實用不同的字來分別對應"享獻"義和"享受"義。"亨"在馬王堆帛書《周易》中一貫寫成"亨"，而傳世本的 3 處"享"（《損》卦辭、《益》六二爻辭、《困》九二爻辭）全部寫成"芳"。重要的是，傳世本《大有》九三及《隨》上六爻辭中的"亨"，表示的意思顯然是動作"享獻"，帛書本亦寫作"芳"。[1] 上博簡《周易》雖然殘缺不全，但也體現出了這樣的區分：傳世本之"亨"在上博簡本中一貫作"鄉"，而《隨》上六"王用亨于西山"之"亨"上博簡本作"亯/享"（由於簡

---

[1] 傳世本《升》六四爻之"亨"亦爲動詞，表"享獻"，馬王堆帛書本對應之處帛片殘損。

本殘缺，傳世本的 3 處 "亨" 皆不見於簡本）。

　　不管怎樣，早期書寫《周易》時，今傳本 "亨" 和 "享" 可能寫作 "亨" "享" "言" "鄉" 或 "饗"，我相信上博簡《周易》的用字能夠反映出早期《周易》占卜這一背景之下文本原初想表達的意思。"鄉" 本象兩人相向跪坐，共食一簋之食，是 "饗" 之初文，"饗" 既可表 "饗宴"（施），也可表 "享受"（受）。[1] 我們在本書第三、四章中已經看到，"饗" 常出現在古代禱辭（包括占卜性質的祝禱）的結語 "尚饗" 中。如，《儀禮·少牢饋食禮》講述的是每年爲祭祀祖先之事而舉行的占卜，有如下一段（"尚饗" 加下劃綫）：

> 　　日用丁、己，筮旬有一日。筮於廟門之外。主人朝服，西面于門東。史朝服，左執筮，右抽上韇，兼與筮執之，東面受命于主人。主人曰："孝孫某，來日丁亥，用薦歲事于皇祖伯某，以某妃配某氏。尚饗！" 史曰："諾！" 西面于門西，抽下韇，左執筮，右兼執韇以擊筮，遂述命，曰："假爾大筮有常。孝孫某，來日丁亥，用薦歲事于皇祖伯某，以某妃配某氏。尚饗！" 乃釋韇，立筮。卦者在左坐，卦以木。卒筮，乃書卦于木，示主人，乃退占。吉，則史韇筮，史兼執筮與卦以告于主人："占曰 '從'。"（例 4.19）

類似的，《儀禮·士虞禮》講述了爲新死父母舉行安魂之祭禮，有如下一段：

> 　　死三日而殯，三月而葬，遂卒哭。將旦而祔，則薦。卒辭

---

[1] 古漢語有一個特點，兩者或雙方之間的施事和受事可以用同一個詞表示，這樣的例子有不少。因此，"受" 兼表 "付與" 和 "接受"（後來在口語中用變調來區別，書面上專用 "授" 來表 "付與"），"買" 兼表 "買入" 和 "賣出"（後分出 "賣" 專表 "賣出" 義），"借" 兼表 "借出" 和 "借入"，"明" 兼表 "闡明" 和 "明了"。甚至由 "有" 分化出的一組詞似乎也顯示出這樣的特點："侑" 表 "進獻（神靈）"，而 "祐" 表 "受到（神靈的）保佑"；商代甲骨卜辭中，"侑" "祐" 以及 "擁有" 之 "有" 都可以直接用 "又" 記錄。包括 "亨" 和 "饗" 在內的這組親屬詞也體現了施受同辭。

曰："哀子某，來日某，隮祔爾于爾皇祖某甫。<u>尚饗</u>!"女子，
曰："皇祖妣某氏"。婦，曰："孫婦于皇祖姑某氏"。其他辭，
一也。<u>饗辭</u>曰："哀子某，圭爲而哀薦之。<u>饗</u>!"[1]

"饗辭"是祭品成功爲受祭之祖先所接受後的祝告之辭，類似於前引
之段"占曰'從'"的"占"。

　　套語"饗"亦見於《墨子·耕柱》一段關於龜卜的記述。本書第
三章已有涉及，我們討論"亨""饗"的問題有必要回顧此段，只不
過一些重要的信息被假借字掩蓋了。在此僅引用背景敘述、占卜的命
辭以及占辭的開頭（引到"饗矣"爲止），"饗矣"之後還有兆辭，
留待第九章討論（相關詞語仍以下劃綫標出）：

　　　巫馬子謂子墨子曰："鬼神孰與聖人明智?"子墨子曰："鬼神
　　之明智於聖人，猶聰耳明目之與聾瞽也。昔者夏后開使蜚廉折金於
　　山川，而陶鑄之於昆吾，是使翁難雉乙卜於白若之龜，曰：'鼎成
　　三足而方，不炊而自烹，不舉而自臧，不遷而自行，以祭於昆吾
　　之虛，<u>上鄉</u>!'。乙又言兆之由曰：'<u>饗矣</u>! ……'"（例 3.14）

卜筮祝禱之辭最後的"上鄉"本不可解。清人畢沅（1730—1797 年）
懷疑"上鄉"當讀爲"尚饗"，孫詒讓（1848—1908 年）接受其
説。[2] 我認爲這一解讀無疑是正確的。然後占卜者宣布占斷，説
"饗矣"。

　　翁難雉乙的占辭以"饗"爲始，幾乎可以肯定這個"饗"和
《周易》之"亨"記錄的是同一個詞，《耕柱》這段很好地體現了這
個詞要如何理解：這是宣布占卜時所傳達的意願已爲神靈所"接受、
享受"，同時也是占卜所得回應的一部分。在《周易》卦辭中，"元
亨利貞"的前兩個字"元亨"是在宣布神靈已"初步接受"，衛禮賢

----

[1]〔清〕阮元校刻：《十三經注疏·儀禮注疏》，第 2546—2547 頁。

[2]《墨子閒詁》特別點出"饗矣"是占辭，而前面的"上鄉"是"命龜"之辭，二者
　　有別。〔清〕孫詒讓撰，孫啓治點校：《墨子閒詁》，第 425 頁。

將之譯作"success"，已指向了正確的方向。[1]

　　"饗"用作某種占斷之辭、表明和祖先的交流已獲成功，關於此點還有一些時代更早的證據，有的甚至可以上溯到中國文獻的誕生之初。商代甲骨的何組卜辭屬第三期（廪辛、康丁時期），何組卜辭中呈現了一個未見於其他商代甲骨卜辭的特點：慣用"鄉"作某種占斷之辭。下引這塊卜骨上即可見到數例（圖8.1）：

圖8.1　《甲骨文合集》27456"鄉"字用法[2]

---

[1]《周易》注疏故訓多解"亨"爲"通"（to penetrate, to communicate），衛禮賢譯作"success"，這個翻譯似乎只是鬆散地對應"通"，在下文中我將試圖證明衛譯確實指向了正確的方向。

[2] 郭沫若主編，中國社會科學院歷史研究所編纂《甲骨文合集》，第13卷。後文簡稱《合集》。

這是一塊牛的右肩胛骨，自下而上刻寫卜辭，占卜内容與祭祀商王的祖先有關。最早刻寫的兩條卜辭（正如干支所示，最下方的卜辭最早刻寫）内容如下：

　　壬子卜，何貞：翌癸丑其侑妣癸。鄉。（《合集》27456.1）

　　癸巳卜，何貞：翌甲午登于父甲。鄉。（《合集》27456.2）

宋鎮豪注意到這一特别的"鄉"，指出"鄉"應和命辭（即爲妣癸和父甲舉行祭獻的擬議）斷開讀，指神靈接收所獻之祭品。[1] 這裏的"鄉"不屬命辭，下引兩條同時代的卜辭可作爲證據——這兩條卜辭中的"鄉"和命辭之間有較大間隔，第二條尤爲明顯，命辭自右至左刻寫，"鄉"却在命辭右側（圖8.2）。

圖8.2 《合集》27138 和 27321 "鄉" 字用法

　　己酉卜，何貞貞：其牢又一牛。鄉。（《合集》27138）

　　丙午卜，何貞：其三牢。三。鄉。（《合集》27321）

---

[1] 宋鎮豪：《夏商社會生活史（增訂本）》，北京：中國社會科學出版社，2005 年，第487 頁。

這裏的"鄉"當然就是《儀禮》"饗"之初文。

最後，"饗"的這種用法還可以在《尚書·顧命》中找到證據，《顧命》基本可以肯定是西周時期的作品（或許是西周初年）。該篇記載了周成王（前 1042/1035—前 1006 年在位）登遐之後，康王（前 1005/1003—前 978 年在位）繼位舉行的一系列典禮。

> 太保、太史、太宗皆麻冕彤裳。太保承介圭，上宗奉同、瑁，由阼階隮。太史秉書，由賓階隮，御王册命。曰："皇后憑玉几，道揚末命，命汝嗣訓，臨君周邦；率循大卞，燮和天下，用荅揚文武之光訓。"王再拜，興。荅曰："眇眇予末小子，其能而亂四方，以敬忌天威。"乃受同、瑁。王三宿，三祭，三咤。上宗曰："饗！"[1]

此處之"饗"也是宣布神靈已經享受了周王的祭祀，它和上博簡《周易》之"鄉"、傳世本《周易》之"亨"所記錄的爲同一個詞。我認爲高亨的"新易學"將"亨"釋爲"享祭、享獻"之"享"無疑是誤解了卦辭"亨"的用法。

在《周易》中，"亨"應理解成某種占斷之辭，表明神靈已經接受、認可了占筮的命辭所提出的內容。"亨"遍布卦辭，也常出現在"元亨"這一表述中，在我看來，這說明"亨"是一個初步的占斷，還需要進一步的確定。占筮的過程分兩個步驟，本書第四章已就戰國楚地卜筮簡中的相關證據作了考察。在這些占筮記錄中，命蓍產生的結果或爲兩個六爻卦或爲四個三爻卦，據此所作的占辭始終是"恒貞吉"但在某方面"少有憂"，引發下一步以平息此問題。占筮的第二步產生最終的占斷，最終的占斷也幾乎總是"吉"，但不像初步占斷那樣存在限定條件。包山簡中的這類蓍筮幾乎可以肯定與易占不同，不過它們有可能采用的是類似的方法，至少對占筮如何進行有着類似

---

[1]〔清〕阮元校刻：《十三經注疏·尚書正義》，第 511—512 頁。

的理解。《周易》卦辭中出現的"亨"是占筮分兩步進行的一個重要標志。

利

　　"利"也是《周易》中的一個常見字，共 119 見。"利"从"禾"从"刀"，是個會意字，本義爲割禾，引申出"鋒利"義，旋又有"對……有益，有利的"（benefit, favorable）之意，文獻中"利"常用此類義，不過有時對它持消極否定態度，因爲一些人認爲它與"利益""利禄"牽涉。《周易》中很多以"利"開頭的格式化的句子被理解成對使用者或讀者的勸令：

　　　　（不）利有攸往（12 例）[1]

　　　　利涉大川（10 例）[2]

　　　　利見大人（7 例）

　　　　利建侯（3 例）

　　　　利禦寇（2 例）

除了以上一些多次出現的以"利"開頭的格式化的句子外，還有一些只出現過一次的類似格式的勸令之語（共 17 種），以下略舉數例：

　　　　利用刑人

　　　　利用侵伐

　　　　利用行師征邦[3]

　　　　利用享祀

這些用語的語法結構都是一致的，"利"充當謂語性補語，後接主要的動詞。另外還有兩種常見的含有"利"的句子，"利"在當中作謂語：

---

[1] 值得注意的是 12 例"（不）利有攸往"中有 9 例見於卦辭。

[2] 有意思的是這 10 例"利涉大川"有 8 例見於卦辭。

[3] 此用上博簡本《周易》，"邦"傳世本作"邑國"。

无攸利（10 例）

无不利（13 例）

"不"否定動詞，而"攸"是早期古漢語中常規的動詞前賓語替代物，後來逐漸被"所"取代。在"无攸利"和"无不利"中，"利"只能理解成動詞，即"它有利於做某事，對做某事有益"。因此，在這些表達中幾乎所有人都將"利"理解成"它有利於"做某事一類意。[1]

這種用"有利於做某事"來給出建議的語句亦見於古代中國其他類別的占卜文獻。這裏試舉一例，下引之段出自睡虎地秦簡《日書》：

害日，利以除凶厲（厲），兌（敚）不羊（祥）。祭門行，吉。以祭，最衆必亂者。【簡甲五正貳】

陰日，利以家室。祭祀、家（嫁）子、取（娶）婦、入材，大吉。以見君上，數達，毋咎。【簡六正貳】

達日，利以行帥〈師〉出正（征）、見人。以祭，上下皆吉。生子，男吉，女必出於邦。【簡七正貳】[2]

這些以"利"開頭的語句很容易讓人聯想到《周易》，只不過是將《周易》中較古的"利用"規律地轉換成較新的"利以"。

這些勸令之辭容易理解，但《周易》還有一類語句，其中也頻頻出現"利"，這類語句要如何理解尚存疑問，尤其是對於"新易學"一派的學者而言。這些語句中，"利"後總是會有"貞"，或"利"後直接接"貞"，或中間夾着別的詞。簡單的"利貞"出現 21 例，其中 18 例見於卦辭、3 例見於爻辭，另外還有兩例"小利貞"，皆見於卦辭。除此之外，還有一些在"利"和"貞"之間插有一或兩個字，見如下所引（共 11 例）：

---

[1] 理雅各通常將這類用語翻譯成"It will be advantageous to"做某事。衛禮賢德譯作"fördernd"，貝恩斯轉譯成英文作"furthers"，孔士特譯作"favorable"做某事。

[2] 睡虎地秦墓竹簡整理小組編：《睡虎地秦墓竹簡》，第 89 頁（圖版）、第 181 頁（釋文）。

利永貞（2 例）

利居貞（2 例）

利君子貞（2 例）

利女貞（2 例）

利艱貞（3 例）

除此之外，還有以下四例“貞”前冠有領屬助詞“之”，“之”通常表示兩個名詞之間存在關聯。

利牝馬之貞

利于不息之貞

利幽人之貞

利武人之貞

對於傳統派的《周易》注家而言，這些語句和其他出現“利”的話是類似的，要讀通並不難。他們多以“貞”爲動詞、訓爲“正”，在某些語境下用作名詞的“正”：“利於守持正固”（“利貞”）、“利於長久守持正固”（“利永貞”）、“利於安居守持正固”（“利居貞”）、“利於君子守持正固”（“利君子貞”）、“利於女子守持正固”（“利女子貞”）、“利於在艱難中守持正固”（“利艱貞”）、“利於雌馬的堅正端方”（“利牝馬之貞”）、“利於不止息的堅正端方”（“利于不息之貞”）、“利於幽隱之士的堅正端方”（“利幽人之貞”）、“利於軍人的堅正端方”（“利武人之貞”）。

　　然而，高亨於 1947 年提出新解，不將這些語句中的“利”看成動前補語而視作形容詞修飾名詞“貞”，將“利貞”解作“利占”。自此，高説在“新易學”派的學者間頗爲盛行。要弄明白此説隨之而來的影響，需要再來看《乾》卦卦辭的最後一個字——“貞”。

貞

　　關於《周易》中的“貞”，孔士特曾説：

　　要理解整個文本的原義，《易經》中没有哪個詞能像"貞"
一樣至關重要；公元前一世紀後半葉按照儒家道德倫理對原始
《易經》所作的重新詮釋，也没有哪個詞扮演着比"貞"更重要
的角色。幸運的是，二十世紀末的我們身處在一個令人稱羡的時
代，我們所擁有的中國前帝國時代的原始材料要多過此前任何一
個時代的人，多過戰國時代的人。我所指的當然就是那些珍貴
的、原始的上古文獻：甲骨、金文，以及近幾十年來出土的簡牘
帛書上的原始文獻。[1]

孔士特接着詳述説，學者對《周易》的闡釋能另闢蹊徑，正有賴於商
代甲骨刻辭的發現。絶大多數的甲骨刻辭都出現"貞"字，通常作筆
畫較直的𣫚形，偶爾寫得比較象形，作𣫚，𣫚顯然是象一隻鼎。現代
漢語中，"貞"和"鼎"無論是讀音還是字形都没有顯而易見的聯
繫，但事實上"貞"和"鼎"是同源的，二者原本可以換用。"貞"
"鼎"讀音原本都作*tieng 之類，開始的時候假借"鼎"字爲"貞"
（"假借"是指借用同音或音近之字來表示一個詞）；後在"鼎"上
加上"卜"，分化出"鼑"；後來在文字發展的過程中，"鼑"下面
的"鼎"形被簡化成了形體較近的"貝"，遂成"貞"。因此，無
論是從古文字學角度還是從句法角度，都有充分的理由將甲骨文中
的𣫚釋爲"貞"。

　　在甲骨卜辭中，"貞"常常與另一個與占筮有關的字共見，那就
是"卜"。"卜"是象形字，象龜甲牛骨上因燒灼而産生的裂紋之形，
商代甲骨卜辭是這種火卜的産物。下引卜辭上文討論"亨"的時候已
有涉及，從中可以看出"貞"和"卜"之間的區別：

　　　壬子卜，何貞：翌癸丑其侑妣癸。鄉。（《合集》27456.1）

---

[1] Richard Kunst【孔士特】，"The Original *Yijing*：A Text, Phonetic Transcription, Translation, and Indexes, with Sample Glosses"【《易經》原始：文本、注音、翻譯、索引及例釋】（Ph.D. diss.：University of California, Berkeley, 1985），pp.200‒201.

"卜"繼於干支之後，干支紀占卜舉行之日，亦即卜兆産生之日。接着是主持占卜的官員之名，在這裏是一個叫"何"的人，由他宣布對龜的"命"，此命龜之辭由"貞"這一動詞統攝。

晚商之時，龜甲占卜的規模較之早先已大幅縮水，大多集中於旬卜，爲確保未來十天不會有禍患。這些卜辭有時候會包含王作出的占斷之辭，以"占"爲標志（"占"從"卜"從"口"）：

　　　　癸丑，王卜貞：旬亡憂。王占曰：吉。（《合集》39393）

"卜""貞"和"占"都是商代甲骨卜辭中最常見的詞，遠超其他，分別涉及占卜儀式的不同方面。"卜"和"貞"某些時候似乎可以混用，[1] "占"的使用却總是限於占辭，通常由王宣讀。明白這一點對接下來討論《周易》"貞"之用法甚爲重要。

　　"貞"在《周易》中共 111 見，是排第四的高頻詞。"貞"主要見於兩類文句中，第一類是接在"利"後。上文討論"利"的時候已經提到，《周易》中"利貞"共出現 21 次，另有兩次"利"前加了修飾語"小"。除此之外，還有 15 例"利"和"貞"之間夾了其他詞，如：

　　　　利永貞（2 例）

　　　　利居貞（2 例）

　　　　利君子貞（2 例）

　　　　利女貞（2 例）

　　　　利艱貞（3 例）

　　　　利牝馬之貞

　　　　利于不息之貞

---

[1] 不過，史亞當（Adam Schwartz）提出了一個强有力的説法：即便是在看似混用的情況下，"卜"和"貞"也是有嚴格區别的，參 Adam Schwartz【史亞當】，*The Oracle Bone Inscriptions from Huayuanzhuang East: Translated with an Introduction and Commentary*【花園莊東地甲骨刻辭的翻譯、介紹及注釋】（Berlin：De Gruyter, 2019），p.81 n. 20。

　　　　利幽人之貞

　　　　利武人之貞

除了和"利"搭配外，還有 1 例"貞"見於"勿用永貞"，6 例見於"可貞/不可貞"，這些語句中的"貞"句法功能一致，都應理解成動詞。

　　"貞"的第二類常見用法是出現在下列占斷術語："貞吉"（38例）、"貞凶"（10例）、"貞厲"（8例）、"貞吝"（4例）、"貞无咎"（2例）、"貞悔亡"（1例）。此外還有一例"貞疾"、一例"女子貞不字"，似乎也都是占辭。

　　在傳統的《易經》注解中，"貞"通常被訓爲"正"，放在那兩類常見文句中是講得通的。"利貞"可理解爲"利於守持正固"，"貞吉"即"守持正固是吉祥的"。誠然，"貞凶"中"貞"和"凶"連用對訓"貞"爲"正"構成威脅，但某些情形下"守持正固是不吉祥的"是可以成立的。

　　不過，學者們早已注意到中國最早的字書《説文解字》對"貞"別有解釋，謂"卜問也"。傳統認爲《周易》本爲卜筮之書，《説文》的解釋似乎正適用於《周易》中的"貞"。此外，《説文》之釋亦與中國典籍中其他一些"貞"相合，例如，《尚書·洛誥》一篇説周擬於洛水之畔營建新都，周公告卜，周王回應説：

　　　　公既定宅，伻來，來視。予卜休恒吉。我二人共貞。（例 3.5）

《左傳》哀公十七年（前 478 年）有一段很長的文字涉及多次占卜，其中有如下之句：

　　　　衛侯貞卜，其繇曰："如魚窺尾，衡流而方羊。裔焉大國，滅之將亡。闔門塞竇，乃自後踰。"（例 3.12）

很顯然在這兩例中"貞"都與占卜有關。

　　隨着商代甲骨卜辭的發現，我們看到"貞"常常出現在卜辭的前辭中，這表明《周易》之"貞"也幾乎可以肯定與占卜有關。考察甲骨卜辭中"貞"的用法對於我們理解《周易》中"貞"的含義十分重要。占卜並非如《說文解字》及很多現代學者所以爲的那樣，是一種詢問的行爲，而是一種祝禱或言志的行爲，本書第二章已作了相當詳細的論述。關於這方面的問題，"貞"和"鼎"之間的關係是一個重要的考量因素。"貞"和"鼎"是同源詞，《易經》傳統注解常以"正"訓"貞"，"正"和"貞""鼎"也是同源的。這組同源詞還包括"政""征""丁"（"丁"本象"釘"之形）"定""訂"等，它們都有"正直""安定"一類意。"貞"作爲占卜術語，引介言志之辭，即占卜之人希望發生的事情，"貞"相當於英文"to affirm"或"to determine"。

通過前文已考察過的兩條商代甲骨卜辭，我們可以獲得兩點關於"貞"的新認識，其中也出現了"卜"和"占"這兩個重要的占卜術語（加下劃綫）：

> 壬子<u>卜</u>，何<u>貞</u>：翌癸丑其侑妣癸。鄉。（《合集》27456）
>
> 癸丑，王<u>卜貞</u>：旬亡憂。王<u>占</u>曰：吉。（《合集》39393）

第一，"貞"在卜辭（以及在上引《洛誥》《左傳》之段中）中用作動詞，引入占卜的事項。第二，"貞"和"占"涇渭分明，"占"只用於占辭。終有周一代，"貞"和"占"之間的這種區別始終存在，未曾改變，這在上文討論的包山卜筮簡中亦有所反映：

> 大司馬悼滑將楚邦之師以救郙之歲，荊夷之月己卯之日，陳乙以共命爲左尹𩛥<u>貞</u>：出入侍王，自荊夷之月以就集歲之荊夷之月，盡集歲，躬身尚毋有咎。一六六八六六　一六六一一六 <u>占</u>之：恒<u>貞</u>吉，少有憂於宮室。以其故敓之。舉禱宮行一白犬、酒食，囟攻敓於宮室。五生<u>占</u>之曰：吉。【包山簡228—229】（例 4.13）

之所以需要點出"貞"和"占"之間存在區別，是因爲高亨混淆了二者，其説對"新易學"産生了巨大影響。上文已經提到，高亨在其 1947 年的《周易古經今注》中，是這樣解釋卦辭"元亨利貞"的：

> 元，大也。亨即享字。古人舉行大享之祭，曾筮遇此卦，故記之曰元亨。利貞猶言利占也。筮遇此卦，舉事有利，故曰利貞。[1]

此外，該書自始至終都將"利貞"和"貞吉"等量齊觀，前者理解成"吉利的占斷"，後者理解成"占斷：吉利"。

　　1983 年，我在博士論文《〈周易〉之編纂》中對"利貞"提出了不同的解釋。鑑於"貞"和"占"判然有別，則"利貞"不可能表示"吉利的占斷"。此外，由於《周易》中"利"在很多情況下都是動前補語，表"利於"一類意，又由於"貞"在甲骨卜辭（以及其他占卜記録）總是用作動詞，唯一符合語法的解釋就是"利於'貞'"，即"利於貞定"或"利於貞卜"。孔士特和茹特對此提出尖鋭的批評：如果《周易》是占卜手册且卦辭是占卜所得的結果，卦辭中再勸令説"有利於貞卜"，未免因果倒置。人們得先舉行貞卜，然後被告知要再次舉行貞卜。[2] 對於他們的批評我並非視若無睹，然而從卦辭的語法出發只能推導出我的那種解釋。

　　在本書第五章中，我舉證説明《周易》占卜的過程分爲兩步，第一步得到六十四卦中的某一卦及其卦辭，第二步得到該卦六爻中的某一爻。相關證據雖然不如我所期望的那般充分，但自博士論文寫成以來，已出現了一些證據可爲我的觀點提供不少間接的支持。在第四章中，我論證了周代占卜的特點是往往分爲兩步，第一步先得到"恒貞"，再進一步明確，便有了第二部分占辭。雖然這仍是一個假説，還没有廣爲其他《周易》研究者所接受，但我確信無論是傳統解釋

---

[1] 高亨：《周易古經今注》，上海：開明書店，1947 年，第 1 頁。

[2] Richard Kunst【孔士特】，"The Original *Yijing*：A Text, Phonetic Transcription, Translation, and Indexes, with Sample Glosses"【《易經》原始：文本、注音、翻譯、索引及例釋】（Ph.D. diss.：University of California, Berkeley, 1985），pp.378–380.

（“利於守持正固”）還是高亨的解釋（“吉利的占斷”）都沒有正確理解“利貞”的本義。“利貞”應視作補語加動詞，表“利於貞定”一類意。上文已論證“元亨”當解作“初步接受（神靈的認可）”。《乾》卦卦辭將“元亨”和“利貞”連在一起，我相信這之中展示了很多信息，有助於我們理解卦辭在《周易》的演變及使用中所發揮的作用。

第二節　其　他　卦　辭

數千年的《易經》注疏中《乾》卦卦辭備受矚目。《乾》卦卦辭雖具代表性，但我們也不能忽略另外六十三卦的卦辭，但各卦卦辭也長短不一、元素紛繁。最長的卦辭是《坤》卦卦辭，達二十九字之多（不包括卦名“坤”本身），這一長度甚至超過了所有的爻辭；最短的卦辭則僅有兩個字（同樣不包括卦名本身）。

坤 ䷁：元亨。利牝馬之貞。君子有攸往，先迷後得主。利西南得朋，東北喪朋。安貞吉。

大有 ䷍：元亨。

大壯 ䷡：利貞。

此外有若干卦的卦辭是三個字，還有大量的卦卦辭較長，完全由上文討論的那些套語組成。

屯 ䷂：元亨。利貞。勿用有攸往。利建侯。

需 ䷄：有孚。光亨。貞吉。利涉大川。

隨 ䷐：元亨。利貞。无咎。

噬嗑 ䷔：亨。利用獄。

賁 ䷕：亨。小利有所往。

剝 ䷖：不利有攸往。

咸 ䷞：亨。利貞。取女吉。

恒䷟：亨。无咎。利貞。利有攸往。

遯䷠：亨。小利貞。

明夷䷣：利艱貞。

家人䷤：利女貞。

睽䷥：小事吉。

益䷩：利有攸往。利涉大川。

鼎䷱：元吉。亨。

漸䷴：女歸吉。利貞。

歸妹䷵：征凶。无攸利。

旅䷷：小亨。旅貞吉。

巽䷸：小亨。利攸往。利見大人。

兌䷹：亨。利貞。

如果這些卦辭反映了《周易》整體的特徵，我想可以肯定地説，《周易》是世界文學寶庫的一顆明珠這點還没有得到充分的認識。

還有一些卦辭的内容更爲個性化。事實上，我懷疑它們中有些原本是爻辭，後來由於某些原因在文本流變的過程中竄入卦辭。下引兩條卦辭的開頭缺少獨立的卦名，卦名融入了卦辭之中：

䷌ 同人于野。亨。利涉大川。利君子貞。

䷳ 艮其背，不獲其身，行其庭，不見其人。无咎。

還有一些卦辭雖然形式上要更規整，但也包含了個性化的與爻辭相近的文辭，包括：

蒙䷃：亨。匪我求童蒙，童蒙求我。初噬告，再三瀆，瀆則不告。利貞。

履䷉：履虎尾，不咥人。亨。

否䷋：否之匪人。不利君子貞。大往小來。

晉䷢：康侯用錫馬蕃庶，晝日三接。

夬 ䷪：揚于王庭。孚號，有厲。告自邑。不利即戎。利有
攸往。

井 ䷯：改邑不改井，无喪无得。往來井井。汔至，亦未繘
井，羸其瓶。凶。

震 ䷲：亨。震來虩虩，笑言啞啞。震驚百里，不喪匕鬯。

要認識這些卦辭的性質，需對爻辭有更多的了解，這正是接下來
一章的內容。

第九章　爻辭

六十四卦每卦六爻，除組成卦畫的爻畫外，各爻皆附爻辭，這無疑是《周易》最爲顯著的特徵。事實上，一般認爲爻辭正是《周易》占卜系統與《歸藏》、近出北大簡《荆決》等占卜傳統的區別所在，後者只有卦辭。傳世《周易》系統以"爻"來指稱組成卦的符號，"爻"字據説本象算籌交叉之形，這使人回想起《周易》用蓍草占筮。各爻所附文辭被稱爲"爻辭"，不過爻和爻辭通常都可以被稱爲"繇"。"爻"和"繇"的古音相同，係一詞之異寫。繇在古代中國一些解説占卜的記述中占據重要地位，本書第三、四、五章已有涉及，本章也將作進一步考察。

爻辭又或可稱"象"，但並不總是可用"象"來指稱爻辭，有時候也不確定"象"一定指爻辭。專門解釋爻辭的《小象傳》在爻辭後即謂"象曰"，後來一些易學家在注疏時亦以"象"指爻辭。[1] 與此同時，和《象傳》同屬《易傳》的《繫辭傳》則以"象"指卦象，與"爻"和"爻辭"明顯有別。"新易學"的先驅之一李鏡池（1902—1975 年）又發明出"象占之辭"一語來描述一條爻辭內部某一種或某一部分内容，使得"象"的使用愈發曖昧模糊。[2] 我認爲

---

[1] 例如，朱熹《周易本義》解釋《象傳》之"象"時模棱兩可地説："象者，卦之上下兩象及兩象之六爻，周公所繫之辭也。"〔宋〕朱熹撰，廖名春點校：《周易本義》，第34頁。

[2] 李鏡池：《周易筮辭續考》，《嶺南學報》第8卷第1期，1947年，第1—66頁。後加補記收入李鏡池：《周易探源》，第72—150頁。

李鏡池對爻辭的分析大體可從，特別是"象占之辭"這個術語有助於
我們理解爻辭的性質。因此，我對"象"的使用遵循李鏡池，僅用以
指稱爻辭的一部分，下文將詳作考察。

爻辭一共 386 條（六十四卦每卦六爻，外加《乾》用九爻、《坤》
用六爻）。爻辭的前兩字爲爻題，用"初""二""三""四""五"
"上"標示爻位，用"六""九"標示爻德是"陰"還是"陽"；故
"初六"指一卦之中位於最下方的陰爻，"九二"指自下向上數位於第
二的陽爻，"上九"指一卦之中位於最上方的陽爻。在本書第十章中
我們將看到，爻位往往與爻辭內容直接相關。爻德（無論是陰或是
陽）也影響着爻辭的措辭，這是《周易》研究中爭論的主要問題之
一；大多數《易經》傳注家公認一個基本前提，那就是爻德和爻辭的
讀法之間存在直接聯繫，但這難以在整個文本中系統地體現出來。

如果撇開爻題不論，《周易》爻辭可短至兩字，有 5 條爻辭屬此
情況，最長的可達二十七字，見於《睽》䷥（38）上九爻：

否䷋（12）：六三：包羞。

恒䷟（32）：九二：悔亡。

大壯䷡（34）：九二：貞吉。

解䷧（40）：初六：无咎。

兑䷹（58）：上六：引兑。

與這些簡短爻辭形成對比的是《睽》䷥（38）上九：

上九：睽孤。見豕負塗。載鬼一車。

先張之弧。後説之弧。匪寇婚媾。往遇雨則吉。

《周易》最著名的爻辭無疑是第一卦《乾》卦的爻辭，《乾》卦
爻辭大多與龍之形態有關。

初九：潛龍。勿用。

九二：見龍在田。利見大人。

九三：君子終日乾乾。夕惕若厲。无咎。

九四：或躍在淵。无咎。

九五：飛龍在天。利見大人。

上九：亢龍。有悔。

用九：見群龍无首。吉。

不難看出，這些爻辭主要由兩種類型的用語組成：一類是對事件或情況的描述，如《否》（12）的"包羞"、《睽》上九的"見豕負塗。載鬼一車"，以及《乾》卦爻辭中龍的各種形態；另一類是與占卜有關的術語，如《大壯》（34）"貞吉"、《睽》上九"往遇雨則吉"、《乾》卦爻辭之"有悔"。前一類我從李鏡池稱之爲"象"，正是"象"使《周易》顯得神秘莫測——"見豕負塗"是什麼意思？群經之首的《周易》中爲什麼會有這樣的象？"象"與"繇辭"有密切關聯，不過我認爲"象"只是完整的繇辭的一部分。至於第二類用語，我統稱爲"占辭"，這類用語沒什麼特色可言，換言之更爲程式化，統共不過十種左右的套語，幾乎在每條爻辭中都佔據一席之地。[1] 這些占辭很顯然在某種意義上與原初的占卜背景有關，《周易》於這一占卜背景之中起源、發展。象和占辭共見於爻辭時，象往往出現在占辭之前，關於同條爻辭中占辭與象是否存在內在關聯尚有不同意見，又或許它們所反映的只是單次占卜活動中的即席發言，只是因爲某種原因恰好被記錄進《周易》之中。象的意義和占辭的意義是兩個相關的問題，這決定了整個《周易》的理解，本章的最後將對此進行討論。

---

[1] 西方的金斯密（Thomas Kingsmill）早在 1894 年就已指出這兩類用語有所區別，見 Thomas Kingsmill【金斯密】，"The Construction of the Yih King,"【《易經》的結構】 *China Review* 21.4（1895），pp.272 - 275。下文還將提到韋利（Arthur Waley）亦持類似觀點，明顯受李鏡池早期論作的影響，見 Arthur Waley【韋利】，"The Book of Changes,"【周易】 *Bulletin of the Museum of Far Eastern Antiquities* 5（1933），pp.121 - 142。

第一節　繇辭的形式結構

本書第三章引到了西漢文帝劉恒（前 180—前 157 年在位）尚爲代王之時舉行的一場龜卜，彼時有人擁立劉恒繼位，他卜問是否要登基爲帝（例 3.18）。我們在此就不重複整個故事了，只需指出宣布此次占卜的命龜之辭大概作“代王爲天子，尚饗”之類。[1] 占卜得到了如下繇辭，由主持占卜的卜者宣讀：

大橫庚庚（geng/ *kɐng），

余爲天王（wang/ *jwang），

夏啓以光（guang/ *kwâng）。[2]

第三章已談到“大橫”描述的是龜甲上所顯現的兆文之形。“橫”在《史記・龜策列傳》中多次出現，解作 ┣━ 形之兆，兆枝自卜兆中間橫向伸出，筆直伸向一側。《龜策列傳》中此兆文之形幾乎總是被理解爲吉祥之兆。《史記》有注文認爲“庚庚”是龜甲兆文裂開時所發出的聲音；“庚”與“更”同音，“更”有“繼承、接續”之意，卜者顯然正是如此理解的。因此，繇辭開頭“大橫庚庚”四字所形容的是有待解讀的兆象。

我在第三章中還指出，接於兆文描寫之後的是兩句韻文，韻文由卜者創作，或許是即興發揮之作。創作的時候卜者似乎要遵循一些簡單的規範：他要撰作一組對句，與形容兆象的四言句押韻；這組對句既要和命辭（即占卜的話題）有關，也要與兆象潛在的含義有關。描寫兆文形態的“大橫”，以及形容龜甲兆文裂開之聲、讀爲“更更”

---

[1] 需説明的是，文獻並沒有明確記載此次占卜的命龜之辭。我比較了其他記載了命辭的占卜，在此基礎上給出了這裏的命辭。

[2]《史記・孝文本紀》。〔漢〕司馬遷：《史記》，第 414 頁。“庚”（geng/ *kɐn）、“王”（wang/ *jwang）、“光”（guang/ *kwâng）押韻。

的"庚庚",皆使得卜者作出代王確實將繼承其父之位登基爲天子的
預測。

　　時光倒流四百年,還有一則龜卜記載與文帝卜大橫在很多方面有
相似之處。這則記載本書第三章亦已有所涉及,但考慮到它與《周
易》爻辭存在某種程度的關聯,值得在這裏再作考察。《左傳》襄公
十年(前 563 年)記載衛卿孫文子就是否要反擊鄭國皇耳的入侵而占
卜,原文謂:

> 孫文子卜追之,獻兆於定姜。姜氏問繇。曰:
> 兆如山陵(*ling/* *ljəng*),
> 有夫出征(*zheng/* *tsjäng*),
> 而喪其雄(*xiong/* *jung*)。
> 姜氏曰:"征者喪雄,禦寇之利也。大夫圖之!"衛人追之,
> 孫蒯獲鄭皇耳于犬丘。(例 3.8)

我們可以推測命龜之辭應作"我伐鄭,尚大克之"之類,接着説灼龜
得兆,在繇辭中明確描述卜兆的形態。或許是因爲繇辭含糊不清,事
後又請卜者之外的人解讀卜兆,我們所看到的繇辭就是那時追記的。
繇辭依舊是四字句的形式,説"兆如山陵",大概作〣或〡〢之類,後
面依然接一對四字句,將卜兆的含義和占卜事項聯繫起來。或許不難
看出"有夫出征,而喪其雄"意味不明,哪一方"出征"的"有夫"
會"喪其雄"?是入侵的鄭軍還是反擊的衛軍?因此,孫文子詢問定
姜,由她給出最終解釋:"征者喪雄,禦寇之利也。""寇"只能是指
入侵的鄭軍,那麼"喪雄"的"征者"也就是鄭軍,故言"禦"入
侵者會有"利"。

　　定姜的解釋(或者説占辭)是"利禦寇"的簡單變體。"利禦寇"
兩見於《周易》爻辭,[1] 其中一處是《漸》☶☴(53)卦九三爻:

---

[1] 除了這裏討論的《漸》☶☴(53)九三外,"利禦寇"亦見於《蒙》☶☵(4)上九。

九三：鴻漸于陸（*lu*/ *ljuk），

夫征不復（*fu*/ *bjuk），

婦孕不育（*yu*/ *jiuk）。

凶。利禦寇。

不難看出，這條爻辭的主體部分和上面兩則龜卜記録中繇辭的形式相同：用四字句形容徵兆（在這條爻辭中，徵兆來自自然界而不是龜甲兆文的形態），接着以一組四字押韻的對句將它聯繫到人間的某些事情。我們可以推測，產生這個兆象的占卜與軍事戰役或生育（又或許泛泛地關於婚姻忠誠）有關，因爲野鴻的活動有其特殊的、不祥的含義。[1] 我們還可以通過前面考察的那些龜卜例推斷出這條爻辭的其餘文句（即占斷套語“凶”和“利禦寇”）是二度創作的體現，或許是後來的占斷者爲明確繇辭的含義而加上的。

　　類似的繇辭散見於《周易》全書。爲求全面，凡是我能够辨識出的包含完整繇辭的爻辭，於此盡數列出，[2] 並仿照上舉兩則龜卜及《漸》九三爻辭的格式排布，在可能是韻脚的地方給出古音構擬。

泰䷊（11）：

上六：城復于隍（*huang*/ *wâng）。

勿用師。

自邑告命（*ming*/ *mreng）。

貞吝。

---

[1] 我曾在好幾個地方討論過中國古代野鴻的象徵意義，如夏含夷著，李衡眉、郭明勤譯：《結婚、離婚與革命——〈周易〉的言外之意》，《周易研究》1994 年第 2 期，第 45—51 頁。

[2] 另外有些爻辭或許同樣包含繇辭，但多多少少不够典型，包括：《屯》六三，《訟》九二，《比》九五，《小畜》九三，《泰》九二、九四，《无妄》六三，《大過》九二、九五，《離》九三、上九，《明夷》上九、九三、六四，《暌》六三、上九，《夬》九四，《困》九二、六三，《井》九三，《鼎》上六，《震》上九、六二，《艮》卦辭及九三爻辭，《漸》六二、六四、上九，《豐》上六，《旅》九三，《中孚》六二。

同人䷌（13）：

九三：伏戎于莽（*mang/* *mâng?*）。

升其高陵（*ling/* *rəng*）。

三歲不興（*xing/* *həng*）。

習坎䷜（29）：

上六：繫用徽纆（*mo/* *mək*）。

寘于叢棘（*ji/* *kək*）。

三歲不得（*de/* *tək*）。

凶。

困䷮（47）：

初六：臀困于株木（*mu/* *môk*）。

入于幽谷（*gu/* *klôk*）。

三歲不覿（*du/* *lôk*）。

鼎䷱（50）：

九二：鼎有實（*shi/* *m-lit*）。

我仇有疾（*ji/* *dzit*）。

不我能即（*ji/* *tsit*）。

吉。

鼎䷱（50）：

九三：鼎耳革（*ge/* *krək*）。

其行塞（*sai/* *ək*）。

雉膏不食（*shi/* *m-lək*）。

方雨虧。悔。

終吉。

鼎䷱（50）：

九四：鼎折足（*zu*/ *tsok*）。

覆公餗（*su*/ *sôk*）。

其形渥（*wo*/ *ʔrôk*）。

凶。

艮䷳（52）：

六二：艮其腓（*fei*/ *bəi*）。

不拯其隨（*sui*/ *s-wai*）。

其心不快（*kuai*/ *khwets*）。

漸䷴（53）：

九五：鴻漸于陵（*ling*/ *rəng*）。

婦三歲不孕（*yun*/ *ləngh*）。

終莫之勝（*sheng*/ *lhəngh*）。

吉。

豐䷶（55）：

六二：豐其蔀（*bu*/ *bôʔ*）。

日中見斗（*dou*/ *tôʔ*）。

往得疑疾（*ji*/ *dzit*）。

有孚發若。吉。

豐䷶（55）：

九三：豐其沛（*pei*/ *phâts*）。

日中見昧（*mei*/ *məs*）。

折其右肱。

无咎。

豐䷶（55）：

九四：豐其蔀（*bu*/ *phâts）。

日中見斗（*dou*/ *tôʔ）。

遇其夷主（*zhu*/ *toʔ）。

吉。

旅䷷（56）：

六二：旅即次（*ci*/ *tshih）。

懷其資（*zi*/ *tsi）。

得童僕（*pu*/ *phôk）。

貞。

旅䷷（56）：

九四：旅于處（*chu*/ *k-hlaʔ）。

得其資斧（*fu*/ *paʔ）。

我心不快（*kuai*/ *khwets）。

旅䷷（56）：

上九：鳥焚其巢（*chao*/ *dzrâu）。

旅人先笑（*xiao*/ *sauh）後號咷（*haotao*/ *lâu）。

喪牛（*niu*/ *ngwə）于易。

凶。

這些繇辭並不都像前舉兩則龜卜或是《漸》九三爻辭那般容易理解，我也並不打算在此進行解讀，點明其形式結構已然足矣。諸例之中有的地方失韻，從形式上看並不完美，我懷疑這或許是由文本錯訛導致的。這些繇辭奇妙地集中於《鼎》（50）至《旅》（56）這幾卦中，有幾卦幾乎每一條爻辭或含有完整的繇辭，或至少含有看起來衍生自繇辭的語句。

此外還有一卦幾乎在每條爻辭裏都含有至少部分的繇辭，那就是依傳統卦序中較爲靠前的《同人》（13）。不過，這些繇辭很多僅有部分留存，以致它們的結構難以辨識。事實上，這種殘缺也可以是一個有利因素，使我們更清楚地看出繇辭是如何創作的。《同人》卦的卦爻辭全文如下（首行是卦辭。第八章已提到，這一卦不同尋常，卦名融於卦辭之中，是卦辭的一部分）：

> ䷌ 同人于野。亨。利涉大川。利君子貞。
>
> 初九：同人于門。无咎。
>
> 六二：同人于宗。吝。
>
> 九三：伏戎于莽。升其高陵。三歲不興。
>
> 九四：乘其墉。弗克攻。吉。
>
> 九五：同人。先號咷而後笑。大師克相遇。
>
> 上九：同人于郊。无悔。

九三爻爻辭前文在列舉標準繇辭時已列入其中。此爻所用的象與其餘諸爻有別，但也不難看出這是一條標準的繇辭——“伏戎于莽”是對象的形容，而“升其高陵，三歲不興”是一組對句，就徵兆對占卜事項的意義加以説明。其餘諸爻的爻辭就沒有九三爻這麽完整了，不過，我認爲還是可以看出諸爻辭中的“同人”肯定都是作爲繇辭之象的。根據給定的占卜事項，“同人于野”“同人于門”這樣的徵兆提示卜官撰寫出九四“乘其墉，弗克攻”這樣的對句。事實上，“墉”（*yong*/ *jiwong）、“攻”（*gong*/ *kung）和“同人于宗”之“宗”（*zong*/ *tsuong）是可以押韻的，説明“乘其墉，弗克攻”原本可能繫於六二“同人于宗”這個象之後。類似的，押韻還表明九五、上九這兩爻的爻辭原來可能屬於同一繇辭，後被割裂：

> 同人于郊（*jiao*/ *kau）。
>
> 先號咷（*tao*/ *dâu）而後笑（*xiao*/ *sjäu）。

大師克相遇（yu/*ngju）。

无悔。

"大師克相遇" 與前面兩句的用韻不完全相合，或許不屬於這則繇辭；但用韻相差不遠亦可通押，很可能受其影響，這句方被插到此處（本章後面討論爻辭所見占辭類型時，還會涉及此點）。

卦辭之 "同人于野" 或初九之 "同人于門"、六二之 "同人于宗"、上九之 "同人于郊"（占辭分別作 "无咎" "吝" "无悔"），可被看作繇辭開頭的象，這對理解數百條不含完整繇辭的《周易》爻辭有重要意義。《周易》全書中大部分的爻辭都相當簡短，以下隨意擇取一些爲例：

乾䷀（1）：	上九：亢龍。有悔。
坤䷁（2）：	六五：黃裳。元吉。
蒙䷃（4）：	六四：困蒙。吝。
師䷆（7）：	六三：師或輿尸。凶。
小畜䷈（9）：	九二：牽復。吉。
履䷉（10）：	初九：素履。往无咎。
謙䷎（15）：	六二：鳴謙。貞吉。
豫䷏（16）：	初六：鳴豫。凶。
蠱䷑（18）：	九二：干母之蠱。不可貞。
噬嗑䷔（21）：	六二：噬膚滅鼻。无咎。
賁䷕（22）：	六二：賁其須。
復䷗（24）：	六二：休復。吉。
復䷗（24）：	六三：頻復。厲。无咎。
大畜䷙（26）：	九二：輿說輹。
大過䷛（28）：	九三：棟橈。凶。
離䷝（30）：	六二：黃離。元吉。
咸䷞（31）：	初六：咸其拇。

遯䷠（33）：　　　　上九：肥遯。无不利。

大壯䷡（34）：　　　六五：喪羊于易。无悔。

家人䷤（37）：　　　六四：富家。大吉。

蹇䷦（39）：　　　　初六：往蹇來譽。

姤䷫（44）：　　　　九四：包无魚。起凶。

井䷯（48）：　　　　六四：井甃。无咎。

鼎䷰（50）：　　　　上九：鼎玉鉉。大吉。无不利。

震䷲（51）：　　　　九四：震遂泥。

巽䷸（57）：　　　　九三：頻巽。吝。

兌䷹（58）：　　　　初九：和兌。吉。

節䷻（60）：　　　　九二：不出門庭。凶。

既濟䷾（63）：　　　上六：濡其首。厲。

未濟䷿（64）：　　　九二：曳其輪。貞吉。

　　這三十條爻辭分析起來很簡單，都包括一個簡單的象，通常還配上一兩句占辭（亦有少量例外）。我希望把這些象視作繇辭的首句（即形容徵兆之句），但它們並不完整，其後缺少了聯繫兆和占卜事項的對句，就像《同人》（13）六二“同人于宗”或應與同卦九四“乘其墉，弗克攻”連讀，“宗”（*zong/* *tsûŋ）、“墉”（*yong/* *jiwong）押韻。我們故而可以猜想，《未濟》（64）九二“曳其輪”這類象之後或許本來接有“賜之盾，保子孫”這樣的對句［“輪”（*lun/* *run）和“孫”（*sun/* *sûn）押韻］。急需澄清的是，這一例是我憑空想象的——所加的對句是我的構擬，原文并不如此。不過在我看來，這是卜者進行與出行或戰事有關的占卜時會即興創作出的那種繇辭。

　　還有些爻辭只包含對句（即繇辭中接在象之後的部分），但比起那些獨有象的爻辭要少見得多，也更難辨識。以下諸例或許是這種僅有對句的爻辭：

訟䷅（6）：　　　　上九：或錫之鞶帶，終朝三褫之。

師䷆（7）：　　　六五：田有禽。利執言。无咎。<u>長子帥師，</u>
<u>弟子輿尸</u>。貞凶。

師䷆（7）：　　　上六：<u>大君有命，開國承家</u>。小人勿用。

否䷋（12）：　　九五：休否。大人吉。<u>其亡其亡，繫于</u>
<u>苞桑</u>。

歸妹䷵（54）：　上六：<u>女承筐无實，士刲羊无血</u>。无攸利。

小過䷽（62）：　九三：<u>弗過防之，從或戕之</u>。凶。

小過䷽（62）：　上六：<u>弗遇過之，飛鳥離之</u>。凶。是謂
災眚。

在這些例子中，很難想象得出是什麼樣的象會激發出這些回應之辭，只要承認傳世本《周易》處於未編輯完善的狀態或許便足够了。[1]

第二節　繇辭的象徵意義

《周易》中所蘊含的這些繇辭，要理解它們在文本中的作用，辨識其形式結構只不過是第一步。讀者希望知道這些繇辭如何創作（尤其是繇辭開頭的象來自何處），以及它們在當時的占卜中如何被理解。就本章上節開頭考察的那兩例龜卜而言，這些問題的答案似乎相當簡單：象即灼龜時龜甲上顯現的兆文之形（有一例還包括兆文裂開之聲）。在第一例中，象是"大橫庚庚"，據其他一些占卜記載我們知道"大橫"即一種普遍認識的兆，大概作├─之形，此外根據舊注的説法，"庚庚"爲兆文之聲。第二則占卜例也是類似的，繇辭的象説得很明確，即"兆如山陵"。當然，説這個兆文是什麼形狀大概有點像做羅夏墨迹測驗（Rorschach test），不同的卜者占人可能看到的是不

---

[1] 在 2020 年 5 月 5 日的一次私人通信中，司馬富（Richard Smith）對此説了這樣一段話："而後兩千多年，《周易》經解最卓著的成就是，中國一幫最聰明的腦袋讓這玩意兒有了意義。"我完全同意。

同的形態，從而給出不同的解釋。第一例的"大橫"就似乎不存在這種問題。名爲"橫"的兆文在《史記·龜策列傳》中多次出現，並且總是被視作"吉"之兆。而第二例中的"山陵"，即便確實是作山陵之形（大概作 ⋀ 或 ⋀ 之類），我們也需要知道山陵被賦予了什麼樣的象徵意義（如果有的話）。上文中我推測山陵預示着危險，好比對說英文的人而言"cliff"（懸崖）也蘊含這種意味。不過，即便事實就是如此，還存在一個問題——這次占卜是關於是否要對敵軍的入侵發動反擊，所謂的危險是針對何方而言？是指入侵一方還是指反擊一方？在《左傳》的記述中，我們也確實看到這個問題在解釋兆文時浮現了出來，而占卜主體孫文子轉而向外界求助，請定姜占斷，以確定兆文意義。

至於《周易》本身所含的那些繇辭，不僅要考慮如何理解其象徵意義，還得先問這樣一個問題——這些繇辭（尤其是繇辭開頭的象）是如何產生的？關於這個問題，孔士特（Richard Kunst）曾有如下假説：

> 根據這個假説，像"輿説（脱）輹"這樣一個兆之所以會出現在《大畜》（26）九二爻中，是因爲在操縱蓍草以占筮此兆的含義時，筮遇此爻（或許是反復筮遇此爻）。[1]

他在別處還討論了"棟橈""噬乾胏得金矢"等象，[2] 並總結説："解讀某幾段文句除了語言學和古文字學方面的問題外，……《易》所涉及的這些兆的功能是相當清楚的。當看到不祥之事、天降之徵，人們便會向卜者尋求指引，弄清徵兆的含義。"[3]

---

[1] Richard Kunst【孔士特】，"The Original *Yijing*：A Text, Phonetic Transcription, Translation, and Indexes, with Sample Glosses"【《易經》原始：文本、注音、翻譯、索引及例釋】（Ph.D. diss.；University of California, Berkeley, 1985），p.28.

[2] 這兩個象分別見於《大過》（28）☱☴ 九三和《噬嗑》☲☳（21）九四。

[3] Richard Kunst【孔士特】，"The Original *Yijing*：A Text, Phonetic Transcription, Translation, and Indexes, with Sample Glosses"【《易經》原始：文本、注音、翻譯、索引及例釋】（Ph.D. diss.；University of California, Berkeley, 1985），pp.66–67.

此説並非孔士特原創，而是在很大程度上源自高亨（1900—1986年）這位極富影響的"新易學"派學者。高亨在其早年所著的《周易古經今注》中屢次將爻辭之象比作占卜的催化劑。[1] 例如，他説《乾》卦之所以出現各種"龍"之象，是因古人看到一條龍，古人不確定是吉徵還是凶兆，故舉行筮占，筮得《乾》，甚至筮得《乾》之某一爻，遂於此爻之側記録下龍之形貌以及此兆是否被證實爲吉。

在另一部稍晚問世的著作《周易古經通説》中，高亨就爻辭如何產生給出了更完整（或者説繁冗）的論述：

> 《周易》古經，蓋非作於一人，亦非著於一時也。其中有爲筮事之記録。古代卜與筮皆有記録。蓋當時有人將舉一事，卜人爲之卜，遇某種兆象，論斷其休咎，及事既舉，休咎有驗，卜人（或史官）記録其所卜之事要，與其卜時之論斷與其事之結果，此即卜事之記録也。同此，當時有人將舉一事，筮人爲之筮，遇某卦爻，論斷其休咎，及事既舉，休咎有驗，筮人（或史官）記録其所筮之事要與其筮時之論斷與其事之結果，此即筮事之記録也。[2]

高亨認爲古籍中亦有明證，引《周禮·占人》：

> 凡卜筮既事，則繫幣以比其命，歲終則計其占之中否。[3]

高亨指出舊對"繫幣"含義的理解分爲兩種。杜子春（約前30—約58年）給出的解釋比較簡單，即"以帛書其占，繫之於龜也"；鄭玄（127—200年）的解釋則全然不同：

> 謂既卜筮，史必書其命龜之事及兆於策，繫其禮神之幣，而合藏焉。[4]

---

［1］高亨：《周易古經今注》，上海：開明書店，1947年，第1頁。

［2］高亨《周易古經通説》，上海：開明書店，1947年，第5頁。

［3］〔清〕阮元校刻：《十三經注疏·周禮注疏》，第1738頁。

［4］同上注，第1738—1739頁。

鄭説似與近幾十年戰國墓中所出的卜筮記録更合，但高亨認爲“杜説較勝”，雖“尚未盡當”。首先卜之記録並不繫於龜卜實際所用之龜，筮之記録亦並不繫於蓍筮所用之蓍。高亨重點關注了“比其命”的含義，他解釋説這個“命”指告於龜蓍之命，即所卜所筮之事。

> 卜人卜時，以所卜之事告於龜，謂之命龜；筮人筮時，以所筮之事告於蓍，謂之命蓍。卜人將命龜之辭，依其兆象，分別繫列；筮人將命蓍之辭，依其卦爻，分別繫列。此即所謂“比其命”也。[1]

高亨將《周易》視作蓍筮記録逐漸積累的結果。這種積累不僅體現在將原始記録移入各卦各爻之下，還體現在根據後來的筮事對已有記録進行增補。此外，高亨還認爲後來的編纂者也發揮了一定作用，基於其“事物之觀察”“涉世之經驗”“哲理之見解”對舊本加以訂補，表達方法或用直敘、或用比喻、或用歷史故事，以指出其是非之標準。也正是此人將不同爻辭編入一卦之中，並賦予它們邏輯順序。根據高亨的看法，只有經過此人之訂補，《周易》始成完書。

此説看似合理且有文獻支持，但高亨在此處並未解釋卜筮事項爲何。他是否仍保持着撰寫《周易古經今注》時的看法，認爲占卜的促因是卜人看到龍、“輿説輹”、或是與上文討論的龜卜例類似的占卜事項（代王登基、衛國反擊鄭國入侵）？在我看來，對我們理解占卜的目的而言這是一個根本的問題。

這些繇辭初創的時代距今已近 3000 年之久，在現代讀者眼中繇辭之象的象徵意義通常並不明晰，但我並不認爲在那些創作繇辭的卜人眼中也是如此。西方漢學描寫古代中國的象徵世界，其中最爲引人遐想的描寫之一出自葛蘭言（Marcel Granet，1884—1940 年）的手筆。在寫到節慶時，葛蘭言説“德存乎萬物”：

---

[1] 高亨《周易古經通説》，上海：開明書店，1947 年，第 7 頁。

　　這種崇敬的情緒滋生於節令聚會的過程之中，通過溪水山岩恣意宣洩，亦通過花卉動物、通過最優美的樹木和最不起眼的植物。共有之德存乎萬物之中。采桑和渡河皆可引發同樣的希望。每一朵花都可引發妊娠、祛除之邪、合一之心、應許之誓。[1]

難道能想象出這些節令聚會的參與者不知道哪些花引發妊娠、哪些引發祛除之邪、哪些引發合一之心、哪些引發應許之誓嗎？哪怕是當代社會的城市人都知道紅玫瑰和白康乃馨蘊含着不同的意義。出於歷史原因，在西方雙十一佩戴紅色的虞美人花（red poppy）有特殊含義，所有銘記百年前那場戰事的人都知道是何意【譯者按：每年雙十一是西方的 Remembrance Day／Armistice Day，紀念 1918 年 11 月 11 日一戰停戰】。再如，伸出橄欖枝、授予月桂花環、給某人毒參【譯者按：hemlock，相傳是結束蘇格拉底生命的毒藥】，這其間的區別又有誰人不知呢？這些象的含義根本無需占卜來確定。此外，個性化的與樹相關之象，比如枯楊突然發芽開花，似乎也不難解釋，這樣的象出現在了《周易》中：

　　　　大過䷛（28）：九二：枯楊生稊，老夫得其女妻。无不利。

　　　　大過䷛（28）：九五：枯楊生華，老婦得其士夫。无咎无譽。

　　在早年一篇重要的《周易》研究中，韋利（Arthur Waley，1889—1966 年）提出《周易》"由兩種相對獨立的作品隨意捏合而成"。[2]他在這篇研究中主要關注的是兆，與如下英文諺語作對比：

　　　　A red sky at night

　　　　Is the shepherd's delight.

　　　　A red sky at morning

---

[1] Marcel Granet【葛蘭言】, *Chinese Civilization*【中國文明】（London：Routledge and Kegan Paul, 1930）, p.173.

[2] Arthur Waley【韋利】, "The Book of Changes," 【周易】*Bulletin of the Museum of Far Eastern Antiquities* 5（1933）, p.121.

Is the shepherd's warning.[1]

（晚霞牧人喜，早霞牧人憂。）

韋利還對比了《詩經》所見之象與《周易》之象。他發現"鴻"和《漸》☲☶（53）九三之鰥夫存在聯繫（此條爻辭上文已提及，本書第六章亦已略作討論）：

九三：鴻漸于陸，夫征不復，婦孕不育。凶。利禦寇。

有證據表明上古時鴻已被賦予象徵意義，韋利引到《詩經‧九罭》（毛詩159）二、三章：

鴻飛遵渚，公歸無所，於女信處。
鴻飛遵陸，公歸不復，於女信宿。[2]

正如本書第六章所言，鴻的這種象徵意義在《詩經》中還能找到類似之例。這不僅在古代是一種常見的象，韋利指出"鴻與愛人失去之間存在着關聯，時至今日依然是中國詩歌的一大主題"。[3] 鴻雁飛翔之象，無論是目睹還是腦海想象，皆不需要占卜來確定其象徵意義。

因此，我認爲高亨、孔士特關於爻辭之繇起源的説法不可信。繇中的象不需要占卜確定，而是占卜的結果。不過，卜人是如何辨識出某一特定之象是某次占卜的結果呢？在第七章中，我已指出一些卦畫

---

[1] Arthur Waley【韋利】，"The Book of Changes,"【周易】*Bulletin of the Museum of Far Eastern Antiquities* 5（1933），p.121.

[2] 同上注，p.128。出於某些原因，韋利只引了此二章的前兩句，略去最後之句。此外，韋利給出的譯文不佳，實難與其盛名相符，作：When the wild goose in its plight（*sic*）follows the island,（It means that）my lord has nowhere to go. When the wild goose in its flight follows the land,（It means that）my lord will not return。我譯作：Wild geese flying along the bank, My lord's return is without place, To take abode with the maiden. Wild geese flying along the land, My lord's return does not come back, To spend the night with the maiden。我猜測韋譯首句中的"plight"實係單純的印刷錯誤，不過這一錯誤恰巧指向"鴻"之"flight"（飛）和"女"之"plight"（困境）間有趣的潛意識聯繫。

[3] 同上注所引書，pp.128－129。

與其卦名存在某種聯繫，最明顯的一例（某種角度來說是《周易》唯一明確提及的一例）見於《鼎》▤（50）：

此卦和青銅鼎某種程度上還是存在着相似之處的（尤其是用傳統的實綫虛綫繪製卦畫的話），鼎是古代最具象徵意味的銅器。至少有一位有影響力、有想象力的筮人將占卜結果和鼎聯繫起來，《鼎》卦由此而定。第一位筮人所建立的這種聯繫產生了《鼎》卦簡潔的卦辭：

　　　《鼎》▤（50）：　　　元吉。亨。

接着，經過一番推演（而非一個積累的過程），他（或者其後的筮人們）又將鼎的各部分、此卦中的諸爻、各爻辭之象建立了聯繫（或許這種聯繫的“建立”真是“畫”出來的【譯者按：英語動詞 draw 可與 associations 搭配表“建立聯繫”一類意，同時 draw 有“畫”之意】）。

　　初六：鼎顛趾。利出否。得妾以其子。无咎。

　　九二：鼎有實。我仇有疾。不我能即。吉。

　　九三：鼎耳革。其行塞。雉膏不食。方雨虧。悔，終吉。

　　九四：鼎折足。覆公餗。其形渥。凶。

　　六五：鼎黃耳金鉉。利貞。

　　上九：鼎玉鉉。大吉。无不利。

似乎只有四條爻辭（初、三、四、五）的象適合與鼎的部位聯繫，不過對於《周易》的最終編纂者來說，只要有一條可聯繫，便足以推演出整個組織架構。這個編纂者便是高亨說的基於自身“事物之觀察”“涉世之經驗”“哲理之見解”訂補舊本之人。據高亨所言，編纂者運用直敘、比喻、歷史故事以指出其是非之標準。更可能的是，他取用筮人占筮過程中所得之繇。因此，我們可以想象，當一場瘟疫來襲，筮人舉行占筮以希冀疫病不會影響到占筮主體的家族或城池。如若筮得的結果是《鼎》卦第二爻，筮人會想到堅實不中空的鼎腹，並將吉金寶彝的堅實往抵禦瘟疫上理解，遂即興作繇辭曰："鼎有實：我仇有疾，不我能即。"又或有關訟獄的占筮筮得第四爻"鼎折足：覆公餗，其形渥"，儘管想從此爻中看到鼎足要困難得多。[1]

　　以上雖然只解釋了六十四卦中的一卦，但至少表明聯繫建立的過程是如何運作的。在第十章中我們將看到，《周易》有一條組織原則是六十四卦"二二相耦，非覆即變"，一對兩卦的卦畫或上下顛倒，或陰陽相易（有四對卦屬此類）。如《鼎》䷱（50）和《革》䷰（49）即爲一對。這種兩兩配對並非只是形象上的，亦是概念上的。第八章討論與"貞"相關的一組詞時提到，"鼎"與"正"有密切關聯（甚至是同源的），並且通過"正"與"政"產生聯繫。由《墨子·耕柱》所載夏后啓很容易將其與政府的顛覆（即"革"）聯繫。占卜的故事，可知鼎在中國古代被視作政權合法性的象徵。因此，將"鼎"䷱顛倒爲"革"䷰。

　　第七章中亦提到卦畫與其他一些卦名之間的聯繫。《頤》䷚（27）的卦畫如果從側面看即爲▥，與甲骨文的"齒"字（▨）相像，而"齒"亦與"頤"有關。類似的還有《噬嗑》䷔（21），可以被看成頤中有物，即"噬嗑"這一動作。還有些聯繫抽象地基於對《周易》某卦結構的理解。例如，既知卦自下至上滋長式地組合、陽爻爲實而陰爻爲虛，將卦畫䷖和《剝》䷖（23）聯繫起來便頗爲自

---

[1] 孔士特（Richard Kunst）指出第四爻中出現低位詞（如"趾""足"這類詞）的數量遠超常規。他說他感到這"令人惝惝"，因爲這似乎表明在創作爻辭的年代六爻卦已被視作由上下兩個三爻卦組成。Richard Kunst【孔士特】，"The Original *Yijing*: A Text, Phonetic Transcription, Translation, and Indexes, with Sample Glosses"【《易經》原始：文本、注音、翻譯、索引及例釋】（Ph.D. diss.: University of California, Berkeley, 1985），p.40。

然，而顛倒過來的卦畫☷☳和《復》☷☳（24）聯繫同樣自然。還有更爲抽象的——根據陽動陰靜之説，卦畫☰與《乾》☰（1）聯繫、☷與《坤》（2）聯繫大概都是很自然的。又，"陽"和"乾"亦與"天"相關，筮人要從《乾》☰卦中看出龍翔於夜空之象是很簡單的（休憩於地底之淵亦然）。

毋庸置言的是，像《鼎》☲這樣具象的卦畫只有幾個。現代讀者閱讀《周易》，哪怕是想象力再豐富的人，我想恐怕也很難從六十四卦中再找出十幾個這樣的卦來。比方説，爲什麽☷要同《師》☷（7）聯繫？《象傳》給出的解釋是：五條陰爻表"衆"，陽爻表"正"，"衆"受"正"統領。這一解釋雖然不太有説服力，但至少不似《象傳》云"地中有水，師"那般無稽。

不過，《周易》並不是唯一使用卦的占筮系統。正如第一章中提到的，類似的占筮系統還有《歸藏》，《歸藏》的《師》卦之辭可復原如下：

> 師曰：昔者穆天子卜出師（西征）而枚占于禺强，禺强占之曰：不吉。龍降于天，而道里修遠，飛而冲天，蒼蒼其羽。[1]

周穆王（前956—前918年在位）是否在出師西征前舉行占筮並筮得☷，我們當然不得而知，但這種可能性是存在的。筮人將此卦命名爲"師"或許只是因爲這是占筮的事項，此命名後來又爲負責《周易》的筮人所繼承。

這便是《周易》所含的一些繇辭衍生的各種可能。不過，我們最終還是無法排除純粹巧合的可能性。在舉行關於軍事或妊娠的占筮時，一群鴻雁恰好飛過筮人所處之地，筮人遂將之與占筮的結果〔正

---

[1]《師》☷卦辭是根據三片王家臺殘簡和兩條中古文獻所引《歸藏》文句（即《太平御覽》卷八五引《歸藏》及《莊子・大宗師》陸德明《釋文》引《歸藏》）復原的。關於這條卦辭是如何復原的，見 Edward Shaughnessy【夏含夷】，*Unearthing the Changes: Recently Discovered Manuscripts of and Relating to the Yi Jing*【出土之《易》：新發現《易經》寫本及相關文獻】（New York：Columbia University Press，2014），pp.153–154。

好是《漸》䷴（53）卦〕聯繫起來，這是完全有可能的。當然，這只是出於我個人的猜測。其他時代稍晚的占卜文獻提供了一些證據，可證明筮人對自然現象抱有濃厚興趣。《東觀漢記》記載了公元 62 年秋舉行的一場占卜，當時京師飽受乾旱之苦，據說漢明帝（57—75 年在位）登上雲臺，以一部叫《周易卦林》的書進行了占卜。[1] 這段記載如下：

> 沛獻王輔，善《京氏易》。永平五年秋，京師少雨，上御雲臺，召尚席取卦具自卦，以《周易卦林》占之，其繇曰："蟻封穴户，大雨將集。"明日大雨。上即以詔書問輔曰："道豈有是耶？"輔上書曰："案《易》卦《震》之《蹇》，蟻封穴户，大雨將集。《蹇》，《艮》下《坎》上，《艮》爲山，《坎》爲水。山出雲爲雨，蟻穴居而知雨，將雲雨，蟻封穴，故以蟻爲興文。"詔報曰："善哉！王次序之。"[2]

這則故事爲漢代之事，其中提到的《周易卦林》也爲漢代文獻，雖比《周易》産生的時代要晚近一千年，但仍可反映出《周易》産生的方式，《周易卦林》顯然衍生自《周易》。此外，就當前討論的問題而言，我們可先不管沛獻王輔對卦的解説，此解説所提供的信息更多的是關於漢代的解卦技巧，而非《周易》發展的歷史背景。[3] 無論如何，蟻在大雨將集之前封穴户是一種自然徵兆，完全可以想見留心的占卜者會注意到這一徵兆。由於別卦《震》䷲（51）係由兩個經卦

———————————

[1] 即《焦氏易林》，焦延壽（約公元前 1 世紀）所撰，焦延壽係著名易學家京房（活躍於前 45 年左右）之師。《震》䷲之《蹇》䷦有繇辭曰："蟻封穴户，大雨將集。鵲起數鳴，牝雞嘆室。相齧雄父，未到在道。"

[2] 〔漢〕劉珍等撰、吳樹平校注：《東觀漢記校注》，北京：中華書局，2008 年，第 236—237 頁。

[3] 《焦氏易林》中共有 4096 條繇辭，64 卦每卦有 64 條繇辭。京房以其善用卦象解讀占卜而聞名，但這些都是漢代才發展起來的易學傳統，不一定與《周易》的起源和早期演變有什麼關係。《焦氏易林》的年代與真僞向有爭議，錢世明對此有全面的討論，參錢世明：《易林通説（一）》，北京：華夏出版社，1990 年，第 6—9 頁。

《震》☳疊加而成，經卦《震》歷來皆與"雷"相關聯，[1] 這樣的繇或可繫於某條爻辭——無論彼時是否真舉行了一場問雨或問旱的占筮並筮得了《震》☳卦。

我們在《周易》中見到的這些繇辭或許是中國早期占卜的基本方面。在討論之初，我們已看到繇辭也應用於龜卜之中。隨着王家臺簡《歸藏》的發現，我們知道繇辭也是其他重要的周代占卜書的顯要特徵。《歸藏》中至少有兩卦卦辭可以復原出全貌，即《師》☷和《歸妹》☳。這兩卦卦辭皆以繇辭作結，讓人想到《周易》的繇辭。

> 昔穆王天子筮出於西征。不吉。曰：龍降於天，而道里脩遠。飛而冲天，蒼蒼其羽。

> 羿請無死之藥於西王母。姮娥竊之以奔月。將往，枚筮之於有黃，有黃占之曰："吉。翩翩歸妹，獨將西行，逢天晦芒，毋驚毋恐，後其大昌。"恒娥遂託身于月。是爲蟾蠩。[2]

這裏僅提取繇辭部分，以便看清其形式特徵，感知其象徵意義。

> 龍降於天（*thîn），
> 而道里脩遠（*wanʔ），
> 飛而冲天（*thîn），
> 蒼蒼其羽（*waʔ）。

> 翩翩歸妹（*məs），
> 獨將西行（*grâŋ），
> 逢天晦芒（*maŋ），
> 毋驚毋恐（*khoŋʔ），
> 後其大昌（*thaŋ）。

---

[1] 在中國神話中，雷被認爲是一股出自地下的陽力；卦畫☳係一陽爻居於兩陰爻之下（陰爻代表地），故可表雷。

[2] 見引於《後漢書·天文志》劉昭注。〔南朝宋〕范曄：《後漢書》，第 3216 頁。

由於穆王所筮之事爲出師遠征，《師》卦繇辭一開頭便暗示了軍隊可能會遇到的危險。不過，"龍""沖天"幾乎可以肯定是想表明努力終將獲得成功。《歸妹》卦繇辭亦類似，雖有憂慮，但終將成功，繇辭的結尾明確寫道"後其大昌"。

繇辭的這種預言功能還見於另外一則占卜記載，但所用的明顯是一種不同類型的筮法或筮書。這則記載亦關涉周穆王，貌似發生於《歸藏》《師》䷆卦卦辭提到的西征途中，見載於《穆天子傳》。

> 丙辰，天子南遊于黃室之丘，以觀夏后啓之所居，乃□于啓室。天子筮獵苹澤。其卦遇《訟》䷅。逢公占之曰："訟之繇：藪澤蒼蒼，其中□，宜其正公。戎事則從、祭祀則憙、畋獵則獲。"□飲逢公酒，賜之駿馬十六，絺紵三十箧。逢公再拜稽首，賜筮史狐□[1]（例 4.16）

這段占筮記載信息格外豐富，不僅告訴我們占筮的事項是"天子筮獵苹澤"，還告訴我們結果是筮遇《訟》䷅卦。雖然《周易》也有一卦名曰《訟》，但很顯然這次占筮所用的並非《周易》，而是另外一種筮法，記述中明確提及這種筮法也會產生繇。《穆天子傳》爲出土文獻，公元 279 年發現於汲郡（即河南汲縣，今河南衛輝市）古墓之中，惜保存不全，繇辭中間有缺文。不過根據其他繇辭的結構，我們知道僅缺兩字：[2]

> 藪澤蒼蒼（*cang* < *tshâŋ*），其中□□，宜其正公（*gong* < *klôŋ*）。

和《周易》繇辭及我們考察的其他繇辭一樣，開頭是兆或象（在這裏即藪澤蒼蒼），再以一組有韻對句作結，表明對占卜之事而言此兆象

---

[1]《穆天子傳》，四部備要本卷五。

[2] 傳世本《穆天子傳》這段文字裏只有一個方框（"□"），表此處缺一個或若干個字（此亦爲中文文獻整理的通例）。我多補了一個方框，以便清楚地表明此處缺了兩個字。

是什麼含義。這裏的對句儘管有所殘缺，但仍可看出其意思是正面
的。事實上，對句之後還有三句話，作爲具體的占斷，更詳細地闡明
這一意思：

> 戎事則從、祭祀則熹、畋獵則獲。

這三句當然都是吉祥之辭，不過，我懷疑關於戎事的占斷之所以放在
第一句並不是因爲這是最重要的事項（畢竟此次占筮的主題是畋獵，
即最後一句占斷所涉之事），而是因爲這句最後一字"從"（*dzoŋ）
可與繇辭押韻。[1] 這或許也是《周易》中占辭的特點，那些占辭有
多種型式，我們將在下一節中看到。

第三節　占　　辭

最能激起《周易》讀者興趣的雖是爻辭中象和繇的部分，但幾乎
所有的爻辭都含有各種套語，占斷繇之吉凶，或由此衍生的更爲具體
的勸令。前面討論繇辭時，我們已碰到了許多這樣的占辭。例如，
《鼎》䷱卦的六條爻辭即含有代表性之例（以下劃綫標出）。

> 初六：鼎顛趾。利出否。得妾以其子。无咎。
>
> 九二：鼎有實。我仇有疾。不我能即。吉。
>
> 九三：鼎耳革。其行塞。雉膏不食。方雨虧。悔，終吉。
>
> 九四：鼎折足。覆公餗。其形渥。凶。
>
> 六五：鼎黄耳金鉉。利貞。

---

[1] 孔士特（Richard Kunst）指出："儘管尚未確證，《易》中那些一兩個字的占斷套語，
有的在用韻上可能與其前的文句相關（尤其是頻見的'无咎'）。"見 Richard Kunst
【孔士特】，"The Original *Yijing*：A Text, Phonetic Transcription, Translation, and Indexes,
with Sample Glosses"【《易經》原始：文本、注音、翻譯、索引及例釋】（Ph.D. diss.：
University of California, Berkeley, 1985），p. 5. 他於第 55 頁還提到孔好古（August
Conrady）之説，言占卜術語是按照用韻插入《周易》中的。見 August Conrady【孔
好古】，"Yih-king Studien,"【易經研究】*Asia Major* 7.3（1932），p.426。

　　　　上九：鼎玉鉉。大吉。<u>无不利</u>。

在《周易》及其他古代中國的占卜文獻中，"吉"是最爲常見的占辭，在《周易》裏一共見 147 次。相反，《鼎》九四中出現的"凶"在《周易》中共見 59 次。爻辭中除了有"无咎"（93 見，另有"无大咎"2 見）外，還有"悔"（4 見，另有"有悔"3 見）、"无不利"（13 見）。其他占辭還包括"厲"（25 見）、"吝"（20 見）、"悔亡"（19 見）以及"无攸利"（10 見）。[1]

　　還有一個卦爻辭中經常出現的占卜術語"孚"，遍觀傳世文獻系統，幾乎是《周易》所獨有。"孚"共 42 見，其中 26 例都出現在固定短語"有孚"中。其餘諸例中"孚"似乎都是句子的一部分，如：

泰䷊（11）：	九三：无平不陂，无往不復。艱貞无咎。勿恤其孚，于食有福。
泰䷊（11）：	六四：翩翩不富，以其鄰，不戒以孚。
大有䷍（14）：	六五：厥孚交如威如。吉。
夬䷪（43）：	夬䷪：揚于王庭。孚號。有厲。告自邑。不利即戎。利有攸往。

傳統易學多訓"孚"爲"信"，而很多 20 世紀"新易學"的擁蠆者在解讀《周易》時就此大做文章。郭沫若（1892—1978 年）和聞一多（1899—1946 年）這兩位 20 世紀最傑出的學者幾乎在同時發表了自己的第一篇《周易》研究論文，他們不約而同地運用商代甲骨卜辭的材料，提出"孚"當讀爲"俘"（"孚"是"俘虜"之"俘"

_____

[1] 在我的博士論文中，我提出這些占筮術語可以分爲兩類——占辭和驗辭。占辭預測繇辭吉凶；驗辭乃事後所加，以説明實際發生了什麼。我認爲"吉""凶""厲""吝"是占辭，而"无咎""无有利""无不利""悔""无悔""悔亡"爲驗辭。之所以作這種區分，我提出了兩點主要原因。第一，"吉""凶""厲""吝"總是出現在"貞"後，"无有利""无不利""悔"從不如此，84 見的"无咎"只有 1 例位於"貞"後，18 見的"悔亡"亦只有 1 例如此。第二，據《漢書·藝文志》載，古文《周易》"或脱去'無咎''悔亡'"。我雖仍舊相信這些術語有所區別，但要在本書這樣的一部書中論證這種區別，自忖力有未逮。

的初文）。[1]"新易學"的重要學者多從之，我早期關於《周易》的論著亦取此説。[2]

　　現在看起來，傳統讀法反而要比現代讀法更加可靠，儘管後者似是共識。對傳統讀法最有利的證據依然來自商代甲骨卜辭。裘錫圭率先指出商代甲骨卜辭中多見的〼當讀爲"孚"，作爲某種占辭，説明占卜的結果是否與占卜者的意願相符。

> 丙戌卜，内：翌丁亥不其雨。丁亥雨。
> 兹不孚，雨。（《合集》12357+《英藏》1017）[3]

這兩條卜辭刻於同一卜兆的兩側，"兹不孚"顯然是驗辭。驗辭有別於占辭之處在於它是事後報告真實發生了的事情。驗辭很多與占卜者的意願相符，通常以"允"開頭。有意思的是，在中國早期的同義詞典《爾雅》中，"信"這個條目開頭便是同義詞"允"和"孚"。因此，在《周易》中"孚"及"有孚"或作爲某種占辭，或是驗辭，近乎於傳統"信"之訓。不過，衛-貝譯本將"孚"譯作"you are sincere"（你是誠信的）無疑有誤，"信"的並不是占卜者，而是神靈借助著

[1] 郭沫若：《周易時代的社會生活》，《東方雜誌》第25卷第21號，1928年11月10日，第73—93頁，後作爲首章收入其名作《中國古代社會研究》，上海：現代書局，1931年，第27—68頁。聞一多：《周易義證類纂》，《清華學報》第13卷第2期，1928年；後收入《聞一多全集》第10卷，第187—252頁。

[2] 關於這個讀法更爲系統的簡要論述可參徐世大：《説孚》，《説文月刊》1944年第4期，第84—88頁。此説最終爲李鏡池及高亨這兩位傑出的"新易學"學者所接受，見李鏡池：《周易筮辭續考》，《嶺南學報》第8卷第1期，1947年，第1—66頁；後收入李鏡池：《周易探源》，第72—149頁。高亨對此説的接受要更爲隱晦一些。其名作《周易古經今注》一直訓"孚"爲"浮"，卻又將之理解爲"罰"之音借；直到較晚時候的《周易大傳今注》（濟南：齊魯書社，1979年）方系統地改訓爲"俘"。在西方學界，關於這個詞最詳細的討論見 Richard Kunst【孔士特】，"The Original *Yijing*：A Text, Phonetic Transcription, Translation, and Indexes, with Sample Glosses"【《易經》原始：文本、注音、翻譯、索引及例釋】(Ph.D. diss.：University of California, Berkeley, 1985)，pp.150-159。孔士特支持"俘"這個讀法。關於我個人早期的解讀，見 Edward Shaughnessy【夏含夷】，"The Composition of the *Zhouyi*"【《周易》之編纂】(Ph.D. diss.：Stanford University, 1983)，pp.118, 264。

[3] 《甲骨文合集》12375號。李學勤、齊文心、艾蘭編：《英國所藏甲骨集》（上編），北京：中華書局，1985年，第1017頁。

發話説"它（即占卜結果）是可信的"，即結果與占卜者的意願相合。至於其他占卜術語，難以判定其被視作占辭（即基於占卜結果所作的預測）還是驗辭（關於結果是否可信的事後報告）。[1] "孚"的這種用法在傳世文獻中極爲罕見，《尚書·君奭》中有一例：

> 故一人有事于四方，若卜筮罔不是孚。[2]

另有一例"孚"見於清華簡《殷高宗問於三壽》，此例也表明過去將"孚"解作"信"是可靠的：

> 龜筮孚忒，五寶變色，而星月亂行。[3]

占卜術語最初是否用作占辭或驗辭幾乎無法通過上下文確定。這個問題之所以重要，是因爲這關係到爻辭之繇及其象是否有内在固有的含義，抑或如高亨等人所言：象並無傾向性，需要占卜來定其吉凶。孔士特對高亨之説作了有力的申論：

> 長期多次獨立的占卜結果融爲一體，導致《易》中占斷互相矛盾的情況頻頻出現，爲了消解這些矛盾産生了許多强解。《易》的大部分文本由卜者臨時即興所作的韻文及占斷累積而成，從《左傳》《國語》裏占卜者的言辭中我們看到這一累積過程的延

---

[1] 這種用法的"孚"還見於上博簡《柬大王泊旱》，述楚簡王（前431—前408年在位）飽受"瘧"病之苦而舉行占卜之事，云："王以問釐尹高：'不穀瘧甚病，驟夢高山深溪，吾所得地於膚中者，無有名山名溪；欲祭於楚邦者乎？尚謐而卜之於大夏。如庚（孚）將祭之。'釐尹許諾，謐而卜之，庚（孚）。釐尹致命於君王：'既謐而卜之，庚（孚）。'王曰：'如庚（孚），速祭之，吾瘧鼠病。'"見馬承源主編：《上海博物館藏戰國楚竹書（四）》，上海：上海古籍出版社，2004年，圖版見第45—67頁（圖版）釋文注釋見第193—205頁。需指出的是，此處釋文從陳劍：《上博竹書〈昭王與龔之脽〉和〈柬大王泊旱〉讀後記》，簡帛研究網，2005年2月15日。此釋文與上博簡整理者釋文大相徑庭。關於《柬大王泊旱》的進一步討論，見Jeffrey Riegel【王安國】，"Curing the Incurable,"【治愈不治】*Early China* 35（2013），pp.230-232。這篇竹書多次出現的"庚"字，可釋作"表"字異體，陳劍認爲當讀爲"孚"訓爲"信"。

[2]〔清〕阮元校刻：《十三經注疏·尚書正義》，第476頁。

[3] 清華大學出土文獻研究與保護中心編、李學勤主編：《清華大學藏戰國竹簡（伍）》，上海：中西書局，2015年，第91頁，簡11。

續，這些言辭有時與今本《易》相合，有時則與之相悖或是其推
論。《易》中所嵌的那些奇聞軼事，恐怕皆基於實際的占卜，並
非像後代的神籤那樣，只是出於修辭效果、爲增加可信度而使用
歷史典故。古代中國人強調兩個或更多不同的預兆之間存在關
聯，這種關聯可定吉凶，有特殊意義，這導致觀察到兆象之後要
舉行占卜以弄清其含義（自然之兆的解讀與龜卜、著筮結合，讓
人感到準確性有了雙保險）。就《易》而言，如果擺弄著草得到
某一卦某一爻，兆象或其驗辭往往聯繫着該爻而被紀錄。[1]

所謂"《易》中占斷互相矛盾的情況頻頻出現，爲了消解這些矛盾産
生了許多強解"，並不難從《周易》中找到相關材料。下面是最爲明
顯的兩例（占卜術語加下劃綫）：

晉䷢（35）：   上九：晉其角，維用伐邑。<u>厲。吉。无咎。</u>
<u>貞吝。</u>

家人䷤（37）：   九三：家人嗃嗃。<u>悔。厲。吉。</u>婦子嘻嘻。
<u>終吝。</u>

不過，在《周易》386 條爻辭中這兩條爻辭是反常的，因爲其中出現
了太多的占卜術語，且有所牴牾。更常見的是如下這些（占卜術語仍
然加下劃綫）：

乾䷀（1）：   九三：君子終日乾乾。夕惕若。<u>厲。无咎。</u>[2]

師䷆（7）：   九二：在師中。<u>吉。无咎。</u>王三錫命。[3]

---

[1] Richard Kunst【孔士特】，"The Original *Yijing*：A Text, Phonetic Transcription, Translation,
and Indexes, with Sample Glosses"【《易經》原始：文本、注音、翻譯、索引及例釋】
(Ph.D. diss.：University of California, Berkeley, 1985)，pp.27－28.

[2] 這條爻辭通常被斷作"夕惕若厲。无咎"。"厲""无咎"並舉之例還見於《復》䷗
(24) 六三、《睽》䷥ (38) 九四之"厲无咎"，此外《噬嗑》䷔ (21) 六五有
"貞厲无咎"。

[3] "吉""无咎"並舉之例還見於《臨》䷒ (19) 上六、《益》䷩ (42) 初九、《萃》
䷬ (45) 六二、《萃》䷬ (45) 九四、《升》䷭ (46) 九四、《革》䷰ (49) 六二、
《巽》䷸ (57) 九二。

大過䷛（28）：　　上六：過涉滅頂。<u>凶。无咎</u>。[1]

多種占卜術語（無論是否相互牴牾）疊加，或許如孔士特所言，是因爲“長期多次獨立的占卜結果融爲一體”；又或許是因爲“吉”“凶”“厲”“吝”和“无咎”一類的術語有所不同，前者是占辭而後者是驗辭，正如 1983 年我在博士論文中所提出的。一些較晚的材料充分地表明不同的占卜者可以給出不同的占斷。本章開頭提到的《史記》漢文帝劉恒卜繼位及《左傳》孫文子卜反擊鄭國入侵，皆表明可出現占斷難以確定的情形。至於龜卜，在第三章中我們已看到上博簡《卜書》表明，三四個卜人對同一個卜兆會用截然不同的方式進行描述。此外，《史記》中還有一則時代略晚的故事，表明占卜者之間甚至存在更爲嚴重的分歧，行文似略帶諷刺之意。《史記·日者列傳》係褚少孫（約前104—前30 年）補撰，結尾講了這樣一則故事，據說是他進宮侍奉之初從太卜處聽聞的：

> “孝武帝時，聚會占家問之，某日可取婦乎？五行家曰可，堪輿家曰不可，建除家曰不吉，叢辰家曰大凶，曆家曰小凶，天人家曰小吉，太一家曰大吉。辯訟不決，以狀聞。制曰：‘避諸死忌，以五行爲主。’”人取於五行者也。[2]

還有一種可能，這些疊加的、有時牴牾的占卜術語，與其看作“卜者臨時即興所作的韻文及占斷……累積過程的延續”，不如視作竄入《周易》文本的衍文。當然，在傳統的觀念中，《周易》被視爲聖人周文王和周公所作，故不可易一字。但無論原作者是誰，既然是文獻，在漫長的輾轉傳抄的過程中當然會發生變化。[3] 《漢書·藝文

---

[1]“凶”“无咎”並舉之例還見於《夬》䷪（43）九三、《困》䷮（47）九二、《震》䷲（51）上六。

[2]〔漢〕司馬遷：《史記》，第 3222 頁。

[3]《周易》早期寫本揭示出了傳世本中存在的諸多錯訛，有些錯訛我們知道是如何産生的，這裏僅舉兩例。今本《周易》的《師》䷆（7）上六爻辭作：“大君有（轉下頁）

志》說古文《周易》的特別之處在於"或脫去'無咎''悔亡'";上博簡《周易》雖非全本,然所用占卜術語與今本有近 20 處不同。[1] 類似地,《後漢書·王景傳》云:

> 初,景以爲六經所載,皆有卜筮,作事舉止,質於蓍龜,而眾書錯糅,吉凶相反,乃參紀眾家數術文書,冢宅禁忌,堪輿日相之屬,適於事用者,集爲《大衍玄基》云。[2]

另一方面,我們也不應誇大《周易》中占辭互相牴牾這一特性。有不少繇辭及其象的象徵意義對今人而言難以索解,但也有不少甚爲明晰,所附之占辭也與預期相合。下面幾對例子多少有些代表性:

復䷗(24)：　　　六二：休復。吉。

復䷗(24)：　　　上六：迷復。凶。

鼎䷱(50)：　　　九二：鼎有實,我仇有疾,不我能即。吉。

（接上頁）命。開國承家。小人勿用。"
"開國承家"中的"開"和"國",都是漢代常見的避諱改字。上博簡和阜陽簡中此句皆作"啓邦承家",與今本"開"和"國"對應之字分別作"啓"和"邦"。"啓"改"開"爲避漢景帝劉啓諱,"邦"改"國"爲避漢高祖劉邦諱。因此,今本之"開國"是漢代改字,漢亡後依然保留在文本中。值得注意的是馬王堆帛書本《周易》,大約抄寫於公元前 2 世紀 70 年代,即高祖薨殁、景帝繼位之際,帛本中此句作"啓國承家"。關於馬王堆帛書本,見傅舉有、陳松長:《馬王堆漢墓文物》,第 113 頁。關於阜陽簡本,見韓自強:《阜陽漢簡〈周易〉釋文》,《道家文化研究》第 18 輯,2000 年,第 20 頁。此外,傳世本中還有一處"國",由上博簡本可知這是一處更有意思的錯訛。傳世本《謙》䷎(15)上六爻辭作:"上六:鳴謙。利用行師征邑國。"上博簡本對應之句與傳本大多相合,只有一處重要的異文:"上六:鳴嗛。可用行帀征邦。"可以清楚看到,傳本之"國"簡本對應之字亦作"邦"。不過,或許今本"國"前之"邑"是"邦"字的意符"邑"的孑遺。馬王堆帛書本中此句引作"征國"。事實上,廖名春指出有其他證據表明"邑"是後竄入文本的,陸德明(556—627 年)《經典釋文》謂:"征國本或作征邑國者,非。"見廖名春:《楚簡〈周易〉校釋記(一)》,《周易研究》2004 年第 3 期,第 6—15 頁。

[1] 這些異文的完整羅列見 Edward Shaughnessy【夏含夷】, "A First Reading of the Shanghai Museum Manuscript of the *Zhou Yi*,"【上博簡《周易》初讀】*Early China* 30 (2005), p.11 Table 1。

[2] 〔南朝宋〕范曄:《後漢書》,第 2466 頁。

鼎䷱（50）：　　　九四：鼎折足，覆公餗，其形渥。<u>凶</u>。

節䷻（60）：　　　九五：甘節。<u>吉</u>。往有尚。

節䷻（60）：　　　上六：苦節。<u>貞凶</u>。悔亡。

孔士特認爲傳統易學解釋中的"許多强解"是爲了消解這些占卜術語之間的矛盾是有道理的，但象必定在很大程度上受主觀價值判斷的影響，其象徵意義大部分是可以復原的。

　　除了這些占卜術語（無論應被解作占辭，還是解作占辭驗辭兼具）外，爻辭中還有另外一種程式化的占斷——關於在特定情形下應該做什麼的指導勸告。這種勸告通常（儘管並不總是）用"利"引入。第八章已花費一定篇幅討論了"利"，尤其是它在卦辭中的用法，指出卦辭中除"利貞"外還有一些套語出現頻率頗高，包括"利見大人""利涉大川""利有攸往"。[1] 爻辭中這些以"利"開頭的建議性的語句往往要更豐富多彩一些，如下引諸例：

蒙䷃（4）：　　　初六：發蒙。<u>利用刑人</u>。用説桎梏。以
　　　　　　　　　　　往吝。

蒙䷃（4）：　　　上九：擊蒙。<u>不利爲寇，利禦寇</u>。

師䷆（7）：　　　六五：田有禽。<u>利執言</u>。无咎。長子帥師，
　　　　　　　　　　　弟子輿尸。貞凶。

謙䷎（15）：　　　六五：不富以其鄰。<u>利用侵伐</u>。无不利。

謙䷎（15）：　　　上六：鳴謙。<u>利用行師征邑國</u>。

觀䷓（20）：　　　六四：觀國之光。<u>利用賓于王</u>。

大畜䷙（26）：　　　初九：有厲。<u>利已</u>。

益䷩（42）：　　　初九：利用爲大作。元吉。无咎。

---

[1]"利見大人"7見，4例出自卦辭；"利涉大川"10見，8例出自卦辭；"利有攸往"12見，9例出自卦辭。考慮到爻辭的條數爲卦辭的6倍之多，這樣的比例就更顯驚人了。

困䷮（47）：　　　九二：困于酒食。朱紱方來。利用享祀。
　　　　　　　　　　　征凶。无咎。

　　我在第八章中指出，這些“利”做什麼、“不利”做什麼的勸告性語句亦見於古代中國其他類別的占卜文獻，並引睡虎地《日書》爲例（見第八章第一節）。這些語句與《周易》之句驚人相似，這裏再引一遍：

　　　　害日，利以除凶厲，啟不祥。祭門行，吉。以祭，最衆必亂者。
　　　陰日，利以家室。祭祀、嫁子、娶婦、入材，大吉。以見君
　　上，數達，毋咎。
　　　　達日，利以行師出征、見人。以祭，上下皆吉。生子，男
　　吉，女必出於邦。

　　還有一種與睡虎地簡時代接近的文獻，或許可以使我們更好地理解占辭的性質及其對占書的影響，這便是 1977 年安徽阜陽出土的竹書《周易》。阜陽簡《周易》附有占辭，抄寫年代大概爲漢初，埋藏於公元前 165 年。阜陽簡《周易》時代較晚，不至於影響到《周易》的最初編纂乃至傳播，但可反映出這樣一部文獻是如何使用的，以及類似的使用如何在較早的時候對《周易》的文句產生影響。正如第一章中所述，阜陽簡《周易》最重要的特點就是每條卦爻辭之後均附有一條至多條占辭。阜陽簡《周易》殘損嚴重，令人惋惜，但仍舊可以發現這一特點。下引之例爲簡 58，屬《同人》䷌（13），占辭部分加下劃綫標出：

　　戰斲遾強不得志卜病者不死乃瘥 ● 九四乘高唐弗克【簡58】

“九四乘高唐弗克”顯然對應《同人》九四爻辭（雖有兩處小的異文），今本作：

　　　九四：乘其墉，弗克攻。吉。[1]

―――――――――

[1] 今本之“其”阜陽簡本作“高”，今本之“墉”簡本作“唐”。這兩處異文明顯是
　　因字形相近造成的，但鑑於“其墉”“高唐”似皆可讀通，無法確定孰者更勝。

因此，很顯然簡文前半的占辭屬於同一卦的九三爻，今本此爻爻辭作：

九三：伏戎于莽，升其高陵，三歲不興。

該繇辭的象是“伏戎于莽”，產生這種象的占筮必然牽涉軍事，很可能與進攻有關。因此，此爻所附的占辭首句作“戰鬭適强不得志”似乎再自然不過了，這句顯然也與戰爭有關。

　　類似之例還有一些，這裏僅再舉兩例。第一例占辭見於簡98—99，屬《噬嗑》（阜陽簡本作“筮閘”）䷔（21）初九爻，簡文作（所殘文句據今本補出）：

　　● 初九屨（履）校威［趾无咎］[簡98]
　　<u>毄囚者桎梏吉不兇</u> ● 六二筮膚威[簡99]

不難看出所加之占辭涉及被桎梏的囚者，正與爻辭內容密合。再來看簡120—121，屬《復》䷗（24）六二爻：

　　六二休復吉卜[簡120]
　　<u>出妻皆復</u> ● 六三頻[簡121]

　　阜陽簡本《周易·同人》九三所附“適强不得志”“卜病者不死乃瘳”這類占辭，讀上去和《周易》本身的爻辭甚爲接近，假如不是因爲有“卜”字（阜陽簡中“卜”常出現在占辭前），都難以分辨出爻辭和占辭的分界在哪。事實上，傳世本《周易》有不少爻辭裏面包含了一句或多句話，與阜陽簡中的占筮之辭極其相似。這裏僅舉三例（相關文句加下劃綫表示）：

　　屯䷂（3）：　　六二：屯如邅如，乘馬班如。匪寇婚媾。<u>女子貞不字，十年乃字</u>。
　　豫䷏（16）：　　六五：<u>貞疾，恒不死</u>。
　　隨䷐（17）：　　初九：官有渝。貞吉。<u>出門交有功</u>。

再來看最後一例，出自阜陽簡。諸如此類的占筮套語爲何被吸收進傳世本《周易》，我們看過此例後或許可以作大膽猜測。以下四條文句對應於《大過》九二爻爻辭，其中的繇與 "枯楊生荑" 有關。傳世本中，此爻辭謂：

> 大過䷛（28）：　　九二：枯楊生稊，老夫得其女妻。无不利。

阜陽簡《周易》裏有幾條殘簡與此爻相關：

> <u>得之</u> ● 九二枯楊 [簡140]
> 生荑老夫得 [簡141]
> 女妻无不利卜病者不死戰斷 [簡142]

不難看出爲什麼會説此爻的象 "枯楊生荑" "老夫得女" 是 "无不利" 的。"无不利" 這一套語和阜陽簡 "遰强不得志" "卜病者不死乃荑" 這類占辭並沒有什麼本質的不同，或許只是明確的程度有所差異而已。編定《周易》時選用 "无不利"，不過是因爲它包羅萬象、普遍適用。此外，"利"（*li*/*rih*）可與 "荑（今本作稊）"（*ti*/*dî*）、"妻"（*qi*/*tshəih*）押韻，這點使得 "无不利" 用在這裏尤爲適合。試比較同卦九五爻辭，同樣反映出了這一文學性。

> 大過䷛（28）：　　九五：枯楊生華，老婦得其士夫。无咎无譽。

占辭 "无咎，无譽" 含糊其辭，究竟是無意爲之，還是蘊含着對 "老婦得其士夫" 的某種有性别歧視意味的批判，還很難説清。不過，對比九二爻辭，這段占辭的妙處似乎正在於 "譽"（*yu*/*la*）與 "華"（*hua*/*wrâ*）、"夫"（*fu*/*pa*）押韻。

第十章　卦內及卦間的文本結構

　　六條爻辭爲一組、繫於諸卦各爻，這是《周易》文本最基礎的組成部分。這點前面三章已有説明，也可從英文"hexagram"中看出來【譯者按：六十四卦的"卦"英文譯作"hexagram"，"hexagram"的意思是六角星】。上一章還説到，爻辭開頭兩字爲爻題，爻題標示爻位和爻德，爻位自下而上，爻德分陰陽。這種自下而上的組織方式或多或少也體現在了繇象的組織中。一般而言，卦辭統攝一卦之六爻，卦辭有一個象，往往即卦名，通常根據爻位的不同而有所變化。因此，初爻（即位於一卦最下方的爻）常常與某個象的底部有關，或是將該象置於低窪之位；上爻則與該象的頂部有關，或將之置於高位；中間諸爻則各自配以相應之文辭。這一組織結構充分貫穿了全部六十四卦，即使有些地方象的含義不是特別清楚，恐怕也是如此組織的；那些偏離這一模式的地方，或是由於在編纂過程中未遵守規則，或是由於文本存在某些錯誤。

　　"二二相耦，非覆即變"是《周易》文本所體現出的第二條組織原則，這一原則通常被認爲是理解文本總體結構的關鍵。卦畫上下顛倒的有二十八對（即五十六個卦）。例如，《臨》䷒（19）對《觀》䷓（20），《臨》之初九變爲《觀》之上九，《臨》之九二變爲《觀》之九五，以此類推，《臨》之上六變爲《觀》之初六。另有八個卦的卦畫顛倒後還是原樣，如《乾》䷀（1）、《頤》䷚（27），與之配對的爲六爻全變、陰陽相易之卦。例如，《乾》䷀（1）對《坤》䷁（2）、《頤》䷚（27）對《大過》䷛（28）。由"臨""觀"這對卦名可看出，上下顛覆這一原理時常在卦名和卦爻辭中有明確體現。即便是那些顛倒關係在卦名中體現得不明顯的卦，如"乾"和"坤"，通常亦然被視作一對。我們甚至還會時不時看到這一原理體現在同組兩卦各爻的文句中（儘管很不普遍）。例如，《既濟》䷾（63）和《未濟》䷿（64）的關聯既體現在互倒的卦畫上也反映在卦名中，《既濟》九三和《未濟》九四還共用一個繇：

既濟䷾（63）：　九三：<u>高宗伐鬼方，三年克之</u>。小人勿用。

未濟䷿（64）：　九四：貞吉。悔亡。<u>震用伐鬼方，三年有</u>
　　　　　　　　　　<u>賞于大國</u>。

自《文言傳》和《序卦傳》以降，後世易學皆以"二二相耦，非覆即變"爲《周易》文本的基本組織原則。

在本章中，我們將就卦內部及卦與卦之間的聯繫作更爲細緻的考察，以圖探明《周易》文本的整理是否受到了某些編纂原則的驅動。

第一節　卦內部的結構

按照自下而上的次序組織爻辭是卦內部文本組織的基本原則。有一些典型的例子可以反映出這一結構，大多數關於爻辭如何組織的討論都會提到這些例子。其中最爲形象的是第七章中討論過的《鼎》䷱（50）。我們已在不同場合考察過《鼎》卦的爻辭，爲保持其完整性，這裏再度引出：

初六：鼎顛趾，利出否，得妾以其子。无咎。

九二：鼎有實，我仇有疾，不我能即。吉。

九三：鼎耳革，其行塞，雉膏不食。方雨虧。悔，終吉。

九四：鼎折足，覆公餗，其形渥。凶。

六五：鼎黃耳金鉉。利貞。

上九：鼎玉鉉。大吉。无不利。

如只取繇象，按初六位於最下、上九位於最上的順序排列，再將之與西周鼎圖並置，爻辭的結構可謂一目了然，縱略有未安之處（圖10.1）：

鼎玉鉉

鼎黃耳金鉉

鼎折足

鼎耳革

鼎有實

鼎顛趾

圖10.1　《鼎》䷱（50）卦爻辭與西周銅鼎對比圖

初六之鼎趾及六五之鼎耳尤其容易具象化，九二之鼎實自然也頗易理解，上九之“鉉”雖然並非鼎本身的組成部分，但也是可以想象的。九三之耳及九四之“折足”貌似有些錯位，這兩個象之所以會出現在這樣的位置，有可能基於這樣一種理解（或者説與這樣一種理解有關）：《鼎》卦由兩個經卦上下疊加而成；第三爻相當於下卦最上一爻，故以鼎耳爲象；第四爻相當於上卦的最下一爻，故以鼎足爲象。[1]

---

[1] 孔士特（Richard Kunst）注意到爻辭所呈現的這種異常現象，他認爲這意味着經卦可能扮演了一個“令人不安”的角色，因爲“沒有證據表明《易經》文本本身中存在經卦思想”，見 Richard Kunst【孔士特】，“The Original *Yijing*: A Text, Phonetic Transcription, Translation, and Indexes, with Sample Glosses”【《易經》原始：文本、注音、翻譯、索引及例釋】（Ph.D. diss.: University of California, Berkeley, 1985），p.40。我同意“沒有證據表明《易經》文本本身存在經卦思想”這一觀點，此外正如孔士特所指出的，屈萬里説各卦二五兩爻（即上卦及下卦的中間一爻）多以“中”字繫之這一廣爲徵引的觀點其實存在問題。二爻裏“中”共4見，五爻裏僅1見，另有3見位於三四爻。關於屈萬里的觀點，見屈萬里：《周易卦爻辭成於周武王時考》，《臺大文史哲學報》1950年第1期，收入氏著《書傭論學集》，臺北：開明書店，1969年，第14—15頁。關於“中”的分布，見 Richard Kunst【孔士特】，“The Original *Yijing*: A Text, Phonetic Transcription, Translation, and Indexes, with Sample Glosses”（轉下頁）

　　《周易》諸卦之爻辭自下而上進行組織，《鼎》卦無疑是最直觀的例證，但絕對不是孤例。還有兩個常被引用的例子，分別是《咸》☶☷（31）和《艮》☶☶（52）。這兩卦所包含的象皆基於人體。"咸"和"艮"不僅是卦名，還反復出現在爻辭中，它們的含義有不同解釋，[1] 但爻辭文句其餘部分的理解是沒有疑問的，與人體各部位存在關聯亦無可懷疑。和上文對《鼎》卦的討論一樣，我將先完整引用這兩卦的爻辭，接着還是沿襲上文的做法，將爻辭與一件時代大體接

（接上頁）【《易經》原始：文本、注音、翻譯、索引及例釋】（Ph.D. diss.：University of California, Berkeley, 1985），p.44 Table 6。

[1]《咸》卦的卦名"咸"在古漢語中表"全都"。易學中"咸"通常被解作"感"之初文，《雜卦傳》則以"速"訓之。我一度將"咸"解爲"减"之初文，譯作"to cut"，見 Edward Shaughnessy【夏含夷】，"The Composition of the *Zhouyi*"【《周易》之編纂】（Ph.D. diss.：Stanford University, 1983），p.162。孔士特（Richard Kunst）也譯作"to cut"，但他認爲"咸"通"砍"，見 Richard Kunst【孔士特】，"The Original *Yijing*：A Text, Phonetic Transcription, Translation, and Indexes, with Sample Glosses"【《易經》原始：文本、注音、翻譯、索引及例釋】（Ph.D. diss.：University of California, Berkeley, 1985），p.300。不過，由於缺乏有力的反證，這裏我還是取"感"這一傳統説法。《艮》卦的卦名"艮"如何理解爭議更大。《艮》☶☶爲八卦之一，通常認爲代表"山"。《象傳》《序卦傳》訓爲"止"，舊注多從之。馬王堆帛書本作"根"，《歸藏》作"狠"。《説文解字》將"艮"分析爲从匕、从目，謂"很也"。不過所謂的"匕"實係"人"之變形（在商代甲骨文中，"艮"寫作🅐）。我早先的論著曾依《説文》將"艮"譯爲"glare"，見 Edward Shaughnessy【夏含夷】，"The Composition of the *Zhouyi*"【《周易》之編纂】（Ph.D. diss.：Stanford University, 1983），p.162。其他英譯本還提供了一些別的譯法，並非都有同等程度的證據支持。韋利（Arthur Waley）譯作"to gnaw"，見 Arthur Waley【韋利】，"The Book of Changes,"【周易】*Bulletin of the Museum of Far Eastern Antiquities* 5（1933），p. 134。孔士特（Richard Kunst）譯作"to cleave"，見 Richard Kunst【孔士特】，"The Original *Yijing*：A Text, Phonetic Transcription, Translation, and Indexes, with Sample Glosses"【《易經》原始：文本、注音、翻譯、索引及例釋】（Ph.D. diss.：University of California, Berkeley, 1985），p. 343。近年閔福德（John Minford）譯作"to tend"，顯然意指醫療手法，見 John Minford【閔福德】，I Ching: *The Essential Translation of the Ancient Chinese Oracle and Book of Wisdom*【《易經》：古代中國預言與智慧之書的基本翻譯】（New York：Viking, 2014），p. 721。由於卦爻辭缺乏足夠的語境來確定"艮"之正詁，因此我按照傳統的理解將之譯作"stilling"，相對較接近理雅各（James Legge）和衛禮賢（Richard Wilhelm）的譯法。理雅各譯作"to rest"，見 James Legge【理雅各】，*The Yi King: The Sacred Books of China, Translated by James Legge, The Texts of Confucianism, Part II*【《易經》：中國經典・儒學典籍第二部】，in Max Müller, ed., *The Sacred Books of the East*【東方聖典】，Vol. 16（2nd ed. Oxford：Clarenden Press, 1899），p. 175。衛禮賢譯作"keeping still"，見 Richard Wilhelm【衛禮賢】，Cary Baynes【貝恩斯】trans., *The I Ching; or, Book of Changes: The Richard Wilhelm Translation Rendered Into English*【《易經》：衛禮賢譯本英譯】（New York：Pantheon Books, 1950），p.200。

近的西周中期的玉人並置。[1]《咸》《艮》兩卦都是六爻只有五爻的
爻辭句式相同、意象相類。不過,《艮》卦的特別之處還體現在該卦
的卦辭看起來像爻辭。[2]

《咸》䷜（31）卦諸爻辭作:

初六：咸其拇。

六二：咸其腓。凶。居吉。

九三：咸其股。執其隨。往吝。

九四：貞吉。悔亡。憧憧往來。朋從爾思。

九五：咸其脢。无悔。

上六：咸其輔頰舌。

《艮》䷳（52）卦諸爻的結構與之類似,除卦名不同外,還有一些詞
語上的差異。

初六：艮其趾。无咎。利永貞。

六二：艮其腓。不拯其隨。其心不快。

九三：艮其限。列其夤。厲薰心。

六四：艮其身。无咎。

六五：艮其輔。言有序。悔亡。

上九：敦艮。吉。

爲便於展示兩卦爻辭的結構,下面將其中言及身體部位的象提取出
來,列於一件西周玉人圖像之側（圖10.2）。

---

[1] 這件玉人收藏於大英博物館,館藏編號 1945,1017.39,網址爲 https://www.
　　britishmuseum.org/collection/object/A_1945-1017-39（2018 年 5 月 30 日訪問）。感
　　謝司馬富（Richard Smith）提醒我注意這則材料。

[2]《艮》䷳（52）卦辭作:"艮其背,不獲其身,行其庭,不見其人。无咎。"第八章
　　已提到《同人》䷌（13）和《艮》兩卦的卦名被融入了卦辭中。有理由懷疑這兩條
　　卦辭都是被錯置的爻辭。《艮》卦卦辭很可能應該介乎六四爻辭和六五爻辭之間
　　（即卦辭本來應該繫於六五,而今本六五爻辭本應繫於上九）。這也可以解釋爲什麼
　　今本上九爻辭的象作"敦艮",與其餘五爻不一樣。

《咸》䷞	西周玉人	《艮》䷳
咸其輔頰舌	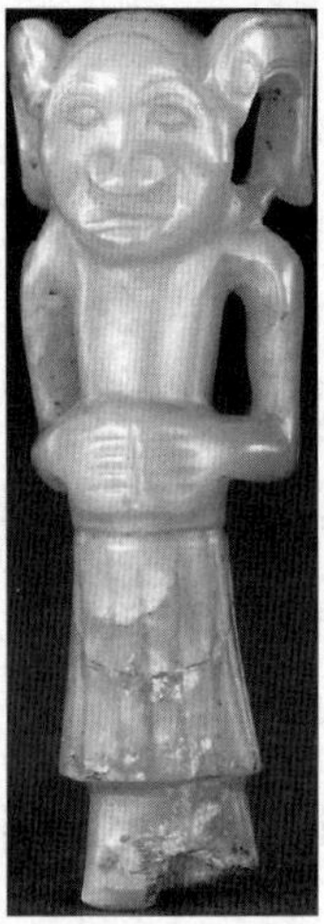	艮其輔
咸其脢		艮其身
咸其股		艮其限
咸其腓		艮其腓
咸其拇		艮其趾

圖 10.2　《咸》䷞（31）卦和《艮》䷳（52）爻辭與西周玉人
對比圖（大英博物館藏，許可使用）

　　爻辭能完整呈現這種自下而上結構的就是上面這幾卦，不過類似
的結構在其他一些卦中也有一定程度的體現。例如，見於《鼎》和
《艮》初六之"趾"亦見於以下諸卦初爻爻辭：

噬嗑䷔（21）：　　初九：屨校滅趾。无咎。
賁䷕（22）：　　初九：賁其趾，舍車而徒。
大壯䷡（34）：　　初九：壯于趾。征凶。有孚。
夬䷪（43）：　　初九：壯于前趾。往不勝，爲咎。

類似地，除了《履》䷉（10）卦各爻辭及卦名外，"履"全部見於初
爻爻辭中：

坤䷁（2）：　　初六：履霜，堅冰至。
離䷝（30）：　　初九：履錯然。敬之。无咎。
歸妹䷵（54）：　　初九：歸妹以娣：跛能履。征吉。

反之亦然，"首""頂""角""面"及與面部有關的"輔""頰""舌"（見於上舉《咸》卦上六）幾乎總是見於上爻爻辭：[1]

乾䷀（1）：　　　　用九：見群龍无首。吉。

[1] 孔士特（Richard Kunst）通過幾張表格展示了意義與"低""高""中"三種位置有關的詞在爻辭中的分布情況，見 Richard Kunst【孔士特】，"The Original *Yijing*：A Text，Phonetic Transcription，Translation，and Indexes，with Sample Glosses"【《易經》原始：文本、注音、翻譯、索引及例釋】（Ph.D. diss.；University of California，Berkeley，1985），pp.39－43。例如，第40頁中他羅列了"低"詞及其所處之爻的爻位，在爻辭中的分布情況如下：

爻　位	在爻辭中出現次數
上	2
五	2
四	7
三	6
二	5
初	25

另一方面，第41—42頁給出了"高"詞的分布情況，見下表：

爻　位	在爻辭中出現次數
用	1
上	26
五	11
四	4
三	14
二	3
初	1
卦辭	2

儘管有些詞及其用法還可以再研究，這些詞的整體分布態勢是相當明顯的。"高"詞在三爻這個位置有一個異常凸起，可能是因爲三爻是下卦的上爻，上文的討論中已有涉及。

比䷇（8）：　　　　上六：比之无首。凶。

離䷝（30）：　　　上九：王用出征，有嘉折首，獲其匪醜。
　　　　　　　　　　　无咎。

明夷䷣（36）：　　九三：明夷于南狩，得其大首。不可疾貞。

既濟䷾（63）：　　上六：濡其首。厲。

未濟䷿（64）：　　上九：有孚于飲酒。无咎。濡其首。有孚
　　　　　　　　　　　失是。

大過䷛（28）：　　上六：過涉滅頂。凶。无咎。

大壯䷡（34）：　　九三：小人用壯，君子用罔。貞厲。羝羊
　　　　　　　　　　　觸藩，羸其角。

晉䷢（35）：　　　上九：晉其角，維用伐邑。厲。吉。无
　　　　　　　　　　　咎。貞吝。

革䷰（49）：　　　上六：君子豹變，小人革面。征凶。居貞吉。

又如，“天”的分布情況也能彰顯出這種自下而上的組織原則。
“上天、天空”之“天”共6見，[1] 4次見於上爻，2次見於五爻：

乾䷀（1）：　　　　九五：飛龍在天。利見大人。

大有䷍（14）：　　上九：自天佑之。吉。无不利。

大畜䷙（26）：　　上九：何天之衢。亨。

明夷䷣（36）：　　上六：不明晦，初登于天，後入于地。

姤䷫（44）：　　　九五：以杞包瓜含章。有隕自天。

中孚䷽（61）：　　上九：翰音登于天。貞凶。

對運動的描寫（尤其是鳥獸的運動，這是《周易》繇的常見主
題）也能展現出一卦之內自下而上的組織原則。我們在第九章中曾討
論到鴻這個繇，鴻是《漸》䷴（53）最主要的象。第九章關注的是

─────────────

[1] 此外還有兩例“天”：一例見於《大有》䷍（14）九三“天子”這一成詞中；另一
　　例見於《睽》䷥（38）六三，表黥額之刑。

《漸》九三爻辭，因爲這是一則成熟的繇。《漸》卦的爻辭還包含了至少一則典型的繇（九五爻）以及數則不完整的繇，不過，《漸》卦爻辭最重要的特點是每一爻的開頭描寫的都是鴻漸於某地：

　　　初六：鴻漸于干。[1] 小子属。有言。无咎。

　　　六二：鴻漸于磐。飲食衎衎。吉。

　　　九三：鴻漸于陸。夫征不復。婦孕不育。凶。利禦寇。

　　　六四：鴻漸于木。或得其桷。无咎。

　　　九五：鴻漸于陵。婦三歲不孕。終莫之勝。吉。

　　　上九：鴻漸于陸。[2] 其羽可用爲儀。吉。

雖然有些地方的意思還不是很清楚（詳見本頁注1、2），但鴻自低處向高處運動這一總體趨向是顯而易見的。[3] 運動自"干"而始（無論在這裏"干"所指爲何，必定與水域有關），必然位於低處，故被

---

[1] 初六之"干"有兩種不同的解釋。《周易正義》解爲"水涯"，與"岸"同源。王肅（195—256 年）、虞翻（164—233 年）等則解爲"小水從山流下"，參〔唐〕李鼎祚撰，王豐先點校：《周易集解》，第 325 頁。《詩經》中有證據可以支持這一解讀，如：《衛風·考槃》"考槃在澗"，韓詩作"考槃在干"。

[2] 有學者指出今本之"陸"幾乎可以肯定是"阿"之訛。俞樾（1821—1907 年）《艮宦易說》所論者最詳（收入《續修四庫全書》編纂委員會編：《續修四庫全書·經部易類》，上海：上海古籍出版社，2002 年，第 34 冊第 192 頁）：

　　以韻求之，字當作阿。且以古書之例言之，陸與阿每連文。《詩·考槃》篇二章"考槃在阿"、三章"考槃在陸"是也。陵與阿亦連文，《菁菁者莪》篇首章"在彼中阿"、二章"在彼中陵"是也。此卦九三曰"鴻漸于陸"，九五曰"鴻漸于陵"，上九曰"鴻漸于阿"，正合古書體例。今作陸者，即涉九三爻辭而誤耳。

[3] 有意思的是，這種鳥自低處向高處運動的結構亦見於《詩經》。如，《大雅·鳧鷖》共五章，各章皆以鳧鷖所在處所起興，引入祭畢燕飲之事。鳧鷖從"在涇"依次移動到"在沙""在渚""在潨""在亹"。

　　鳧鷖在涇，公尸來燕來寧。爾酒既清，爾殽既馨。公尸燕飲，福祿來成。
　　鳧鷖在沙，公尸來燕來宜。爾酒既多，爾殽既嘉。公尸燕飲，福祿來爲。
　　鳧鷖在渚，公尸來燕來處。爾酒既湑，爾殽伊脯。公尸燕飲，福祿來下。
　　鳧鷖在潨，公尸來燕來宗。既燕于宗，福祿攸降。公尸燕飲，福祿來崇。
　　鳧鷖在亹，公尸來止熏熏。旨酒欣欣，燔炙芬芬。公尸燕飲，無有後艱。

關於此詩的詳細討論及其與《周易》的關聯，見夏含夷：《釋潨——兼論〈毛詩〉的訓詁方法一則》，《中華文史論叢》2006 年第 3 期，第 77—85 頁。

用於初爻。鴻逐漸向高處移動，先至於二爻之“磐”，再到三爻之“陸”，再到四爻“木”，再到五爻之“陵”、最後至於上爻之“陸”（本當作“阿”）。各爻中鴻的位置總是比前一爻略高一些。

　　以上討論了一卦內部自下而上的組織結構，在小結之前，還可以再考察一下《周易》諸卦之首的、最有名的《乾》▤（1）卦。《乾》卦之爻辭是圍繞龍這個象來組織的，根據爻位置的不同，對龍的描寫不斷變化。鑑於這些是《周易》中最廣爲人知的爻辭，中國文學和文化由之申發出不計其數的隱喻，在此值得詳作討論。[1] 首先列出

----

[1] 以下對《乾》卦及龍之象的討論主要采自 Edward Shaughnessy【夏含夷】，“The Composition of the *Zhouyi*”【《周易》之編纂】（Ph.D. diss.：Stanford University，1983），pp.266－287，342－349（注解）。相關內容的中英文初稿撰寫於 1981 年春，英文版 “The Dragons of Qian：Concrete Symbolism in the *Zhouyi*”【《乾》之龍：《周易》中的具象象徵】曾於第 34 屆亞洲研究協會年會上公開報告（34th Annual Meeting of the Association for Asian Studies, Chicago, Illinois, 1982 年 4 月 3 日）。孔士特（Richard Kunst）在參考文獻中引到拙稿《周易乾卦六龍解》（即 “The Dragons of Qian” 的中文版，Stanford, California, 1981 年 5 月 5 日），見 Richard Kunst【孔士特】，“The Original *Yijing*：A Text, Phonetic Transcription, Translation, and Indexes, with Sample Glosses”【《易經》原始：文本、注音、翻譯、索引及例釋】（Ph. D. diss.：University of California, Berkeley, 1985），p.646。這裏之所以要就我寫作的來龍去脈多費唇舌，是因爲班大爲（David Pankenier）給出的闡釋與我幾乎全同，他不僅將之竊爲己有，還反過來通過引用我較晚的論著暗示我剽竊他的成果。見 David Pankenier【班大爲】，*Astrology and Cosmology in Early China: Conforming Earth to Heaven*【早期中國的星占學與宇宙論：符地於天】（Cambridge：Cambridge University Press, 2013），以及《乘龍御天的時代》（英文標題作 Riding on Dragons to Rule Heaven），《甲骨文與殷商史》新 6 輯，上海：上海古籍出版社，2016 年，第 167—182 頁。我並不反對班大爲采用拙說（畢竟模仿也是一種恭維），我不滿的是他倒打一耙地暗示我掠取他的成果，故在此有必要作出澄清。

當然，我並不是想說這一闡釋完全由我個人原創。我在 “The Composition of the *Zhouyi*,”【《周易》之編纂】p.345－346 n. 137 對這一問題的研究史作了詳細回顧：

　　這並不是說我是第一個注意到《乾》卦龍之象天文意義的人。早在 1911 年，研究中國天文的瑞士歷史學家 Leopold de Saussure 在談到蒼龍諸宿時說：“數月之內，黃昏時分所顯現的龍之身軀日漸龐大。春季將盡之時，一條完整的龍躍然於地平線之上，作凌空騰飛之姿。” 他又補充道：“龍於春季現身這一歷程在《易經》開篇即有展現，這部書中倫理秩序的發展總是建立在星幕之上。” 接着引用了理雅各（James Legge）對《乾》卦初、二、四、五爻辭的翻譯（*Leopold de Saussure, Les Origines de l'Astronomie Chinoise*【中國天文學的起源】，reprinted Taipei：Ch'eng-wen, 1967, p.378）。遺憾的是，Saussure 並沒有詳作論述。

　　在中國，直到 1941 年才由聞一多建立起類似的聯繫（聞一多：《周易（轉下頁）

《乾》卦諸爻爻辭：

　　初九：潛龍。勿用。

　　九二：見龍在田。利見大人。

　　九三：君子終日乾乾。夕惕若。厲。[1] 无咎。

　　九四：或躍在淵。无咎。

　　九五：飛龍在天。利見大人。

　　上九：亢龍。[2] 有悔。

　　用九：[3] 見群龍无首。吉。

（接上頁）義證類纂》，《聞一多全集》，北京：三聯書店，1982 年，第 2 冊第 45—48 頁）。不過，聞一多沒有體察到爻辭間的關聯以及爻辭所描寫的那一過程，而是將每一條爻都看作一個獨立的兆來解釋。《說文解字》解"龍"時曰"春分而登天，秋分而潛淵"，聞一多認爲《乾》爻辭可與之聯繫，遂解初爻"潛龍"爲秋之徵兆，解二爻"見龍在田"、五爻"飛龍在天"爲春之徵兆。

　　又過了二十年，終於由高文策系統揭示出爻辭所蘊含的曆法變化與天文星象之間的關聯（高文策：《試論易的成書年代與發源地域》，《光明日報》1961 年 6 月 2 日第 4 版）。仍然留有遺憾的是，高文策未能注意到春秋前的天文學使用恒星月，導致他錯誤地將《乾》與冬季聯繫、將《坤》與夏季聯繫。《坤》初爻"履霜堅冰至"足證其說之非。雖然如此，高文還是極大地推進了這個意象的闡釋。只需對中國天文學史有一定程度的了解，便可將《乾》爻辭與季節正確地關聯起來。

[1]　"厲"如何理解爭議頗多。有人主張"厲"和前面的"夕惕若"不點斷，當連讀作"夕惕若厲"。我覺得兩種斷讀各有優長，這裏僅擇取其一。

[2]　此爻中的"亢"通常被解作"高傲"一類意。不過，"亢"本身可指狹窄的通道，如用在地形上可表"溝壑"，用在外貌上可表"頸"或"咽喉"。在中國天文學中，"亢"宿位列東方青龍七宿之二，對應於蒼龍之頸。我相信此爻用"亢"並非巧合，所指的必定是夜空中亢宿所處的特定位置。

　　或許需要指出，前注所提到的聞一多之說最大的失誤正在於對此爻及用九爻辭的處理。根據聞一多的看法，"亢"有"直"義，故此爻"亢龍"即直龍。反過來，他認爲用九之"群"（常見義爲"組群"）係"卷"之假借，用九"見群龍无首"遂成"看見卷龍沒有頭"之意（聞一多：《周易義證類纂》，《聞一多全集》第 10 卷，第 232—233 頁）。聞一多沒有就其說給出證據，"直龍""卷龍"在天文學上也是不可能實現的。恒星皆有彼此相對固定的位置，因此蒼龍諸宿是不可能呈現出"直龍"或"卷龍"之態的。

[3]　第九章已提到《周易》頭兩卦即《乾》▤（1）和《坤》▤▤（2）情況特殊，各多一條"用"爻（《乾》爲"用九"，《坤》爲"用六"）。關於此二爻的起源只能略作猜測。根據傳統易學的說法，筮遇六爻皆變者即以"用九""用六"辭爲占。無論怎麼操弄蓍草這幾乎都是不可能發生的，有鑑於此，似宜另尋他解。就《乾》卦而言，六爻之中有五爻的爻辭與"龍"這個主要的象有關，唯九三爻辭反常地言及"乾乾"之"君子"。我懷疑這句話本不屬此，或本是注文之類，後頂替了"見群龍之首"，"見群龍之首"則被挪至附加的"用九"爻辭中保留了下來。當然，這只不過是猜測而已。

可以看到，此卦初、二、五、上、用諸爻中主要的象都是"龍"。另外，九四爻辭雖未明言龍，實暗含其間，"淵"（*yuan*/ *Ɂwîn*）與九二之"田"（*tian*/ *lîn*）、九五之"天"（*tian*/ *thîn*）有韻。[1] 因此，有龍的爻辭共六條。傳統《周易》注解視龍爲大自然生命力的象徵，或視之爲人間君王權貴之象徵，不同的爻對應季節的不同時刻或某人生命的不同時刻。對此衛禮賢（Richard Wilhelm）有很好的闡述：

> 此卦所代表的力量有兩重含義的解釋——或言作用於宇宙之力，或言作用於人世之力。涉及宇宙時，卦表達的是神靈强大的創造活動。涉及人世時，指聖賢或君主的創造活動，聖賢君主以其力量喚醒和發展他們更高級的本性。[2]

根據這一解釋，《乾》卦的爻辭體現了這位聖人或君王人生中所經歷的不同時刻，事業起步時自隱於世，其後平步青雲，但終因傲慢而失其位。"新易學"學者反對將此卦之象擬人化，他們指出，其背後的哲學理想要到春秋時才被闡發，放在《周易》的西周背景中就多少顯得有些突兀了。正如我在第九章中所説，《周易》之象多源自自然之兆，因此《乾》卦中的龍或許應該在自然界而非人世間中找尋。然而，高亨這樣的著名學者認爲這些象沒有内在邏輯，每條爻都應該理解成一次隨機占筮的結果。[3] 我相信這嚴重地誤解了《周易》的

---

[1]《説文解字》解"龍"時謂"春分而登天，秋分而潛淵"，似即結合了初九之"潛龍"與九四之"淵"。《詩經》中亦有類似的"淵""天"並用之例，《大雅·旱麓》言"鳶飛戾天、魚躍于淵"。

[2] Richard Wilhelm【衛禮賢】，Cary Baynes【貝恩斯】trans., *The I Ching; or, Book of Changes: The Richard Wilhelm Translation Rendered Into English*【《易經》：衛禮賢譯本英譯】（New York: Pantheon Books, 1950），p.3.

[3] 高亨：《周易古經今注》，上海：開明書店，1947 年，第 2 頁。西方學者中，高亨最著名的擁躉者是孔士特（Richard Kunst）。下引之段見其著 "The Original *Yijing*: A Text, Phonetic Transcription, Translation, and Indexes, with Sample Glosses"【《易經》原始：文本、注音、翻譯、索引及例釋】（Ph.D. diss.: University of California, Berkeley, 1985），pp.381:

縱觀中國歷史，龍的身影隨處可見，一直到現代還有人相信龍真實存 （轉下頁）

性質，因此這裏打算對這些爻辭進行深入考察。

　　中國及西方的龍固然是神話傳說中的生物，但並不意味着它是全然虛構的，至少在中國是如此。中國從很早的時候開始就已將我們今天所認爲的龍描繪成一種擁有雙角和長卷尾的生物。在商代甲骨文中，"龍"字寫作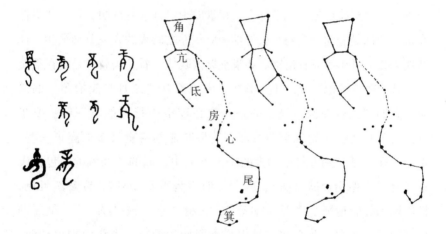，正體現出這兩個特點。古代的中華大地不會真有這樣一種動物漫步其間，但天穹之中有六個星宿，它們所組成的星象在中國素來被稱作蒼龍：首先是象龍角的角宿（室女座 α、ζ），然後是象龍頸的亢宿、象龍心的心宿等，最後是尾宿，尾宿有八顆星組成了一條長長的卷尾（在西方屬天蠍座）（圖 10.3）：

圖 10.3　甲骨文、金文"龍"字與蒼龍星宿之比較[1]

　　（接上頁）在。根據 20 世紀初的一項調查（見引於 *Nagel's Encyclopedia-Guide: China*【納格爾百科指南：中國】，pp.170–171, entry "Long"【"龍"詞條】），100 個人在被問到是否相信龍的存在時，有 82 人回答相信。（納格爾指南對其所謂的龍的"流行動物學"有精彩概述。）這點之所以值得一提是因爲看見龍（爻辭言"見龍"）是極佳的徵兆，需要進行闡釋。當某人目擊到一條龍時請示神諭來弄清其含義是很自然的。卜筮之人數百年關於徵兆及其結果的經驗，提煉之後便成了這裏爻辭所記錄的兆及其占辭。他們出現在《易》中是天經地義的，其含義或象徵意義無需過多解釋。

[1]　取自馮時：《中國天文考古學》，北京：社會科學文獻出版社，2001 年，第 307 頁。

　　天空一分爲四，東方爲蒼龍。古時候，春季的夜空蒼龍始現，秋季的黃昏消逝於西方地平綫。事實上，《説文解字》解"龍"字時已明確提到季節性這點：

　　　　鱗蟲之長。能幽，能明，能細，能巨，能短，能長；春分而登天，秋分而潛淵。[1]

　　一旦我們認定《乾》卦之龍就是夜空中的蒼龍星象，再把各爻與蒼龍全年在夜空中的移動對應起來就很容易了。初九"潛龍"是指在冬季的黃昏（即進行天文觀測之時）蒼龍仍然隱没於東方地平綫之下，居於傳説之淵。那些將卦爻與月份相聯繫的《周易》注解將此爻對應於子月，冬至即在該月，子月大致相當於十二月或一月初。九二"見龍在田"説的是蒼龍初現身，公元前 800 年左右時大約在三月初發生。此時地平綫上可見的只有角宿。如果從遠方眺望，看上去就像是蒼龍盤旋於田野而微露於地平綫之上。其實，中國素有"二月二龍抬頭"的諺語。九四"或躍在淵"描述的是蒼龍在夜空中行進的下一個重要步驟。自三月初龍角始現至四月底，黃昏時龍的身軀又多顯露了一些。不過，在四月底到五月中的大約二十五天中，龍的整個軀幹，包括氐宿（在這裏似指肩膀這塊）、房宿（似指胸腔）、心宿，皆驀然可見，惟龍尾仍隱於地平綫之下。心宿二，又稱"火"或"大火"，是一顆重要的星。在古埃及心宿二是生長季開始的標志，古代中國也類似。九五"飛龍在天"，對應六月中到七月初的夏至，此時蒼龍的整個身軀橫陳於夜空之中。最後兩爻的"亢龍"和"群龍无首"所表現的似是相同的天象。至八月中，黃昏時亢宿位於西方地平綫，而重要的角宿已隱蔽於地平綫之下。爻辭"亢龍"之"亢"傳統解作"高傲"意，指代久居高位之人。我將"亢龍"譯作"Throttled dragon（扼喉之龍）"固然不够文雅，但"亢龍"之"亢"是個相對少見的詞，

―――――――――

[1]〔清〕段玉裁:《説文解字注》，第 582 頁。

它同時亦用作星宿之名，亢宿對應蒼龍之脖頸或喉嚨，按照蒼龍諸宿一年中的運行軌迹，彼時西方地平綫正好卡在亢宿上，這一切不太可能只是巧合。最後一條爻辭（即用九）指龍頭整個消逝於西方地平綫之下的情景。[1] 爻辭何以言“群龍”不難解釋。古代中國神話認爲日共有十，一日晝懸於天，自東向西運行，一日潛於地底之淵，自西向東游動，另有八日棲於東方之扶桑。[2] 若類比之，則龍共有六，一龍飛天，一龍潛游，另有四龍候於東，等待輪番夜行向西。

　　如此顯而易見的天象却幾乎没有引起《周易》傳統注家的注意。[3] 當然，不少注家已提到《乾》卦諸爻的曆法意藴。蒼龍星象可見的那段時間恰好就是古中國的農業生長季，蒼龍的行進便與農作物的成熟等同起來。《彖傳》云：

　　　　大哉乾元。萬物資始，乃統天。雲行雨施，品物流形。大明終始，六位時成，時乘六龍以御天。[4]

從中雖可嗅出某些天文的意味，但《彖傳》的作者無疑更關心《乾》

---

[1] 高亨《周易古經今注》（第 5 頁）就此處龍何以無首作了解釋，説這是卜筮之時龍首爲雲遮蔽所致。關於其説，孔士特（Richard Kunst）評論道：“高亨解釋龍爲何没有首，雖頗具匠心，但未免學究氣，實無必要。既可有龍，便可有無首之龍。”見 Richard Kunst【孔士特】，“Oral Formulas in the *Yijing* and *Shijing*，”【《易經》及《詩經》中的口頭程式】，第 34 屆亞洲研究協會年會（34th Annual Meeting of the Association for Asian Studies，Chicago, Illinois）公開報告，1982 年 4 月 3 日，第 35 頁。事實上，我感到孔士特的解釋同樣没有必要，較之有血有肉的獸，龍作爲天象之幻影，其真實性並不遜色。

[2] 馬王堆一號墓内棺上覆有一張著名的 T 形帛畫，上部右上角繪有扶桑樹，樹間繪有八個太陽。較早的關於此帛畫及其圖像的討論，見 Michael Loewe【魯惟一】，*Ways to Paradise: The Chinese Quest for Immortality*【天堂之路：中國長生之道研究】（London：George Allen & Unwin, 1979），pp.17－59。

[3] 其實，馬王堆漢墓帛書《二三子問》開篇托孔子之口討論了龍，無疑將龍理解作天空之星象（陳松長、廖名春：《帛書〈二三子問〉、〈易之義〉、〈要〉釋文》，《道家文化研究》第 3 輯，1993 年，第 424 頁）：

　　二三子問曰：易屢稱於龍，龍之德何如？

　　孔子曰：龍大矣。龍形遷假，賓于帝，俔神聖之德也。高上齊乎星辰日月而不曜，能陽也；下淪窮深淵之淵而不昧，能陰也。上則風雨奉之，下淪則有天□□□。窮乎深淵則魚蛟先後之，水游之物莫不隨從。陵處則雷電養之，風雨避鄉，鳥獸弗干。

[4] 〔清〕阮元校刻：《十三經注疏·周易正義》，第 23 頁。

卦的季節意蘊。對其而言，《乾》之所以重要，是因爲它與生長之季節有關聯——物生於春、長於夏、收於秋。

第二節　卦與卦的關聯

考察完《乾》卦内部爻辭之間的關係後，似宜將目光轉移到《坤》
䷁ (2) 卦以及卦與卦的關聯這個問題上。易學中《乾》和《坤》總是成對閱讀的。例如，易傳之一的《文言傳》就是專門針對這兩卦的。此傳簡短，大部分篇幅都是在一條條解釋《乾》《坤》兩卦之爻，但也有兩段從總體上討論了卦，無疑表明《文言》作者將《乾》《坤》視作一對：

> 大哉乾乎！剛健中正，純粹精也。六爻發揮，旁通情也。時乘六龍，以御天也。雲行雨施，天下平也。君子以成德爲行，日可見之行也。
>
> 坤至柔而動也剛，至静而德方，後得主而有常，含萬物而化光。坤道其順乎，承天而時行。[1]

《坤》卦只有一條爻辭復現了《乾》卦中龍的形象，其天文意味却不似《乾》卦諸象那般明顯。不過，我認爲此爻有可能説明《乾》《坤》兩卦就應該放在一起作爲一個整體來閱讀。《坤》上六爻辭作：

> 上六：龍戰于野，其血玄黄。

可想而知，龍血戰於荒野之象激起了注家們的激烈討論，衆説紛紜，於此就不詳作回顧了。[2] 就本節所論而言，只需知道《説文解字》

---

[1]〔清〕阮元校刻：《十三經注疏·周易正義》，第 29—30 頁、第 33 頁。

[2] 我對此爻的理解見 Edward Shaughnessy【夏含夷】，"The Composition of the *Zhouyi*"【《周易》之編纂】(Ph.D. diss.: Stanford University, 1983), pp. 278‒287。亦見夏含夷：《周易乾卦六龍新解》，《文史》第 24 輯，1986 年，第 9—14 頁；Edward Shaughnessy【夏含夷】，"The Composition of the 'Qian' and 'Kun' Hexagrams of the *Zhouyi*,"【《周易》"乾""坤"兩卦的編寫】in *Before Confucius: Studies in the Creation of the Chinese Classics*【孔子之前：中國經典誕生的研究】(Albany: State University of New York Press, 1997), pp. 197‒220。

引用了《坤》上六，且顯然認爲此爻與北方有關，故此爻亦與十月有關（在古代中國的世界觀中，空間和時間是密切關聯的）：

> 壬，位北方也。陰極陽生，故《易》曰："龍戰于野。"戰者，接也。象人裹妊之形。承亥壬以子，生之敍也。[1]

《説文》此條可能有曆法意義，後文會談及。施古德（Gustaaf Schlegel，1840—1903 年）是傑出的荷蘭漢學家，係萊頓大學（Leiden University）首位中國語文教授，同時也是《通報》（*T'oung Pao*）的創辦者。《説文》此條雖未提及天文，但施古德揭示出爲何龍"戰"（即"接"，交合）這種情景會發生在天上（或地底之淵）。在其著《星辰考原——中國天文志》（*Sing Chin Khao Youen: Uranographie Chinoise*）中，施古德引了兩條與此問題有關的傳世文獻材料，分別出自《爾雅翼》和《石氏星經》：

> 介潭生先龍，先龍生元黿。
>
> 北方玄武七宿，斗有龍蛇蟠結之象。

引用之餘施古德還談了自己的看法，説"毫無疑問，龍之尾觸及天黿之首這個現象衍生出了'水生龍龍生黿'這一傳説"，還説"此説法背後的天文學依據不難索解，或許正是因爲黿形星群的頭部（斗宿或人馬座 φ）觸到龍形星群的尾部（尾宿或天蠍座之尾），才産生出龍黿合體的大衆觀念"。[2]

屬斗宿的星官"鱉"是北方玄武最爲矚目的一組星（大體相當於南冕座），從這組星排列出的形狀不難猜出其得名之由（圖 10.4）：

---

[1]〔清〕段玉裁：《説文解字注》，第 742 頁。

[2] 施古德原文作此，見 Gustave Schlegel【施古德】，*Sing Chin Khao Youen: Uranographie Chinoise*【星辰考原：中國天文志】（Leiden：Brill，1875），p.64，p.172。按：《爾雅翼》原文作"先龍生元黿"，《石氏星經》今已亡佚。馬端臨《文獻通考》（北京：中華書局，2011 年，第 7626 頁）引《宋中興志》云"石氏云，北方黑帝，其精玄武爲七宿。斗有黿蛇蟠結之象……"，施古德所引諸句似出自這裏，但引文有誤。感謝蔣文指出此點。

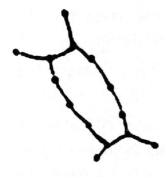

圖 10.4　南冕座 14 顆星，在中國被稱爲 "鱉" [1]

星官鱉所處的位置很靠近東方蒼龍的尾部。古代秋末之時這種位置就會承擔某種特殊含義。在第十個月（大約相當於公曆十一月），鱉和蒼龍在西方地平綫之下交合，地下之淵本就隱秘，正是適合交歡之處。《乾》卦描述了龍自淵躍而戾天，《坤》上六爻辭的 "龍戰于野，其血玄黃" 似乎正適合作爲故事的高潮，隨後龍潛回深淵，以圖來年誕下一龍。

《坤》卦的另外五條爻辭沒有提及龍，但似乎可以通過季節和上爻聯繫起來。如上文所言，上爻似指農曆十月，中國北方收穫季的尾聲。《坤》卦前五條爻辭中的繇形式一致，皆爲兩字、皆押陽部韻，[2] 也與上六爻辭末字 "黃" 押韻。

初六：履霜（*shuang/ *sraŋ*），堅冰至。

六二：直方（*fang/ *paŋ*），大不習。[3] 无不利。

六三：含章（*zhang/ *taŋ*）。可貞。或從王事，无成有終。

---

[1] 取自 Gustave Schlegel【施古德】，*Sing Chin Khao Youen: Uranographie Chinoise*【星辰考原：中國天文志】（Leiden：Brill, 1875），p.172。

[2] 此從蘇源熙（Haun Saussy）之説，見 Haun Saussy【蘇源熙】，"Repetition, Rhyme, and Exchange in the Book of Odes,"【《詩經》中的複沓、韻律與互換】*Harvard Journal of Asiatic Studies* 57.2（1997），p.540。他指出這些韻具有音樂性，且很多陽部韻的詞都含有 "王權的隱喻"，其説有理。

[3] 這條爻辭通常斷作 "直方大，不習"，"直" "方" "大" 皆被視作形容詞。這裏斷作 "直方，大不習"，"直方" 意爲 "省邦"，這樣斷讀基於三點原因：第一，最早注解此爻的《象傳》無 "大" 字（"《象》曰：六二之動，'直' 以 '方' 也。'不習。无不利'，地道光也。"），説明這條爻辭一開始可能是沒有 "大" 的。第二，其餘諸爻的繇都是兩個字且第二字爲陽部字，"直方" 後點斷從形式和韻脚來説都合適。第三，聞一多（《周易義證類纂》，《聞一多全集》第 10 卷，第 226 頁）已指出，"直方" 無疑源自商代甲骨卜辭中習見的 ♪ ⚡。聞一多將之釋讀爲 "省方"，但事實上首字可直接釋作 "直"，在這裏與 "省" 意近。關於這一釋法，見 Paul Serruys【司禮義】，"Towards a Grammar of the Language of the Shang Bone Inscriptions,"【關於商代卜辭的語法】《中研院國際漢學會議論文集·語言文字組》，臺北：中研院，1981 年，第 359 頁注 1。第三點表明《周易》的文辭中保留了這一後多被釋爲 "省方" 的古語。

六四：括囊（*nang*/ *nâŋ）。无咎无譽。

六五：黄裳（*chang*/ *daŋ）。元吉。

至少從形式來説，這五條爻辭的縣明顯存在關聯。我已指出它們在内容方面也是有聯繫的，都涉及農曆九月開始的秋收。最直白地提到秋季的是初六"履霜，堅冰至"。"堅冰"將至足以説明句中的"霜"説的是秋季。一些涉及星象四時的古文獻如《吕氏春秋》《淮南子》都提到九月霜降，《詩經·豳風·七月》也有類似的説法：

九月肅霜，十月滌場。[1]

其餘爻辭似亦與收穫有關："直方"似指省察農田，"含章"或表作物成熟，[2] "括囊"很容易作"打包收穫物"理解，[3] "黄裳"讓人想到豐收慶典上穿着的吉服。在這方面，《詩經·豳風·七月》的詩句或可將豐收禮服與上六爻辭中出現的"玄黄"關聯起來。

八月載績，載玄載黄。

我朱孔陽，爲公子裳。[4]

在討論《乾》卦時，我提出該卦爻辭描寫的是蒼龍諸宿的季節性行進，大約始自十一月，彼時蒼龍位於東方地平綫下，約止於八月，彼時蒼龍再度潛入西方地平綫之下，跨度幾乎爲一整年，却好像忽視了重要的秋季九、十兩月。如果我没有弄錯的話，《坤》卦正可補《乾》卦之缺，涵蓋了霜降之九月以及天象上龍龜交合的十月。[5]

---

[1]〔清〕阮元校刻：《十三經注疏·毛詩正義》，第 836 頁。

[2] 可比照《姤》䷫（44）九五爻辭："九五：以杞包瓜含章。有隕自天。"

[3] 可比照《詩經·大雅·公劉》："篤公劉，匪居匪康。迺場迺疆，迺積迺倉，迺裏餱糧，于橐于囊，思輯用光。"

[4]〔清〕阮元校刻：《十三經注疏·毛詩正義》，第 832 頁。

[5] 我很清楚傳統易學通常認爲《乾》《坤》兩卦所關涉的月份數量相等。有些注解將一年的前六月歸於《乾》之六爻，後六月歸於《坤》之六爻；還有注解認爲諸月穿插對應《乾》《坤》諸爻。這裏認爲《坤》上六與一年的第十個月有關，荀爽（128—190 年）曰："消息之位，坤在於亥，下有伏乾，爲其兼于陽，故稱龍也。"（見〔唐〕李鼎祚撰，王豐先點校：《周易集解》，第 38 頁）或許與這裏的看法一致。

正如本章開頭所説的，傳世本《易經》六十四卦分爲三十二對。《乾》☰、《坤》☷這對卦畫轉化的特點是陽爻全變爲陰爻或陰爻盡變爲陽爻。這種轉化方式也適用於以下六卦：《頤》☲（27）、《大過》☵（28），《習坎》☵（29）、《離》☲（30），《中孚》☴（61）、《小過》☶（62）。[1] 如果將這些卦的卦畫上下顛倒，所得到的卦畫和原來的一樣。另外五十六個卦可分爲二十八對，每對的卦畫上下顛倒。比如《屯》☳（3）和《蒙》☶（4）就是通過這種方式轉化，即將《屯》☳顛倒，《屯》之初九成爲《蒙》之上九、《屯》之六二成爲《蒙》之六五，以此類推直至《屯》之上六成爲《蒙》之初六，反之亦然。若要形象地體現這種上下顛覆的關係，不妨認爲這兩卦共用同一個卦畫，只不過要從兩個不同的角度看：

屯　中

屯　蒙

這二十八對卦都是兩卦共用一個卦畫，這就可以解釋傳世本《周易》結構上的不平衡。《周易》傳世諸本皆分上下經，但並不是二等分爲上下經各三十二卦，而是上經三十卦、下經三十四卦。造成這種情況的原因是：八個“變”卦中六個屬上經，只有兩個“變”卦屬下經；如按上文那樣二十八對“覆”卦每對只計爲一種，則上下經各有 18 種卦的形式。【譯者按：變卦一個卦就是一種形式，覆卦則兩卦共用一種形式；上經爲六變卦（6 種形式）加二十四覆卦（12 種形式），合計 18 種形式；下經爲兩變卦（兩種形式）加三十二覆卦（16 種形

---

[1]《既濟》☵（63）和《未濟》☲（64）六爻均陰陽相反，可看作互爲變卦。不過，這兩卦亦互爲覆卦，上下顛倒可得到另一卦卦畫。《既濟》《未濟》通常被歸入二十八對覆卦之中。

式），合計 18 種形式。】

　　《周易》覆卦的顛覆關係不僅體現在共用一個卦畫上，也體現在卦名上。最明顯的例子是：《既濟》䷾（63）和《未濟》䷿（64）、《損》䷨（41）和《益》䷩（42）、《泰》䷊（11）和《否》䷋（12）。這幾對卦名中亦不難看出類似的關係：《謙》䷎（15）和《豫》䷏（16）（"豫"本或作"余"[1]）、《臨》䷒（19）和《觀》䷓（20）、《剝》䷖（23）和《復》䷗（24）。許多注家在《革》䷰（49）和《鼎》䷱（50）這對中也看到了類似的顛覆關係，指出古代中國的鼎是政治合法性的象徵，顛倒鼎無異於顛覆政權，即"革"。

　　卦二二相耦，彼此間的聯繫還體現在爻辭中。本章開頭提到了《既濟》九三和《未濟》九四之間的關聯：

既濟䷾（63）：　　九三：高宗伐鬼方，三年克之。小人勿用。

未濟䷿（64）：　　九四：貞吉。悔亡。震用伐鬼方，三年有賞于大國。

這對卦其他爻辭中也出現了共同的象：

既濟䷾（63）：　　初九：曳其輪，濡其尾。无咎。

未濟䷿（64）：　　初六：濡其尾。吝。

未濟䷿（64）：　　九二：曳其輪。貞吉。

既濟䷾（63）：　　上六：濡其首。厲。

未濟䷿（64）：　　上九：有孚于飲酒。无咎。濡其首。有孚失是。

《損》䷨（41）六五與《益》䷩（42）六二亦頗似：

　　《損》䷨（41）：　　六五：或益之十朋之龜，弗克違。元吉。

――――――――――

[1] 上博簡及馬王堆帛書《周易》此卦卦名皆作"余"。王家臺簡《歸藏》作"介"，輯本作"分"，"介"和"分"似皆爲"余"之形誤。

《益》䷩（42）： 六二：<u>或益之十朋之龜，弗克違</u>。永貞
　　　　　　　　　　吉。王用享于帝。吉。

《泰》䷊（11）和《否》䷋（12）這對從卦辭到爻辭都展現出諸多聯繫：

《泰》䷊（11）： <u>小往大來</u>。吉。亨。

《否》䷋（12）： 否之匪人。不利君子貞。<u>大往小來</u>。

《泰》䷊（11）： 初九：<u>拔茅茹，以其彙</u>。征吉。

《否》䷋（12）： 初六：<u>拔茅茹，以其彙</u>。貞吉。亨。

《泰》䷊（11）： 九二：<u>包荒</u>。用馮河，不遐遺，朋亡，得
　　　　　　　　　　尚于中行。

《否》䷋（12）： 六二：<u>包承</u>。小人吉，大人否。亨。

《否》䷋（12）： 六三：<u>包羞</u>。

《謙》䷎（15）和《豫》䷏（16）爻辭也結構相似：

《謙》䷎（15）： 六二：<u>鳴謙</u>。貞吉。

《豫》䷏（16）： 初六：<u>鳴豫</u>。凶。

孔士特（Richard Kunst）指出有<u>些</u>不成對但前後相次的卦存在爻辭相近的情況：

《豫》䷏（16）： 上六：冥豫。<u>成有渝</u>。无咎。

《隨》䷐（17）： 初九：<u>官有渝</u>。貞吉。出門交有功。

《旅》䷷（56）： 九四：旅于處，<u>得其資斧</u>，我心不快。

《巽》䷸（57）： 上九：巽在牀下，<u>喪其資斧</u>。貞凶。

我懷疑這種相近只是簡單的巧合，總的來説意義不大，[1] 不過在這

---

[1] 茹特（Richard Rutt）認爲相耦之卦間的關係"似是偶然與巧合"，指出那些並不成
　　對的卦之間也可找出聯繫，例如，他指出《萃》䷬（45）和《渙》䷺（59）的卦
　　辭中皆有"王假有廟"之語。其説頗有理，但似不足以抵消許多成對的卦之間所能
　　看到的重要聯繫。見 Richard Rutt【茹特】，*The Book of Changes（Zhouyi）: A Bronze
　　Age Document Translated with Introduction and Notes*【《周易》：一部青銅時代文獻的翻
　　譯、介紹及注釋】（Richmond：Curzon Press, 1996），p.103。

裏似仍有必要提一下。

<h2 style="text-align:center">第三節　結　　論</h2>

　　本章對卦内及卦間關係的關注也有可能放大了《周易》結構的規整程度。高亨是公認的 20 世紀一流易學家，他在其晚年的一部《周易》著作中說：

　　　　《易經》作於西周初期，是一部占筮的書，六爻爻辭哪有所謂 "内在邏輯"！[1]

高亨此言無疑是在回應 20 世紀另一位偉大的易學家李鏡池（1902—1975 年）。李鏡池在《周易》成書方式這個問題上堅定地持不同意見。其易學論集的序言部分是這樣概述的：

　　　　《周易》就是從許多材料裏選擇出來，又經過分析和組織，編成這樣一部占書。編著當中，編著者總結了歷史經驗，生活經驗，根據過去和當時許多事實，注意別擇材料，編選組織成爲卦爻辭，在選材和組辭上，寄寓編著者一些思想。[2]

由此看出關於《周易》的早期歷史兩位學者各執一詞，一位認爲它是占筮記錄隨意彙編而成，另一位則在其中看見了 "編著者一些思想"。把《乾》《坤》當作整體來閱讀很難不注意到爻辭所蘊含的 "内在邏輯"。但是，若說《周易》的最終結構以及 "有意識地" 編纂而成的卦爻辭出自一位乃至一組編著者之手，亦嫌太過。本章的分析所涉之卦不足半數，所涉爻辭更只是很小一部分。之所以有意識地挑選這些出來，是因爲其間所反映的關係可視作某一特定結構的範例。不過，或許有讀者會將目光投向另外那一多半卦及一大半爻辭，認爲這種結

---

[1] 高亨：《談〈周易〉"亢龍有悔"》，《社會科學戰綫》1980 年第 4 期，第 59—60 頁。
[2] 李鏡池：《周易探源》，第 3 頁。

構最多只是零星存在，我無意全盤否認這種想法。

　　儘管擁有整套 384 條爻辭（若加用九、用六，就是 386 條），《周易》似乎從未被最終"編"定，依然處於未完成的狀態。不過，這種未完成非但不是《周易》的缺陷，反而成爲其獨特的優勢，使得每位新讀者都可以根據自己所認爲的正確的理解將《周易》續完。這部古老的文獻遂在一代代新讀者心中不斷煥發出新的生機。

第十一章　卦序

　　傳世本《周易》中六十四卦按一定次序排列。以《乾》☰（1）和《坤》☷（2）爲始，以《既濟》☲（63）和《未濟》☵（64）作結。如上章所言，中間六十卦二二相耦，卦畫非覆即變。就我所知，這樣的卦序無法從邏輯或數學的角度得以解釋。[1] 此卦序最早的實物證據是熹平石經（刻於 175 至 183 年之間）；熹平石經《周易》僅有殘石存世，但足以表明當時《周易》卦序已與後世的卦序一致。[2] 該卦序亦與《易傳》之《序卦傳》所言者相合。《序卦傳》中有一段類似宇宙起源的論述，先言天地，繼而言萬物之初生及其生命之經歷。下面雖只引用前十二卦，但足以窺得《序卦傳》全貌：

---

[1] Immanuel Olsvanger 揭示了六十四卦用二進制表示（即：陰爻爲 0、陽爻爲 1，一卦中的初爻爲一位、二爻爲二位、三爻爲四位、四爻爲八位、五爻爲十六位、上爻爲三十二位）時一些有趣的數學規律。八個卦爲一組，前三組中每組的最後兩個卦畫（即第 7、8、15、16、23、24 卦）都只包含一條陽爻，可填充到二進制的六個數位中（即一位、二位、四位、八位、十六位、三十二位）。他還指出了其他一些規律，不過這些規律均建立在他將成對的覆卦或變卦隨意排序的基礎上。見 Immanuel Olsvanger, *Fu-hsi, The Sage of Ancient China*【伏羲：古代中國的聖人】（Jerusalem：Massadah Ltd., 1948）。Richard Cook 在揭示傳統卦序背後的數理邏輯方面做了更爲激進的嘗試。其分析的基礎是將二十八對覆卦看作獨立體。很顯然他的分析兼顧中國傳統《周易》經解和西方組合數學理論，雖然我盡力去理解，但很遺憾未能跟上他的邏輯。見 Richard Cook, *Classical Chinese Combinatorics: Derivation of the Book of Changes*【中國的古典組合數學：《周易》的推導】（Berkeley：Sino-Tibetan Etymological Dictionary and Thesaurus Project, 2006）。

[2] 關於熹平石經《周易》殘石的情況，可集中參閱屈萬里：《漢石經周易殘字集證》，臺北：中研院歷史語言研究所，1961 年；濮茅左：《楚竹書〈周易〉研究——兼述先秦兩漢出土與傳世易學文獻資料》，上海：上海古籍出版社，2006 年，第 648—683 頁。

　　有天地，然後萬物生焉。盈天地之間者唯萬物，故受之以
《屯》。屯者，盈也。屯者，物之始生也。物生必蒙，故受之以
《蒙》。蒙者，蒙也，物之稺也。物稺不可不養也，故受之以
《需》。需者，飲食之道也。飲食必有訟，故受之以《訟》。訟必
有眾起，故受之以《師》。師者，眾也。眾必有所比，故受之以
《比》。比者，比也。比必有所畜，故受之以《小畜》。物畜然後
有禮，故受之以《履》。[1] 履而泰，然後安，故受之以《泰》。
泰者，通也。物不可以終通，故受之以《否》。[2]

　　《序卦傳》的卦序歷來被視作原初的、正確的卦序，但出於不同
的教化目的，卦序還有其他排列方式，與《序卦傳》同屬《易傳》
的《雜卦傳》所用卦序即與之有別。易學研究中《雜卦傳》一向不
受重視，全篇盡引如下：

　　《乾》剛《坤》柔。《比》樂《師》憂。《臨》《觀》之義，
或與或求。《屯》見而不失其居。《蒙》雜而著。《震》，起也，
《艮》，止也。《損》《益》，盛衰之始也。《大畜》，時也。《无
妄》，災也。《萃》聚而《升》不來也。《謙》輕而《豫》怠也。
《噬嗑》，食也。《賁》，无色也。《兌》見而《巽》伏也。《隨》，
无故也。《蠱》則飭也。《剝》，爛也。《復》，反也。《晉》，晝
也。《明夷》，誅也。《井》通而《困》相遇也。《咸》，速也。
《恒》，久也。《渙》，離也。《節》，止也。《解》，緩也。《蹇》，
難也。《睽》，外也。《家人》，內也。《否》《泰》，反其類也。
《大壯》則止。《遯》則退也。《大有》，眾也。《同人》，親也。
《革》，去故也。《鼎》，取新也。《小過》，過也。《中孚》，信也。
《豐》，多故也。親寡《旅》也。《離》上而《坎》下也。《小
畜》，寡也。《履》，不處也。《需》，不進也。《訟》，不親也。

────────────

[1]《周易》經解常以"禮"訓"履"，故有此言。
[2]〔清〕阮元校刻：《十三經注疏·周易正義》，第200頁。

《大過》，顛也。《頤》，養正也。《既濟》，定也。《未濟》，男之
窮也。《歸妹》，女之終也。《漸》，女歸待男行也。《姤》，遇也，
柔遇剛也。《夬》，決也，剛決柔也。君子道長，小人道消也。[1]

可以看出，《雜卦傳》遵循了覆變之卦二二相耦的原則，但一對卦內
部的先後順序有時與今本不同【譯者按：今本（亦可稱通行本、傳世
本、傳本等）卦序即《序卦》卦序，亦即所謂的後天六十四卦序】。
除了相耦之卦內部的卦序存在差異外，整體的卦序亦與今本大相徑
庭。通過圖表可以更清晰地展示這一卦序。下表分八行，各行自左向
右依序排列諸卦，列出卦名和卦畫，並用羅馬數字標明其傳統卦序
（表11.1）：[2]

乾	坤	比	師	臨	觀	屯	蒙
1	2	8	7	19	20	3	4
震	艮	損	益	大畜	无妄	萃	升
51	52	41	42	26	25	45	46
謙	豫	噬嗑	賁	兌	巽	隨	蠱
15	16	21	22	58	57	17	18
剝	復	晉	明夷	井	困	咸	恒
23	24	35	36	48	47	31	32
渙	節	解	蹇	睽	家人	否	泰
59	60	40	39	38	37	12	11

---

[1]〔清〕阮元校刻：《十三經注疏·周易正義》，第201頁。【譯者按：此處所引《雜卦
傳》本文爲宋人蔡淵依例改正後的文本，與今本有別。】

[2] 今本《雜卦傳》自《大過》以下八個卦順序存在問題，這裏給出的卦序復原只是一
種推測。【譯者按：此處卦序依據的是蔡氏改本。】

續　表

大壯	遯	大有	同人	革	鼎	小過	中孚
34	33	14	13	49	50	62	61
豐	旅	離	坎	小畜	履	需	訟
55	56	30	29	9	10	5	6
大過	頤	既濟	未濟	歸妹	漸	姤	夬
28	27	63	64	54	53	44	43

表 11.1　《雜卦傳》卦序

在《雜卦傳》及今本卦序中都連在一起出現的只有《蹇》☵☶（39）、《解》☳☵（40）、《家人》☴☲（37）、《睽》☲☱（38）這四卦，且內部順序也不完全一致（今本卦序《家人》《睽》這對在《蹇》《解》這對之前）。

　　《序卦傳》和《雜卦傳》雖存在明顯差異，但直到 1973—1974 年馬王堆《周易》發現後，卦序問題才真正引起了關注。馬王堆《周易》書於帛上，因此卦序是確定的。正如第一章說到的，馬王堆帛書本《周易》卦序不僅與今本不同，亦與《雜卦傳》有別。帛本卦序的排列以八個單卦爲綱進行系統的組合。圍繞一個單卦形成一組八個重卦，八重卦皆以該單卦爲上卦。這八個單卦按如下順序排列（卦名用字依帛本）：

☰　☶　☵　☳　☷　☱　☲　☴

鍵　根　贛　辰　川　奪　羅　筭

這些單卦作爲上卦，依次與下卦組合，先取與之相同的單卦作下卦，再依如下次序取：

☰　☷　☶　☱　☵　☲　☳　☴

鍵　川　根　奪　贛　羅　辰　筭

如此便產生了下面的卦序。下表中，卦畫上方的卦序號（用羅馬數字表示）和卦名屬馬王堆帛書本，卦畫下方的卦序號和卦名則屬今本（表 11.2）：

1 鍵 ䷀ 乾 1	2 婦 ䷋ 否 12	3 掾 ䷠ 遯 33	4 禮 ䷉ 履 10	5 訟 ䷅ 訟 6	6 同人 ䷌ 同人 13	7 无孟 ䷘ 无妄 25	8 狗 ䷫ 姤 44
9 根 ䷳ 艮 52	10 泰畜 ䷙ 大畜 26	11 剥 ䷖ 剥 23	12 損 ䷨ 損 41	13 蒙 ䷃ 蒙 4	14 繁 ䷕ 賁 22	15 頤 ䷚ 頤 27	16 箇 ䷑ 蠱 18
17 贛 ䷜ 坎 29	18 襦 ䷄ 需 5	19 比 ䷇ 比 8	20 蹇 ䷦ 蹇 39	21 節 ䷻ 節 60	22 既濟 ䷾ 既濟 63	23 屯 ䷂ 屯 3	24 井 ䷯ 井 48
25 辰 ䷲ 震 51	26 泰壯 ䷡ 大壯 34	27 余 ䷏ 豫 16	28 少過 ䷽ 小過 62	29 歸妹 ䷵ 歸妹 54	30 解 ䷧ 解 40	31 豐 ䷶ 豐 55	32 恒 ䷟ 恒 32
33 川 ䷁ 坤 2	34 泰 ䷊ 泰 11	35 嗛 ䷎ 謙 15	36 林 ䷒ 臨 19	37 師 ䷆ 師 7	38 明夷 ䷣ 明夷 36	39 復 ䷗ 復 24	40 登 ䷭ 升 46
41 奪 ䷹ 兌 58	42 訣 ䷪ 夬 43	43 卒 ䷬ 萃 45	44 欽 ䷞ 咸 31	45 困 ䷮ 困 47	46 勒 ䷰ 革 49	47 隋 ䷐ 隨 17	48 泰過 ䷛ 大過 28

49 羅 ䷝ 離 30	50 大有 ䷍ 大有 14	51 潛 ䷢ 晉 35	52 旅 ䷷ 旅 56	53 乖 ䷥ 睽 38	54 未濟 ䷿ 未濟 64	55 筮嗑 ䷔ 噬嗑 21	56 鼎 ䷱ 鼎 50
57 算 ䷸ 巽 57	58 少蓻 ䷈ 小畜 9	59 觀 ䷓ 觀 20	60 漸 ䷴ 漸 53	61 中復 ䷼ 中孚 61	62 渙 ䷺ 渙 59	63 家人 ䷤ 家人 37	64 益 ䷩ 益 42

表 11.2　馬王堆帛書本卦序

一望即可知馬王堆帛書本卦序與今本迥異，亦與《雜卦傳》大不相同。顯著的一點不同在於今本成對之卦在帛書本中被拆散了。例如，居今本之首《乾》䷀（取今本卦名用字，馬王堆帛書本作“鍵”）在帛書本中仍是首卦，但今本的第 2 卦《坤》䷁（馬王堆帛書本作“川”）在帛書本中則要排到第 33 卦。類似地，《既濟》䷾（63）和《未濟》䷿（64）這對不僅卦名皆含“濟”，爻辭之文句亦有重合，但在馬王堆帛書本中分別爲第 22 卦和第 54 卦，相隔甚遠。

　　1974 年馬王堆帛書的出土引發了關於《周易》原始卦序的激烈討論。有些學者認爲，馬王堆帛書本是當時所能見到的最早的《周易》材料，故當以帛本卦序爲優。[1] 他們指出馬王堆本讓人聯想到一些漢代易學家對卦的排列方式，尤其是京房（前 77—前 37 年）的“八宮”，説明這種卦序淵源有自。另一方面，也有學者反對，説這種機械排布是漢代經學的特點，反映的不應該是《周易》的原始卦序。[2] 此外，馬王堆帛書易傳《二三子問》《衷》等在討論卦爻辭

［1］ 例如，劉大鈞：《帛〈易〉初談》，《文史哲》1985 年第 4 期，第 53—60 頁。

［2］ 李學勤是持此觀點的代表性學者，李學勤：《周易經傳溯源——從考古學、文獻學看〈周易〉》，長春：長春出版社，1992 年，第 206 頁。

時大多循今本之卦序，僅有一兩處例外。[1]

　　這裏的問題並不是從上述兩種卦序中選擇其一那麼簡單，要知道即便是馬王堆帛書本内部也存在兩種卦序。漢代還存在其他一些卦序，其中影響較大的是孟喜（約前90—前40年）卦序，將卦與二十四節氣和五等爵【譯者按：辟、公、侯、卿、大夫】對應起來；此外京房卦序亦頗有影響，京房將六十四卦分爲"八宫"，與馬王堆帛書本接近，卦序雖不完全一致，但都是機械式排布這點是類似的。[2]

　　2004年，上海博物館藏竹書《周易》的公布再度引發了關於原始卦序的討論。[3] 上博本《周易》書於竹簡之上，竹簡早已散亂，但學者們根據簡上的種種綫索對簡序進行了復原。上博簡《周易》最大的特點是卦名以及各卦最後一條爻辭最末之字的後面都有符號。本書第一章已對這些符號作過簡要介紹，但因爲一些學者在討論卦序時利用了這些符號，[4] 這裏有必要回顧有關材料和討論並略

---

[1]《二三子問》置《中孚》䷼（61）及《小過》䷽（62）於《豫》䷏（16）與《恒》䷟（32）之間，或許説明《二三子問》作者所見到的卦序就是這樣的。

[2] 這些卦序的詳細介紹、馬王堆帛書本卦序的考察及1980年代發表的研究成果，參邢文：《帛書周易研究》，第65—93頁；亦參 Richard Smith【司馬富】，*Fathoming the Cosmos and Ordering the World: The* Yijing（I Ching *or Classic of Changes*）*and Its Evolution in China*【探尋宇宙與規範世界：《易經》及其在中國的演化】（Charlottesville：University of Virginia Press, 2008），pp.62–77。

[3] 馬承源主編：《上海博物館藏戰國楚竹書（三）》，第11—70頁（圖版），第131—260頁（釋文）。該篇的整理者濮茅左還就上博楚簡《周易》及其歷史背景發表了一部研究專著，分上下册，見濮茅左：《楚竹書〈周易〉研究——兼述先秦兩漢出土與傳世易學文獻資料》。

[4] 最早進行此類研究的是濮茅左，見馬承源主編：《上海博物館藏戰國楚竹書（三）》，第134、251—260頁。此外還有：李尚信：《楚竹書〈周易〉中的特殊符號與卦序問題》，《周易研究》2004年第3期，第24頁；姜廣輝：《上博藏楚竹書〈周易〉中特殊符號的意義》，《中國思想史研究通訊》第2輯，2004年，第15—17頁（又載《簡帛研究二〇〇四》，廣西師範大學出版社，2006年，第53—58頁）；房振三：《竹書〈周易〉彩色符號初探》，《周易研究》2005年第4期，第22頁；陳仁仁：《論上博楚特殊符號的類型與分布及其標識原則》，《湖南大學學報（社會科學版）》2008年第4期，第123—130頁；何澤恒：《論上博楚竹書〈周易〉的易學符號與卦序——濮著〈楚竹書《周易》研究〉讀後》，鄭吉雄編：《周易經傳文獻新詮》，第9—32頁。

作介紹。[1]

　　整理者濮茅左在上博簡《周易》中發現了六種符號，前四種出現頻率較高，後兩種只是零星出現。[2] 包括：紅塊（■）、黑塊（■）、紅框內置小黑塊（▣）、黑框內置小紅塊（▣）、紅塊上疊小黑框（◨）、黑框（▢），這些符號與《周易》諸卦發生聯繫此前未見。總的來看，有十七個卦在首尾兩處都使用了符號，其中有十四卦兩處使用的是同一種符號、三卦用了不同的符號。此外還有十三個卦只能辨識出一處符號（另一處符號應該出現的地方，簡或殘或缺）。這些符號的具體分布情況如下表所示（表 11.3）：

卦	首　符	尾　符
蒙䷃（4）		■（褪）
需䷄（5）	■	■
訟䷅（6）	■	■
師䷆（7）	■	■（褪）
比䷇（8）	■	■
大有䷍（14）		■
謙䷎（15）	■	■
豫䷏（16）	■	■

---

[1] 這段論述大體取自 Edward Shaughnessy【夏含夷】，*Unearthing the Changes: Recently Discovered Manuscripts of and Relating to the* Yi Jing【出土之《易》：新發現《易經》寫本及相關文獻】（New York：Columbia University Press，2014），pp.43－47。

[2] 此處從濮茅左將紅黑符號分爲六種。參馬承源主編：《上海博物館藏戰國楚竹書（三）》，第 134、251—260 頁。下文還會談到，濮茅左的最後兩種符號（即紅塊上疊小黑半框及黑及半框）很少見，且出現這兩種符號的簡和出現別的符號的簡字迹有別，或許不應和其他四種符號放在一起討論。

續 表

卦	首 符	尾 符
隨☱☳（17）	■	■
蠱☶☴（18）	■	
无妄☰☳（25）	■	■
大畜☶☰（26）	■	⊏
頤☶☳（27）	▣	■
咸☱☶（31）	⊏	▣
恒☳☴（32）	▣	▣
遯☰☶（33）	▣	▣
睽☲☱（38）	▣	▣
蹇☵☶（39）	▣	■
解☳☵（40）	▣	
夬☱☰（43）		▣
姤☰☴（44）	▣	■
萃☱☷（45）	▣	
困☱☵（47）		■
井☵☴（48）	▣	■
革☱☲（49）	▣	
艮☶☶（52）	▣	▣（褪）
漸☴☶（53）		▣
豐☳☲（55）	▣	

卦	首　符	尾　符
旅☰☶（56）	🔳	
渙☴☵（59）	⬛	⬛
小過☳☶（62）		🔳
既濟☵☲（63）		⬛

**表 11.3　上博簡《周易》紅黑符號分布表（爲本書
體例統一，卦名用今本之字）**

　　通過上表可以看到一個明顯的傾向（儘管並非恒定不變），即這
些符號和卦可按今本卦序分爲幾組。比如，《需》☰☵（帛書本作
"乳"）、《訟》☰☵、《師》☵☷、《比》☷☵，即今本卦序的第 5、6、7、
8 卦，首符及尾符皆爲紅塊（■）；第 14 卦《大有》☰☲到第 18 卦
《蠱》☶☴則首尾皆用黑塊（■，唯《大有》首符及《蠱》尾符殘損）。
這一模式有三處例外：第一，有些卦首尾混合使用了不同的符號：《大
畜》☶☰（26）、《頤》☶☳（27）、《咸》☱☶（31）。第二，《革》☱☲
（49）至《旅》☰☶（56）幾卦皆用黑框內置小紅塊（■），與《恒》
☳☴（32）至《暌》☲☱（38）幾卦同。第三，《小過》☳☶（62）也用
了黑框內置小紅塊（■），但依今本卦序此卦位於《渙》☴☵（59）
和《既濟》☵☲（63）之間，但這兩卦用的却是一個不同的符號（紅
塊上疊小黑框［■］）。

　　濮茅左認爲同卦異符是爲了在兩類之間顯示承上啓下的關係。
如：《大畜》☶☰（26）首符是■、尾符是⬜，説明《大畜》前面是■
類，後面接續的是⬜類；如濮茅左所言，此卦同時屬於這兩類。類似
地，《咸》☱☶（31）首符是⬜、尾符是■，説明該卦必定在⬜類之
後、■類之前。有鑑於此，濮茅左認爲⬜類必然後接■類，《咸》

必在《大畜》之後。[1] 由此他總結爲：■組包含《大有》☲ (14)
至《无妄》☳ (25) 諸卦，此類以《大畜》作結，從《大畜》過渡
到《咸》，《咸》以降爲■類，簡本從《恒》☳ (32) 至《小過》☷
(62) 屬此類。濮茅左對這種分布方式給出了解釋。《易經》通常被分
爲上下經，上篇爲《乾》☰ (1) 至《離》☲ (30)，下篇爲《咸》☱
(31) 至《未濟》☲ (64)。由於《咸》是下篇首卦，濮茅左推測簡
書中《咸》卦的首符█指示這是新的一篇。出於同樣的原因，《大
畜》的尾符█應該是指示上篇的結束。濮茅左還認爲今本卦序中介於
《大畜》和《咸》之間的四卦，即《頤》☲ (27)、《大過》☱ (28)、
《坎》☵ (29)、《離》☲ (30)，應該被移位於他處。

　　濮茅左還提出，紅黑符號的互動與《周易》諸卦的陰陽互動是對
應的，黑對應陰、紅對應陽。依濮茅左所言，紅陽（■）盛極而衰，
從中生出黑陰（█），黑陰漸盛，達至其極（█），盛極則衰始，黑
陰中遂有初生屪弱之紅陽（█）。在濮茅左看來，██ "表示一個分
界過程，同時，意味着事物在陰陽變化中轉換，事物在陰陽變化中發
展，事物在陰陽變化中進入了新循環"。[2] 最後他總結道：

　　　　由於楚竹書《周易》缺簡，本文僅對現有的情況作一種探索和
　　推測，如果合理，那麽，楚竹書《周易》中存在着另一種卦序。[3]

濮茅左認爲簡本《周易》分爲上下兩篇，卦序爲：

上篇	下篇
《蒙》☵ (4)	《咸》☱ (31)
《需》☵ (5)	《恒》☳ (32)

---

[1]《頤》☲ (27) 也混合使用了兩種符號，首符爲■、尾符爲█，而按今本卦序此卦
　　位於《大畜》和《咸》之間。濮茅左的强行解釋只有短短三句，説此卦必在█類之
　　後、■類之前。

[2] 馬承源主編：《上海博物館藏戰國楚竹書（三）》，第259頁。

[3] 同上注，第260頁。

《訟》䷅（6）　　　　　《遯》䷠（33）

《師》䷆（7）　　　　　《睽》䷥（38）

《比》䷇（8）　　　　　《革》䷰（49）

《蹇》䷦（39）　　　　　《艮》䷳（52）

《解》䷧（40）　　　　　《漸》䷴（53）

《夬》䷪（43）　　　　　《豐》䷶（55）

《姤》䷫（44）　　　　　《旅》䷷（56）

《萃》䷬（45）　　　　　《小過》䷽（62）

《困》䷮（47）　　　　　《渙》䷺（59）

《井》䷯（48）　　　　　《既濟》䷾（63）

《頤》䷚（27）　　　　　《未濟》䷿（64）

《大有》䷍（14）

《謙》䷎（15）

《豫》䷏（16）

《隨》䷐（17）

《蠱》䷑（18）

《復》䷗（24）

《无妄》䷘（25）

《大畜》䷙（26）

　　感謝濮茅左對上博簡《周易》做了精心的整理和介紹。他面對的是一套全新的符號系統，這套符號此前未曾現身於易學長河中。作爲上博簡《周易》的整理者，試圖弄清這些符號所蘊含的意義自然是他的職責。不過，我感到濮茅左在總結時所表現出的審慎是頗有必要的。很顯然，任何一處缺簡都可能包含着一些信息，這些信息也許會顛覆濮茅左的分析，或者至少會使其複雜化。除有三十四卦首尾二符皆缺（這裏面有些卦的中間部分尚存）之外，還有十三例或缺首符或缺尾符（因竹簡殘損或缺失），在分析這些符號時，濮茅左似乎默認這十三例中所缺之符必定和現存之符一致。那三則同卦異符之例似説明其他卦也有可能首尾混用不同符號。[1]

在目前已發表的關於上博簡《周易》符號的研究中，我認爲最有道理的是何澤恒的分析。[2] 上博竹書《周易》中可以發現兩種不同的字迹，[3] 何澤恒據之認爲有 45 支簡係一位書手書寫，另外 13 支簡則出自他人之手。第一位書手所寫的那部分簡中只出現了四種符號，如果按照濮茅左所排之序就是 ■、■、■、■。[4] 何澤恒重新排序之後，■類卦後緊接■類，■類位於■類之前。《周易》素被分爲上下經，何澤恒也和濮茅左一樣將簡本分爲兩篇，他還認爲■和■全部集中在第一篇，而■和■則全部集中在第二篇，這樣得到的簡本卦序就和傳世本卦序本質相同了，唯《恒》䷟（32）至《睽》䷥（38）卦序有亂。

我在之前關於上博簡《周易》的研究中提出，竹簡的物質狀況或許亦有助於探究簡本卦序，從而得到某種初步性的結論。[5] 竹簡上還留有編繩的痕迹，可推測竹簡下葬時是編聯成一卷一卷的，準此，

---

[1] 李尚信《楚竹書〈周易〉中的特殊符號與卦序問題》（《周易研究》2004 年第 3 期）一文對濮茅左的分析作了系統的批評，指出釋文和附錄《關於符號的説明》有些地方自相矛盾。李尚信對符號使用的分析要更爲複雜，他提出簡本卦序和今本卦序本質上是一樣的，認爲凡是成對之卦（即四對變卦和二十八對覆卦）符號必定相同。關於有些卦混用符號如何解釋，李尚信的分析非常複雜，這裏就不複述了，他對濮説的批評有些亦頗適用於他自己。

[2] 其説可略參何澤恒：《論上博楚竹書〈周易〉的易學符號與卦序——濮著〈楚竹書《周易》研究〉讀後》，鄭吉雄編：《周易經傳文獻新詮》，第 29 頁。

[3] 房振三率先指出存在兩種不同的字迹，見房振三：《竹書〈周易〉彩色符號初探》，《周易研究》2005 年第 4 期，第 22 頁。

[4] 濮茅左所發現的符號還有其他兩種，其中，ᗡ據何澤恒的看法只見於另外那 13 支簡，書寫之人顯然並不明白這些符號的作用或是使用了另一套符號，故其不納入討論。

[5] 下文內容與我兩篇舊文所論者基本相同。夏含夷：《試論上博〈周易〉的卦序》，《簡帛》第 1 輯，上海：上海古籍出版社，2006 年，第 97—105 頁；Edward Shaughnessy【夏含夷】，"A First Reading of the Shanghai Museum *Zhou Yi* Manuscript,"【上博簡《周易》初讀】*Early China* 30（2005），pp.1–24。

可推知鄰近的竹簡要麼皆存要麼皆殘這種可能性比較高。下表展示了
上博簡《周易》58 支簡的內容及尺寸（表 11.4）。

簡號	卦　名	內　容	尺寸（釐米）
1	《蒙》䷃（4）	六三至卦尾	16.7+12.4+9.6
2	《需》䷄（5）	卦首至六四	23.1+20.4
3	《需》䷄（5）	卦尾一字及符號	空缺—20.8
4	《訟》䷅（6）	卦首至九二	23.2+20.6
5	《訟》䷅（6）	六三至上九	43
6	《訟》䷅（6）	上九至卦尾	43.3
7	《師》䷆（7）	卦首至六四	43.6
8	《師》䷆（7）	六四至卦尾	34.7
9	《比》䷇（8）	卦首至六三	43.5
10	《比》䷇（8）	六三至卦尾	43.7
11	《大有》䷍（14）	六四至卦尾	43.8
12	《謙》䷎（15）	卦首至六五	12.4+8.7—空缺—10.8
13	《謙》䷎（15）	六五至卦尾	43.8
14	《豫》䷏（16）	卦首至六五	43.3
15	《豫》䷏（16）	六五至卦尾	43.8
16	《隨》䷐（17）	卦首至九四	42.7—空缺
17	《隨》䷐（17）	九四至卦尾	43.5
18	《蠱》䷑（18）	卦首至九三	43.5
19	《復》䷗（24）	六五	空缺—7—空缺

簡號	卦　名	内　容	尺寸（釐米）
20	《无妄》䷘（25）	卦首至六二	29.1—空缺
21	《无妄》䷘（25）	六三至卦尾	22.1+6.7+15
22	《大畜》䷙（26）	卦首至六四	43.7
23	《大畜》䷙（26）	六四至卦尾	43.7
24	《頤》䷚（27）	卦首至六三	43.4
25	《頤》䷚（27）	六三至卦尾	43.7
26	《咸》䷞（31）	卦首至九四	36.5—空缺
27	《咸》䷞（31）	九五至卦尾	43.6
28	《恒》䷟（32）	卦首至六五	43.6
29	《恒》䷟（32）	六五至卦尾	43.8
30	《遯》䷠（33）	卦首至九四	31.5+12
31	《遯》䷠（33）	九四至卦尾	31.1—空缺
32	《睽》䷥（38）	卦首至六三	21.8+9.2—空缺
32a*	《睽》䷥（38）	六三至九四	？
33	《睽》䷥（38）	九四至上九	30.8—空缺
34	《睽》䷥（38）	上九至卦尾	43.5
35	《蹇》䷦（39）	卦首至九五	43.6
36	《蹇》䷦（39）	上六至卦尾	36—空缺
37	《解》䷧（40）	卦首至九四	43.5
38	《夬》䷪（43）	九二至九四	43.7

續　表

簡號	卦　名	内　容	尺寸（釐米）
39	《夬》䷪（43）	九四至卦尾	43.7
40	《姤》䷫（44）	卦首至九三	13+30.5
41	《姤》䷫（44）	九三至卦尾	43.8
42	《萃》䷬（45）	卦首至初六	43.6
43	《困》䷮（47）	九五至卦尾	43.8
44	《井》䷯（48）	卦首至九二	43.7
45	《井》䷯（48）	九二至上六	43.6
46	《井》䷯（48）	上六至卦尾	43.5
47	《革》䷰（49）	卦首至九三	43.7
48	《艮》䷳（52）	卦首至九三	13.4—空缺—23.8
49	《艮》䷳（52）	九三至卦尾	43.8
50	《漸》䷴（53）	卦首至九三	12.6+31.1
51	《豐》䷶（55）	九三至上六	23.1+20.5
52	《豐》䷶（55）	上六至卦尾	43.5
53	《旅》䷷（56）	卦首至九四	43.8
54	《渙》䷺（59）	卦首至六四	43.5
55	《渙》䷺（59）	六四至卦尾	空缺—42.7
56	《小過》䷽（62）	六五至卦尾	31.6—空缺
57	《既濟》䷾（63）	九三至卦尾	43.6
58	《未濟》䷿（64）	初六至九四	空缺—21—空缺

表 11.4　上博簡《周易》的物質狀況（卦名用今本之字）

從上表中可看出以下幾點。首先，當某卦簡文殘損，若卦首之辭殘，則今本卦序中的前一卦亦殘；若卦尾之辭殘，則今本卦序中的次一卦亦殘。例如，簡本中《蒙》䷃（4）尾簡保留了下來，而首簡不存，其前一卦《屯》䷂（3）亦全然不存。類似地，《大有》䷍（14）尾簡尚存，但首簡不存，其前一卦《同人》䷌（13）亦全然無存。《蠱》䷑（18）首簡存，尾簡不存，其後一卦《臨》䷒（19）亦全然無存。上博簡《周易》中某卦之辭凡有殘者，無不合於此規律，唯《小過》䷽（62）和《既濟》䷾（63）這一處例外——原本應屬《小過》的三支簡存了第三簡，《既濟》存的卻是第二簡而非首簡。前文亦已提及，《小過》尾符似與其今本卦序中前後之卦所用符號不協（見表11.3）。

  同樣地，當某卦之首簡或尾簡留存時，有很大概率其今本卦序中前後之卦的簡文同樣保留了下來。例如，《需》䷄（5）首尾皆存，其前之《蒙》䷃（4）尾簡存，其後之《訟》䷅（6）首簡存。《謙》䷎（15）首尾皆存，其前之《大有》䷍（14）尾簡存，其後之《豫》䷏（16）首簡存。此類例子共計50，其中只有10例不合，即前後之卦的簡文不存。除卻重複計數的問題（《謙》卦末與《豫》卦首相連處算了兩次，一次算《謙》、一次算《豫》），這樣的數據在我看來正表明竹簡可能原本就是連續的。

  更進一步分析，上博《周易》許多簡在下葬的某一時刻被折斷，可以想見與這些簡同屬一卷的相連之簡應該在差不多同樣的位置折斷。其證如，簡20、21的內容合起來是完整的《无妄》䷘（25）之卦爻辭，此二簡必相連，簡20折斷處距簡頂端29.1釐米，簡21折斷處距頂端28.8釐米（第一段殘簡長22.1釐米，第二段殘簡長6.7釐米）。類似之例還有簡30、31，所載者爲完整的《遯》䷠（33）之卦爻辭，簡30折斷處距頂端31.5釐米，簡31折斷處距頂端31.1釐米。再如，簡32、33所載者爲完整的《睽》䷥（38）之卦爻辭，簡32折斷處距頂端31釐米，簡33折斷處距頂端30.8釐米。這兩例也都説明從簡文内容來看竹簡肯定是連續的。

更重要的是，當竹簡所涉内容不止一卦時上述分析似乎同樣適用。我們可以看到，簡 2、3 所載者爲完整的《需》☰☵（5）卦爻辭，[1] 簡 4 爲《訟》☵☰（6）卦爻辭的開頭部分。這三簡差不多都在同樣的位置（中間那道契口處）折斷：簡 2 折斷處距簡底端 20.4 釐米，簡 3 折斷處距底端 20.8 釐米，簡 4 折斷處距底端 20.6 釐米。折損位置如此接近，説明這些簡是相連的，即簡本卦序中這兩卦是相連的，與今本卦序一致。[2]

總之，在我看來各卦現存竹簡的分布情況似表明上博簡《周易》的卦序與今本差不多是一致的，上文最後所舉的那個例子，即分屬兩卦的竹簡在幾乎同樣的位置折斷，尤其能證明這點。我的這一觀點發表後，北京大學考古文博學院的學生孫沛陽提出了一個更大膽、在我看來也更有説服力的論證，論證了上博簡《周易》的原始卦序與今本卦序一樣。[3] 孫沛陽認爲上博簡《周易》書於 142 枚竹簡之上，這與我對簡本的復原一致。孫沛陽按照原簡的尺寸，用硬紙板仿製了 45 釐米長、0.6 釐米寬、0.11—0.12 釐米厚的簡，下面復原圖中的灰色仿簡代表現存竹簡（共 58 枚，其上貼有原簡的原大照片），復原圖中的白色仿簡則代表佚簡。他將仿簡用厚棉綫依照今本的順序編聯起來，再從末到首的方向卷成一卷，即從《未濟》☲☵（64）開始卷，如此則《乾》☰☰（1）最後被卷起，位於整卷簡册的外層。根據這一初步實驗所得可繪製想象圖（圖 11.1）。

圖 11.1 顯示現存之簡（即標灰色者）皆集中在整卷簡册的一側，

---

[1] 簡 3 上部殘去一段，約 23 釐米，殘掉的内容大概是六四爻辭末兩字、九五爻辭的 8 個字、上六爻辭的前 16 字。

[2] 簡 48 和簡 50 也可作類似分析。這兩簡的内容分别爲《艮》☶☶（52）和《漸》☴☶（53）卦爻辭的前半段（中間的簡 49 是完整的，内容爲《艮》卦爻辭的後半段），前者折斷處距簡頂端 13.4 釐米，後者折斷處距簡頂端 12.6 釐米。

[3] 孫沛陽：《上海博物館藏戰國楚竹書〈周易〉的復原與卦序研究》，《古代文明研究通訊》第 46 期，2010 年，第 23—36 頁。

圖 11.1　孫沛陽初步復原的上博竹書《周易》

已頗具啓發性，不過孫沛陽又作了些微調整。1930 年左右居延出土的 "永元器物簿" 是時代較早的簡冊中唯一保存完整的，共 77 枚竹簡，含兩枚空白簡以示分篇。[1]《周易》本經素分上下，孫沛陽推測説如果上博《周易》也和今本一樣被分爲兩篇，則這卷簡册或許也含有一枚或多枚空白簡。鑑於今本上經和下經的分隔處位於《離》☲（30）和《咸》☶（31）之間，孫沛陽在簡本這兩卦中間加了 4 枚空白簡，如此便得到圖 11.2（陰影綫填充的 4 枚簡代表空白簡）。

孫沛陽在討論中很謹慎地表示其復原有猜測成分，所加的那 4 枚空白簡尤爲不確定。無論如何，復原的結果是令人欣喜的，它不僅有力地證明了上博簡《周易》就是按照今本卦序編連的，還表明上博《周易》雖爲一卷但分爲兩篇。

本書第一章已提到一些時代更早的考古資料，似與卦序有關。

[1] 這卷 77 枚竹簡的簡册書寫於公元 140—142 年間，見勞榦：《居延漢簡：圖版之部》，臺北：中研院歷史語言研究所，1957 年，第 570—575 頁。

圖 11.2　孫沛陽最終復原的上博竹書《周易》

2001 年陝西長安縣黃良鄉西仁村發現兩件陶拍（陶拍是一種製作陶器的工具），[1] 其中一件（CHX 采集：1）上縱向刻有兩行數字（或謂數字符號）。下面兩張圖一張展示了這件陶拍的總體面貌，另一張則聚焦於那兩組數字（圖 11.3）。需注意的是，由"六"作"∧"可定數字之方向，故可知左圖需顛倒過來看。

CHX采集：1 陶拍　　　　　CHX采集：1 刻文

圖 11.3　帶有數字卦的 CHX 采集：1 陶拍

---

[1] 曹瑋：《陶拍上的數字卦研究》，《文物》2002 年第 11 期，第 65—71 頁。

右邊那行數字自上至下爲"∧一∧一∧一"，可釋作"六一六一六一"；左行自上至下爲"一∧一∧一∧"，釋文作"一六一六一六"。將這些數字轉換成陰陽爻，便可得到䷾和䷿兩個卦畫，即《周易》之《既濟》和《未濟》，按今本卦序爲第 63、64 卦。

第二件陶拍（CHX 采集：2）上的數字符號識讀起來就不像前一件那樣容易了，通過刻文拓本及拓本綫描圖方能看得清楚一些（圖 11.4）：

CHX采集：2陶拍

CHX采集：2刻文拓本

CHX采集：2綫描圖

圖 11.4　帶有數字卦的 CHX 采集：2 陶拍

可以看到環繞陶拍柄部一周刻有四組數字、每組六個（最左邊那組有一個數字已被磨損），兩組縱刻、兩組橫刻，由"∧"的朝向可知橫刻的那兩組數字方向相對。自右至左、自上而下識讀這些數字便可得到下列"卦"：

八 八 六 八 一 八　　　䷆ 師（7）

　　八 一 六 六 六 六　　　　䷇ 比 (8)

　　一 一 六 一 一 一　　　　䷈ 小畜 (9)

　　一 一 一 六 一 [一]　　䷉ 履 (10)

　　它們是今本卦序的第 7、8、9、10 卦。正如李學勤所指出的，這種符號雖然有些可能是實占的記錄，但一組筮占恰好按這樣的次序產生出了"變卦"幾乎是無法想象的。[1] 因此陶拍上的數字卦似需另尋解釋，最可能的情形是這些數字卦反映的是某個完整卦序的局部，而這個卦序顯然就是今本《周易》的卦序。爲什麼要在陶拍柄上刻數字卦，原因還不清楚（陶拍的公布者曹瑋認爲這些刻文是製作陶器前所舉行的筮占的記錄，其説似不甚可信），不過，這兩件陶拍上的刻文確實構成了堅實的證據，説明今本卦序在西周末業已存在、可供引用。

結　　論

　　無論是在傳世系統内部還是在出土本《周易》中，六十四卦都存在不同的排列方式。不過，有實質性的證據表明今本卦序（即以《乾》䷀、《坤》䷁爲始，以《既濟》䷾、《未濟》䷿作結）或許早在戰國時代或甚至西周晚期就已被廣泛接受，並且《周易》有可能在比較早的時候就已分爲兩篇。《序卦傳》等經解所給出的卦序之機理並不十分可信，但卦序大體基於"二二相耦，非覆即變"這一原則，無論是對於理解單個卦還是理解整個《周易》文本似皆有重要意義。

---

[1] 李學勤：《新發現西周筮數的研究》，《周易研究》2003 年第 5 期，第 3—7 頁。

第十二章　從卜筮到哲學

　　自始至終，本書的主旨都只在探討《周易》的起源及其最初在著占活動中的運用。《周易》後被尊奉爲經，而撰寫一部《易經》通史絕非我意，這勢必連篇累牘，非本書之規模所能逮。[1] 東漢以後"十翼"（即《易傳》七種十篇）與經文合一，哪怕只是要講清《易傳》編輯入經的過程，所需篇幅較之本書恐怕就已是有過之而無不及。當然，《周易》這部早期卜筮之書是如何成爲中國最偉大的智慧之書的，我知道很多讀者會期望本書能多少有所涉及。

　　傳統認爲"十翼"係孔子（前551—前479年）所作，出於《周易》應用的"哲學轉向"。《論語》有兩段提及孔子用《周易》，第一段文句體現了這種哲學轉向：

　　　　子曰："南人有言曰：人而無恒，不可以作巫醫。善夫！'不恒其德，或承之羞。'"子曰："不占而已矣。"[2]

---

[1] 這類通史性的著作，中文的有朱伯崑《易學哲學史》（北京：華夏出版社，1995年），稍簡明一些的英文著作有 Richard Smith【司馬富】，*Fathoming the Cosmos and Ordering the World: The Yijing*（I Ching *or* Classic of Changes）*and Its Evolution in China*【探尋宇宙與規範世界：《易經》及其在中國的演化】（Charlottesville：University of Virginia Press, 2008）。

[2]〔清〕阮元校刻：《十三經注疏·論語注疏》，第5397頁。此處我譯作"offering"（進獻）的"羞"，在《論語》中多被解作"恥辱"。第二處關涉孔子用《周易》的文句是（《論語注疏》，第5392頁）：

　　　　子曰："加我數年，五十以學易，可以無大過矣！"（轉下頁）

　　"不恒其德，或承之羞"出自《恒》䷟（32）九三爻辭。《周易》有些爻辭有大相徑庭的兩種解釋，此條就是比較明顯的一例。有一種理解是將上句的關鍵字"德"讀爲"得"，表田獵有得，[1] 同句之"恒"與醃肉有關；下句的"承"和"羞"指古代祭祀中進獻肉類。這種理解當然是講得通的，不過"羞"亦可表"羞恥"意，這種用法現在更普遍，因此要將這條爻辭解作道德箴言亦非難事："人不使其道德恒常，就會蒙受羞恥。"其實，可以看到孔子引用的這條爻辭是與"南人有言"云云平行的，而"南人有言"諸句中的"恒"是一種人性美德，很顯然孔子將"羞"理解作"羞恥"、將"德"理解作"道德"之"德"。孔子總結道："不占而已矣！"這表明他清楚地知道《易》的本質是卜筮，但仍然認爲卜筮是不够的。似乎在孔子看來，《周易》的引用價值主要在於道德教化。[2]

　　從卜筮到哲學的轉變在馬王堆帛書易傳的一篇中亦有體現，此篇自題作《要》。《要》依舊圍繞孔子展開，此篇言孔子罕行卜筮，稱其所求者爲"德"，即《恒》九三之"德"。

　　　　後世之士疑丘者，或以《易》乎？吾求其德而已。吾與史巫同塗而殊歸者也。君子德行焉求福，故祭祀而寡也。仁義焉求吉，故卜筮而稀也。祝巫卜筮其後乎？[3]

　　對孔子時代的這樣一種哲學轉向人們已有所認識。事實上，早在

　　（接上頁）這段話究竟如何理解，亦頗富爭議。陸德明《經典釋文》云："魯讀'易'爲'亦'，今從古。"（《論語注疏》，第5397頁）李學勤對此有詳細討論，有力地論證了傳統理解是正確的，見李學勤：《周易溯源》，第63—83頁。

[1] 同卦九四爻辭即作"田无禽"。

[2] 有不少學者（尤其是西方漢學家）認爲《論語》中一些"子曰"之言並非真是歷史上的孔子所説的話，其中就包括這裏引到的與《恒》䷟（32）有關的句子，我對此並不太關心，這也並非本書需要關注的問題。

[3] 英譯見 Edward Shaughnessy【夏含夷】，*I Ching*, *The Classic of Changes: The First English Translation of the Newly Discovered Second-Century B. C. Mawangdui Texts*【《易經》：新出公元前二世紀馬王堆帛書本的首部英譯】（New York：Ballantine Press，1997），pp.240‑241。

800 多年前，朱熹（1130—1200 年）這位繼孔子之後中國思想史上最偉大的人物就已明確指出此點：

> 今人讀《易》，當分爲三等：伏羲自是伏羲之《易》，文王自是文王之《易》，孔子自是孔子之《易》。讀伏羲之《易》，如未有許多《彖》《象》《文言》説話，方見得《易》之本意，只是要作卜筮用。如伏羲畫八卦，那裏有許多文字言語，只是説八箇卦有某象，《乾》有《乾》之象而已。其大要不出於陰陽剛柔、吉凶消長之理。然亦嘗説破，只是使人知卜得此卦如此者吉，彼卦如此者凶。今人未曾明得《乾》《坤》之象，便先説乾坤之理，所以説得都無情理。及文王周公分爲六十四卦，添入“乾元亨利貞”，“坤元亨利牝馬之貞”，早不是伏羲之意，已是文王周公自説他一般道理了。然猶是就人占處説，如卜得《乾卦》，則大亨而利於正耳。及孔子繫《易》，作《彖》《象》《文言》，則以“元亨利貞”爲《乾》之四德，又非文王之《易》矣。到得孔子，盡是説道理。然猶就卜筮上發出許多道理，欲人曉得所以凶，所以吉。[1]

朱熹言及孔子之《易》時只提到《彖》《象》《文言》三傳。入經的《易傳》共七種十篇，被稱作“十翼”。

第一節　十　翼

舊以爲孔子作“十翼”，依據的大概是《史記·孔子世家》：

> 孔子晚而喜《易》，序《彖》《繫》《象》《説卦》《文言》。讀《易》，韋編三絶。曰：“假我數年，若是，我於《易》則彬彬矣。”[2]

---

[1]〔宋〕黎靖德編，王星賢點校：《朱子語類》，第 1629—1630 頁。
[2]〔漢〕司馬遷：《史記》，第 1937 頁。

恐怕只有對傳統史書真實性篤信不疑的人才會真的相信孔子撰《易傳》，甚至相信孔子與《周易》頗有關係。不過，這段文字多少能説明孔子在世時《周易》已開始被視作古代智慧的源泉。無論是何人作了"十翼"，他或他們都在其中發揮了一定作用，雖然肯定借鑒了一些今已佚失的文獻。[1] 作爲本書的終章，本章將試圖探尋卜筮到哲學這一轉變的踪迹，先以一些第五章討論過的文獻爲始，然後再轉而關注"十翼"本身。我擬考察七種《易傳》中的四種：《象傳》《文言傳》《繫辭傳》《説卦傳》（順序有所調整）。[2]

第二節　説　卦　傳

本書第五章已對《左傳》中用《周易》占卜的筮例進行了考察，本章旨在弄清哪些例子展示了蓍筮操作，弄清用《周易》的蓍筮與其他類型的蓍筮有多大程度的相似或有多大程度的不同。籠統的占卜包括龜卜和蓍筮，而命辭、卦象、繇象、占辭被認爲是占卜的四項基本要素，我們就按這四項來分析筮例。《左傳》所見易占之例中，有些對占斷有不同程度的詳細闡釋，這些闡釋在其他類型的筮占中找不到對應，故而之前我們略過不談。不過，考慮到這些筮例在易學經解中的重要性，有必要再進行簡單的回顧。

---

[1] 馬王堆帛書《易經》包含了幾種後來失傳的《易傳》。除了大體對應今本的《繫辭》外，還有《二三子問》《衷》《要》《繆和》《昭力》五種。馬王堆帛書約抄寫於公元前175年，文本起初編定的時間肯定在此之前。馬王堆《易傳》的出現使我們有充分的理由相信今本之外尚存在其他一些《易傳》，其中有不少流行於公元前三、四世紀時。爲什麼"十翼"得以流傳至今而其他《易傳》不存？或許有人會以達爾文的"適者生存"來解釋，但仔細閱讀《繫辭》以外的幾種帛書《易傳》後就會打消這種想法。至少在歐陽修（1007—1072年）的那個時代，人們就已意識到"十翼"中有大量内容陳腐平庸，難以將之歸於聖賢名下。我懷疑這七種文獻組成"十翼"而流傳基本上完全出於偶然，與《周易》經文的情況不同。

[2] 第十一章已討論過《序卦傳》和《雜卦傳》，並無可補充之處。至於解釋卦爻辭的《象傳》，沒有什麼可説，《象傳》講解卦辭所用的技巧和《彖傳》差不多，對爻辭的説解也完全是套路，唯同一卦六爻的評語往往有韻這點較有意思。

　　第五章所考察的筮例是依照它們在《左傳》中出現的時代先後順序排列的，不過有些筮例很顯然是後來才添加到敘述中的，這些筮例加入文本的時間要晚於（有時甚至是大大晚於）事件發生的時間。第一則筮例（例5.1）便相當典型。魯莊公（前693—前662年在位）二十二年降生了一個嬰兒，筮者（即文中的"周史"）筮其命運，準確地預言了五世及八世之後事情，這些記敘很顯然是後來補入的。不過，此例能很好地展示闡釋《周易》時所用的第一項基本技巧。下面先引出原文相關敘述，再聚焦於闡釋的文句：

　　　　陳厲公，蔡出也，故蔡人殺五父而立之。生敬仲。其少也，周史有以《周易》見陳侯者，陳侯使筮之，遇《觀》☷之《否》☷，曰："是謂'觀國之光，利用賓于王'。此其代陳有國乎？不在此，其在異國；非此其身，在其子孫。光，遠而自他有耀者也。坤，土也；巽，風也；乾，天也。風爲天於土上，山也。有山之材，而照之以天光，於是乎居土上，故曰'觀國之光，利用賓于王'。庭實旅百，奉之以玉帛，天地之美具焉，故曰'利用賓于王'。猶有觀焉，故曰其在後乎！風行而著於土，故曰其在異國乎！若在異國，必姜姓也。姜，大嶽之後也。山嶽則配天。物莫能兩大。陳衰，此其昌乎！"及陳之初亡也，陳桓子始大於齊；其後亡也，成子始得政。[1]

占筮的結果是"《觀》☷之《否》☷"，即《觀》☷卦的六四爻：

　　　　六四：觀國之光。利用賓于王。

史首先解釋了"光"的詞義，説光指遠處的物體所反射的光綫，暗示了"賓于王"將在其他地方、其他時候發生。接着，史解釋了構成《觀》☷的《坤》☷《巽》☴兩卦以及構成《否》☷的《坤》☷《乾》☰兩卦的象徵意義：

_____

[1]〔清〕阮元校刻：《十三經注疏·春秋左傳正義》，第3852—3854頁。

坤，土也；巽，風也；乾，天也。風爲天於土上，山也。有
山之材，而照之以天光，於是乎居土上，故曰"觀國之光，利用
賓于王"。

此段對"坤""巽""乾"說得很清楚：《觀》《否》之下卦《坤》☷
爲土，《觀》之上卦《巽》☴爲風，《否》之上卦《乾》☰爲天。通
常的説法是《觀》卦變《否》卦，故風變爲天。儘管並没有證據表
明當時蓍筮確實存在"變卦"，但很顯然筮者可以同時使用筮得的兩
個卦來解釋結果。"風爲天於土上，山也"則不甚明晰。"山"係
《艮》☶之象，而組成《觀》《否》的經卦中並無《艮》，故以往解釋
成取《否》之二、三、四爻"互體"而成《艮》。清華簡《筮法》中
確有證據表明"互體"卦在那個時期已是蓍筮的特徵，[1] 此外似乎
也没有其他辦法能解釋史在這裏爲何要説"風爲天於土上，山也"。

《説卦傳》對八個經卦的各種意象作了極致的闡發。傳世本《説
卦傳》明顯係由不同的文本整合而成，前三章描述卦如何產生就顯得
頗爲突兀。馬王堆帛書中有一篇整理者最初命名爲《易之義》的文
獻，後發現此篇自題作《衷》，其中部分内容與《説卦傳》前三章相
類。《説卦傳》其餘部分列舉了八卦各種各樣的意象，涵蓋自然力量、
動物、家人、人體部位、方位、顏色等。由於並不系統，某些類別的
象只見於部分卦而完全不見於其他卦。有些象比較籠統，如《乾》☰
爲健、《坤》☷爲順。有些象則非常具體，如《乾》☰象"良馬"
"老馬""瘠馬""駁馬"；《震》☳最重要的動物象是"龍"，[2] 但

---

[1] 清華簡《筮法》第十二節"男女"是占筮即將降生的嬰兒的性別，結果作《坤》☷
及《艮》☶，簡文是這麼解釋的：

凡男，上去式，下去式，中男乃男，女乃女。

去掉《坤》☷的上面兩爻及《艮》☶最下面一爻，即得到《坎》☵。《坎》中間一
爻是陽爻，陽爻爲男。

[2] 傳統認爲《説卦傳》及其他同屬"十翼"的易傳皆爲孔子（前 551—前 479 年）所作，
恐怕應是杜撰。上博簡《周易》未見《説卦傳》及其餘"十翼"，但這似不足以説
明《説卦傳》在上博簡的時代（約前 300 年）之前不存在。李學勤有力地（轉下頁）

也象"善鳴""騂足""的顙"這幾種馬。我們提取出《説卦傳》中所有的象，製成如下表格（表 12.1）：

乾 ☰	坤 ☷	震 ☳	巽 ☴	坎 ☵	離 ☲	艮 ☶	兌 ☱
天	地	雷	風	雨	日	山	澤
				水	火		
君	藏	動	散	潤	烜	止	説
西北		東	東南	北	南	東北	
							正秋
		動	橈	潤	燥	終始	説
健	順	動	入	陷	麗	止	説
馬	牛	龍	雞	豕	雉	狗	羊
首	腹	足	股	耳	目	手	口
父	母	長男	長女	中男	中女	少男	少女
圜	布	玄黃	木	溝瀆	電	徑路	巫
君	釜	敷	繩直	隱伏	甲冑	小石	口舌
玉	吝嗇	大塗	工	矯輮	戈兵	門闕	毀折

（接上頁）論證了《説卦傳》這類文本在孔子降生後不久便已流傳（《周易溯源》，第 56—63 頁）。《左傳》昭公二年（前 540 年）有這樣一段記載：

> 二年春，晉侯使韓宣子來聘，且告爲政而來見，禮也。觀書於大史氏，見《易象》與魯《春秋》，曰："周禮盡在魯矣。吾乃今知周公之德與周之所以王也。"

舊或以爲《易象》"指《周易》經文，或主張"易象"分讀（仍以"易"指《周易》經文），李學勤認爲皆不合適。他認爲《易象》是《説卦》這類易傳的前身，都是講解卦象的易傳。《周易》經文此前已在包括晉國在内的列國流傳甚久，廣爲徵引；如韓宣子所見"《易象》"爲《周易》經文，不太可能會爲之贊嘆。另外，我們還會看到當時卦象已開始廣泛用於解釋筮占結果。《説卦傳》這類文獻出現得如此之早，標志着易學一次里程碑式的發展。

乾☰	坤☷	震☳	巽☴	坎☵	離☲	艮☶	兌☱
金	均	決躁	白	弓輪	大腹人	果蓏	附決
寒	子母牛	蒼筤竹	長	加憂人	乾卦	閽寺	剛鹵地
冰	大輿	萑葦	高	心病人	鱉	指	妾
大赤	文	善鳴馬	進退	耳痛人	蟹	狗	
良馬	眾	馵足馬	不果	血卦	贏	鼠	
老馬	柄	的顙馬	臭	大赤	蚌	黔	
瘠馬	黑	反生稼	寡髮人	美脊馬	龜	喙之屬	
駁馬		健	廣顙人	亟心馬	科上槁木	堅多節木	
木果		蕃鮮	多白眼人	下首馬			
			近利市三倍	薄蹄馬			
			躁卦	曳馬			
				多眚輿			
				通			
				月			
				盜			
				堅多心木			

表 12.1　《說卦傳》八卦之象

　　《說卦傳》裏的象就是上表羅列的這些，雖豐富可觀，但絕沒有窮盡全部八卦之象。《左傳》易例的象有少數見於《說卦傳》，還有一些不見於其中。比如筮例 5.7，說的是魯國叔孫氏族長叔孫豹（前

538 年卒）降生之時預測其命運。筮遇《明夷》䷣之《謙》䷎，即《明夷》䷣（36）的初九爻。卜楚丘運用了各種闡釋技巧來解釋筮占的結果，特別是引用了爻辭及卦象。其解讀後來精準地應驗了，當然，這説明這則筮例（尤其是解釋部分）應該是後來才添加到文本中的。叔孫豹最終被他的庶長子豎牛活活餓死，豎牛還殺死了叔孫豹的嫡子們。豎牛之名"牛"出現在了卜楚丘對占辭的詳細解釋中，頗爲醒目。占辭第一部分主要化自《明夷》初九爻辭。卦名"明夷"一般解作"鳴鶇"，這裏顯然被理解成"光明損傷"。"光明損傷"這種理解似有兩種來源，既源於卦名中的"明"（"光明"），也源於此卦的下卦即《離》☲卦。日、光明和火是《離》卦最主要的象，但雉也是《離》之象（大概是因爲卦名"明夷"中有"夷"，"夷"加"鳥"旁就是"鶇"，"鶇"和"雉"可通[1]）。卜楚丘逐詞逐句解釋完《明夷》初九爻辭後，又轉向《離》☲和《艮》☶的卦象，《艮》是《謙》的下卦。

　　初，穆子之生也，莊叔以《周易》筮之，遇《明夷》䷣之《謙》䷎，以示卜楚丘，楚丘曰："是將行，而歸爲子祀。以讒人入，其名曰牛，卒以餒死。《明夷》，日也。日之數十，故有十時，亦當十位。自王已下，其二爲公，其三爲卿。日上其中，食日爲二，旦日爲三。《明夷》之《謙》，明而未融，其當旦乎，故曰'爲子祀'。日之《謙》，當鳥，故曰'明夷于飛'。明而未融，故曰'垂其翼'。象日之動，故曰'君子于行'。當三在旦，故曰'三日不食'。《離》，火也；《艮》，山也。《離》爲火，火焚山，山敗。於人爲言。敗言爲讒，故曰'有攸往。主人有言'。言必讒也。純《離》爲牛，世亂讒勝，勝將適《離》，故曰'其名曰牛'。謙不足，飛不翔；垂不峻，翼不廣。故曰'其爲子後

---

[1] 這種對"夷"的解釋，參李鏡池：《周易探源》，第 39—47 頁；高亨：《周易古經今注（重訂本）》，北京：中華書局，1984 年，第 124 頁。

乎’。吾子，亞卿也，抑少不終。"[1]

《離》☲爲火、《艮》☶爲山，這都是最常見的象，這裏很容易理解。但别的象就没有這麼容易理解了，例如"於人爲言"似與習見卦象皆不合，和"言"聯繫的通常是《兑》☱卦，但無論怎麼分析《明夷》䷣和《謙》䷠的卦畫，都不可能分析出《兑》☱來。奇怪的是，接下來在設法解釋爲什麼殺人者必爲"牛"時，不涉及卦象，又轉而分析起《離》☲卦的卦辭來：

> 離☲：利貞。亨。畜牝牛。吉。

很容易注意到《坤》☷既是《明夷》䷣的上卦，也是《謙》䷠的上卦，而《坤》最基本的動物象正是牛。不過，想在占斷説解中看到完整連貫的邏輯恐怕是不現實的，占卜者會用盡各種手段以得到他們想給出的解釋，見於《左傳》的卜人已是如此，後代如虞翻（164—233年）等就更甚了。[2] 卦象是他們可以利用的一件强有力的工具，但也只是衆多工具之一。

第三節　文言傳

第五章中的筮例 5.5 與囚禁穆姜（前 564 年薨）有關，通常認爲這一例對理解《周易》來説極爲重要。本書第五、八章已提到，《左傳》記述穆姜參與謀反，遂爲其子魯成公（前 590—前 573 年在位）所囚，她占筮自己是否能脱離囹圄。筮者所用的顯然是易筮之外的某種蓍筮，但史却用《周易》來解釋結果使之符合自己的意願。這段記載可再次引用如下：

> 穆姜薨於東宫。始往而筮之，遇《艮》䷳之八。史曰："是

---

[1]〔清〕阮元校刻：《十三經注疏·春秋左傳正義》，第 4431—4432 頁。

[2] 虞翻解易之例見本書第七章第三節。

謂《艮》之《隨》䷐。隨，其出也。君必速出！”姜曰：“亡！
是於《周易》曰：‘隨，元、亨、利、貞，无咎。’元，體之長
也；亨，嘉之會也；利，義之和也；貞，事之幹也。體仁足以長
人，嘉德足以合禮，利物足以和義，貞固足以幹事。然，故不可
誣也。是以雖隨无咎，今我婦人，而與於亂。固在下位，而有不
仁，不可謂元。不靖國家，不可謂亨。作而害身，不可謂利。棄
位而姣，不可謂貞。有四德者，隨而無咎。我皆無之，豈隨也
哉？我則取惡，能無咎乎？必死於此，弗得出矣。”[1]

　　第五章已對這則筮例作了討論，第八章亦已涉及卦辭中“元亨利
貞”的理解，這裏想補充説明的是：穆姜把“元亨利貞”解作“四德”
並沒有什麼語言文字方面的證據、也不符合蓍筮的語境，在傳統解易中
却格外有影響。其實，易傳之一的《文言傳》開頭有一段類似的話：

　　　　“元”者，善之長也。“亨”者，嘉之會也。“利”者，義之
　　和也。“貞”者，事之幹也。君子體仁足以長人，嘉會足以合禮，
　　利物足以合義，貞固足以幹事。君子行此四德者，故曰“乾，
　　元、亨、利、貞”。[2]

　　《文言傳》是專門講解《乾》䷀（1）、《坤》䷁（2）兩卦的傳，
篇幅不長。兩卦之中，對《乾》卦的講解要更爲詳細，不僅解釋了上
文引到的《乾》卦卦辭，還從四種不同的角度對全部六爻的爻辭加以
説解：先從君子修德的角度對六爻爻辭作了系統闡發，繼而又從三種
不同的角度闡釋諸爻，只是文句要簡短得多。[3] 至於《坤》卦，《文
言傳》的説解只有一段。

　　統而觀之，《文言傳》含有兩個主題：一是“君子進德修業”的需
求，二是進德修業合於時。對《乾》九四爻辭的説解結合了這兩個主題：

---

[1]〔清〕阮元校刻：《十三經注疏・春秋左傳正義》，第4215—4216頁。
[2]〔清〕阮元校刻：《十三經注疏・周易正義》，第25頁。
[3] 奇怪的是，《文言傳》未涉及《乾》之用九及《坤》之用六。

九四曰："或躍在淵，无咎。"何謂也？子曰："上下无常，非爲邪也。進退无恒，非離群也。君子進德修業，欲及時也，故无咎。"[1]

在本章之末，我們將看到"德"和"業"正是部分《繫辭傳》的關鍵詞。"合時、及時"的觀念是一切《周易》闡釋的基石。"十翼"中的《象傳》是解釋六十四卦卦辭的，《文言傳》中解釋《乾》卦卦辭的文句與《象傳》中的文句頗爲接近。下引第一段出自《文言》，第二段出自《象傳》：

大哉乾乎！剛健中正，純粹精也。六爻發揮，旁通情也。時乘六龍，以御天也。雲行雨施，天下平也。[2]（《文言》）

大哉乾元。萬物資始，乃統天。雲行雨施，品物流形。大明始終，六位時成。時乘六龍以御天。乾道變化，各正性命，保合大和，乃利貞。首出庶物，萬國咸寧。[3]（《象傳》）

第四節　彖　　傳

《彖傳》大概是"十翼"中最不受重視的一種了，最多説它文辭優美。《彖傳》用四字韻語將相關卦辭融入到一個較爲宏大的哲學視角中，諸如上面所引關於《乾》卦的段落，相同的講解也見於《坤》卦：

至哉坤元。萬物資生，乃順承天。坤厚載物，德合無疆。含弘光大，品物咸亨。牝馬地類，行地無疆，柔順利貞。君子攸行，先迷失道，後順得常。西南得朋，乃與類行；東北喪朋，乃終有慶。安貞之吉，應地無疆。[4]

---

[1]〔清〕阮元校刻：《十三經注疏·周易正義》，第27頁。

[2] 同上注，第29頁。

[3] 同上注，第23—24頁。

[4] 同上注，第31頁。

後代易學家解釋卦爻辭所采用的各種技巧在《象傳》中幾乎全都出現了，這些技巧散見於《象傳》對六十四卦的説解中。解《乾》卦時有謂"六位時成"，此句所反映的恐怕就是最重要的一項解易技巧。這種觀念認爲卦中的諸爻，自初爻至於上爻，皆有其獨特的"時"。除了與"時"聯繫外，諸爻還可與"位"相對應，自低位至高位，還可擴展到社會地位；低位之爻卑微，高位之爻尊貴（上爻的例外，上爻常被認爲高處不勝寒）。這種對卦結構的理解在今天看來司空見慣，當它在《象傳》中出現時却並不起眼（據我們所知這種觀念最早就見於《象傳》）。[1] 對後世解易影響很大的概念還有："剛柔"（陰爻爲"柔"、陽爻爲"剛"）、"中"（二、五爻爲"中"）、"正"或"得位"（初、三、五爻即奇數爻理當是陽爻，二、四、上爻即偶數爻理當是陰爻，若實際確實如此，則稱之爲"正"或"得位"）、"應"（上下卦中處於對應位置的爻相"應"，相"應"的兩爻最好爻性相反即陰陽相對）、"往來"（下卦之爻向上曰"往"，上卦之爻向下曰"來"）、"内外"（下卦爲"内"，上卦爲"外"，内外既可指位置的裏外，亦可指較抽象的家裏和外面）。《象傳》對卦畫的運用也是成系統的，儘管幾乎只用到最基本的象：《乾》☰爲"天"、爲"健"；《坤》☷爲"地"、爲"順"；《震》☳爲"雷"、爲"動"；《巽》☴爲"風"、爲"遜"；《坎》☵爲"水"、爲"險"；《離》☲爲"明"、爲"麗"；《艮》☶爲"山"、爲"止"；《兑》☱爲"澤"、爲"説"。

《象傳》見證了易學的哲學轉向。爲展示《象傳》的解易方法，同時也爲了對這一哲學轉向略作揭示，我選取《泰》䷊（11）至《豫》䷏（16）六卦作考察。這六卦分爲三組，《象傳》對每組卦的説解是互爲補充的。下面兩卦一組，先引卦辭，再引對應的《象傳》，

---

[1] 下文會涉及一些解易術語，我不打算一一引證解釋，只需知道這些術語廣泛應用於《象傳》之中，即便並没有系統性。下面對這些術語作簡單的總覽，實際用法即見於下列幾條引文。

我將對各例用到的解易技巧進行解釋，至於其中的哲學意味則不言自明。

> 泰䷊：小往大來。吉。亨。

> 泰，小往大來。吉。亨，則是天地交，而萬物通也。上下交，而其志同也。內陽而外陰，內健而外順，內君子而外小人，君子道長，小人道消也。

> 否䷋：否之匪人。不利君子貞。大往小來。

> 否之匪人，不利君子貞。大往小來，則是天地不交，而萬物不通也。上下不交，而天下无邦也。內陰而外陽，內柔而外剛，內小人而外君子：小人道長，君子道消也。[1]

這兩條卦辭的《彖傳》皆先列卦名，再利用經卦卦象及其在別卦中的位置進行哲學闡發。《泰》䷊和《否》䷋既互爲覆卦、又互爲變卦（即所有的爻都陰陽相反）。就這對卦而言，很顯然《泰》《否》相覆是兩卦意義互補的緣由。《泰》《否》皆由《乾》☰和《坤》☷兩個經卦組成，《泰》䷊中《乾》下《坤》上，《否》䷋則反之。這種顛覆關係在卦辭中即有體現，《泰》言“小往大來”，《否》則言“大往小來”。《彖傳》中“往”和“來”通常指爻的上下往來，但在這裏並不適用。在《泰》卦中，上卦《坤》☷對應“小”“往”，下與《乾》交，下卦《乾》☰對應“大”“來”，上與《坤》合。【譯者按：陰爲“小”、外卦爲“往”，所以這裏的《坤》是“小往”；陽爲“大”、內卦爲“來”，所以這裏的《坤》是“大來”】《泰》卦中陰陽交合，遂生天下萬物，於是“君子道長”。《否》的《彖傳》只不過是反過來說而已。

> ䷌ 同人于野。亨。利涉大川。利君子貞。

> 同人，柔得位，得中、而應乎乾，曰同人。同人，曰同人于

---

[1]〔清〕阮元校刻：《十三經注疏·周易正義》，第 54、56 頁。

野，亨。利涉大川，乾行也。文明以健，中正而應，君子正也。
唯君子爲能通天下之志。

大有䷍：元亨。

大有，柔得尊位、大中，而上下應之，曰大有。其德剛健而
文明，應乎天而時行，是以元亨。[1]

《同人》（13）䷌及《大有》（14）䷍亦皆由《乾》䷀及《離》
䷝兩經卦組成，《乾》爲“健”、《離》爲“明”。《同人》與《大有》
互爲覆卦，皆只有一爻爲陰（即《同人》六二、《大有》六五）。在
《同人》中，二爻本就應該是陰爻，故“得位”，二爻爲“中”，與五
爻陽爻相應。既光明又旺健、既中正又有責任心之人誠爲君子（這裏
顯然是指人主倚重之臣），唯有君子可與天下衆民溝通。《大有》卦
中，陰爻是第五爻，這是一卦中最尊的爻位。《大有》六五雖然失位
【譯者按：五爻本應是陽爻，這裏却是陰爻，故失位】，但由於它既與
九二相應，又與其下的九四、其上的上九相應，這一卦仍然是吉的。
這樣説解《大有》乃是一時權宜，是爲了解釋爲什麼卦辭謂“元
亨”，而根據大部分易學解卦原則《大有》都應指向凶。當然，爲迎
合特定的目的而曲解文意絕非《象傳》所獨有。

謙䷞：亨。君子有終。

謙，亨，天道下濟而光明，地道卑而上行。天道虧盈而益
謙，地道變盈而流謙，鬼神害盈而福謙，人道惡盈而好謙。謙尊
而光，卑而不可踰，君子之終也。

豫䷏：利建侯行師。

豫，剛應而志行，順以動，豫。豫，順以動，故天地如之，
而況建侯行師乎！天地以順動，故日月不過，而四時不忒。聖人
以順動，則刑罰清而民服。豫之時義大矣哉！[2]

---

[1]〔清〕阮元校刻：《十三經注疏·周易正義》，第57、59頁。
[2]同上注，第60—61頁。

　　關於這兩條卦辭的解釋並沒有什麼需要説明的（儘管《謙》☷☶中象“山”的《艮》☶☶很不尋常）。這兩卦引人注目之處在於自然（“天地”）與人間相仿佛。事實上，從人世的角度理解《周易》，無論是否孔子之功，這都是《周易》轉變爲《易經》的關鍵。在本章最後一節關於《繫辭傳》的討論中，我們將看到這一轉變對整個中國思想史產生了既切近又深遠的影響。

第五節　繫　辭　傳

　　《繫辭傳》被公認是最富影響的表述中國哲學的作品之一。尤其是自宋以降，很多思想家以哲學義理爲解易之關鍵，對哲學義理的重視程度超過對《周易》卦爻辭的關注。我無意於就《繫辭傳》文本本身或就《繫辭傳》的相關研究情況作一番系統的概述；《周易》本是一部偶然產生的卜筮之書，後卻轉而成爲能夠穿越歲月的智慧之書，文本是如何影響了這一重要轉變？我打算談談我自己的理解。[1]

---

[1] 本章以下部分主要源自我一篇舊文。此文最初宣讀於 1997 年 9 月 27 日在賓夕法尼亞大學主辦的古代中國思想脈絡學術會議（Conference on Intellectual Lineages in Ancient China），題作 “The Authorial Context of the *Yijing*'s *Xici Zhuan*”【易傳《繫辭》的作者情境】。修改後改題作 “The Ever-Changing Text: The Making of the *Tradition of the Appended Statements* and the Making of the *Yijing*”【變化無窮：《繫辭傳》及《易經》的形成】，1998 年 5 月 29 日在芝加哥大學顧立雅紀念講座（Herrlee Creel Memorial Lecture）上報告。後又作修改，題作 “The Writing of the Xici Zhuan an（*sic*）the Making of the *Yijing*”【《繫辭傳》及《易經》的形成。譯者按：“*sic*”表示“原文如此”，英文標題中的“an”本應作“and”】，非正式地發表於“熱度之今昔：中國和西方的大事、表演及影響——瓦格納六十大壽紀念研討會”（*Measuring Historical Heat: Event, Performance, and Impact in China and the West: Symposium in Honour of Rudolf Wagner on His 60ᵗʰ Birthday*，海德堡，2001 年 11 月 3 日—4 日），研討會論文集電子版見 http://www.sino.uni-heidelberg.de/conf/symposium2.pdf（可惜拙文中的漢字均未能顯示）。
相關内容亦用中文撰寫成《〈繫辭傳〉的編纂》一文，提交北京大學百年校慶會議（1999 年 5 月 5 日），後發表於北京大學中國傳統文化研究中心編：《文化的饋贈：漢學研究國際會議論文集（哲學卷）》，北京：北京大學出版社，2000 年，第 262—267 頁；亦以《帛書〈繫辭傳〉的編纂》爲題發表於《道家文化研究》第 18 輯，2000 年，第 371—381 頁。

　　隨着馬王堆帛書《周易》經傳的發現和公布，《繫辭傳》再度引起了人們的關注，[1] 尤其是關於此篇的作者身份和哲學取向——此篇是否屬儒家學說（無論是否係孔子本人所作），是否保留了以及多大程度上保留了某些宜歸爲道家的元素。鑑於馬王堆帛書本《繫辭傳》與傳世本有某些顯著的異文，一些學者（如陳鼓應、王葆玹等）主張《繫辭傳》反映的是道家學說，[2] 而廖名春認爲帛本是儒家學者的作品。[3] 馬王堆帛本和傳世本《繫辭》的文本差異確實表明有必要重新考慮此篇是如何形成的。不過，在這裏我並不打算捲入哲學學派歸屬的論爭中。事實上，我認爲通過傳本和帛本文本所共見的語言特徵，可發現《周易》中存在着至少兩種完全不同的理念。

　　傳世本《繫辭傳》大致平均地分成上下兩篇。在大多數版本中，上下篇又被細分成諸章，大多數章就是根據自然段落劃分的。《繫辭傳》有兩種常見的分章方式：一種見於孔穎達（574—648 年）《周易正義》，上篇十二章，下篇九章；另一種見於朱熹（1130—1200 年）《周易本義》，上篇十二章（不過章與章在哪裏劃分略有不同），下篇也是十二章。值得注意的是，這兩個版本的《繫辭傳》文本並沒有明顯的差異，區別只在於章的分合。《周易正義》的時代比《周易本義》早，下文的編號采用的是《周易正義》的分章方式，用 A 表示

---

［1］介紹和完整翻譯馬王堆帛書《周易》經傳的英文文獻，見 Edward Shaughnessy【夏含夷】，*I Ching*, *The Classic of Changes: The First English Translation of the Newly Discovered Second-Century B.C. Mawangdui Texts*【《易經》：新出公元前二世紀馬王堆帛書本的首部英譯】（New York：Ballantine Press，1997）。

［2］陳鼓應在《〈易傳·繫辭〉所受老子思想影響——兼論〈易傳〉乃道家系統之作》（《哲學研究》1989 年第 1 期，第 34—42 頁）一文中首次陳述此觀點；其後又有更深入的闡述，參陳鼓應：《易傳與道家思想》，臺北：臺灣商務印書館，1994 年，尤見第 163—243 頁；亦參氏著：《道家易學建構》，北京：商務印書館，2010 年。至於王葆玹的觀點，見王葆玹：《從馬王堆帛書本看〈繫辭〉與老子學派的關係》，《道家文化研究》第 1 輯，上海：上海古籍出版社，1992 年，第 175—187 頁；王葆玹：《帛書〈繫辭〉與戰國秦漢道家〈易〉學》，《道家文化研究》第 3 輯，1993 年，第 73—88 頁。

［3］見廖名春：《論帛書〈繫辭〉與今本〈繫辭〉的關係》，《道家文化研究》第 3 輯，1993 年，第 133—143 頁。

該章屬《繫辭傳》上篇，用 B 表示該章屬下篇，其後再加序號。[1]

《繫辭傳》顯然是一個複合文本，非一人所作（無論是儒是道）。一千多年前，歐陽修（1007—1072 年）在《易童子問》中第一次指出《繫辭傳》是雜糅而成的，云：

> （繫辭）……皆非聖人之作，而眾説淆亂，亦非一人之言也。昔之學《易》者，雜取以資其講説，而説非一家，是以或同或異，或是或非，其擇而不精，至使害經而惑世也。然有附託聖經，其傳已久，莫得究其所從來而核其真偽。[2]

西方關於《繫辭傳》最爲精深的研究，大概要數裴德生（Willard Peterson）1982 年發表的一篇論文。裴德生也認爲《繫辭傳》是由不同人在不同的時間點創作的。

> 我的看法是：無論是否出自一人之手，《繫辭傳》並非一呵而就，而是在相當長的一段時間内累積而成的；這一過程開始的時間大概在秦統一前三十年，至公元前一世紀定型，形成費直（約公元前一世紀）所傳《周易》，後來刊刻於碑石。【譯者按：指唐開成石經刊刻費氏易】[3]

從馬王堆帛書來看，幾乎可以肯定裴德生對《繫辭傳》的時代判定偏晚了（除非"繫辭傳"就指今本《繫辭傳》全部二十四章）。不過，他和歐陽修認爲《繫辭傳》係雜糅層累而成，這一觀點無疑是正確的。

我自己也在《繫辭傳》的文本中發現了此篇成於衆手的痕迹，不

---

[1] 只有 A3、A4 間的這處分章不從《周易正義》而取朱熹之説，將"易與天地準"等三句劃爲 A4 開頭而非 A3 結尾。

[2]〔宋〕歐陽修著，李逸安點校：《歐陽修全集》，第 1119 頁。

[3] Willard Peterson 【裴德生】，"Making Connections：'Commentary on the Attached Verbalizations' of the *Book of Change*，"【浮想聯翩：易傳《繫辭》】*Harvard Journal of Asiatic Studies* 42.1（1982），p.77.

過我的分辨標準主要是語言層面的，而不是哲學層面的。這裏的考察將兼顧兩類内容，我認爲它們構成了《繫辭傳》早期諸本的主體，也無疑是《周易》從卜筮之書到智慧之書的轉變中最有意思的地方。

一類我稱之爲“乾坤論”，這部分内容受關注的程度遠超其他，《繫辭傳》最著名的首章即屬此類，論述的是《乾》《坤》兩卦相仿佛，是宇宙構成的二元力量。此章論述緊湊，分爲三層，層層推進：世界（包括自然界和人間世）由相對差異構成，粗略來説一分爲二，彼此對立；世界通過不斷的變化以生息繁衍，每次變化都蘊生於對立統一之中，又反過來生成一個結果，從而創生出焕然一新的世界，世界便生生不息、永無止境；《易》是智慧之鑰，使人意識到其在世界中所處的位置。此章文辭優美，運用了今天被稱作“鏈體風格”（Interlocking Parallel Style）的手法，[1] 用散文的形式正反鋪陳，最終合而一統。其實，這種行文方式恰是所述要旨的具象呈現，不僅展現了這兩種力量是如何結合生成世界的，還將讀者引入到這一生成過程之中。

第二類内容我稱之爲“繫辭論”，行文風格大爲不同，大部分使用“也”字句式，給單個詞語下定義。這類内容行文相當乏味，甚至可以説文采拙劣，與“乾坤論”形成對比。然而諷刺的是，這部分的作者就用這麼單調的下定義的方式論證了一個精妙複雜的觀點，即《周易》的文字呈現出一種特殊的變動形態，是卜筮將《周易》置於變動之中。這部分占據了《繫辭傳》的大量篇幅，可能也是原始《繫辭傳》的内容。因此，我將把注意力更多地放在這部分内容而非“乾坤論”上。[2]

---

[1] 關於此術語，參 Rudolf Wagner【瓦格納】，"Interlocking Parallel Style：Laozi and Wang Bi,"【鏈體風格體風格：老子和王弼】 *Asiatische Studien/Études Asiatiques* 34. 1（1980），pp.18 - 58。

[2] 還有第三類，暫不作討論。此類包括 A6、A7、B2 諸章以及 B4 章前半。《繫辭》各章中，有些明顯與經文聯繫緊密，注釋單條爻辭或解釋單個卦畫的意義，傳文加上“子曰”。這樣一來就和部分《文言傳》或馬王堆帛書易傳《衷》頗爲相似了。此類典型之例大概要數 A6 章。和上面提到的第二類一樣，這章也關注語言的作（轉下頁）

　　關於這兩類内容，我所要論證的觀點是基於對文本的細緻分析，因此難免需要大段引用原文。還需説明的是，馬王堆帛書本異文有時會影響到理解，必要時將在注釋中説明。

乾坤論：作爲宇宙之微縮的《易》

　　《繫辭傳》A1 章是中國哲學史上極爲知名的一段文字，這章就屬於我所説的“乾坤論”。不過，相對而言“乾坤論”在整個《繫辭傳》中所占據的篇幅並不大，只包括 A1、A4、A5，或許還有 A10。“乾坤論”反复運用同樣的詞彙，關注如何通過“易”和“簡”（所謂“乾易坤簡”）來産生“德”和“業”。《乾》䷀／☰ 和《坤》䷁／☷ 是純卦（即全部由陽爻或全部由陰爻組成），易學素視《乾》爲諸卦之父、《坤》爲諸卦之母。

> 天尊地卑，乾坤定矣。
>
> 卑高以陳，貴賤位矣。
>
> 動静有常，剛柔斷矣。
>
> 方以類聚，物以羣分，吉凶生矣。

（接上頁）用，只不過這次是關乎道德倫理而非認識論。此章導言論斷説“擬之而後言，議之而後動，擬議以成其變化”，然後引了一系列《周易》爻辭，首先是《中孚》九二：

　　鳴鶴在陰，其子和之。我有好爵，吾與爾靡之。

然後引了一段“子曰”，强調言對他人所産生的必然影響，總結道“言行，君子之所以動天地也，可不慎乎”。此章還有一段以“子曰”開頭的話，强調了言的重要性，有謂“同心之言，其臭如蘭”“亂之所生也，則言語以爲階”。雖然這一類内容和我所説的“繫辭論”都關涉“言”，但形式上的巨大差異使我對它們源自相同的創作背景這一觀點持懷疑態度。

除了這些我歸爲第三類的章，我的考察還不包括下諸章：A8、B4 後半、B5、B6、B8（這些不見於馬王堆帛書），以及 A6、A7、B4 前半（這些討論的是爻辭和卦）。章 B5 至 B7 見於馬王堆帛書《衷》篇，並且在那個上下文中似乎更加適合。至於 A8（即所謂的“大衍”章），在本書第五章中我已指出這段文本反映的並不是一種古老的卜筮技法。馬王堆帛書《周易》的整理者張政烺（1912—2005 年）認爲這段是漢代略晚的時候被加入到文本中的（張政烺《試釋周初青銅器銘文中的易卦》，《考古學報》1980 年第 4 期），其説似可信。

在天成象，在地成形，變化見矣。

是故

剛柔相摩，八卦相盪。

鼓之以雷霆，潤之以風雨。

日月運行，一寒一暑。

乾道成男，坤道成女。

乾知大始，坤作成物。

乾以易知，坤以簡能。[1]

易則易知，[2] 簡則易從。

易知則有親，易從則有功。

有親則可久，有功則可大。

可久則賢人之德，可大則賢人之業。

---

[1] 我將 "坤以簡能" 譯作 "*Kun* through its opening is capable"，此前没有人這麼翻譯過，故需略作説明。傳世本之 "簡"，馬王堆帛書本作 "閒"，我的譯文一定程度上正基於此。"簡" 本從 "閒（間）"，此異文可能並不影響理解。不過，如朱熹（1130—1200 年）所言，考慮到這裏的語境，此段的 "男" 和 "女" 是《乾》和《坤》、陽和陰的具象體現，因此 "簡" 之類的術語似乎應當有比較實在的含義。"能"（我翻譯成 capable）可以支持這一觀點。我認爲 "能" 還可以譯作 "pregnant（妊娠）"（在哲學意義上還可以延伸到指潛在的生育能力）。較早的字書和注疏多訓 "能" 爲 "任" 或 "忍"，而我們應該注意到從 "女" 從 "壬" 之 "妊" 表 "身體懷孕"。循此綫索，我將 "閒/簡" 譯作 "opening（缺口）"，即陰道，通過卦畫 ☷/☳ 中諸陰爻形成的中間縫隙來表現。女性妊娠，故 "作成物"。此前往往將 "簡" 解作 "simplicity（簡單）"，再據此對 "坤以簡能" 作出種種解釋，相較之下現在這種理解要好得多。

另外再談談我對 "乾以易知"（"*Qian* through exchange knows"）的一種理解，雖然把握並不大。"易" 的原始形體作 🐲（此形取自西周早期德方鼎，見中國社會科學院考古研究所編：《殷周金文集成》，北京：中華書局，1986—1994 年，第 2405 號），象液體自器物中溢出或倒出；"易" 字的早期標準形體作 ♫，是完整形體之簡省。"易" 通常表 "變易"，也可表 "錫/賜"。不用説，是男子溢出的精液導致女子懷孕。

[2] 我譯作 "Exchanging it is easy to know"。傳世本之 "易" 既可能是 "變易" 之 "易"，也可能是 "容易" 之 "易"，但馬王堆帛書《繫辭》作 "傷"，消除了歧義【譯者按：帛本作 "易則傷知"，《説文》："傷，輕也。" 故可知前一 "易" 爲 "變易" 之 "易"，後一 "易" 爲 "容易" 之 "易"】，見 Edward Shaughnessy【夏含夷】，*I Ching*, *The Classic of Changes: The First English Translation of the Newly Discovered Second-Century B.C. Mawangdui Texts*【《易經》：新出公元前二世紀馬王堆帛書本的首部英譯】（New York：Ballantine Press, 1997），p.188, p.325 n. 5。

> 易簡而天下之理得矣。
>
> 天下之理得，而成位乎其中矣。[1]

　　我認爲將此章的主題解作乾坤（男女）之結合無甚不妥，雖然這樣理解性的意味或許有些濃厚。[2] 這種結合產生了"功"，"功"被委婉地表述成"久"的"德"和"大"的"業"，[3] 而我認爲其實就是指生命的繁殖。這需要對自然之精以及對男性汲取自然之精的能力持絕對樂觀的態度。事實上，根據我對這段文句的理解，男女繁殖後代便是參與到了世界的變化之中，完成了生命的基本任務。

　　《繫辭傳》屬"乾坤論"的那部分中，還有兩章也貫徹着這一主題。A4 章簡潔有力地説"一陰一陽之謂道"；A5 章開頭連説了三個"之謂"，云"富有之謂大業，日新之謂盛德，生生之謂易"，然後對兩性的交合和結果作了生動的描述，"易成位乎其中矣"呼應 A1 章"而成位乎其中矣"後，謂"成性存存，道義之門"。以上當然只是這些章裏這一主題的簡單提煉，主題錯綜複雜地交織其間（有時是通過詞語重現，反復出現的詞語就好比樂曲的音符一般），提煉並不能全面準確地反映出這點來。下面我將以 A5 章爲例，以期進一步展示"乾坤論"作者的風格。

> 顯諸仁，藏諸用，鼓萬物而不與聖人同憂，盛德大業至矣哉！
>
> 富有之謂大業，

---

[1]〔清〕阮元校刻：《十三經注疏·周易正義》，第 156—157 頁。

[2] 從性的視角解讀經文也隱含於較晚的易學中，例如朱熹《周易本義》中的一些説法就和我這裏的理解存在關聯。他解釋"乾道成男，坤道成女"時説"又明易之見於實體者"，然後解釋"乾知大始，坤作成物"謂："蓋凡物之屬乎陰陽者，莫不如此。大抵陽先陰後，陽施陰受。"

[3]"業"通常被譯爲"achievement（業績）"，這個詞説的不只是一次性的事件，而是在持續的結果。宇文所安（Stephen Owen）對"業"的解釋很透徹，他説"'業'是遺產，是一種前人積蓄傳之後世之物；'業'用於資金、產業、知識、功勞（官員累積之功勞即'業'可以傳留給其子，供他們累增或揮霍）。到了後世，'業'指佛教的 karma，指善惡行爲的累積決定來世"。見 Stephen Owen【宇文所安】，*Readings in Chinese Literary Thought*【中國文論】（Cambridge：Council on East Asian Studies, Harvard University, 1992），pp.68－69。

日新之謂盛德，

生生之謂易。

成象之謂乾，

效法之謂坤，

極數知來之謂占，

通變之謂事，

陰陽不測之謂神。

夫易，廣矣！大矣！

以言乎遠則不禦，

以言乎邇則靜而正，

以言乎天地之間則備矣！

夫乾，其靜也專，其動也直，是以大生焉。

夫坤，其靜也翕，其動也闢，是以廣生焉。[1]

廣大配天地，

變通配四時，

陰陽之義配日月，

易簡之善配至德。

---

[1] 關於此處文意的理解，見夏含夷：《説乾專直，坤翕闢象意》，《文史》第 30 輯，1988 年，第 24 頁；夏含夷：《再説〈繫辭〉乾專直，坤翕闢》，《文史》2010 年第 2 輯（總第 91 輯），第 273—275 頁。在我看來這些文句中大部分意象都相當直白。在上引第一篇論文中，我指出“專”字唐《經典釋文》作“摶”，“摶”即以手卷之，《説文解字》：“摶，圜也”；“摶”優於“專”，馬王堆帛書《繫辭》作“卷”印證了這一點，參 Edward Shaughnessy【夏含夷】，*I Ching*，*The Classic of Changes: The First English Translation of the Newly Discovered Second-Century B. C. Mawangdui Texts*【《易經》：新出公元前二世紀馬王堆帛書本的首部英譯】（New York：Ballantine Press, 1997），p.193, p.327 n. 35。第二篇論文中，我指出《周易參同契·養性立命章第二十》所言者明顯與交媾有關，一開頭就在描述生命的開始，繼而過渡到陰陽交合，最後以身體的成熟作結。這種意味暗示得比較明顯的一段是這樣的：

愛斯之時，情合乾坤。乾動而直，气布精流。坤靜而翕，爲道舍廬。剛施而退，柔化以滋。九還七返，八歸六居。男白女赤，金火相拘，則水定火，五行之初。

> 子曰：易其至矣乎！夫易，聖人所以崇德而廣業也。
>
> 知崇禮卑，崇效天，卑法地。天地設位，而易行乎其中矣。
>
> 成性存存，道義之門。[1]

　　此章是"乾坤論"的核心部分，至少這其中並不涉及什麼倫理觀念，參與這個世界的生息繁衍是被褒揚的。這種對待自然世界的態度無疑會使一些人將《繫辭傳》定爲道家文獻。另一方面，這種對世界本質的樂觀心態出現在儒家文獻中也毫不奇怪。例如，儒家强調音樂的教化作用，《禮記·樂記》有云：

> 樂者，天地之和也。禮者，天地之序也。和故百物皆化，序故群物皆別。[2]

即便《樂記》沒有引述到《繫辭傳》首章的内容，也不難看出二者背後的觀念一致，即人與宇宙均齊、事物既相區別又相和諧。從下引《樂記》之段來看，這兩種文獻間的關聯是確定無疑的：

> 天尊地卑，君臣定矣。卑高已陳，貴賤位矣。動静有常，小大殊矣。方以類聚，物以群分，則性命不同矣。在天成象，在地成形。如此，則禮者天地之別也。地氣上齊，天氣下降，陰陽相摩，天地相蕩，鼓之以雷霆，奮之以風雨，動之以四時，暖之以日月，而百化興焉。如此，則樂者天地之和也。[3]

---

[1]〔清〕阮元校刻：《十三經注疏·周易正義》，第161—163頁。

[2]〔清〕阮元校刻：《十三經注疏·禮記正義》，第3317頁。

[3]〔清〕阮元校刻：《十三經注疏·禮記正義》，第3319—3320頁。《樂記》這段不僅説明儒者曾采納過《繫辭傳》，還有助於判定"乾坤論"的時代。《禮記》的斷代是出了名的困難，基本可以確定《禮記》直到漢代才最終成型。舊認爲《樂記》爲公孫尼子所作，公孫尼子應是孔子之孫子思（前482—前402年）的同時代人。關於《樂記》（尤其是關於《樂記》的作者）還有其他一些説法，不過這篇文獻似乎很可能是戰國中期的作品（不晚於公元前300年左右）。顧史考（Scott Cook）對《樂記》及其編纂背景作過審慎的考察，結論是大部分内容應屬戰國中期，見 Scott Cook【顧史考】，"Yue Ji 樂記 — Record of Music: Introduction, Translation, Notes, and Commentary,"【《樂記》：導論、翻譯、注釋及解説】Asian Music 26.2（1995），pp.1-96。

繫辭論：作爲變易之語言的占卜

《繫辭傳》中被我稱作“繫辭論”的那類，主導了《繫辭傳》文本的寫作風格。A2、A3、A6 前半、A9、A10、A11、B1、B2、B3 諸章皆屬“繫辭論”，A12 和 B9（即傳世本《繫辭傳》上下篇的總結之章）或許亦可歸入此類。如前文所述，“繫辭論”多用“……，……也”這種古漢語中常見的陳述句式或其他形式下定義。“繫辭論”這部分基本視《周易》爲卜筮之書，故多用“變”“通”“占”“象”這些術語，並通過它們引入一個思維和語言的概念，這其中《周易》作爲“元文本”，突破了通常的文字窠臼。上列諸章中，“繫辭”一語被反復使用，[1] A2 章（即我認爲的“繫辭論”首章）開頭一句即有“繫辭”：

> 聖人設卦觀象，繫辭焉而明吉凶。[2]

我懷疑此句很可能在《繫辭傳》創作的某個階段是開篇第一句，故取之以爲篇名。因此，我將這部分内容稱作“繫辭論”。

首句之後，A2 章又下了一連串的定義，涉及的是見於《周易》或與之有關的術語，然後説這就是君子用《周易》的原因，最後引用《大有》☲上九爻辭“自天祐之，吉无不利”作結（這句後來在《繫辭傳》其他地方也多次出現[3]）。

> 吉凶者，失得之象也。
>
> 悔吝者，憂虞之象也。
>
> 變化者，進退之象也。
>
> 剛柔者，畫夜之象也。

---

[1]“繫辭”共 6 見，分見於 A2、A6、A11、A12（兩處）、B1。

[2]〔清〕阮元校刻：《十三經注疏·周易正義》，第 158 頁。

[3]《繫辭傳》另外還有三處引到這條爻辭，分見於 A11（兩處）和 B2，皆可劃歸我所說的“繫辭論”。

六爻之動，三極之道也。

是故

君子所居而安者，易之序也。

所樂而玩者，爻之辭也。

是故

君子居則觀其象而玩其辭，

動則觀其變而玩其占。

是以

自天祐之，吉无不利。[1]

A3 中有一段文字句式相同，哲學觀點也相同：

彖者，言乎象者也。

爻者，言乎變者也。

吉凶者，言乎其失得也。

悔吝者，言乎其小疵也。

无咎者，善補過也。

是故

列貴賤者存乎位，

齊小大者存乎卦，

辯吉凶者存乎辭，

憂悔吝者存乎介，

震无咎者存乎悔。

是故

卦有小大，辭有險易。[2]

---

[1]〔清〕阮元校刻：《十三經注疏·周易正義》，第 158—159 頁。

[2] 這裏"易"與"險"並見，顯然表"容易"。需指出的是，"易"在我所説的"乾坤論"中還有另外一種用法，這些"易"與"簡/間"並舉，一般解作"簡易"，而我認爲當解作"孔隙"或"裂縫"。

辭也者，各指其所之。[1]

　　A12 章即通常認爲的《繫辭傳》上篇最後一章，此章對"繫辭論"有所總結，爲重視卜筮提供了倫理上的合理化解釋。這章的主體部分依舊是給出一連串定義，首先將"道"定義爲"形而上"，與之相對的"器"則是"形而下"，後代玄學中"形而上"和"形而下"的説法即源自此。繼而又談到"化""變""通"這幾個對描述《易》的動態特性至關重要的詞，然後又提到 A2 章開頭出現過的"象"，最後又回到"繫辭"。

　　　　是故
　　　　形而上者謂之道，
　　　　形而下者謂之器，
　　　　化而裁之謂之變，[2]
　　　　推而行之謂之通，
　　　　舉而錯之天下之民謂之事業。[3]
　　　　是故夫象，聖人有以見天下之賾，而擬諸其形容，象其物宜。
　　　　是故謂之象。
　　　　聖人有以見天下之動，
　　　　而觀其會通，以行其典禮，
　　　　繫辭焉以斷其吉凶。

---

[1]〔清〕阮元校刻：《十三經注疏·周易正義》，第 159—160 頁。分章從朱熹。《周易正義》中此章要多出三句話，考慮到它們與 A4 章開頭幾句在結構和內容上平行，應劃入 A4 章。

[2] 這句話不易理解。我的理解是："化"是一個持續的過程，而"變"則是兩極之間的瞬時變易（在《易經》中指從陰到陽或從陽到陰），離析這些變易的瞬間便產生出顯而易見的差異。"裁"是停止該過程的一種變換方式，產生出外在或內在的瞬時差異。

[3] 注意這裏"業"和"事"連用，顯然與"乾坤論"中的"業"意思不一樣；"乾坤論"裏的"業"我譯作"patrimony"（遺產），此處的"業"我譯作"achievement"（業績），以示區別。

是故謂之爻。[1]

對“繫辭論”這部分内容的作者來説卜筮至關重要，但我認爲這並不是因爲他對卜筮本身有什麽興趣，而是因爲他相信：《周易》之所以會在整個古代中國的文獻傳統（上引之段末句的“典禮”即指此）中顯得如此特别，正是由於被應用於卜筮。和其他文獻一樣，《周易》由“卦”畫和文“辭”組成；但不同之處在於，其他文獻都是一成不變的，而《周易》是不斷變化的，是鮮活的，隨着每一次新使用、每一次新解讀而變易。是卜筮將《周易》置於動態之中，使之“化”“變”“通”，使其象可變。上引諸段對這一觀點皆有所反映，而在 A12 章開始一段中體現得尤爲明顯，這段文字以對話爲形式，對話發生在孔子與某不具名之人之間：

　　子曰：“書不盡言，言不盡意。”

　　“然則聖人之意，其不可見乎？”

　　子曰：“聖人立象以盡意，設卦以盡情僞，繫辭以盡其言，變而通之以盡利，鼓之舞之以盡神。”[2]

陳述這一觀點時，“繫辭論”的作者捲入了一場關於語言和文字性質的論爭之中，從現有的材料來看，這場論爭似始於公元前 4 世紀末，到了公元前 3 世紀中葉，這方面的討論隨處可見。《莊子·外物》有一段文句，大概是反映這一語言轉向的最著名的例子，其中説到文字不過是將曾經的靈光乍現凝固保留下來。上引《繫辭傳》提及“意”“言”“書”之間的關係，《莊子·外物》此段所論者與此有關，著名的“得魚忘荃”“得兔忘蹄”的典故即出自此：

　　荃者所以在魚，得魚而忘荃；蹄者所以在兔，得兔而忘蹄；

---

[1]〔清〕阮元校刻：《十三經注疏·周易正義》，第 171 頁。

[2] 同上注，第 170—171 頁。

言者所以在意，得意而忘言。吾安得夫忘言之人而與之言哉！[1]

這段話犀利地點出了思想與言語之間的不可通約性，然而，在此段的結尾，莊子用詼諧的口氣承認言語在某種意義上是"活"的，與他人對話使得某種互動成爲可能，思想遂得以傳達、爲人所理解。而另一方面，《莊子》其他地方明確説文字書寫並不具有這種靈活性，什麼東西一旦寫下來，就被固定在原處，就"死"了。例如，《莊子·天運》中有一段僞託孔老的對話：

> 孔子謂老聃曰："丘治《詩》《書》《禮》《樂》《易》《春秋》六經，自以爲久矣，孰知其故矣；以奸者七十二君，論先王之道而明周召之迹，一君无所鉤用。甚矣夫！人之難説也，道之難明邪？"老子曰："幸矣子之不遇治世之君也！夫《六經》，先王之陳迹也，豈其所以迹哉！今子之所言，猶迹也。夫迹，履之所出，而迹豈履哉！"[2]

和《天運》相關的《天道》篇，陳鼓應等認爲與《繫辭傳》關係密切。[3]《天道》中所反映出的對待文字書寫的態度和《天運》

---

[1]〔清〕郭慶藩撰，王孝魚點校：《莊子集釋》，北京：中華書局，2012 年，第 3 版，第 944 頁。《繫辭傳》對 "象" 和 "言" 可能是動態變化的這一點持正面態度，而《莊子》持負面觀點。王弼（226—249 年）有一篇著名的《周易略例·明象》，此篇以一種有趣的方式對《繫辭傳》和《莊子》的觀點作了發揮，先是以《繫辭傳》的觀點開篇，然後駁之，贊成《莊子》的觀點（見〔魏〕王弼撰，樓宇烈校釋：《周易注（附周易略例）》，北京：中華書局，2011 年，第 414—415 頁）。不過，《明象》後半部分清楚地表明，王弼所參與的並不是《繫辭傳》或《莊子》中所看到的這種論爭，而是象數、義理之爭——易學發展至漢，學者多以象數解《易》，《明象》旨在摒棄漢易象數之説、推崇義理。

[2]〔清〕郭慶藩撰，王孝魚點校：《莊子集釋》，第 531—532 頁。

[3]《莊子·天道》有如下一段話（〔清〕郭慶藩撰，王孝魚點校：《莊子集釋》，第 469 頁），似與《繫辭傳》A1 章的觀念及表達相類（相關之句加下劃綫）：

> 君先而臣從，父先而子從，兄先而弟從，長先而少從，男先而女從，夫先而婦從。夫尊卑先後，天地之行也，故聖人取象焉。天尊，地卑，神明之位也；春夏先，秋冬後，四時之序也。萬物化作，萌區有狀；盛衰之殺，變化之流也。夫天地至神，而有尊卑先後之序，而況人道乎！

一致，不過闡述地更爲系統。

> 世之所貴道者書也，書不過語，語有貴也。語之所貴者意
> 也，意有所隨。意之所隨者，不可以言傳也，而世因貴言傳書。
> 世雖貴之，我猶不足貴也，爲其貴非其貴也。故視而可見者，形
> 與色也；聽而可聞者，名與聲也。悲夫，世人以形色名聲爲足以
> 得彼之情！夫形色名聲果不足以得彼之情，則知者不言，言者不
> 知，而世豈識之哉！[1]

這段結尾的“知者不言，言者不知”顯然指向《老子》，《老子》
有一個著名的理念，即對道的理解無法充分通過語言這個媒介進行傳
達，《老子》開篇著名的“道可道，非常道”通常被解釋成“可言之
道，非恒常之道”。然而有意思的是，《文子》可能同樣作於公元前 3
世紀，[2] 卻給出了一種截然不同的解釋。《文子·上義》在談到法度
需隨時間而變易時（將與言語有關的論爭延展到政治領域就必然會討
論到這些）引到了這句，理解成“可以導向的道是無常的道”，即必
須不停改變以適應新的情況。一旦道有了某種固定的特性，它就會變

---

[1]〔清〕郭慶藩撰，王孝魚點校：《莊子集釋》，第 488—489 頁。上引《莊子·外物》
之段以魚荃兔蹄爲喻，此段以雙關的反語作結：“而世豈識之哉”之“識”既可作
一般的“認識”解，亦可視作“志”之假借，表“銘刻、記載”之意。這樣一來，
此段便是以擯棄文字和語言作結，慨嘆世人不以文字記錄之。

[2] 對《文子》真僞的懷疑，最早由柳宗元（773—819 年）提出，等到了 20 世紀頭幾
十年，懷疑之風大盛，以至人們普遍認爲《文子》是抄襲《淮南子》而成的僞作。
不過，1973 年河北定縣八角廊 M40 竹簡《文子》的出土動搖了這種公認的觀點
（M40 的年代爲公元前 1 世紀，所出竹簡材料至 1995 方公布）；八角廊漢簡《文
子》的釋文及初步研究見《文物》1995 年第 12 期發表的一組論文。關於八角廊漢
簡對探討《文子》真僞問題的價值，相關研究文章見《哲學與文化》第 23 卷第 8 期
《〈文子〉與道家思想專輯（上）》（1996 年 8 月）。西方研究相關論著見 Charles
LeBlanc【白光華】，*Le Wenzi à la lumière de l'histoire et de l'archéologie*【從歷史和考古的
角度看《文子》】（Montreal：Presses de l'Université de Montréal, 2000）以及 Paul van
Els【葉波】，*The* Wenzi：*Creativity and Intertextuality in Early Chinese Philosophy*【《文
子》：中國早期哲學中的創造性和互文性】（Leiden：Brill, 2018），這兩部著作都參考
了定縣八角廊簡來考察《文子》。我的看法與這兩部書所給出的結論相左，我認爲傳
世本《文子》的文本雖不無問題，但大體來說要古於《淮南子》，年代應斷在公元
前 3 世紀下半葉。

得有限。同樣地，《文子》還將“名可名，非常名”理解成“能名之名，不存于文”之意，一旦寫下，就固定了，也就死去了。

> 苟利於民，不必法古，苟周於事，不必循俗。故聖人法與時變，禮與俗化。衣服器械，各便其用，法度制令，各因其宜，故變古未可非，而循俗未足多也。誦先王之書，不若聞其言；聞其言，不若得其所以言。得其所以言者，言不能言也。故“道可道，非常道也”。[1]

關於這種看待文字書寫的態度，讓我們再舉最後一例，此例出自《韓非子·喻老》，通常認爲此篇是最早的注解《老子》的文獻。諷刺的是，韓非子（約前281—前233年）是一個結巴，在這種情況下他不得不將自己的思想訴諸筆端，以期爲秦王政（即後來的秦始皇，前246/221—前210年在位）的朝廷所接受。《喻老》中有這樣一則故事，故事的主人公相信自己的書沒有用處，便把書燒掉，還跳起舞來。這則故事有一種悲涼的宿命感——公元前233年，韓非自殺，韓非之死是曾經的同學李斯（前280—前208年）一手策劃的，二十年後，公元前213年李斯向朝廷提議“焚書”。

> 王壽負書而行，見徐馮於周塗。馮曰：“事者爲也，爲生於時。知者無常事。書者言也，言生於知，知者不藏書。今子何獨負之而行？”於是王壽因焚其書而儛之。故知者不以言談教，而慧者不以藏書篋。[2]

關於公元前三四世紀的那場語言轉向說了這麽多之後，現在我們

---

[1] 王利器：《文子疏義》，北京：中華書局，2009年，第2版，第469頁。《文子·道源》亦就《老子》的“道可道，非常道，名可名，非常名”表達了類似的觀念（同書第25頁）：

> 老子曰：“夫事生者應變而動，變生於時，知時者無常之行。故道可道，非常道；名可名，非常名。書者，言之所生也，言出於智，智者不知，非常道也。名可名，非藏書者也。

[2] 陳奇猷：《韓非子集釋》，北京：中華書局，1958年，第405—406頁。

再回到《繫辭傳》。《莊子》認爲書的本質是固定，"繫辭論"這部分的作者似乎接受了《莊子》的這個觀念，但他並不認爲這適用於《周易》。在他看來，《周易》是一種截然不同的書，它並不是由文字組成，而是由變化的、鮮活的圖像組成的。這就是爲什麼孔子在回答對話者的問題時，會說聖人立象、設卦、繫辭，會說"變而通之以盡利，鼓之舞之以盡神"。我認爲，這也是"繫辭論"的作者執着於《周易》占卜性的原因：如果人們只是單純地閱讀它，它就如同其他智慧之書一樣，是死的；但如果人們在卜筮中使用它，使其變化運動起來，那麼它就活了，隨着面臨的情境所作出的不同解讀而變化。在"繫辭論"的作者看來，《周易》的使用者與《周易》本身之間的互動關係導致創作與再創作的過程持續地發生着，即文本的再生。

第六節 結 語

本書研究的是《周易》的起源與早期演變，本章是本書的最後一章，考察了"十翼"中的四種，即《説卦傳》《文言傳》《象傳》《繫辭傳》。考察它們是如何將這部古代占卜文獻改造成作爲經典的《易經》的。傳統認爲這幾種文獻皆係公元前 500 年左右孔子所作，而我刻意避免言及時代及作者，只進行最籠統的表述。這四種《易傳》在語言和思想上都存在很大差異（更不用説其他三種《易傳》了），幾乎無法想象它們是同時寫就的，更不要説出自一人之手。另一方面，在我看來，無論是語言層面還是思想層面都有充分的證據表明這四篇易傳寫作時代的上限應稍晚於公元前 5 世紀，寫作之人很可能從孔子那裏汲取了思想營養。我知道這不過是一個模糊的結論，模糊的結論基本等於没有結論。然而，我認爲這是目前唯一站得住脚的結論，除非未來有更多的戰國簡出土。

這幾種易傳所反映的哲學轉向，其基礎是將《周易》理解成世界的縮影，它的各個部分構成了一個系統，這個系統是一個聯合體，包含了世界上所有的孤立現象。《説卦傳》將八卦與基本的自然之力相關聯，即天與地、雷與風、水與日、山與澤，還與家人、家畜等等聯繫在一起。在《左傳》的占卜記載中，這些卦象被用來詳細解釋占卜者所給出的占斷。這些占斷大多驚人地靈驗，能預見幾代甚至幾百年之後所發生的事情。因此，這些記載尤其是對占斷的具體解説顯然並不是來自當初的實占（如果當初確實舉行了占卜的話），而是後代創作《左傳》時文學加工的產物。究竟是《説卦傳》借鑒了《左傳》的占卜記載並將之系統化，還是《左傳》的記載借鑒了《説卦傳》，大概是無法説清了，又或許最可能的情況是它們都利用了某個關於占卜的穩定積累的公共知識體系。

《文言傳》也有一些文句見於《左傳》的占卜記録，究竟是哪種文獻引用哪種文獻，也有不少推測，這裏無可補充。我只想説，卦辭"元亨利貞"被解作"四德"是重要的一步，標志着《周易》向着成爲一部道德規範指南邁進。

《文言傳》和《象傳》在文句上有更多相似之處。《象傳》對六十四卦卦辭給出了一個系統性的解釋，其宏大程度甚至要超過《説卦傳》的八卦解釋系統。人們並不是總能意識到，之後兩千多年的時間裏，那些用來解釋卦及卦辭含義的技巧，幾乎全部都可以在《象傳》中找到。這些技巧並不總是明晰的，有時候甚至還會互相牴牾。但它們確實將卦畫及卦辭、爻及爻辭整合成了一套大的理論，這套理論可以解釋這整個世界以及世界之萬變。

最後，我考察了《繫辭傳》中的幾章，通常認爲它反映出了《易經》的哲學轉向。利用《周易》，《繫辭傳》至少提出了兩個非常精妙的觀點：一，人類可以參與到這個世界不息的生命繁衍之中；二，《周易》是一把獨特的鑰匙，可以用它來理解這個創造與再創造的過程。這是在號召人們不僅要讀懂《周易》，還要動態地讀懂它。用《周易》進行占卜可以做到這一點，這就回到了本書前幾章的內容。對於中國古代的哲學家而言，占卜從來不是單純的算命，相反的是，占卜需要確定人自身的意志。《繫辭傳》的作者發揚了這一點，以勸導閱讀《周易》的人利用這部書在浮世之中找到其安身立命之所。

參考文獻

一、古籍

〔漢〕班固撰，〔唐〕顏師古注，中華書局編輯部點校：《漢書》，北京：中華書局，1962 年。

陳奇猷：《韓非子集釋》，北京：中華書局，1958 年。

〔宋〕程頤撰，王孝魚點校：《周易程氏傳》，北京：中華書局，2011 年。

〔清〕段玉裁：《説文解字注》，上海：上海古籍出版社，1981 年。

〔南朝宋〕范曄撰，〔唐〕李賢等注，中華書局編輯部點校：《後漢書》，北京：中華書局，1965 年。

〔唐〕房玄齡等撰，中華書局編輯部點校：《晋書》，北京：中華書局，1974 年。

〔晋〕干寶撰，李劍國輯校：《新輯搜神記》，北京：中華書局，2007 年。

〔晋〕郭璞注，王貽樑、陳建敏校釋：《穆天子傳匯校集釋》，北京：中華書局，2019 年。

〔清〕郭慶藩撰，王孝魚點校：《莊子集釋》，北京：中華書局，2012 年。

〔宋〕郭忠恕編，〔宋〕夏竦著，李零、劉新光整理：《汗簡·古文四聲韻》，北京：中華書局，1983 年。

〔清〕胡煦著，程林點校：《卜法詳考》，中華書局，2008 年。

〔漢〕桓寬：《鹽鐵論》卷六，四部叢刊本。

〔漢〕焦延壽撰，芮執儉注譯：《〈焦氏易林〉注譯》，蘭州：甘肅人民出版社，2015 年。

〔宋〕黎靖德編，王星賢點校：《朱子語類》，北京：中華書局，1986 年。

〔唐〕李鼎祚撰，王豐先點校：《周易集解》，北京：中華書局，2016 年。

〔宋〕李昉編：《太平御覽》，北京：中華書局，1960 年。

〔漢〕劉珍等撰，吳樹平校注：《東觀漢記校注》，北京：中華書局，
　　2008 年。

〔秦〕呂不韋編，許維遹集釋，梁運華整理：《呂氏春秋集釋》，北京：
　　中華書局，2009 年。

〔元〕馬端臨：《文獻通考》，北京：中華書局，2011 年。

〔清〕馬國翰輯：《玉函山房輯佚書》，上海：上海古籍出版社，1990 年。

〔宋〕歐陽修著，李逸安點校：《歐陽修全集》，北京：中華書局，
　　2001 年。

〔唐〕歐陽詢撰：《藝文類聚》，上海：上海古籍出版社，1982 年。

〔清〕阮元校刻：《十三經注疏》，北京：中華書局，2009 年。

〔漢〕司馬遷撰，〔南朝宋〕裴駰集解，〔唐〕司馬貞索隱，〔唐〕張守
　　節正義，中華書局編輯部點校：《史記》，北京：中華書局，1982
　　年，第 2 版。

〔清〕孫詒讓撰，孫啓治點校：《墨子閒詁》，北京：中華書局，2001 年。

〔魏〕王弼撰，樓宇烈校釋：《周易注（周易略例）》，北京：中華書
　　局，2011 年。

〔漢〕王充著，黃暉撰：《論衡校釋》，北京：中華書局，1990 年。

〔漢〕王符：《潛夫論》卷六，四部叢刊本。

王利器：《文子疏義》，北京：中華書局，2009 年，第 2 版。

〔清〕王先謙撰，沈嘯寰點校：《莊子集解》，北京：中華書局，1987 年。

〔清〕王先慎撰，鍾哲點校：《韓非子集解》，北京：中華書局，1998 年。

〔清〕王引之：《經義述聞》，上海：上海書店，2012 年。

〔唐〕魏徵、〔唐〕令狐德棻撰，中華書局編輯部點校：《隋書》，北
　　京：中華書局，1973 年。

〔清〕吳任臣：《山海經廣注》，臺北：臺灣商務印書館，1972 年。

〔南朝梁〕蕭統：《文選》，上海：上海古籍出版社，1986 年。

徐元誥撰，王樹民、沈長雲點校：《國語集解》，北京：中華書局，
　　2002 年。

〔清〕俞樾：《艮宧易説》，收入《續修四庫全書》編纂委員會編：《續
　　修四庫全書·經部易類》，上海：上海古籍出版社，2002 年，第
　　34 册。

〔清〕俞樾：《古書疑義舉例》，上海：上海古籍出版社，2007 年。

〔清〕趙在翰輯，鍾肇鵬、蕭文郁點校：《七緯（附論語讖）·易緯·
　　易乾鑿度》，北京：中華書局，2012 年。

〔宋〕朱熹撰，廖名春點校：《周易本義》，北京：中華書局，2009 年。

二、專著及學位論文

（一）中文

安徽大學漢字發展與應用研究中心編，黃德寬、徐在國主編：《安徽
　　大學藏戰國竹簡（一）》，中西書局，2019 年。

北京大學出土文獻研究所編：《北京大學藏西漢竹書（伍）》，上海：
　　上海古籍出版社，2014 年。

曹瑋：《周原甲骨文》，北京：世界圖書出版公司，2002 年。

陳鼓應：《易傳與道家思想》，臺北：臺灣商務印書館，1994 年。

陳鼓應：《道家易學建構》，北京：商務印書館，2010 年。

馮時：《中國天文考古學》，北京：社會科學文獻出版社，2001 年。

傅舉有、陳松長：《馬王堆漢墓文物》，長沙：湖南出版社，1992 年。

高亨：《周易大傳今注》，濟南：齊魯書社，1979 年。

高亨：《周易古經今注》，上海：開明書店，1947 年。

高亨：《周易古經通説》，北京：中華書局，1958 年。

高亨：《周易古經今注（重訂本）》，北京：中華書局，1984 年。

顧頡剛編：《古史辨》第 3 册，北平：樸社，1931 年（上海：上海古籍

出版社，1982 年影印）。

郭沫若：《中國古代社會研究》，上海：現代書局，1931 年。

郭沫若：《周易的構成時代》，上海：商務印書館，1940 年。

郭沫若：《青銅時代》，北京：科學出版社，1957 年。

郭沫若主編，中國社會科學院歷史研究所編纂：《甲骨文合集》，北
　　京：中華書局，1978—1982 年。

韓自强：《阜陽漢簡〈周易〉研究》，上海：上海古籍出版社，2004 年。

《漢語大詞典》編纂處編：《漢語大詞典》，上海：漢語大詞典出版社，
　　1994 年。

何琳儀：《戰國古文字典》，北京：中華書局，1998 年。

河南省文物考古研究所：《新蔡葛陵楚墓》，鄭州：大象出版社，
　　2003 年。

洪頤煊：《歸藏》，《經典集林》，臺北：藝文印書館，1968 年。

湖北省荊沙鐵路考古隊：《包山楚簡》，北京：文物出版社，1991 年。

湖南省博物館，復旦大學出土文獻與古文字研究中心纂著，裘錫圭
　　主編：《長沙馬王堆漢墓簡帛集成》（全 7 冊），北京：中華書局，
　　2014 年。

黃奭：《黃氏逸書考》，上海：上海古籍出版社，1993 年。

黃宗羲：《易學象數論》，北京：九州出版社，2007 年。

賈連翔：《出土數字卦材料整理與研究》，清華大學博士學位論文，
　　2014 年。

勞榦：《居延漢簡：圖版之部》，臺北：中研院歷史語言研究所，
　　1957 年。

李發林：《戰國秦漢考古》，濟南：山東大學出版社，1991 年。

李鏡池：《周易筮辭考》，收入顧頡剛編《古史辨》第 3 冊，北平：樸
　　社，1931 年（上海：上海古籍出版社，1982 年影印）。

李鏡池：《周易探源》，北京：中華書局，1978 年。

李零：《中國方術正考》，北京：中華書局，2006 年。

李尚信：《卦序與解卦理路》，成都：巴蜀書社，2008 年。

李學勤、齊文心、艾蘭編：《英國所藏甲骨集》，北京：中華書局，
　　1985—1992 年。

李學勤：《周易經傳溯源——從考古學、文獻學看〈周易〉》，長春：
　　長春出版社，1992 年。

李學勤：《周易溯源》，成都：巴蜀書社，2006 年。

廖名春：《帛書〈周易〉論集》，上海：上海古籍出版社，2008 年。

劉殿爵：《文子逐字索引》，臺北：臺灣商務印書館，1992 年。

陸侃如：《中國文學史簡編》，上海：開明書店，1932 年。

馬承源主編：《上海博物館藏戰國楚竹書（三）》，上海：上海古籍出
　　版社，2003 年。

馬承源主編：《上海博物館藏戰國楚竹書（九）》，上海：上海古籍出
　　版社，2012 年。

濮茅左：《楚竹書〈周易〉研究——兼述先秦兩漢出土與傳世易學文
　　獻資料》，上海：上海古籍出版社，2006 年。

錢世明：《易林通說（一）》，北京：華夏出版社，1990 年。

清華大學出土文獻研究與保護中心編、李學勤主編：《清華大學藏戰
　　國竹簡（壹）》，上海：中西書局，2010 年。

清華大學出土文獻研究與保護中心編、李學勤主編：《清華大學藏戰
　　國竹簡（肆）》，上海：中西書局，2013 年。

清華大學出土文獻研究與保護中心編、李學勤主編：《清華大學藏戰
　　國竹簡（伍）》，上海：中西書局，2015 年。

屈萬里：《漢石經周易殘字集證》，臺北：中研院歷史語言研究所，
　　1961 年。

屈萬里：《書傭論學集》，臺北：開明書店，1969 年。

饒宗頤：《殷代貞卜人物通考》，香港：香港大學出版社，1959 年。

尚秉和著，劉光本撰：《周易古筮考通解》，太原：山西古籍出版社，
　　1994 年。

睡虎地秦墓竹簡整理小組編：《睡虎地秦墓竹簡》，北京：文物出版社，
　　1990 年。

宋華强：《新蔡葛陵楚簡初探》，武漢：武漢大學出版社，2010 年。

宋鎮豪：《夏商社會生活史（增訂本）》，北京：中國社會科學出版
　　社，2005 年。

滕壬生：《楚系簡帛文字編》，武漢：湖北教育出版社，1995 年。

王明欽：《湖北江陵天星觀楚簡的初步研究》，北京大學碩士論文，
　　1989 年。

聞一多：《聞一多全集》（全 12 卷），武漢：湖北人民出版社，1993 年。

武漢大學簡帛研究中心、河南省文物考古研究所：《楚地出土戰國簡
　　冊合集（二）》，北京：文物出版社，2013 年。

夏含夷著，張淑一、蔣文、莫福權譯：《海外夷堅志——古史異觀二
　　集》，上海：上海古籍出版社，2016 年。

夏含夷：《西觀漢記——西方漢學出土文獻研究概要》，上海：上海古
　　籍出版社，2018 年。

向熹：《詩經詞典（修訂本）》，北京：商務印書館，2014 年。

邢文：《帛書周易研究》，北京：人民出版社，1997 年。

徐錫臺：《周原甲骨文綜述》，西安：三秦出版社，1987 年。

嚴可均：《全上古三代秦漢三國六朝文》，北京：中華書局，1958 年。

晏昌貴：《簡帛數術與歷史地理論集》，北京：商務印書館，2010 年。

晏昌貴：《巫鬼與淫祀：楚簡所見方術宗教考》，武漢：武漢大學出版
　　社，2010 年。

于省吾：《雙劍誃易經新證》，北京：中華書局，2009 年。

張政烺：《馬王堆帛書〈周易〉經傳校讀》，北京：中華書局，2008 年。

張政烺著，李零等整理：《張政烺論易叢稿》，北京：中華書局，2011 年。

鄭衍通：《周易探原》，新加坡：南洋大學，1972 年。

中國社會科學院考古研究所編：《殷周金文集成》（全 18 冊），北京：
　　中華書局，1986—1994 年。

朱伯崑：《易學哲學史》，北京：華夏出版社，1995 年。

朱淵清、廖名春編：《上博館藏戰國楚竹書研究》，上海：上海書店，
　2002 年。

（二）外文

Adler, Joseph. *The Original Meaning of the Yijing: Commentary on the Scripture of Change*【《周易本義》：對《周易》經文的注解】. New York：Columbia University Press, 2020.

Chemla, Karine【林力娜】, Donald Harper【夏德安】, and Marc Kalinowski【馬克】, eds. *Divination et rationalité en Chine ancienne*【古代中國的占卜與理性】. Paris：Presses universitaires de Vincennes, 1999.

Cook, Constance【柯鶴立】. *Death in Ancient China: The Tale of One Man's Journey*【古代中國的死亡：陰間旅行記】. Leiden：Brill, 2006.

Cook, Constance【柯鶴立】and Zhao Lu【趙璐】. *Stalk Divination: A Newly Discovered Alternative to the I Ching*【筮法：新出土的另一種《易經》】. New York：Oxford University Press, 2017.

Creel, Herrlee【顧立雅】. *The Birth of China: A Survey of the Formative Period of Chinese Civilization*【中國之誕生：中國文明形成時期概覽】. London：Jonathan Cape, 1936.

Creel, Herrlee【顧立雅】. *The Origins of Statecraft in China*, vol. 1：*The Western Chou Empire*【中國治國之道的起源・第一卷：西周】. Chicago：The University of Chicago Press, 1970.

Els, Paul【葉波】. *The Wenzi: Creativity and Intertextuality in Early Chinese Philosophy*【《文子》：中國早期哲學中的創造性和互文性】. Leiden：Brill, 2018.

Engnell, Ivan. *Gamla Testamentet: en traditioshistorisk inledning*【舊約：傳統歷史介紹】. Stockholm：Svenska Kyrkans Diakonistyrelses Bokförlag, 1945.

Fendos, Paul. *The* Book of Changes: *A Modern Adaptation and Interpretation*【《易經》：現代改適與闡釋】. Wilmington：Vernon Press，2018.

Field, Stephen【田笠】. *The Duke of Zhou Changes: A Study and Annotated Translation of the* Zhouyi【周公之易：《周易》的研究與譯注】. Wiesbaden：Harraossowitz Verlag，2015.

Giles, Herbert【翟理斯】. *History of Chinese Literature*【中國文學史】. London：William Heinemann，1901.

Granet, Marcel【葛蘭言】. *Chinese Civilization*【中國文明】. London：Routledge and Kegan Paul，1930.

Harper, Donald【夏德安】. *Early Chinese Medical Literature: The Mawangdui Medical Manuscripts*【早期中國醫學文獻：馬王堆醫書】. London and New York：Kegan Paul International，1998.

Harper, Donald【夏德安】and Marc Kalinowski【馬克】. eds. *Books of Fates and Popular Culture in Early China: The Daybook Manuscripts of the Warring States*，*Qin*，*and Han*【早期中國的命運之書與大眾文化：戰國秦漢《日書》寫本】. Leiden：Brill，2017.

Hertzer, Dominique【何明莉】. *Das Mawangdui-Yijing: Text und Deutung*【馬王堆《易經》：文本與闡釋】. München：Eugen Diederichs Verlag，1996.

Hinton, David. I Ching：*The Book of Change*，*A New Translation*【《易經》新譯】. New York：Farrar, Straus and Giroux，2017.

Javary, Cyrille【夏漢生】and Richard Wilhelm【衛禮賢】. *I Ging: Das Buch der Wandlungen*【《易經》：變易之書】. 1924. Reprint, Düsseldorf：Diederichs，1960.

Javary, Cyrille【夏漢生】and Pierre Faure. *Yi jing: Le livre des changements*【《易經》：變易之書】. Paris：Albin Michel，2002.

Kalinowski, Marc【馬克】. *Cosmologie et divination dans la Chine ancienne: Le Compendium des cinq agents*（Wuxing dayi，*VIe siècle*）【中國古代的

宇宙論與占卜：公元 6 世紀的《五行大義》】. Paris：Ecole française d'Extrême-Orient, 1991.

Kalinowski, Marc【馬克】, ed. *Divination et société dans la Chine médiévale: Étude des manuscrits de Dunhuang de la Bibliothèque nationale de France et de la British Library*【中古中國的占卜與社會：法國國家圖書館及大英圖書館藏敦煌寫卷研究】. Paris：Bibliothèque nationale de France, 2003.

Keightley, David【吉德煒】. *Sources of Shang History: The Oracle-Bone Inscriptions of Bronze Age China*【商代史料：中國青銅時代的甲骨刻辭】. Berkeley：University of California Press, 1978.

Knechtges, David【康達維】. *Wen Xuan or Selections of Refined Literature, Vol. 1: Rhapsodies on Metropolises and Capitals*【《文選》英譯第一册：京都之賦】. Princeton：Princeton University Press, 1982.

Kory, Stephan【柯思廸】. "Cracking to Divine：Pyro-Plastromancy as an Archetypal and Common Mantic and Religious Practice in Han and Medieval China."【由卜及占：中國漢代及中古時期典型而常見的預言及宗教活動——火卜】Ph.D. diss.；Indiana University, 2012.

Kunst, Richard【孔士特】. "The Original *Yijing*：A Text, Phonetic Transcription, Translation, and Index, with Sample Glosses."【《易經》原始：文本、注音、翻譯、索引及例釋】Ph.D. diss.；University of California, Berkeley, 1985.

Lackner, Michael【朗宓榭】. *Der chinesische Traumwald: traditionelle Theorien des Traumes und seiner Deutung im Spiegel der Ming-zeitlichen Anthologie Meng-lin hsüan-chieh*【論中國夢林：傳統夢學及明代著作《夢林玄解》中的鏡象説】. Frankfurt：Lang, 1985.

Lai, Guolong【來國龍】.*Excavating the Afterlife: The Archaeology of Early Chinese Religion*【幽冥之旅：早期中國宗教考古】. Seattle：University of Washington Press, 2015.

LeBlanc, Charles【白光華】. *Le Wenzi à la lumière de l'histoire et de l'archéologie*【從歷史和考古的角度看《文子》】. *Montreal*: *Presses de l'Université de Montréal*, 2000.

Legge, James【理雅各】. *The Yi King: The Sacred Books of China, Translated by James Legge, The Texts of Confucianism, Part II*【《易經》: 中國經典‧儒學典籍第二部】. In Max Müller, ed. *The Sacred Books of the East*【東方聖典】. Vol. 16. 2nd ed. Oxford: Clarenden Press, 1899.

Libbrecht, Ulrich【李培德】. *Chinese Mathematics in the Thirteenth Century: The* Shu-shu chiu-chang *of Ch'in Chiu-shao*【十三世紀的中國數學: 秦九韶《數書九章》】. Cambridge: MIT Press, 1973.

Liu, Dajun【劉大鈞】. *An Introduction to the* Zhou Yi (*Book of Changes*)【周易概論】. Asheville: Chiron Publications, 2019.

Loewe, Michael【魯惟一】 and Carmen Blacker, eds. *Oracles and Divination*【神諭與占卜】. Boulder: Shambhala, 1981.

Loewe, Michael【魯惟一】. *Ways to Paradise: The Chinese Quest for Immortality*【天堂之路: 中國長生之道研究】. London: George Allen & Unwin, 1979.

McClatchie, Thomas. *The Confucian* Yih King, *or*, The Classic of Change【孔子之《易經》】. Shanghai, 1876. Reprint, Taipei: Cheng-wen, 1973.

Minford, John【閔福德】. I Ching: *The Essential Translation of the Ancient Chinese Oracle and Book of Wisdom*【《易經》: 古代中國預言與智慧之書的基本翻譯】. New York: Viking, 2014.

Ngo, Van Xuyet【吳文學】. *Divination Magie et Politique dans la Chine Ancienne*【後漢書‧方術列傳】. Paris: Presses Universitaires de France, 1976.

Nielsen, Bent【尼爾森】. "The *Qian zuo du*: A Late Han Dynasty (202 BC – AD 220) Study of the *Book of Changes, Yijing*."【《乾鑿度》: 漢晚期（公元前 202 年—公元 220 年）的《易經》研究】Ph.D. diss.:

University of Copenhagen, 1995.

Nielsen, Eduard. *Oral Tradition: A Modern Problem in Old Testament Introduction*【口頭傳統：一個舊約的現代問題導論】. Chicago：Alec R. Allenson, 1954.

Nyberg, Henrik Samuel. *Studien zum Hoseabuche*【何西阿書研究】. Uppsala：Almqvist & Wiksell, 1935.

Nylan, Michael【戴梅可】. *The Canon of Supreme Mystery by Yang Hsiung: A Translation with Commentary of the T'ai Hsüan Ching*【揚雄《太玄經》譯注】. Albany：State University of New York Press, 1993.

Olsvanger, Immanuel. *Fu-hsi, The Sage of Ancient China*【伏羲：古代中國的聖人】. Jerusalem：Massadah Ltd., 1948.

Owen, Stephen【宇文所安】. *Readings in Chinese Literary Thought*【中國文論】. Cambridge：Council on East Asian Studies, Harvard University, 1992.

Palmer, Martin【彭馬田】, Jay Ramsey and Zhao Xiaomin. *I Ching: The Shamanic Oracle of Change*【《易經》：關於"易"的薩滿神諭】. London：Thorsons, 1995.

Pankenier, David【班大爲】. *Astrology and Cosmology in Early China: Conforming Earth to Heaven*【早期中國的星占學與宇宙論：符地於天】. Cambridge：Cambridge University Press, 2013.

Park, Haeree【朴慧莉】. "The Shanghai Museum *Zhouyi* Manuscript and the Warring States Writing System."【上博簡《周易》及戰國書寫系統】Ph.D. diss.：University of Washington, 2009.

Park, Haeree【朴慧莉】. *The Writing System of Scribe Zhou: Evidence from Late Pre-imperial Chinese Manuscripts and Inscriptions (5th–3rd centuries BCE)*【周史的書寫系統：中國前帝國晚期抄本與銘文中的材料（公元前5至前3世紀）】. Berlin：De Gruyter, 2016.

Raphals, Lisa【瑞麗】. *Divination and Prediction in Early China and*

Ancient Greece【古中國和古希臘的占卜與預測】. Cambridge：Cambridge University Press, 2013.

Redmond, Geoffrey. *The* I Ching (*Book of Changes*)：*A Critical Translation of the Ancient Text*【上古文獻《易經》的批判性翻譯】. London：Bloomsbury Academic, 2017.

Ritsema, Rudolf and Shantena Augusto Sabbadini. *The Original* I Ching *or* The Book of Changes：*The Eranos I Ching Project*【《易經》原始：愛諾斯《易經》項目】. London：Watkins Publishing, 2018.

Rutt, Richard【茹特】. *The Book of Changes* (*Zhouyi*)：*A Bronze Age Document Translated with Introduction and Notes*【《周易》：一部青銅時代文獻的翻譯、介紹及注釋】. Richmond：Curzon Press, 1996.

Saussure, Leopold de. *Les Origines de l'Astronomie Chinoise*【中國天文學的起源】. Reprint, Taipei：Cheng-wen, 1967.

Schafer, Edward【薛愛華】. *Pacing the Void: T'ang Approaches to the Stars*【步虛：唐代奔赴星辰之路】. Berkeley：University of California Press, 1977.

Schilling, Dennis【謝林德】. Yijing：*Das Buch der Wandlungen*【《易經》：變易之書】. Frankfurt am Main：Verlag der Weltreligionen, 2009.

Schlegel, Gustave【施古德】. *Sing Chin Khao Youen: Uranographie Chinoise*【星辰考原：中國天文志】. Leiden：Brill, 1875.

Schuessler, Axel【許思萊】. *Minimal Old Chinese and Later Han Chinese: A Companion to* Grammata Serica Recensa【最低限度的上古至漢代晚期漢語：《漢文典》指南】. Honolulu：University of Hawai'i Press, 2009.

Schwartz, Adam【史亞當】, *The Oracle Bone Inscriptions from Huayuanzhuang East: Translated with an Introduction and Commentary*【花園莊東地甲骨刻辭的翻譯、介紹及注釋】. Berlin：De Gruyter, 2019.

Shaughnessy, Edward【夏含夷】. *Chinese Annals in the Western Observatory: An Outline of Western Studies of Chinese Unearthed Documents*【西觀漢

記：西方漢學出土文獻研究概要】. Berlin：De Gruyter, 2019.

Shaughnessy, Edward【夏含夷】. *I Ching, The Classic of Changes: The First English Translation of the Newly Discovered Second-Century B. C. Mawangdui Texts*【《易經》：新出公元前二世紀馬王堆帛書本的首部英譯】. New York：Ballantine Press, 1997.

Shaughnessy, Edward【夏含夷】. *Sources of Western Zhou History: Inscribed Bronze Vessels*【西周史料：有銘銅器】. Berkeley：University of California Press, 1991.

Shaughnessy, Edward【夏含夷】. *Before Confucius: Studies in the Creation of the Chinese Classics*【孔子之前：中國經典誕生的研究】. Albany：State University of New York Press, 1997.

Shaughnessy, Edward【夏含夷】. "The Composition of the *Zhouyi*."【《周易》之編纂】Ph.D. diss.：Stanford University, 1983.

Shaughnessy, Edward【夏含夷】. *Unearthing the* Changes：*Recently Discovered Manuscripts of and Relating to the* Yi Jing【出土之《易》：新發現《易經》寫本及相關文獻】. New York：Columbia University Press, 2014.

Smith, Richard【司馬富】. *Fathoming the Cosmos and Ordering the World: The* Yijing（I Ching, *or* Classic of Changes）*and Its Evolution in China*【探尋宇宙與規範世界：《易經》及其在中國的演化】. Charlottesville：University of Virginia Press, 2008.

Vernant, Jean-Paul, ed. *Divination et Rationalité*【占卜與理性】. Paris：Editions du Seuil, 1974）.

Waley, Arthur【韋利】. *The Book of Songs*【詩經】. New York：Grove Press, 1996.

Wilhelm, Richard【衛禮賢】, Cary Baynes【貝恩斯】trans. *The I Ching; or, Book of Changes: The Richard Wilhelm Translation Rendered Into English*【《易經》：衛禮賢譯本英譯】. New York：Pantheon Books,

1950.

Yu, Pauline【余寶琳】. *The Reading of Imagery in the Chinese Poetic Tradition*【中國詩歌傳統中意象的解讀】. Princeton：Princeton University Press，1987.

三、單篇論文

(一) 中文

安徽省文物工作隊、阜陽地區博物館、阜陽縣文化局：《阜陽雙古堆西漢汝陰侯墓發掘簡報》，《文物》1978 年第 8 期。

班大爲、翟正彥：《乘龍御天的時代》，《甲骨文與殷商史》新 6 輯，上海：上海古籍出版社，2016 年。

蔡運章：《商周筮數易卦釋例》，《考古學報》2004 年第 2 期。

曹瑋：《陶拍上的數字卦研究》，《文物》2002 年第 11 期。

曹瑋：《周原新出西周甲骨文研究》，《考古與文物》2003 年第 4 期。

陳鼓應《〈易傳·繫辭〉所受老子思想影響：兼論〈易傳〉乃道家系統之作》，《哲學研究》1989 年第 1 期。

陳劍：《上博竹書〈昭王與龔之脽〉和〈柬大王泊旱〉讀後記》，簡帛研究網，2005 年 2 月 15 日。

陳夢家：《郭沫若〈周易的構成時代〉書後》，收入郭沫若《周易的構成時代》，上海：商務印書館，1940 年。

陳仁仁：《論上博易特殊符號的類型與分布及其標識原則》，《湖南大學學報（社會科學版）》2008 年第 4 期。

陳斯鵬《論周原甲骨和楚系簡帛中的“凶”與“思”——兼論卜辭命辭的性質》，《第四屆國際中國古文字學研討會論文集》，香港：香港中文大學中國語言及文學系，2003 年；又載《文史》2006 年第 1 輯，第 5—20 頁。

陳松長：《帛書〈繫辭〉釋文》，《道家文化研究》第 3 輯，上海：上海古籍出版社，1993 年。

陳松長、廖名春:《帛書〈二三子問〉、〈易之義〉、〈要〉釋文》,《道家文化研究》第 3 輯, 上海: 上海古籍出版社, 1993 年。

陳松長:《馬王堆帛書〈繆和〉、〈昭力〉釋文》,《道家文化研究》第 6 輯, 上海: 上海古籍出版社, 1995 年。

陳偉:《上博簡〈從政〉、〈周易〉校讀》,《楚地簡帛思想研究》(二), 武漢: 湖北教育出版社, 2005 年。

程浩:《〈筮法〉占法與"大衍之數"》,《深圳大學學報(人文社會科學版)》2014 年第 1 期。

程少軒:《小議上博九〈卜書〉的"三族"和"三末"》, 復旦大學出土文獻與古文字研究中心網站, 2013 年 1 月 16 日, 後刊於《中國文字》新 39 期, 臺北: 藝文印書館, 2013 年。

董珊:《論新見鼎卦戈》,《出土文獻與古文字研究》第 4 輯, 上海: 上海古籍出版社, 2011 年。

房振三:《竹書〈周易〉彩色符號初探》,《周易研究》2005 年第 4 期, 第 22 頁。

傅熹年,《陝西扶風召陳西周建築遺址初探: 周原西周建築遺址研究之二》,《考古與文物》1981 年第 3 期。

高亨:《談〈周易〉"亢龍有悔"》,《社會科學戰綫》1980 年第 4 期。

高文策:《試論〈易〉的成書年代與發源地域》,《光明日報》1961 年 6 月 2 日。

顧頡剛:《起興》,《歌謠周刊》第 94 號, 1925 年。

顧頡剛:《周易卦爻辭中的故事》,《燕京學報》1929 年第 6 期。

郭沫若:《周易時代的社會生活》,《東方雜誌》第 25 卷第 21 號, 1928 年 11 月 10 日。

何澤恒:《論上博楚竹書〈周易〉的易學符號與卦序——濮著〈楚竹書《周易》研究〉讀後》, 鄭吉雄編:《周易經傳文獻新詮》, 臺北: 臺灣大學出版中心, 2010 年。

河南省文物考古研究所、河南省駐馬店市文化局、新蔡縣文物保護管理所：《河南新蔡平夜君成墓的發掘》，《文物》2002 年第 8 期。

胡平生：《阜陽雙古堆漢簡數術書簡論》，《出土文獻研究》第 4 輯，
　　北京：中華書局，1998 年。

湖北省荆州地區博物館：《江陵天星觀 1 號楚墓》，《考古學報》1982
　　年第 1 期。

姜廣輝：《上博藏楚竹書〈周易〉中特殊符號的意義》，《中國思想史
　　研究通訊》第 2 輯，2004 年；又載《簡帛研究二〇〇四》，桂林：
　　廣西師範大學出版社，2006 年。

荆州地區博物館：《江陵王家臺 15 號秦墓》，《文物》1995 年第 1 期。

李鏡池：《周易筮辭續考》，《嶺南學報》第 8 卷第 1 期，1947 年。

李零：《讀上博楚簡〈周易〉》，《中國歷史文物》2006 年第 4 期。

李零：《海昏侯漢簡〈易占〉考釋》，未刊稿。

李尚信：《楚竹書〈周易〉中的特殊符號與卦序問題》，《周易研究》
　　2004 年第 3 期。

李學勤：《新發現西周筮數的研究》，《周易研究》2003 年第 5 期。

李學勤：《續論西周甲骨》，《中國語文研究》第 7 輯，香港：香港中
　　文大學中國文化研究所吳多泰中國語言研究中心，1985 年；亦見
　　《人文雜誌》1986 年第 1 期。

李宗焜：《數字卦與陰陽爻》，《中研院歷史語言研究所集刊》77 本 2
　　分，2006 年。

廖名春：《論帛書〈繫辭〉與今本〈繫辭〉的關係》，《道家文化研
　　究》第 3 輯，上海：上海古籍出版社，1993 年。

廖名春：《上海博物館藏楚簡〈周易〉管窺》，《周易研究》2000 年第
　　3 期。

廖名春：《楚簡〈周易〉校釋記（一）》，《周易研究》2004 年第 3 期。

廖名春：《楚簡〈周易·豫〉卦再釋》，《出土文獻研究》第 6 輯，上
　　海：上海古籍出版社，2004 年。

劉大鈞：《帛〈易〉初談》，《文史哲》1985 年第 4 期。

劉章澤《四川什邡市箭台村遺址出土漢代"陀螺"骰子考》,《四川文物》, 2016 年第 2 期。

馬楠:《清華簡〈筮法〉二題》,《深圳大學學報》2014 年第 1 期。

馬王堆漢墓帛書整理小組:《馬王堆帛書〈六十四卦〉釋文》,《文物》1984 年第 3 期。

屈萬里:《周易卦爻辭成於周武王時考》,《臺大文史哲學報》1950 年第 1 期。

饒宗頤:《在開拓中的訓詁學:從楚簡〈易經〉談到新編〈經典釋文〉的建議》,《第一屆國際暨第三屆全國訓詁學學術研討會論文集》, 高雄:臺灣中山大學, 1997 年。

任俊華、梁敢雄:《〈歸藏〉、〈乾坤〉源流考——兼論秦簡〈歸藏〉兩種摘抄本的由來與命名》,《周易研究》2002 年第 6 期。

容肇祖:《占卜的源流》, 收入顧頡剛編:《古史辨》第 3 册, 北平:樸社, 1931 年(上海:上海古籍出版社, 1982 年影印)。

陝西周原考古隊:《陝西岐山鳳雛村發現周初甲骨文》,《文物》1979 年第 10 期。

沈培:《從戰國簡看古人占卜的"蔽志"——兼論"移祟"説》,《古文字與古代史》第 1 輯, 臺北:中研院歷史語言研究所, 2007 年。

孫沛陽:《上海博物館藏戰國楚竹書〈周易〉的復原與卦序研究》,《古代文明研究通訊》第 46 期, 2010 年。

王葆玹:《從馬王堆帛書本看〈繫辭〉與老子學派的關係》,《道家文化研究》第 1 輯, 上海:上海古籍出版社, 1992 年。

王葆玹:《帛書〈繫辭〉與戰國秦漢道家〈易〉學》,《道家文化研究》第 3 輯, 上海:上海古籍出版社, 1993 年。

王化平:《〈左傳〉和〈國語〉之筮例與戰國楚簡數字卦畫的比較》,《考古》2011 年第 10 期。

王明欽:《〈歸藏〉與夏啓的傳説——兼論臺與祭壇的關係及釣臺的地望》,《華學》第 3 輯, 1998 年。

王明欽:《王家臺秦墓竹簡概述》,收入艾蘭、邢文編:《新出簡帛研究:新出簡帛國際學術研討會文集》,北京:文物出版社,2004年。

王寧:《秦墓〈易占〉與〈歸藏〉之關係》,《考古與文物》2000年第1期。

王寧:《讀北大漢簡伍〈荊決〉札記》,復旦大學出土文獻與古文字研究中心網站,2015年11月30日。

文物局古文獻研究室、安徽省阜陽地區博物館:《阜陽漢簡簡介》,《文物》1983年第2期。

聞一多:《周易義證類纂》,《清華學報》第13卷第2期,1928年。

夏含夷:《〈周易〉乾卦六龍新解》,《文史》第24輯,北京:中華書局,1986年。

夏含夷:《說乾專直,坤翕闢象意》,《文史》第30輯,北京:中華書局,1988年。

夏含夷:《試論周原卜辭囟字——兼論周代貞卜之性質》,《古文字研究》第17輯,北京:中華書局,1989年。

夏含夷著,李衡眉、郭明勤譯:《結婚、離婚與革命——〈周易〉的言外之意》,《周易研究》1994年第2期。

夏含夷《〈繫辭傳〉的編纂》,收入北京大學中國傳統文化研究中心編:《文化的饋贈:漢學研究國際會議論文集(哲學卷)》,北京:北京大學出版社,2000年;又見《道家文化研究》第18輯,北京:生活·讀書·新知三聯書店,2000年。

夏含夷:《試論上博〈周易〉的卦序》,《簡帛》第1輯,上海:上海古籍出版社,2006年。

夏含夷:《釋濼——兼論〈毛詩〉的訓詁方法一則》,《中華文史論叢》2006年第3期。

夏含夷:《再說〈繫辭〉乾專直,坤翕闢》,《文史》2010年第2輯。

夏含夷:《再論周原卜辭囟字與周代卜筮性質諸問題》,《2007年中國簡帛學國際論壇論文集》,臺北:臺灣大學中國文學系,2011年。

夏含夷：《〈詩〉之祝誦：三論"思"字的副詞作用》，《清華簡研究》第 2 輯，上海：中西書局，2015 年。

徐世大：《説孚》，《説文月刊》1944 年第 4 期。

徐中舒：《數占法與〈周易〉的八卦》，《古文字研究》第 10 輯，北京：中華書局，1983 年。

晏昌貴：《天星觀"卜筮祭禱"簡釋文輯校》，《楚地簡帛思想研究》（二），武漢：湖北教育出版社，2005 年。

晏昌貴：《天星觀"卜筮祭禱"簡釋文輯校（修訂稿）》，武漢大學簡帛網，2005 年 11 月 2 日。

余永梁：《易卦爻辭的時代及其作者》，收入顧頡剛編：《古史辨》第 3 册，北平：樸社，1931 年（上海：上海古籍出版社，1982 年影印）。

曾憲通：《〈周易·睽〉卦辭及六三爻辭新詮》，《中國語言學報》第 9 輯，北京：商務印書館，1999 年。

張政烺：《試釋周初青銅器銘文中的易卦》，《考古學報》1980 年第 4 期。

中國文物研究所古文獻研究室、安徽省阜陽市博物館：《阜陽漢簡〈周易〉釋文》，《道家文化研究》第 18 輯，北京：生活·讀書·新知三聯書店，2000 年。

周鳳五：《包山楚簡文字初考》，收入王叔岷先生八十壽慶論文集編輯委員會編：《王叔岷先生八十壽慶論文集》，臺北：大安書局，1993 年。

朱曉雪：《天星觀卜筮祭禱簡文整理》，武漢大學簡帛網，2018 年 2 月 2 日。

朱淵清：《王家臺〈歸藏〉與〈穆天子傳〉》，《周易研究》2002 年第 6 期。

（二）外文

Bréard, Andrea【白安雅】and Constance A. Cook【柯鶴立】. "Cracking Bones and Numbers: Solving the Enigma of Numerical Sequences on

Ancient Chinese Artifacts."【卜骨與數字：破解中國古代文物上的數字序列之謎】 *Archive for History of Exact Sciences* 2019（https：//doi.org/10.1007/s00407 - 019 - 00245 - 9）.

Caboara, Marco【柏恪義】. "A Recently Published Shanghai Museum Manuscript on Divination."【近出上博簡卜書】In Michael Lackner【朗宓榭】, ed. *Coping with the Future: Theories and Practices of Divination in East Asia*【應對未來：東亞占卜的理論與實踐】. Leiden：Brill, 2018.

Chang, Cheng-Lang【張政烺】. "An Interpretation of the Divinatory Inscriptions on Early Zhou Bronzes."【試釋周初青銅器銘文中的易卦】Translated by Jeffrey R. Ching, Scott Davis【戴思客】, Susan Weld【羅鳳鳴】, Robin Yates【葉山】, Horst Wolfram Huber. Early China 6（1980 - 81）：80 - 96.

Chen, Shih-chuan【程石泉】. "How to Form a Hexagram and Consult the *I Ching*."【如何成卦與參考《易經》】*Journal of the American Oriental Society* 92.2（1972）.

Conrady, August【孔好古】. "Yih-king-Studien."【易經研究】*Asia Major* 7.3（1932）.

Cook, Richard. "*Classical Chinese Combinatorics: Derivation of the Book of Changes*."【中國的古典組合數學：《周易》的推導】Berkeley：Sino-Tibetan Etymological Dictionary and Thesaurus Project, 2006.

Cook, Scott【顧史考】. "*Yue Ji* 樂記 — Record of Music：Introduction, Translation, Notes, and Commentary."【《樂記》：導論、翻譯、注釋及解説】*Asian Music* 26.2（1995）.

Harper, Donald【夏德安】. "Warring States Natural Philosophy and Occult Thought."【戰國時代的自然哲學與神秘思想】In Michael Loewe【魯惟一】 and Edward Shaughnessy【夏含夷】, eds. *The Cambridge History of Ancient China: From the Origins of Civilization to 221 BCE*【劍橋中國

上古史：從文明起源到公元前 221 年】. New York：Cambridge University Press，1999.

Jao，Tsung-i【饒宗頤】. "Forum：Jao Tsung-i 饒宗頤."【爭鳴：饒宗頤】 *Early China* 14（1989）.

Kalinowski，Marc【馬克】. "Divination and Astrology：Received Texts and Excavated Manuscripts."【占卜與占星：傳世及出土文獻】In Michael Nylan【戴梅可】and Michael Loewe【魯惟一】，eds. *China's Early Empires: A Re-Appraisal*【中國的早期帝國：一種重估】. Cambridge：Cambridge University Press，2010.

Kalinowski，Marc【馬克】. "Diviners and Astrologers under the Eastern Zhou：Transmitted Texts and Recent Archaeological Discoveries."【東周時期的占卜者和占星家：傳世文獻及新近考古發現】In John Lagerwey【勞格文】and Marc Kalinowski【馬克】，eds. *Early Chinese Religion—Part One: Shang through Han（1250 BC‐220 AD）*【中國早期宗教——第一部分：商至漢（公元前 1250 年至公元 220 年）】. Leiden：Brill，2009.

Keightley，David【吉德煒】. "*Shih cheng* 釋貞：A New Hypothesis About the Nature of Shang Divination."【釋貞：關於商代占卜性質的新假説】Paper presented to the conference Asian Studies on the Pacific Coast，Monterey，California，17 June 1972.

Kingsmill，Thomas【金斯密】. "The Construction of the Yih King."【《易經》的結構】*China Review* 21.4（1895）.

Kunst，Richard【孔士特】. "Oral Formulas in the *Yijing* and *Shijing*."【《易經》及《詩經》中的口頭程式】Paper presented to the 34th Annual Meeting of the Association for Asian Studies，Chicago，3 April 1982.

Li，Ling【李零】. "Formulaic Structure of Chu Divinatory Bamboo Slips."【楚卜筮簡的格式】Translated by William Boltz【鮑則嶽】，*Early*

China 15（1990）.

Peterson, Willard【裴德生】. "Making Connections: 'Commentary on the Attached Verbalizations' of the *Book of Change*."【浮想聯翩: 易傳《繫辭》】 *Harvard Journal of Asiatic Studies* 42.1（1982）.

Riegel, Jeffrey【王安國】. "Curing the Incurable."【治愈不治】*Early China* 35（2013）.

Saussy, Haun【蘇源熙】. "Repetition, Rhyme, and Exchange in the Book of Odes."【《詩經》中的複沓、韻律與互換】*Harvard Journal of Asiatic Studies* 57.2（1997）.

Schwartz, Adam【史亞當】. "Between Numbers and Images: The Many Meanings of Trigram *Gen* 艮 in the early *Yijing*."【象數之間:《艮》卦在早期《易經》的多重意涵】*Études Asiatiques/Asiatische Studien* 72.4（2018）.

Schwartz, Adam【史亞當】. "Between Numbers and Images: the Many Meanings of Trigram *Li* 離 in the Early *Yijing*."【象數之間:《離》卦在早期《易經》的多重意涵】《饒宗頤國學院院刊》第 5 期, 香港: 中華書局（香港）有限公司, 2018 年。

Serruys, Paul【司禮義】. "The Language of the Shang Oracle Inscriptions."【商代卜辭語言研究】*T'oung Pao* 60.1－3（1974）.

Serruys, Paul【司禮義】. "Towards a Grammar of the Language of the Shang Bone Inscriptions."【關於商代卜辭的語法】in *Zhongyang yanjiuyuan Guoji Hanxue huiyi lunwenji*, Taipei: Academia Sinica, 1981.

Shaughnessy, Edward【夏含夷】. "The Dragons of Qian: Concrete Symbolism in the *Zhouyi*."【《乾》之龍:《周易》中的具象象徵】Paper presented at the 34th Annual Meeting of the Association for Asian Studies, Chicago, Illinois, 3 April 1982.

Shaughnessy, Edward【夏含夷】. "Western Zhou Oracle-Bone Inscriptions: Entering the Research Stage?"【西周甲骨: 進入研究階段了嗎?】

Early China 11（1985）.

Shaughnessy, Edward【夏含夷】. "A First Reading of the Mawangdui *Yijing* Manuscript."【馬王堆《周易》初讀】*Early China* 19（1994）.

Shaughnessy, Edward【夏含夷】. "The Authorial Context of the *Yijing*'s *Xici Zhuan*."【易傳《繫辭》的作者情境】Paper presented to the Conference on Intellectual Lineages in Ancient China, University of Pennsylvania, 27 September 1997.

Shaughnessy, Edward【夏含夷】. "The Ever-Changing Text: The Making of the Tradition of the Appended Statements and the Making of the Yijing."【變化無窮:《繫辭傳》及《易經》的形成】Paper presented as the Herrlee G. Creel Memorial Lecture at the University of Chicago, 29 May 1998.

Shaughnessy, Edward【夏含夷】. "The Fuyang *Zhou Yi* and the Making of a Divination Manual."【阜陽簡《周易》及占卜手册的製作】*Asia Major*, 3rd ser. 14.1［2001（實際出版於 2003）］.

Shaughnessy, Edward【夏含夷】. "The Writing of the Xici Zhuan an（*sic*）the Making of the *Yijing*."【《繫辭傳》及《易經》的形成】In *Measuring Historical Heat: Event, Performance, and Impact in China and the West: Symposium in Honour of Rudolf G. Wagner on His 60th Birthday*【熱度之今昔: 中國和西方的大事、表演及影響——瓦格納六十大壽紀念研討會】. Heidelberg, November 3rd – 4th, 2001. http://www.sino.uni-heidelberg.de/conf/symposium2.pdf.

Shaughnessy, Edward【夏含夷】. "The Wangjiatai *Gui Cang*: An Alternative to *Yi jing* Divination."【王家臺簡《歸藏》:《易經》之外的另一種占卜】In A. Cadonna, and E. Bianchi eds. *Facets of Tibetan Religious Tradition and Contacts with Neighbouring Cultural Areas*【西藏宗教傳統的方方面面及與周邊文化地區的聯繫】. Orientalia Venetiana 12. Firenze: L. S. Olschki, 2002.

Shaughnessy, Edward【夏含夷】. "A First Reading of the Shanghai Museum *Zhou Yi* Manuscript."【上博簡《周易》初讀】*Early China* 30 (2005).

Shaughnessy, Edward【夏含夷】. "Arousing Images: The Poetry of Divination and the Divination of Poetry."【興象：占卜之詩歌與詩歌之占卜】In Amar Annus, ed. *Divination and Interpretation of Signs in the Ancient World*, Oriental Institute Seminars 6. Chicago: The Oriental Institute of the University of Chicago, 2010.

Shaughnessy, Edward【夏含夷】. "Paleography."【古文字學】Article published 30 September 2013. Accessed 16 June 2018. Oxford Bibliographies Online: http://www.oxfordbibliographies.com.proxy.uchicago.edu/view/document/obo-9780199920082/obo-9780199920082-0043.xml?rskey=G1iRxM&result=100.

Shaughnessy, Edward【夏含夷】. "Review of Lisa Raphals, Divination and Prediction in Early China and Ancient Greece."【評瑞麗著《古中國和古希臘的占卜與預測》】*Journal of Chinese Studies* 60 (2015).

Shaughnessy, Edward【夏含夷】. "Turtle-(shell) and Stalk (Diviners), Memoir 68."【龜策列傳】In William Nienhauser【倪豪士】et al., tr. *The Grand Scribe's Records*【史記】, *vol. XI: The Memoirs of Han China IV*. Bloomington: Indiana University Press, 2020.

Smith, Kidder【蘇德愷】. "*Zhouyi* Interpretation from Accounts in the Zuozhuan."【《左傳》易例】*Harvard Journal of Asiatic Studies* 49.2 (1989).

Smith, Richard【司馬富】. "An Overview of Chinese Fortune Telling in Traditional Times."【中國傳統算命術概論】In Sin-wai Chan【陳善偉】, ed. *The Routledge Encyclopedia of Traditional Chinese Culture*【勞特里奇中國傳統文化百科全書】. New York: Routledge, 2020.

Takashima, Ken-ichi【高嶋謙一】. "Settling the Cauldron in the Right Place: A Study of *Ting* 🐱 in the Bone Inscriptions."【定鼎：甲骨文

"鼎"之研究】In The Chinese Language Society of Hong Kong, ed. *Wang Li Memorial Volumes: English Volume*【王力紀念文集：英文卷】. Hong Kong：Joint Publishing, 1987.

Wagner, Rudolf【瓦格納】. "Interlocking Parallel Style：Laozi and Wang Bi."【鏈體風格體風格：老子和王弼】*Asiatische Studien/Études Asiatiques* 34.1（1980）.

Waley, Arthur【韋利】. "The Book of Changes."【周易】*Bulletin of the Museum of Far Eastern Antiquities* 5（1933）.

Wilhelm, Hellmut【衛德明】. "*I-Ching* Oracles in the *Tso-chuan* and the *Kuo-yü*."【《左傳》《國語》中的《易經》繇辭】*Journal of the American Oriental Society* 79.4（1959）.

大野裕司：「『周易』蒙卦新解－上海博物館藏戰國楚竹書『周易』尨卦に見る犬の民俗」【《周易》蒙卦新解——上海博物館藏戰國楚竹書《周易》尨卦所見犬之民俗】，『中國哲學』第33號，2005年3月。

近藤浩之：《王家臺秦墓竹簡『歸藏』の研究》【王家臺秦墓竹簡《歸藏》之研究】，郭店楚簡研究会編《楚地出土資料と中國古代文化》，東京：汲古書院，2002年。

圖書在版編目(CIP)數據

《周易》的起源及早期演變／（美）夏含夷著；蔣
文譯. —上海：上海古籍出版社，2022.11（2024.1重印）
ISBN 978-7-5732-0471-4

Ⅰ.①周… Ⅱ.①夏… ②蔣… Ⅲ.①《周易》—研
究 Ⅳ.①B221.5

中國版本圖書館 CIP 數據核字（2022）第 249222 號

《周易》的起源及早期演變

［美］夏含夷(Edward L. Shaughnessy) 著

蔣 文 譯

上海古籍出版社出版發行

（上海市閔行區號景路 159 弄 1−5 號 A 座 5F 郵政編碼 201101）

(1) 網址：www.guji.com.cn

(2) E-mail：guji1@guji.com.cn

(3) 易文網網址：www.ewen.co

上海麗佳製版印刷有限公司印刷

開本 700×1000 1/16 印張 26.5 插頁 5 字數 357,000

2022 年 11 月第 1 版 2024 年 1 月第 3 次印刷

印數：5,501—8,600

ISBN 978-7-5732-0471-4

B·1278 定價：118.00 元

如有質量問題,請與承印公司聯繫